城乡困难家庭社会政策支持精准性研究

王杰秀　主编

中国社会出版社
国家一级出版社·全国百佳图书出版单位

图书在版编目（CIP）数据

城乡困难家庭社会政策支持精准性研究 / 王杰秀主编．
—北京：中国社会出版社，2019.2
ISBN 978－7－5087－6098－8

Ⅰ.①城…　Ⅱ.①王…　Ⅲ.①贫困—家庭—社会政策—政策支持—研究—中国—2017　Ⅳ.①D669.1

中国版本图书馆 CIP 数据核字（2019）第 030189 号

书　　名： 城乡困难家庭社会政策支持精准性研究
主　　编： 王杰秀

出 版 人： 浦善新
终 审 人： 李　浩
责任编辑： 杨建萍

出版发行： 中国社会出版社　**邮政编码：** 100032
通联方式： 北京市西城区二龙路甲 33 号
电　　话： 编辑室：（010）58124828
销售部：（010）58124848
传　真：（010）58124870
网　　址： www.shcbs.com.cn
shcbs.mca.gov.cn
经　　销： 各地新华书店

中国社会出版社天猫旗舰店

印刷装订： 北京九州迅驰传媒文化有限公司
开　　本： 170mm×240mm　1/16
印　　张： 24.5
字　　数： 380 千字
版　　次： 2019 年 12 月第 1 版
印　　次： 2019 年 12 月第 1 次印刷
定　　价： 88.00 元

中国社会出版社微信公众号

编委会

目　录

第一章　导　论

本章为导论，旨在介绍本研究报告的基本命题与框架，具体包括研究背景与问题提出、文献综述与分析框架、数据来源与研究内容、结论汇总与政策建议四个部分。

第一节　问题提出：政策精准与国家治理能力现代化

一、研究背景

党的十九大报告指出：我国进入了“中国特色社会主义新时代”，以及“我国社会主要矛盾已经转化为人民日益增长的美好生活需要和不平衡不充分的发展之间的矛盾”。这是我们党对我国当前社会主要形态和社会主要矛盾作出的最新科学论述。一方面，经过改革开放40年的快速发展，我国经济社会生活发生了翻天覆地的变化，我国跻身世界第二经济大国，人均国民生产总值超过了8000美元，从收入水平来看已经进入中等发达国家行列。特别是党的十八大以来，我国反贫困取得可喜成绩，将近6000万人口脱贫，并计划在2020年实现全部贫困人口脱贫。与此同时，作为反脆弱和社会保护的重要制度基础，我国城乡社会保障体系已经基本实现全面覆盖，兼顾托底性、发展性的社会政策支持体系已经形成，并在福祉保护、社会发展、托底兜底和反脆弱方面发挥了不可替代的作用。另一方面，经济领域、社会领域发展的不充分、不平衡问题仍然突出，特别是，城乡之间、区域之间、行业之间、人群之间的基本公共服务和福利水平仍然有一定差异，在教育、养老、医疗等关键民生领域存在总量不足、质量不高、结构失衡、分配不公等方面的问题；国家治理体系和治理能力与国家发展的阶段要求仍然存在一定差距，经济发展、转型升级、环境保护等领域面临较大压力，面对国内、国际变化剧烈的发展环境，中国摆脱“中等收入陷阱”的压力骤增。总的来看，党中央对我国当前和今后一段时期基本矛盾的判断是科学、合理、适时的。而我国社会主要矛盾的变化，也决定我国整个国家发展战略和政策部署要作出调整，大幅提升国家治理能力和发展水平，这就必然要求我国建设高质量的社会政策体系和社会保障体系，其中，就包括针对以贫困人口为代表的脆弱人群的社会政策支持体系。而事实上，党中央对我国社会主要矛盾的判断，以及完善国家治理体系、提升治理能力、打赢脱贫攻坚战等战略任务，都要求不断提升我国社会政策支持体系的精准性，建立高精准、高质量、高效力的社会政策体系。

第一，高质量、高精准、高效力的社会政策体系是社会转型与发展的重要支撑，也是社会反贫困、反脆弱、增韧性的核心战略内容。应当看到，我国当前处在新旧动能转换、多类矛盾累积、风险复杂多变的特定时期，经济社会发展的前提条件是维持稳定和顺畅化解各类社会矛盾，从而支撑我国跨越“中等收入陷阱”，应对国内国外各类风险和挑战。而社会政策支持体系在化解各类社会矛盾风险方面，具有不可替代的作用，是社会保护和社会发展的核心机制，关系到我国社会稳定、国家发展的大局。所以，高质量、高精准、高效力的社会政策体系可以较好地避免各类社会矛盾的产生、放大，最大限度地削减社会矛盾、冲突所产生的负面效应。另外，随着我国经济结构的调整，经济增长速度逐步放缓，具有保护性的社会政策体系，其托底性作用日益凸显。习近平总书记在党的十九大报告中提出，应进一步深化供给侧结构性改革，通过化解企业过剩产能、帮助企业降低成本等途径，来加快我国经济结构调整、转换升级。企业在化解过剩产能的过程中，部分落后产能面临着淘汰，加之经济发展速度总体放缓，可能带来失业、贫困、金融风险，甚至造成区域性、阶段性的社会不稳定问题。在此背景下，社会政策的托底作用进一步凸显。2013 年中央政治局会议指出，要发挥社会政策的托底作用，实现与宏微观政策的有机统一，大幅提升社会政策的质量和效能。设计精准、优良的社会政策体系，不仅可以降低经济结构调整所衍生的风险，还可以保护人的生存发展，甚至刺激经济发展，形成经济增长的新引擎。没有高质量、高精准、高效力的社会政策体系，以及高效的政策体系执行能力，必然制约整个社会的抗风险能力，社会在转型与发展过程中必然缺乏韧性，也会妨碍社会的公平和长远发展，从而增大社会摩擦风险、降低社会总体福祉。

第二，社会支持政策体系更具精准性，是国家治理能力现代化的核心要求之一。国家治理能力现代化要求社会政策体系具有高精准、高质量、高效力等特征，并且社会政策体系也应具有较高执行效力，这是国家治理现代化水平测量的重要试金石。国家治理体系与能力现代化进程加快，人民群众需求日益多样化，社会政策的精准既是完善治理体系、提高国家治理能力的内在要求，也是满足人民群众基本民生需求的必经之途。党的十八届三中全会将推进国家治理体系和治理能力现代化作为全面深化改革的总目标之一，具体到社会政策领域，由于需求的异质性日益得到重视，在公共服务日益精细化发展的社会背景下，提升社会政策的精准度，就成为完善国家治理体系、提高国家治理能力的内在要求。同时，民众对于社会政策的回应性期待日益高涨。在经济社会不断发展的大背景下，人民群众的需求不仅仅有经济发展的需求，更存在精神、文化、环境、社会保障等诸多方面的需求，社会政策的设计应不断与人民群众的多样化需求相适应，在把握群众需求的基础上，不断提高社会政策的精准度，从而大幅提升社会政策对民众需求的回应性。可以说，没有高质量、高精准、高效力的社会政策体系，或者社会政策体系缺乏实施效能或效能不足，必然限制国家治理体系建设的完善，限制国家治理能力现代化实现。

第三，从粗放型向精准型的反贫困模式转变，要求针对困难家庭的社会支持政策体系更具精准性。针对城乡困难家庭的社会支持政策体系，是整个社会政策支持体系的核心内容，其本质是托底性的基本制度安排，其作用和边界远远超越了单一扶贫政策的范畴，是关系到反贫困、促发展、增融合的综合社会政策体系。反贫困政策的核心是通过全方位、综合性的支持，增强贫困家庭和个人持续、长久、高质量的脱贫，这也要求社会政策支持体系日益走向精准。与此同时，我国扶贫政策正在从传统的区域、系统扶贫模式，转变为精细化的、异质性的扶贫模式，这必然要求扶贫政策及其相关政策体系更加具有体系性和综合性。另外，我国扶贫攻坚工作进入最艰难的攻坚阶段，而剩余贫困人口的反贫困工作难度更大，反贫困的复杂程度加深，社会政策作为反贫困工作的主要集合手段，也需要进一步提高精准度，助力精准扶贫。《“十三五”脱贫攻坚规划》提出，到2020年，实现消除所有贫困人口的脱贫总目标，贫困工作的核心是“精准扶贫”。在大规模扶贫工作已经取得成效的情况下，剩余贫困人口的贫困更加呈现家庭性、异质性等非区域性特征，原有传统、单一、缺乏针对性的区域性扶贫政策，显然不能有效帮助所有家庭和个人脱贫。社会政策支持体系是脱贫工作的主要手段之一，为解决复杂的贫困问题，进一步助力精准扶贫，原有较为粗放、普适性的社会政策难以有效地解决贫困问题，且容易造成资源浪费，导致资源配置效率低下。在此背景下，社会政策需要进一步提高精准度，通过不断瞄准需求人群、需求问题、需求程度，以应对成因不同的贫困问题。社会政策精准度的提高，既是经济结构调整、国家治理能力提升、扶贫攻坚工作推进的内在要求，也是社会政策向现代化转型发展的必然趋势。在现代化的时代背景下，社会各类要素复杂性日益增加，不同要素联系加强且变化日益加剧，社会风险也不断提高，粗放的管理体制难以应对复杂的现实环境。社会政策发展也必然会经历从粗放到精准的过程。随着精准概念的提出和发展，社会政策精准也受到了专家学者、政府官员的关注。学者从不同视角出发，对社会政策的精准性展开研究。尽管目前对社会政策精准性概念的界定还没有统一的标准，但概括而言，精准性的社会政策是指政府有针对性地制定政策，具有清晰的目标、主体、客体、资源、措施、评估等方面的政策程序设定，从而满足日益增长的、多元化的、异质性的社会需求。社会政策的精准性既体现在社会政策的制定过程上，也体现在社会政策的构成要素上，当然，与社会政策的实施效果评估和改进也是直接相关的。总之，针对城乡困难家庭的社会政策体系，应当不断提升其针对性、精准性和有效性。

综上所述，提升城乡困难家庭社会政策的精准性，是应对当前我国社会主要矛盾的必然要求，是当前国家治理的关键与核心议题之一，是国家扶贫攻坚任务的重要体系性建设内容，应当将提升困难家庭社会政策精准性议题，作为我国国家治理能力现代化提升的关键任务之一，同时，纳入国家扶贫战略，并且将其作为我国社会建设的重要内容，与国家经济建设、政治建设、文化建设、环境建设等，共同构成我国新时代国家建设的战略内容。

二、问题提出

随着国内政策决策者、执行者对社会政策精准的重要性认识逐步提高，我国社会政策的精准程度也有了本质的提升，社会政策的精准性、针对性、有效性都有了较大进步。然而，我国社会政策的精准性，仍然面临着一系列问题和挑战，特别是在反贫困领域，针对城乡困难家庭的社会政策体系，其精准性仍然面临较大挑战。概括来说，困扰城乡困难家庭的社会政策支持体系精准性提升的原因，可以分为三个方面。第一，政策精准是"有条件的"，社会政策精准会在一定程度上增加政策设计和执行的难度，从而增加政策"成本"。当然，可能更为关键的是，政策精准要求相关主体具有较好的治理能力和治理水平，这成了限制提升政策精准性的主要障碍。特别是考虑到地方政府和相关政策执行主体的治理能力，一些社会政策在地方很难以较高的精准性实施，同时，基层社会政策的执行能力，也反过来制约了政策设计的精准性要求，为了避免精细化的政策设计难以实施，往往政策设计者也会寻求政策目标与执行的"妥协方案"。另外，政策精细化管理可能也有其他"负向"的成本，比如，在低保领域，精细化对象管理和水平管理的一个可能的"负向"结果是污名化问题，这也是有些社会政策未能不断追求精细化管理的重要原因之一。第二，需要社会政策相关各方主体提高对政策精准的认知水平，首先从认识上重视政策实施的精准性，根据实际情况逐步提升政策设计、执行等方面的精细化程度。这需要相关主体具有精益求精的治理改进意识，本质上需要不断提升政策相关工作者的能力和水平，特别是精细化治理能力。第三，我国仍然缺乏全面、高质量的困难家庭社会政策精准化评估，包括数据来源和评估性的研究，这也制约了我们对困难家庭社会政策支持体系精准性和实施效果的客观认识，进而影响了社会政策根据评估结果进行调整的可能。对现有困难家庭社会政策支持体系的精准性进行全面、客观评估，是改进上述社会政策体系，提升其精准性和质量的基本前提。

正是基于上述背景，民政部政策研究中心于 2017 年继续开展了托底性民生保障政策支持系统建设项目（以下简称本项目）并将年度研究的主题定为“城乡困难家庭社会政策精准支持”，在科学确定评估目标、框架、维度、方法等基本方案基础上，基于全国性调查数据，全面、真实地反映城乡困难家庭的基本生活状况。并且，通过对调查数据的深度分析，从多个维度评估我国城乡困难家庭社会政策支持体系的精准状况，进而为国家反贫困战略以及其他各项社会政策的完善提供坚实的数据支撑和决策依据。

第二节　分析框架：困难家庭支持政策精准的逻辑维度

下文将阐释本研究的基本分析框架，基于国内外文献梳理，对政策精准的概念、意义、路径、实践、挑战等多个方面的问题进行介绍、阐释，同时，还将重点介绍本研究分析框架的溯源、基础，以及其基本框架和主要逻辑维度，并将其作为全书分析与评估的核心逻辑框架，指导后文中各章展开研究。

一、政策精准：概念、路径与实践的文献述评

（一）政策精准的概念梳理

近年来，精准一词逐渐成为学界关注的热点，不同领域学者对精准也赋予了不同含义。在国外研究中，很多学者将精准运用到广泛的政策制定和实施方面，包括环境保护、社会福利、公共服务等领域，认为精准的内涵是提高政策的效率和针对性（Barrett，2003；Funk，2016；Page，2017）。在我国的研究中，有学者从公共政策的角度具体阐释，指出“精准时代”下，“精”即精细而不粗糙，“准”即准确而无差错，“精准”合用便意味着精细的准确。政策精准性主要取决于对政策主体的精准规定、对政策客体的精准界定、对政策目标的精准设定、对政策工具的精准选定（王春成，2018）。

从社会政策的角度来讲，2013 年中央强调在经济结构调整的背景下，社会政策作为民生保障的一部分内容主要发挥托底功能，并提出要重视精准托底，即明确被保障困难群体的基本生活需求并作出精准回应。

例如，低保政策本身就是精准扶贫目标瞄准型的社会政策。再如，唐钧（2016）在论述当前中国的反贫困战略中，也提到“精准”已成为一个时髦的关键词，他将反贫困中的精准取向概括为战略目标的精准、手段的精准和标准的精准。李晓辉（2015）具体从精准扶贫的角度进一步阐释，精准是指最大限度地提高扶贫的效益，以免因扶贫瞄准度偏移而造成资源浪费、效益低下。总体来看，社会政策从宏观到微观都不断引入精准的概念，为完善社会政策提供了创造性思路。

（二）政策精准的必要性

在一定意义上可以认为，无论在整体层面还是具体方面，整个人类活动及社会发展的变迁状态，都是逐步从粗略走向精准的过程。相应地，对精准性的追求也就成为自我行为提升及社会管理进步的一种内在需求（王春成，2018）。在社会政策精准化方面，学者对于这种必要性的阐述大多从社会经济发展需要和社会政策现存问题出发。

一方面，社会政策精准化是解决我国社会经济发展带来的社会问题的必然要求。有学者指出在我国经济结构调整的背景下，适应和引导经济发展新常态需要处理大量经济问题和社会问题（江治强，2015）。以反贫困政策为例，为适应新常态必须创新社会扶贫机制，避免扶贫措施因与贫困人口的实际情况、资源禀赋错位而造成扶贫的低效益，特别需要关注扶贫措施的产出效益，力求投入的每一种资源都能实现效益最大化，因此对社会政策提出精准的要求（王思斌，2015；李晓辉等，2015）。

另一方面，社会政策精准化是不断完善我国社会政策的必然过程。随着我国反贫困战略的不断深化，过去粗放型政策的实施积累了许多问题，由于重视社会政策的力度而忽视精准度所带来的问题逐渐凸显，影响了社会政策的实施效果和进一步发展的空间（吴忠民，2009）。李迎生（2016）具体在研究实现社会政策与新扶贫攻坚方案的有效衔接中也指出，一些制度和办法还存在很多不适应的地方，需要进一步完善，因此对扶贫工作提出精准度、精细化的要求十分有必要。

（三）社会政策精准的实施路径

精准概念的提出和必要性的阐释为社会政策的完善和发展提供了理论指导，更是贯穿社会政策的实施路径。从宏观角度来看，社会政策的实施要提高精准度，需要在社会政策建设具有一定力度的前提下，完善社会政策的公共资金投入结构，明确社会政策体系建设的历史定位，合理选择社会政策体系建设突破口，从而实现社会政策体系建设的力度和精准度的统一（吴忠民，2009）。王春成（2018）从社会政策的一般过程出发，认为精准性政策的实现，需要在精准研策、精准制策、精准施策、精准评策等各个环节综合发力，实现整个政策系统及政策过程的全面改进。

从微观角度来看，目前学界对于社会政策实施路径的精准研究主要集中在反贫困领域，包括社会救助政策、就业促进政策、教育福利政策等具体方面。可以说，社会政策涉及新扶贫攻坚的所有具体内容，发挥着不可替代的作用（李迎生，2016）。在社会救助方面，国际上认为社会救助政策是所有社会政策项目中对“精准化定位”要求最为严格、最为典型的国际性社会政策项目（李泉然，2017）。具体到我国，胡思洋（2016）提出在适应经济新常态的背景下，社会救助制度也应通过社会救助项目精准定位、救助对象精准识别和救助对象的道德风险行为精准治理，实现社会救助制度从数量扩张到质量提升的精细化治理。江治强（2015）进一步对救助需求评估体系建设进行研究，提出在完善救助对象认定和需求评估体系中，也要增强救助的精准性。就业促进政策中，唐钧（2017）指出就业和救助，是一对相辅相成的范畴。就业救助精准的实施原则应该通过就业扶持脱贫的对象给予就业服务，在此过程中，主要通过精准的低保救助维持其基本生活仍为必要。在教育福利政策方面，因为教育在精准扶贫精准脱贫中具有基础性、先导性和持续性作用，即通过教育来提升劳动者的综合素质，促进贫困人口掌握脱贫致富本领，阻断贫困代际传递。有学者提出做好教育精准扶贫精准脱贫的顶层设计，构建全方位的教育精准扶贫精准脱贫体系（王嘉毅等，2016）。具体实施路径可以从精准改造、精准招生、精准资助、精准就业、精准培训出发（刘传铁，2016）。

（四）社会政策精准化的现状与挑战

目前，社会政策在走向精准化的道路中，随着政策精准意识不断提高，实践经验不断累积，取得了一定成果。但政策实践也表明，社会政策精准化会受到现实和政策的双重挑战（Donder，1998）。从现实角度来看，社会政策精准化会面临自下而上的困境，主要是社会政策精准理念的落实难、基层实践权力的阻碍、民众思想观念的转变慢、政策精准实施的技术支持缺乏等问题（唐丽霞，2015；王雨磊，2017；靳永翥等，2017）。从社会政策角度来看，有学者认为政策精准化还需完善政策本身的体系化建设，尤其在精准识别、精准实施和精准管理存在的困境亟待解决（李石花，2016）。在精准识别方面，社会政策瞄准精度的提高伴随着管理成本的上升，可能面临着识别有误、信息失真、激励错误、方法无效、污名化和社会歧视、管理成本过高等方面的挑战（Sen A，1992；汪三贵、郭子豪，2016；王华丽，2017）。在精准实施方面，政府适应城乡贫困问题的差异采取了不同的政策工具和制度安排，但政府反贫困的精准政策实施主要集中在农村地区，忽视了城市部分困难群体，不利于整体社会政策精准实施（岳经纶，2010；邓维杰，2014；王介勇，2016）。在精准管理方面，精准的社会政策需要有与之配套的绩效考核、资金使用和信息管理制度作保障（唐丽霞，2015）。李春明（2015）也指出，精准管理贯穿于社会政策精准实施和评估的始终，统筹全局，从整体上规划组织精准的各项工作，但目前存在由于缺乏完善的管理体系和法律保障，难以推动精准化深入实践的问题。

通过梳理文献发现，目前学者对于社会政策精准的关注度逐渐提高，主要通过定性的研究方法，从社会政策精准的必要性、实施路径、政策效果等方面进行了较为全面的分析和讨论，从理论方面为认识当前我国的反贫困战略及社会政策精准化的发展方向提供了重要的学术参考。但就精准而言，对社会政策精准化的研究侧重理论方面，对精准度的研究不足，例如社会政策精准的成本效果、精准化的评估等，都是较为缺乏的。同时，研究范围主要集中在农村的反贫困问题，对于城市困难群体社会政策精准的问题研究相对较少，对我国城乡困难家庭的社会政策支持精准性评估仍然较为缺乏。

二、分析框架：基于可行能力的精准评估维度

社会政策的制定过程主要包括识别、干预、评估三个环节，从社会政策制定过程的角度出发，社会政策的精准主要涵盖精准识别、精准干预、

精准评估三个部分。其中，精准识别又包含识别对象精准、识别问题精准、识别需求方式精准、识别需求程度精准；精准干预包括干预对象精准、干预问题精准、干预方式精准、干预程度精准；精准评估包括对精准识别、精准干预的各个环节的评估，并在此基础上进行成本效益分析。总而言之，从政策制定过程的视角出发，社会政策的精准性注重从社会政策制定、实施到评估等环节的精准。从社会政策的构成要素出发，社会政策的精准大致包括目标精准、主体精准、客体精准、手段精准、资源精准、成效精准六个部分。其中，目标精准指在需求调研基础上，制定精准目标以精准应对目标群体需求；主体精准指社会政策是否精准、明确地界定了政策的责任主体与管理主体；客体精准指社会政策是否制定了精准的筛选标准，筛选覆盖所有存在需求的客体；手段精准指社会政策在为需求对象提供帮助时，是否选用了精准的方式；资源精准指社会政策是否对资源进行了精准配置，是否存在资源的浪费状况；成效精准指对社会政策进行成本效益分析以观察社会政策的成效是否精准（王春成，2010）。政策评估框架是提供评价政策精准性及实施效果的逻辑框架。政策评估是指，依据一定的标准，对政策方案、政策执行、政策效果等全过程的效果进行判断评价，以获得政策的相关信息，作为修正政策及制定新政策的参考的政策过程。随着社会政策的发展，精准化逐步成为社会政策发展的内在要求和必然趋势，社会政策是否精准也成为评估社会政策实施效果的重要标准。对社会政策是否精准的评估包括多个维度，通常来讲，包括政策内容精准评估、政策对象精准评估、政策成效精准评估，而政策成效评估中又将可及性、充分性、公平性作为衡量政策成效的标准。

针对困难家庭的社会支持政策体系，本质上是要维持和发展困难家庭中个人的基本能力，提升家庭整体生活质量，包括免于饥饿、贫困、疾病、失学等方面的基本能力，所以，选择可行能力作为测量和评估的依据，有助于充分对困难家庭社会政策支持体系进行测量和评价（蒋谨慎，2017；马新文，2008）。本研究的分析框架，充分将可行能力框架与政策评估框架整合，形成了统一的城乡困难家庭社会政策支持体系精准性评估基本框架。一方面，可行能力分析框架作为评价维度和具体指标的理论依据，依据可行能力框架的主要维度，分析困难家庭生活状态及相应需求，进而形成具体的维度和指标；另一方面，政策评估框架主要是提供评价政策精准性和实施效果的逻辑维度，或测量标准的维度，用来指导我们判断需求与政策供给匹配的精准性，从而直接获得评估结论。阿玛蒂亚·森提出，可行能力是一个人所拥有的享受自己有理由珍视的那种生活的实质自由，是此人有可能实现的、各种可能的功能性活动组合。阿玛蒂亚·森将工具性自由归纳为五种：政治自由、经济条件、社会机会、透明性保证、防护性保障（华学成、许加明，2017；岳映平、贺立龙，2016）。当然，阿玛蒂亚·森也提出，在评价发展时聚焦于自由，并不意味着存在一个唯一的而且精确的关于发展的“标准”。也就是说，每个人对自由的需要是不同的，是具有一定异质性的，也就不存在一个固定的可行能力清单。综合阿玛蒂亚·森的可行能力理论，以及国内外关于贫困人口、流动人口可行能力的研究，本研究将从经济条件、社会机会、健康状况、透明性保证和防护性保障五个方面来分析城乡困难家庭的可行能力。

通过将阿玛蒂亚·森可行能力框架与政策评估框架的有机结合，并联系“托底性民生保障政策支持系统建设”项目2017年度调查问卷的具体指标及结构设计，最终形成本研究的分析框架。从阿玛蒂亚·森的可行能力框架出发，在对困难家庭需求及相应政策精准支持进行分析的基础上，运用政策评估框架对社会政策进行综合评估，在肯定其成效及进展的同时，也指出其目前存在的不足。最后，借鉴国际典型经验提出精准社会政策的改革思路。

图1－1较为全面地反映了本研究所使用的基本分析框架，即基于阿玛蒂亚·森可行能力的基本框架维度，确定将经济条件、社会机会、健康状况、透明性保障、防护性保障作为政策支持效果精准性评估的维度，将政策内容精准、对象精准、效果精准作为精准评价的三个具体指标。其中，在效果精准方面，有可及性、充分性、公平性作为政策效果精准的核心评估指标，在对比困难家庭的需求和政策供给的基础上，得到困难家庭社会政策支持精准性的评估结果，并结合研究结论、国际经验和理论基础，提出改进城乡困难家庭社会政策精准性的对策建议，为进一步提高城乡困难家庭社会政策支持的精准性和质量奠定基础。

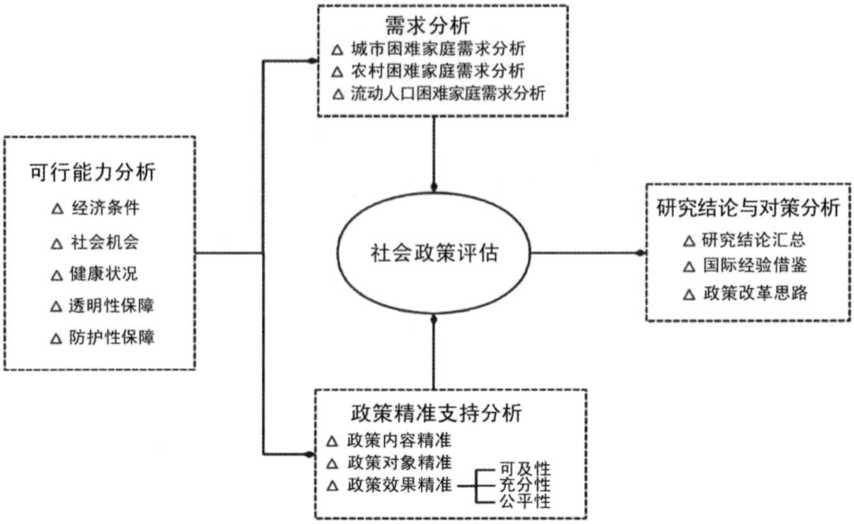

图 1-1　分析框架

第三节　数据来源与研究内容

一、数据来源介绍

2017 年以来，我国反贫困工作进入了新的历史发展阶段，习近平总书记在党的十九大报告中提出到 2020 年我国现行标准下所有贫困人口全部脱贫的目标。习总书记指出，精准扶贫关键要找准路子、构建好的体制机制，在精准施策上出实招。实现 2020 年贫困人口全部脱贫的目标，并降低返贫率，需要更为精准的扶贫政策，以及更具精准性的、全方位的社会政策支持体系。在此背景下，民政部政策研究中心展开了 2017 年中国城乡困难家庭入户调查，通过掌握我国城乡贫困人口的贫困状况及变动趋势，为制定更为精准的反贫困社会支持政策提供依据。问卷调查工作委托北京大学中国社会科学调查中心负责执行。

2017 年本项目入户调查覆盖了 29 个省、自治区、直辖市（不含新疆、西藏），共计完成困难家庭调查问卷 8907 份，其中，城市困难家庭问卷

4124 份，农村困难家庭问卷 3095 份，城市流动人口困难家庭问卷 1688 份。调查内容丰富、具体、时效性强，具有较高的参考和研究价值。本报告所采用的分析数据均来自本项目调查。

二、数据质量评价

为了控制数据质量，本项目结合 2016 年度的调查经验，在 2017 年数据调查中进一步调整并完善了调查计划，对调查问卷进行了针对性优化，并采用计算机辅助面访系统入户访问方式采集数据。同时，对调查过程包括访问员的培训、入户家庭调查过程、问卷回收审核及录入清理过程进行了规范，并控制了一系列误差。特别是，为了减少访员行为不规范的问题，还采取了数据统计分析、录音核查及电话核查的方式，对入户调查问卷的质量实行监督。通过对调查过程的规范及调查行为的监督，进一步提高了数据质量。通过对数据的质量评价，发现数据具有较高的质量，信度、效度均达到了规定的标准。

针对城乡困难家庭，本研究仍然选取问卷中的家庭居住小区满意度问题对数据的内在一致性进行检验。家庭居住小区满意度的问题从不同角度询问访问者对于家庭小区环境的评价，研究设计假设具有一致性。而流动人口家庭数据由于缺少具有城乡困难家庭类似的量表式的家庭居住小区满意度问题，因此，选用对过去一年中存在心理问题的量表式问题进行测量。表 1－1 中，测算结果显示，三大样本的内在一致性系数 α 超过了组间比较的最低标准，数据质量可信度较高，在可以接受范围内[①]。

表 1－1 数据信度分析

样本人群	Cronbach'α 系数
城市困难家庭	0.85
农村困难家庭	0.84
流动人口	0.69

① 城乡困难家庭和流动人口信度测量使用的变量具体可见下文中效度测量表格中的变量，此处略。

数据的效度是衡量数据质量的重要维度。效度即有效性，它是指测量工具或手段能够准确测出所需测量的事物特质的程度。通常，检验效度的方法是通过因子分析，检验同类变量是否基本一致，如果同类变量的主要载荷在同一个公因子上，说明相应变量效度较好。检验发现，本项目的调查同类变量被分配到了一个公因子，且载荷较高，数据质量效度较好，在可以接受的范围内。

表 1－2　数据效度分析

城乡困难家庭变量（问题）	城市困难家庭因子	农村困难家庭因子	流动人口变量（问题）	流动人口因子
绿化状况	0.73	0.73	与人交往时感觉自卑	0.57
环境卫生状况	0.77	0.77	感到自己和家庭的未来没有希望	0.60
交通便利状况	0.66	0.64	感到情绪沮丧、心情焦虑	0.64
治安状况	0.73	0.69		
生活服务设施	0.71	0.69		

三、研究内容框架

本研究报告全文共十一章，大致包括四个部分。

第一部分，即第一章“导论”，主要由四节构成。第一节是对项目研究背景的介绍及研究问题的提出；第二节是在对相关文献进行梳理、评述的基础上，提出项目的分析框架；第三节是对研究数据来源的阐释及对整体数据质量的评价；第四节主要是对本研究的主要结论进行汇总，并结合社会政策理论与经验，提出具有建设性、前瞻性、操作性的对策建议。

第二部分，即第二章“当前我国城乡困难家庭基本状况分析”。本部分主要内容为介绍本次调查所得到的我国城乡困难家庭当前基本状况，包括城市、农村困难家庭的人口、经济、健康、教育、就业情况，并在此基础上对城乡困难家庭的现状及特点进行城乡比较、困难家庭内部比较、困难人群与普通人群比较，为进一步分析城乡困难家庭社会政策精准支持打下基础。

第三部分主要是对城乡困难家庭社会政策精准支持系统的具体分析，包括第三章“城乡困难家庭最低生活保障精准支持研究”、第四章“城乡困难家庭医疗保障精准支持研究”、第五章“城乡困难家庭教育保障精准支持研究”、第六章“城乡困难家庭住房保障精准支持研究”、第七章“城乡困难家庭社会服务精准支持研究”、第八章“城乡困难家庭就业保障精准支持研究”、第九章“城乡困难家庭社会参与精准支持研究”。本部分的七章是本报告的主体部分，通过对城乡困难家庭社会政策精准支持系统不同领域政策的分析，了解城乡困难家庭在就业、教育、医疗、住房、低保、社会服务与社会参与方面的需要，并对针对城乡困难家庭的社会政策进行精准性支持分析，从而真实全面地呈现社会政策实施过程中的城乡、区域、人群差异情况、实际效益和政策需求。通过以上的分析，为进一步充实完善相关社会政策精准支持系统提供参考依据。

第四部分，城乡困难家庭社会政策精准支持系统综合解析，包括第十章“流动人口困难家庭社会政策精准支持研究”、第十一章“城乡困难家庭社会政策支持比较研究”。其中，第十章通过具体解析流动人口困难家庭的需求及社会政策的精准支持，在借鉴国际经验的基础上对流动人口困难家庭社会政策改革提出相关建议；第十一章则通过对城乡困难家庭社会政策的需求与精准性支持的比较，提出统筹协调城乡困难家庭社会政策支持的改革思路。

第四节　结论汇总及政策建议

本节概括了各章的主要发现，并对贫困问题和相关反贫困政策进行了分析。本节在后面各章的基础上，提炼出本次研究的主要结论，并提出进一步改进反贫困行动的政策建议。

一、主要研究结论

根据后面章节中的分析，本报告主要有以下几个方面的结论。

（一）我国反贫困战略取得突出成就

首先，经过连续多年的反贫困行动，我国城乡贫困问题已经得到有效缓解。从数量上看，按照现行扶贫标准和低保标准而界定的城乡贫困者数量每年都在下降。到2017年底，农村扶贫对象（建档立卡贫困户）的数量已经下降到3046万人，2017年贫困地区农村居民人均可支配收入增加到了9377元。同时，城乡低保对象人数也明显减少。2017年末，全国农村低保对象人数下降到4047万人，城市低保对象人数下降到1264万人，农村特困人员救助供养对象人数下降到467万人①。

这几类主要的贫困者人数的急剧下降，一方面，是得益于我国经济的持续发展；另一方面，是得益于近年来脱贫攻坚行动力度的增大和社会救助制度的持续作用。同时，还得益于整个社会保障体系的不断完善，尤其是城乡养老保险制度覆盖面的扩大。

其次，近年来我国综合性的脱贫攻坚行动及城乡社会救助制度从各个方面向贫困者提供了保障。脱贫攻坚所要求的"两不愁、三保障"，使贫困地区大量的农村贫困人口不仅获得了基本生活保障，而且在教育、医疗、住房等方面都获得基本保障。社会救助制度的持续发展，使城市地区和非贫困地区农村中的贫困者不仅获得最低生活保障待遇，而且在教育、医疗、就业、住房等方面获得基本保障，综合性生活水平有较为明显的改善。

（二）我国城乡贫困问题仍然较为突出

尽管近年来我国贫困人口明显减少，并且贫困者的基本生活有明显改善，但贫困问题仍然存在，从一定角度看还相当严重。当前较为严重的贫困问题主要表现在以下几个方面。

1. 生活型、发展型贫困日趋突出

迄今为止，我国的反贫困行动主要针对生存型贫困，即以维持基本生存为标准的贫困。截至目前，我国在反贫困行动上的成就（包括贫困者数量的减少和基本生活保障的改善）也基本都是在这个层次上取得的。但

① 国家统计局：《中华人民共和国2017年国民经济和社会发展统计公报》，2018年2月28日，国家统计局网站，http：//www.stats.gov.cn/tjsj/zxfb/201802/t20180228_ 1585631.htm。

是，随着生存型贫困的逐渐减少，生活型贫困和发展型贫困问题日趋突出。换言之，目前缺吃少穿的贫困者已经不多了，但仍然有很多低收入家庭的实际收入与当地人均收入有较大的差距，他们的实际生活水平达不到当地的常规生活水平，因此，仍然被其本人和周围的人看成是贫困者。在全面建成小康社会的背景下，这部分人的生活水平低下问题尤为凸显。他们不仅生活水平低下，而且发展能力不足，这也就制约了其改善所处困境的可能。他们当中很多人面临着发展机会不足、自身能力不足和摆脱贫困动机不足等多重困境，难以靠自身的力量摆脱这些困境。

2. 城乡困难家庭的脆弱性非常突出

困难家庭的脆弱性非常突出。所谓脆弱性，是指家庭抵御风险能力低下，因而，在内外不利因素的影响下比较容易陷入贫困。普通家庭在日常生活中都可能会遇到一些不利因素，如疾病、失业、收入降低、偶发事故，或者会遇到一些需要额外支出的情况，如医疗、教育、购房。普通家庭中因为有完整的家庭和亲友网络、家庭存款、社会保险等方面的支撑，一般会具有一定抵御风险的能力，不会因为一些偶然的不利条件就陷入贫困。但有些家庭或个人因其健康不佳、家庭残缺、就业不稳、财产不足等方面的原因，而使得家庭抵御风险的能力很弱。一旦遇到一些困难就比较容易陷入贫困。这类家庭就被称为脆弱性较高的家庭。本次调查中发现，贫困者中除了疾病和残疾的比例较高之外，还有较为明显的家庭残缺（较高的未婚、离婚、丧偶比例）、文化程度相对低下、无业或低质量就业，以及由于就业质量低下而导致的在业低收入、储蓄率低而欠债率高等方面的情况。具有这些特点的家庭在经济方面的脆弱性较高。他们一旦遇到一些不利条件，或者无法通过家庭的集体力量来互相帮助，共同应对；或者其家庭本身因收入低下或债台高筑而严重缺乏应对风险的财务能力。尤其是对于那些已经陷入贫困并且又背负高债务的家庭来说，要摆脱贫困更是难上加难。

3. 因病致贫现象依然非常明显

第二章中的分析发现，贫困家庭因病致贫现象非常突出。在城市和农村的贫困者中，患大病和慢性病的比例都比较高。导致因病致贫现象的原因有很多，从微观层面上看，主要是由于疾病本身对个人和家庭的经济活动能力有很大打击，并且会因医疗费用昂贵而使家庭陷入贫困。在丧失就业、收入以及大额医疗费负担的双重打击下，本来就比较脆弱的家庭更容易陷入贫困。从宏观的社会层次上看，因病致贫现象较为突出的主要原因是困难家庭在应对疾病风险冲击方面缺乏足够的抵御能力。如果经济发展良好、就业支持政策得当，一般性的下岗失业而导致的贫困情况也会随之明显下降，但是，因病致贫的人数并不会随着经济状况的改善或社会救助制度的改善而明显减少，甚至随着各类疾病风险发生的周期性和非均衡性扩散，因病致贫的比例反而可能会相对提升。

（三）社会救助仍存在一定的不足

我国的社会救助制度在反贫困行动中发挥了重要的作用，但是，与不断发展的困难家庭的需要相比，社会救助制度仍然存在一些不足。党的十九大报告中指出，我国保障和改善民生还存在一些短板，其中一些短板就存在于社会救助制度中。概括来看，当前我国社会救助制度的不足主要表现在以下一些方面。

1. 低保项目自身的实际保障水平并不高

调查发现，城乡最低生活保障制度有效地保障了贫困家庭的基本生活，使他们能够获得基本的温饱。在对社会救助制度实际效果的评价中，有一个看上去比较矛盾的现象：一方面，低保金占救助对象家庭实际收入的比例并不高，低保的现金待遇对提高低保家庭的平均收入水平的作用应该是有限的；另一方面，绝大多数被调查的低保家庭反映社会救助对他们的帮助很大或较大。由此推论，虽然他们实际获得现金救助的水平并不高，但与低保绑定其他救助项目加在一起对他们的帮助很大，或者说真正对他们帮助较大的是其他各项救助。

2. 社会救助对象福利依赖现象存在

调查发现，低保对象长期化的现象比较突出。被调查的低保对象的平均累积享受低保待遇的时间超过了 5 年。城市低保对象中有超过 1/3 的人，领取低保待遇已超过 10 年。农村低保对象中，超过 10 年的也有近 1/5。农村低保在全国普及的时间（2007 年）到调查时才 10 年，有如此高比例的人领取低保已超过 10 年，说明农村低保依赖也是很严重的。对于低保制度的福利依赖的原因，要从多个方面去客观地分析。从客观的方面看，近年来随着低保对象的逐年减少，许多有一定劳动能力的低保对象通过就业而提高了收入，或者因达到退休年龄而领取养老金等原因退出了低保，剩下的低保对象大多是一些因大病重残，不得不长期依赖低保救助的家庭。从主观方面看，虽然低保金的待遇水平对低保家庭的帮助并不是很大，但与低保绑定在一起的其他众多待遇确实对低保家庭有很大的吸引力，这也会促使一些本可努力退出低保的个人和家庭，选择尽量留在低保当中。

3. 贫困家庭精神贫困与社会帮扶问题

近年来，城乡贫困者的精神贫困问题越来越多地受到关注。多次调查都发现，贫困者不仅是物质贫困，而且也面临着心理困境、精神障碍和社会参与障碍等方面的问题。本次调查也发现，困难家庭成员在社会交往心理上呈现出一定的负面倾向，有一定比例的受访者展现出自卑心理，并感受到来自社区的歧视。本课题专门分析了贫困者在这些方面存在的问题，反映了这类个人和家庭的需求，也提出了对应的建议。

4. 综合性救助项目仍存在一些短板

第一，在医疗救助方面，随着重特大疾病救助项目的开展，贫困家庭获得医疗救助的水平普遍提高，被调查的贫困者对此评价总体较高。但同时，还有一些被调查者反映较低，这说明在局部地区还存在救助不到位的情况。主要原因，一是资助困难群众参加大病补充保险的范围还不够。二是医疗救助（包括大病救助）的水平仍不足，保障能力较为有限。尤其是，患病者有大量合规医疗费用之外的自负费用得不到报销，从而使整个医疗救助的效果大打折扣。2017 年，民政部等部门联合发布的《关于进一步加强医疗救助与城乡居民大病保险有效衔接的通知》（民发〔2017〕12 号）就有关问题作出了改进的要求，但各地采取实际措施落实这一文件的时间和力度参差不齐。因此，从全国范围看，在 2017 年度调查时，这一文件的效果还难以充分显现出来。

第二，在教育救助方面，经过多年的发展，教育救助在帮助困难家庭孩子入学方面已经取得了很好的效果。本年度的调查仍然显现出教育救助的作用。有困难的孩子都获得了一定教育救助，能够帮助他们完成从学前教育一直到高等教育的学业。但是，目前贫困孩子，尤其是贫困地区农村孩子在受教育方面面临的主要问题，已经从过去的入学难转变到了受教育质量低下的问题。面对这一问题，已经很难用直接针对家庭和个人的教育救助去解决了，而应该进一步加大对农村，尤其是贫困地区农村学校的投入，切实提高其教育质量。

第三，在住房救助方面，目前城市中针对贫困者的救助主要是住房租赁补贴，是一种现金补贴；针对农村贫困家庭的则是危房改造补贴。从总体上看，这两项补贴针对低保对象中住房困难户的瞄准性都较好，因为低保家庭的住房困难状况相对来说比较容易把握。但是，许多地方尝试将城市住房租赁补贴和农村危房改造扩大到低保对象之外的时候就出现了困难。低保对象之外的困难家庭的住房困难情况仍然是比较容易把握的，但住房保障部门常常困于难以清楚地把握他们的经济困难，因此，导致在扩大救助范围的时候，很难较为准确地瞄准目标。此外，住房救助的实际效果总体良好，贫困家庭能够从中获得基本的住房保障，但在政策实践中也还存在一些问题。一方面，城市住房租赁补贴是按现金发放的，很难保证获得住房租赁补贴的贫困户真正将这笔补贴用到租用住房和改善住房条件上。调查中发现，贫困者在面临多方面困难的情况下，往往会主动压低其住房方面的开支，从而保证他们在其他方面的开支（如医疗、教育等），很可能包括将获得的住房租赁补贴也用到其他方面。另一方面，农村困难户危房改造补贴往往不是全额补贴，而是要贫困户自付一定比例，并且，常常要贫困户自己垫付部分或全部的资金，完成改造后再发放补贴。这样一来，贫困家庭在缺乏自付能力和贷款信用的情况下，常常会阻碍他们实际获得危房改造补贴。

第四，在贫困者获得各项社会服务方面，调查发现，贫困者所居住的社区中普遍建立了社区服务设施及服务项目，为包括贫困者在内的社区居民提供各种社会服务。其中，城市社区服务体系更加完善一些。六成以上的城市社区居民能够在社区接受基本的医疗、治安、健身、物业以及文化服务。城市幼儿园、便民设施以及流动人口服务设施覆盖五成左右，但城市社区养老、保健设施建设覆盖较低。同时，城市社区卫生、治安以及医疗保健服务发展较好，并且能提供一定程度的文化、物业服务，但计生、劳动就业以及社区养老服务较差，法律、心理咨询服务覆盖不及一成，并且，大部分被调查者都反映缺乏专业社会工作服务。农村的社会服务体系建设也初具成效，被调查的贫困者满意度较高，尤其是医疗、体育、计生设施建设较好，医疗服务站覆盖率达到七成，文化、治安、便民利民与幼儿园等设施建设也在四成左右。但是，农村社会服务提供仍然存在明显的不足，贫困者实际上获得的社会服务仍然很有限。享受过社区提供的养老服务、就业服务、物业服务、法律服务、幼儿托护服务、紧急救援服务、心理咨询服务以及家政服务的家庭比例均低于10%。农村社会服务的质量还有待进一步提高，在治安服务、文化服务、医疗服务和计生服务、环境卫生服务以及养老服务、幼儿托护服务等方面的服务都有待进一步提升水平。尤其是农村专业社会工作服务还相当薄弱，亟须大力加强。

二、主要政策建议

从20世纪90年代以来，我国的社会救助制度经过20多年的发展，已经形成了较为完整的制度体系，并在反贫困行动体系中发挥了重要的作用。但是，这套制度自身仍然存在一些不足之处，其反贫困及保障和改善民生的实际效果仍然存在一些短板，需要进一步完善。尤其是在当前我国进入新时代中国特色社会主义发展阶段后，面对全面建成小康社会的重大历史任务，社会救助应该发挥积极的作用，确保达到贫困者也能进入小康社会的目标。同时，在2020年实现全面建成小康社会的任务之后，后续面向2035年和2050年的发展任务仍然会很艰巨，仍然需要社会救助制度发挥积极的作用。为此，我国的社会救助制度应该有以下方面的改革和发展。

（一）总体发展目标：朝向更加积极的反贫困行动体系

1. 社会救助制度应在反贫困行动中发挥更积极的作用

我国的社会救助制度在过去曾经发挥了重要的作用，尤其是在20世纪90年代，当其他社会保障制度还不健全的情况下，社会救助制度曾经较为有效地保障了城市困难群众的基本生活，进而为国有企业的改革发挥了积极的保障作用。目前，一方面随着我国经济发展和社会保险制度及社会政策其他方面的逐步完善，处于生存型贫困之中的贫困者越来越少，社会救助的范围逐步缩小，其作用在逐步降低；另一方面，虽然目前生存型贫困者逐渐减少，但生活型贫困和发展型贫困仍然非常突出。党的十九大报告中提出了要提高保障和改善民生的水平，这要求我国的社会政策要不断提高水平，更加积极主动地在保障和改善民生中发挥作用。为此，社会救助制度不应该只是消极地去应对日趋减少的生存型贫困，而应该在缓解生活型贫困和发展型贫困方面发挥更加积极的作用。

2. 社会救助的作用应该扩展到预防贫困

过去社会救助制度中的各个项目基本上都是针对“贫困治疗”，即只是给已经陷入某种困境的个人和家庭提供帮助，而基本上没有在预防贫困中发挥什么作用。事实上，许多贫困家庭在陷入贫困之前都有一段“前贫困”的脆弱状态，如低收入、就业不稳、家庭成员身体状况不佳等情况。如果社会救助能够提前介入，在很多情况下都可以避免这些脆弱家庭陷入贫困。因此，建议社会救助的功能应从过去简单的救助向贫困预防延展。不仅要救助已经陷入贫困的个人和家庭，还要以恰当的方式帮助各类脆弱家庭，帮助他们解决问题，增强能力，避免他们陷入贫困。

3. 社会救助要更加重视提升能力和促进就业

良好的社会救助制度应该不仅仅能够保证贫困者的基本生活，而且还能够帮助他们恢复自我发展的能力。目前我国以低保制度为基础的社会救助制度体系大致处于一种“低水平高依赖”的状态。一方面，救助水平很低；另一方面，救助对象的福利依赖性很强。近年来的调查都发现，低保对象享受低保的平均时间较长，低保退出率较低。而每年退出低保的家庭大多数是由于开始享受养老保险和子女实现就业而退出低保，通过主要劳动力就业而退出低保的人数很少。但调查同时也发现，低保对象和其他困难家庭中仍有一部分人具有一定的劳动能力，但他们因就业机会、就业能力或就业动机等方面的原因而未能就业。为此，社会救助未来的发展中，应该更加重视、帮助有劳动能力的人员就业。一方面，应继续增加为贫困家庭成员提供就业服务和直接提供就业岗位；另一方面，应该更加重视通过专业社会工作的介入而激励其就业动机；再一方面，应该重视在提高贫困家庭成员就业能力的基础上，重视提高他们的就业质量。只有高质量的就业才能有利于提高贫困者就业积极性，才能形成能力提升与就业收入的良性循环，才能有效地帮助他们摆脱贫困。

（二）改革贫困标准的确定方式

社会救助制度的基本目标是直接帮助贫困者摆脱贫困，而要达到这一目标的重要基础之一是要有一套科学合理的贫困标准。但目前，我国社会救助的贫困标准仍然存在一些不合理之处。一是迄今为止我国仍采用绝对贫困标准，而没有采用相对贫困标准。二是我国没有建立统一的贫困标准，而是根据各个反贫困项目的要求而建立各类不同的标准，如农村扶贫标准、城乡低保标准、特困供养人员标准等。三是目前的各种标准水平均偏低，由此而导致救助对象和待遇水平偏低，使整个反贫困行动的水平偏低。为此，要提高社会救助的社会效益，首先要改革贫困标准及其确定方式。在此方面有以下具体建议。

1. 采用相对的贫困标准

目前，发达国家一般都采用相对贫困的标准。我国经济与社会发展到目前的水平，也应该采用相对贫困标准。可以按当地人均收入或收入中位数的一定比例来确定贫困标准。采用相对标准最大的好处是，在反贫困行动中能够有效针对社会中的低收入群体，因此，可以对收入差距起到更好的调节作用。同时，采用相对标准也比较简单，可以避免测算“家庭最低消费”的困难。

2. 建立统一的贫困标准

应该将目前农村扶贫标准、城乡低保标准、特困人员供养标准统一起来，建立统一的贫困标准。凡是达到贫困标准的都可以被视为“贫困者”，并有资格申请相应的救助待遇。在现阶段可以在制定全国统一底线的情况下，允许城乡之间和地区之间有一定的差异，由各地根据本地区的经济社会发展和居民收入、消费情况，制定本地区的贫困标准。换言之，可以参考目前全国农村扶贫标准的做法，由国家制定全国贫困标准，该标准是作为全国各地贫困标准的最低限，各地的贫困标准可以高于全国标准，但不得低于全国标准。

3. 合理确定贫困标准

贫困标准应该与经济和社会发展水平相适应，要能够体现党的十九大报告提出的“提高保障和改善民生水平”和“既要尽力而为，又要量力而行”的要求。从这些要求看，目前的贫困标准明显偏低。建议国家规定城市贫困标准不低于当地居民人均收入中位数的30%，农村不低于40%。

4. 建立两级贫困标准

鉴于困难家庭的经济状况具有一定的差异性，采用单一贫困标准难以区分困难家庭的不同困难程度，难以对不同的困难家庭提供相应的救助。根据目前的情况，建议采用两级贫困标准，一是贫困标准，二是低收入标准。低收入标准按贫困标准的150%确定。凡家庭人均收入低于贫困标准的，给予最低生活保障待遇；家庭人均收入高于贫困标准但低于低收入标准的，根据需要给予其他专项救助。目前各地已经普遍实行了两级标准，即在低保标准之上又设立了低收入标准。但是，目前在此方面还没有全国性的政策规范，各地的低收入标准的制度化水平也还不够，没有对低收入家庭实行建档立卡，地方民政部门还不掌握本地低收入家庭的基本情况。建议民政部尽快出台贫困标准和低收入标准的制度要求，使低收入标准更加规范地运行。

（三）更加协调的反贫困行动体系

1. 协调扶贫开发和社会救助制度

目前的贫困地区农村脱贫攻坚采用精准扶贫策略，其方式和对象与社会救助有较多的重复。在脱贫攻坚战略的大目标下，农村社会救助制度必须配合脱贫攻坚的任务，以保障实现2020年完成现阶段的脱贫攻坚任务，为此，应该注重协调社会救助与扶贫开发其他项目之间的关系。在现阶段脱贫攻坚任务完成后，社会救助制度仍将长期发挥作用，并且，经济欠发达地区的发展援助预计也将持续开展。因此，从现在起就应该研究在“后脱贫时期”农村社会救助与经济欠发达地区发展援助之间的制度协调问题。

2. 将特困人员供养与最低生活保障合并实施

长期以来，从过去的农村五保供养制度，到现在的特困人员供养制度，都是针对“三无”人员的特殊救助，其特点是较为全面的救助内容和水平较高的救助待遇。早期的五保制度是以五保对象放弃其财产权利为交换的制度，而目前这一制度基础已经不复存在，因此，再保留特困人员的特殊待遇已经既没有制度基础，也没有必要。相反，继续保留特困供养制度的特殊待遇项目及标准，会引发新的不公平。为此，本报告提出，将特困人员供养与低保制度合并实施的建议。具体做法是，将现有的低保对象和特困供养对象均称为“贫困者”，根据其家庭人均收入（或个人收入）的实际情况去认定其资格，并确定其现金救助待遇。有需要的贫困者可以申请享受医疗救助、教育救助、住房救助、就业救助等专项救助，并且，将目前特困人员供养中的照护服务，以长期照护救助的形式扩大到所有有照护需要的贫困者。这样一来，特困供养人员和其他贫困者在同等的地位上申请和获得救助待遇，就更加公平。同时，这既保留了特困供养的救助内容，又使其原来集中供养中的护理救助内容扩大了对象范围，能够产生更好的社会效益。

（四）加强服务救助

迄今为止，社会救助项目主要是现金救助。现金救助的方式确实具有其简单易行、救助比较直接等好处，但同时，也有社会效益不够突出，容易引发福利依赖等方面的缺陷。尤其是在提高社会救助水平的情况下，单一的现金救助往往会引发更多的问题。因此，应该认真探讨增大服务救助。目前学术界对于开展服务救助有不同的观点，有些学者认为，服务救助容易导致“社会救助福利化”。但本研究认为，应该从两个角度去认识服务救助的重要性，一是贫困者对服务的需要及其获得相关服务的困难，是导致他们贫困的重要原因之一。二是现金救助的方式，往往难以有效地帮助贫困者获得相关服务。更具体些讲，对贫困者提供服务救助主要包括以下一些方面。

1. 加强对有需要者的社会照护服务

调查发现，困难家庭中有较高比例的失能者，包括残疾人和失能老人，并且部分家庭中还有需要照料的婴幼儿，家庭照料的任务很重。有不少家庭是因为有需要照料的人，而严重影响有劳动能力者的就业，拖累家庭经济，因照料而致贫或难以脱贫的现象比较普遍。因此，向有需要的困难家庭提供照料救助，是帮助他们免予陷入贫困或帮助他们脱贫的一项重要的服务救助。为此，应该建立照料救助服务。可以根据需要，向有需要的贫困家庭提供照料救助。照料救助提供的方式，可以是通过社区直接提供居家照料和社区照料，也可以以“照料券”的方式，帮助有需要的贫困家庭在专业照料机构中接受照料服务。

2. 通过更好的服务提升贫困者的能力

扶贫的根本是要帮助贫困者靠自身的能力摆脱贫困，因而，提升贫困者能力是反贫困的根本途径。过去的观点认为，社会救助只是帮助贫困者维持基本生活，使他们不陷入贫困。然而，当今的社会救助理论已经超越了简单维持生计的层次，要求通过社会救助不仅要维持其基本生活，而且要能更多地关注提升贫困者的能力。社会救助应该从各个方面提升贫困者的能力。一是要通过为贫困者提供更好的健康服务而增进贫困者的健康水平，从而提高其一般性的劳动能力。二是要为贫困者提供更多、更高质量的教育机会，从而使他们能够适应当今社会技术发展步伐，不仅能够获得就业，而且能够提高就业质量。三是通过更多更好的社会服务来扩大贫困者的社会交往，从而促进他们的社会融合，并提高他们的社会资本，使他们在就业和社会交往与社会活动中具有更好的机会、更高的信用。四是通过更好的教育、宣传和社会工作服务，不断促进全社会改变对贫困者的负面影响，提升贫困者的文化资本，并且使民众更多地支持政府加强社会救助的力度。

3. 重视贫困者的动机激励

在当前的脱贫攻坚行动中，贫困者动机不足的问题比较突出，对贫困者“扶志”的议题已经受到重视。但是，如何才能在反贫困行动中加强“扶志”，即动机激励，还没有切实可行的办法。扶志是一个比一般的生活帮扶和能力提升更加复杂的行动。贫困者缺乏动机的情况往往是其个人心理和行为与社会环境共同造成的，而在其个人心理和行为方面又是与其生活困难、身体状况不佳、能力欠缺、机会不足和就业质量低下等方面的缺陷交织在一起的，因此，需要综合性帮助其解决。在此过程中需要大量的社会服务，尤其是需要大量专业社会工作的介入。

4. 加强专业社会工作服务

专业社会工作在社会救助的服务、管理中可以发挥重要的作用。专业社会工作者参与社会救助，向贫困家庭成员提供心理辅导、社会调适、动机激励等相关的社会工作服务，并可参与或承担社会救助管理工作。为此，民政部已经出台文件，要求在社会救助工作中积极发挥专业社会工作人才的作用，增强社会工作者服务。但几年过去后，各地在此方面的发展仍然参差不齐。究其原因，主要是各地一方面在社会救助制度发展上仍然停留在低水平层面，认为社会救助只是发钱、报销，帮助贫困者解决最基本的生活问题，而没有重视帮助贫困者提高能力和提升生活质量的高层次目标。另一方面，许多地方政府负责人对专业社会工作的认识也还不够，或者说，从总体上对党的十九大报告中提出的“提高保障和改善民生水平”的要求理解不到位。为此，应该进一步加大宣传和教育的力度，并且从全国层面更加积极地推动这方面工作。

（五）进一步优化社会救助管理

优化社会救助管理，是社会救助制度体系能够高效率运行的关键环节之一。我国的社会救助制度从其建立之初就不太重视管理制度体系的建设，在此方面投入的资源不够，管理的组织体系不够健全、人员数量偏少，专业化水平很低。社会救助管理体系的缺陷已经在基层导致了一些管理漏洞，诱发了部分社会问题，引起了社会的关注。近年来，许多地方开始重视这一问题，加强了对社会救助基层管理体系的建设，有了一定的成效。但从全国看，目前管理体系薄弱的情况还没有从根本上得到改善。为此，建议从全国层面上加强社会救助管理体系建设。其基本方向是要面向未来的发展，在社会救助中促进管理与服务相结合，提高社会救助服务管理的专业化水平，重视人性化管理，不断提高社会救助运行的效率和社会效益。一是要加强宏观的管理体制建设，建立统一的社会救助协调机制，进一步加强和完善社会救助部门联席会制度，使其在协调各相关部门工作方面发挥更大的作用。二是要加强基层社会救助服务管理体系。民政部应会同相关部门，制定基层社会救助服务管理机构建设的标准，包括机构设置、人员要求、服务管理内容、服务管理流程和质量要求以及经费投入等方面的标准。

第二章　当前我国城乡困难家庭基本状况分析

本章旨在介绍当前我国城乡困难家庭基本状况，包括社会人口与健康状况、就业与经济状况、社会保障状况三个核心部分，并将对分析结论进行汇总、归纳。

第一节　社会人口与健康状况

一、城乡困难家庭的社会人口学特征

（一）困难家庭人口基本情况

被调查的城市困难家庭平均家庭成员数为 3.06 人/户（标准差：1.495），农村困难家庭平均家庭成员数为 3.20 人/户（标准差：1.712）。以下是被调查困难家庭的家庭人口的分布情况（见表 2-1）。

表 2-1　被访城乡困难家庭的家庭人口数分布　　单位：%

家庭人口数	城市			农村		
	户数	百分比	累积百分比	户数	百分比	累积百分比
1 人	546	13.2	13.2	453	14.6	14.6
2 人	1043	25.3	38.5	827	26.7	41.4
3 人	1248	30.3	68.8	643	20.8	62.2
4 人	658	16.0	84.7	520	16.8	79.0
5 人	355	8.6	93.4	321	10.4	89.3
6 人	165	4.0	97.4	199	6.4	95.8

续表

家庭人口数	城市			农村		
	户数	百分比	累积百分比	户数	百分比	累积百分比
7人	70	1.7	99.1	85	2.7	98.5
8人	22	0.5	99.6	22	0.7	99.2
9人	9	0.2	99.8	15	0.5	99.7
10人	6	0.1	100.0	5	0.2	99.9
11人	1	0.0	100.0	4	0.1	100.0
12人	1	0.0	100.0			
合计	4124	100.0		3094	100.0	

从表2－1可以看出，被调查困难城乡家庭中有近15%是单身户，单身户和2口之家的比例约占总数的40%。其中，农村被调查家庭的单身户和2口之家的比例要略高于城市家庭。而城市的3口之家的比例（30.3%）要高出农村（20.8%）近10个百分点。这表明农村困难家庭的脆弱性要高于城市困难家庭。

（二）困难家庭成员的性别和年龄

城市被访困难家庭全部成员的性别比大体一致：男性49.9%；女性50.1%。农村被访困难家庭全部成员男性为52.3%；女性为47.7%，男性略多于女性。被访困难家庭全部成员的年龄结构见表2－2。

表2－2 被访城乡困难家庭全部成员年龄结构 单位:%

年龄	城市		农村	
	人数	有效百分比	人数	有效百分比
18岁以下	1871	14.9	1741	17.6
18—59岁	7505	59.7	5001	50.6
60岁及以上	3192	25.4	3133	31.7
合计	12568	100.0	9875	100.0

从表2－2可以看出，城乡被访困难家庭中老年人的比例明显偏高。城

市地区 60 岁及以上老年人占总人口的比例达到了 25.4%。农村地区困难家庭的老龄化问题更严重，60 岁及以上的老年人口已经占到总人口的 31.7%。

（三）困难家庭成员的婚姻状况

婚姻也是家庭贫困的重要影响因素，单亲或丧偶会导致收入减少，很可能加剧家庭贫困。被访家庭 15 岁以上人员婚姻状况见表 2－3。

表 2－3　被访城乡困难家庭 15 岁以上人员婚姻状况　　单位：%

婚姻状况	城市		农村		全国情况
	人数	百分比	人数	百分比	百分比
已婚	6668	60.6	5309	63.3	73.63
未婚	2496	22.7	1788	21.3	18.91
离婚	684	6.2	254	3.0	1.91
丧偶	1146	10.4	998	11.9	5.55
同居			30	0.4	
合计	10994	100.0	8379	100.0	100

注：全国 15 岁以上人口婚姻状况的数据来自国家统计局《中国统计年鉴（2017）》，国家统计局网站，http://www.stats.gov.cn/tjsj/ndsj/2017/indexch.htm。

从调查数据可以看出，城乡困难家庭中已婚比例明显低于全国平均水平，而离婚和丧偶的比例明显高于全国平均水平。其中，城市离婚现象比农村更为严重，而农村丧偶的现象更为严重。

（四）困难家庭成员的受教育水平

受教育水平一定程度上代表了就业能力，也是家庭贫困的重要原因。表 2－4 是被访城乡困难家庭 6 岁及以上家庭成员受教育水平的情况。从表中的情况看出，城市被访困难家庭成员没上过学的比例占到 15.3%，初中以下受教育程度总共占到 71.3%。农村被访困难家庭成员的受教育程度更低，其中没上过学的比例占到 24.6%，初中以下受教育程度总共占到 86.8%。

表2-4 被访城乡困难家庭6岁及以上人员受教育水平状况 单位:%

受教育程度	城市		农村	
	人数	百分比	人数	百分比
没上过学	1863	15.3	2335	24.6
小学	3065	25.1	3427	36.0
初中	3770	30.9	2487	26.2
高中/中专	2177	17.9	811	8.5
大专	685	5.6	229	2.4
本科	600	4.9	203	2.1
硕士及以上	35	0.3	16	0.2
合计	12195	100.0	9508	100.0

（五）宗教信仰

宗教信仰对贫困有一定影响。从表2-5可以看出，大约10%的城乡被访困难家庭成员有宗教信仰。信仰最多的宗教是佛教，其次是基督教。城市地区被访困难家庭成员信仰佛教和基督教的比例要略高于农村地区，而农村地区被访困难家庭成员信仰伊斯兰教的比例要高于城市地区。

表2-5 被访城乡困难家庭成员宗教信仰情况 单位:%

宗教类型	城市		农村	
	人数	百分比	人数	百分比
佛教	633	5.0	371	3.8
道教	7	0.1	11	0.1
伊斯兰教	114	0.9	166	1.7
基督教	410	3.3	216	2.2
其他宗教	69	0.5	56	0.6
没有宗教信仰	11336	90.2	9060	91.7
合计	12569	100.0	9880	100.0

二、城乡困难家庭的健康状况

健康状况评估一般包括两种方法：一是被访者对健康状况进行自我评价，二是根据患病、残疾等状况进行客观评价。表2-6是被访城乡困难家庭成员的自评健康状况。从表中可以看出，在所有被访的城市困难家庭成员中（12574人），有大约35.3%的自评健康状况较差或很差。农村被访困难家庭成员的自评健康状况较之城市要更差一些，有37.1%的被访农村困难家庭成员自评健康状况为较差或很差。这表明城乡困难家庭的健康状况总体较差。

表2-6　被访城乡困难家庭成员自评健康状况　　单位：%

健康状况	城市		农村	
	人数	百分比	人数	百分比
很好	2171	17.3	1607	16.3
较好	1443	11.5	996	10.1
一般	4516	35.9	3587	36.5
较差	2364	18.8	1868	19.0
很差	2080	16.5	1779	18.1
合计	12574	100.0	9837	100.0

患大病、重病是城乡家庭陷入贫困的重要原因。表2-7是那些被认为身体较差或很差的家庭成员患病情况。从表中可以看出，城市被访困难家庭成员患大病和慢性病的比例分别达到25.9%和52.8%，农村被访困难家庭成员患大病和慢性病的比例也分别达到22.4%和52.9%。

表2-7　被访城乡困难家庭成员的患病情况　　单位：%

患病情况	城市		农村	
	人数	百分比	人数	百分比
大病	1150	25.9	817	22.4
慢性病	2346	52.8	1932	52.9
其他	518	11.7	439	12.0
无	430	9.7	465	12.7
合计	4444	100.0	3653	100.0

残疾也是导致家庭贫困的重要因素。表2－8反映的是被访城乡困难家庭成员的残疾情况。从表中可以看出，被访困难家庭成员的残疾比例非常高。那些被认为身体较差或很差的家庭成员中，城市被访困难家庭成员有残疾比例达到37.8%，农村被访困难家庭成员有残疾比例达到33.3%。另外，城乡困难家庭有重度残疾家庭成员的比例达到7.9%。

表2－8　被访城乡困难家庭成员的残疾状况　　单位：%

残疾程度	城市		农村	
	人数	百分比	人数	百分比
残疾一级（重度）	346	7.9	285	7.9
残疾二级（中度）	633	14.4	441	12.1
残疾三级（轻度）	427	9.7	302	8.3
残疾四级及以下	257	5.8	182	5.0
无	2740	62.2	2420	66.7
合计	4403	100.0	3630	100.0

残疾或重病都有可能导致家庭成员丧失自理能力。从表2－9可以看出，大约有37%的被访城乡困难家庭有至少1个无自理能力家庭成员。其中29.1%的家庭有1个无自理能力的家庭成员，有部分家庭有2个及以上的无自理能力家庭成员，也有少数家庭无自理能力家庭成员在3人及以上。

表2－9　被访城乡困难家庭无自理能力家庭成员数　　单位：%

人数	城市		农村	
	频率	百分比	频率	百分比
0人	2622	63.6	1950	63.0
1人	1199	29.1	901	29.1
2人	232	5.6	196	6.3
3人	62	1.5	40	1.3
4人	7	0.2	8	0.3
6人	1	0.0	—	—
合计	4123	100.0	3095	100.0

第二节　就业与经济状况

一、就业状况

从表2－10可以看出，被访城市困难家庭成员最多的情况是离退休/年老无业（占21.6%）；其次是在劳动年龄但丧失劳动能力（占14.9%）；有劳动能力但失业、无业的情况占10.8%；再加上有8.7%的人长期料理家务，总共有56%的人没有任何劳动收入。而那些有劳动收入的家庭成员中，主要是打零工、合同制员工和个体。被访农村困难家庭成员有21%的人因为年老不参加劳动，12.8%的人在劳动年龄但丧失劳动能力，有7.7%长期料理家务，还有3.5%有劳动能力但处于失业/无业状态，总共有45%的人没有任何劳动收入。在那些就业人口中，主要是在乡务农（24.7%），在乡打零工（11.6%）和离乡打零工（9.2%）。

表2－10　被访城乡困难家庭16岁及以上成员的就业状况　　单位：%

就业状况	城市		就业状况	农村	
	频率	百分比		频率	百分比
编制内员工	170	1.7	在乡务农为主	1944	24.7
合同制员工	790	7.8	在乡打零工为主	915	11.6
零工	1915	19.0	在乡从事个体经营等为主	108	1.4
个体	322	3.2	离乡打零工为主	723	9.2
务农	542	5.4	离乡从事个体经营等为主	32	0.4
长期料理家务	879	8.7	离乡做合同工	202	2.6
失业、无业（有劳动能力）	1094	10.8	村或乡镇干部（农技员、医生、教师、文化工作者等）	76	1.0

续表

就业状况	城市		就业状况	农村	
	频率	百分比		频率	百分比
在劳动年龄但丧失劳动能力	1507	14.9	长期料理家务	603	7.7
离退休（年老无业）	2181	21.6	失业、无业（有劳动能力）	277	3.5
其他	703	7.0	在劳动年龄但丧失劳动能力	1010	12.8
合计	10103	100.0	年老不参加劳动	1650	21.0
			其他	327	4.2
			合计	7867	100.0

注：16岁及以上人员去除了在校学生。

从表2-11可以看出，除去无业人员外，城市地区被访困难家庭最主要收入人从事的职业类型最多的是情况不便分类的其他从业人员，这可能是因为城市地区困难家庭从业人员的非正规就业现象非常严重。在所有职业类型中，困难家庭成员从事最多的是商业、服务人员（13.1%）；其次是生产、运输设备操作人员及有关人员（7.9%）；再次是农、林、牧、渔、水利业生产人员（6.1%）；还有一些人是专业技术人员、办事人员和有关人员等。农村地区困难家庭主要收入人从事的职业类型最多的是农、林、牧、渔、水利业生产人员（34.5%）；其次是不便分类的其他从业人员（26.1%）；还有一部分是商业、服务人员（4.9%）和生产、运输设备操作人员及有关人员（4.6%），其他人员非常少。

表2-11 被访城乡困难家庭最主要收入人最近从事的职业类型 单位：%

职业类型	城市		农村	
	人数	百分比	人数	百分比
国家机关、党群组织、企事业单位负责人	122	3.0	32	1.0
专业技术人员	174	4.2	57	1.8

续表

职业类型	城市		农村	
	人数	百分比	人数	百分比
办事人员和有关人员	155	3.8	33	1.1
商业、服务人员	538	13.1	151	4.9
农、林、牧、渔、水利业生产人员	250	6.1	1065	34.5
生产、运输设备操作人员及有关人员	327	7.9	141	4.6
军人	17	0.4	7	0.2
不便分类的其他从业人员	1294	31.4	806	26.1
无业	1241	30.1	797	25.8
合计	4118	100.0	3089	100.0

表2－12显示，城乡困难家庭成员工作所属行业非常分散。从城市地区困难家庭最主要收入人工作所属行业来看，排在前七位的分别是居民服务、修理和其他服务业（7.5%），制造业（6.8%），农、林、牧、渔业（6.6%），建筑业（5.2%），交通运输、仓储和邮政业（5.1%），住宿和餐饮业（4.4%）与批发和零售业（4.3%）。而农村地区困难家庭最主要收入人工作所属行业排在前七位的是农、林、牧、渔业（36.4%），建筑业（8.0%），制造业（4.3%），居民服务、修理和其他服务业（2.6%），住宿和餐饮业（2.4%），交通运输、仓储和邮政业（1.8%）以及卫生和社会工作（1.5%）。另外，城市和农村困难家庭最主要收入人工作所属行业还有很多是在其他行业。

表2－12　被访城乡困难家庭最主要收入人最近从事的工作所属行业 单位:%

职业类型	城市		农村	
	频率	百分比	频率	百分比
农、林、牧、渔业	272	6.6	1123	36.4
采矿业	22	0.5	12	0.4
制造业	280	6.8	133	4.3

续表

职业类型	城市		农村	
	频率	百分比	频率	百分比
电力、热力、燃气及水生产和供应业	67	1.6	28	0.9
建筑业	212	5.2	248	8.0
批发和零售业	177	4.3	44	1.4
交通运输、仓储和邮政业	211	5.1	54	1.8
住宿和餐饮业	180	4.4	74	2.4
信息传输、软件和信息技术服务业	24	0.6	11	0.4
金融业	16	0.4	6	0.2
房地产业	8	0.2	4	0.1
租赁和商务服务业	58	1.4	26	0.8
科学研究和技术服务业	13	0.3	5	0.2
水利、环境和公共设施管理业	17	0.4	11	0.4
居民服务、修理和其他服务业	308	7.5	81	2.6
教育	62	1.5	17	0.6
卫生和社会工作	112	2.7	46	1.5
文化、体育和娱乐业	20	0.5	6	0.2
公共管理、社会保障和社会组织	47	1.1	18	0.6
其他	760	18.5	330	10.7
未就业	1247	30.3	807	26.2
合计	4113	100.0	3084	100.0

二、收入状况

第一，收入水平和收入结构情况。数据分析结果显示，被访城乡困难家庭16岁以上家庭成员均有超过一半的人没有任何收入（城市为51%，农村为51.9%）。从收入结构来看，表2－13显示被访城市困难家庭总收入中有超过一半的是劳动收入（51.83%），其次是转移性收入（38.27%），经营性净收入和财产性收入所占比例都非常低。被访农村困难家庭总收入中接近六成（58.98%）是劳动收入；其次是转移性收入（23.59%）；再次是经营性净收入（13.23%）；财产性收入和其他收入都非常少。另外，政府救助收入在困难家庭收入中也很重要（接近总收入的15%）。

表2－13　被访城乡困难家庭收入水平和收入结构　　单位：%

收入情况	城市		农村	
	均值	占总收入的比例	均值	占总收入的比例
劳动收入（元）	17531.52	51.83	11885.00	58.98
经营性净收入（元）	1310.65	3.88	2665.29	13.23
财产性收入（元）	1595.31	4.72	635.29	3.15
转移性收入（元）	12942.53	38.27	4753.14	23.59
其中政府救助收入（元）	4782.78	14.14	2976.45	14.77
其他收入（元）	442.86	1.31	210.63	1.05
合计（元）	33822.87	100.00	20149.35	100.00

本次调查城乡困难家庭可以分为低保户和低保边缘户，这两类困难家庭收入来源是不一样的。一般说来，低保户由于能够得到政府每月的低保金，因此其收入结构中应该有更多的政府转移支付收入，而低保边缘户则在这方面的收入应该会比较少。从表2－14可以看出，城市地区低保边缘户的平均家庭总收入为59750.12元，而低保户的平均家庭总收入为45931.93元。这表明从收入来看低保边缘户的家庭收入是要高于低保户的。从收入结构来看，由于低保户有低保金，因此其家庭收入中有14.06%是政府救助收入，而低保边缘户这一比例只有4.50%。另外，低保边缘户家庭的劳动收入和经营性净收入也明显高于低保户。这表明，与低保户相比，低保边缘户主要依靠个人劳动来维持生活。

表 2－14　城市被访低保户和低保边缘户收入结构比较　　单位:%

收入情况	低保户		低保边缘户	
	均值	占总收入的比例	均值	占总收入的比例
劳动收入（元）	13142. 75	28. 61	23020. 50	38. 53
经营性净收入（元）	16611. 29	36. 17	23245. 37	38. 90
财产性收入（元）	1710. 07	3. 72	1451. 92	2. 43
转移性收入（元）	14127. 07	30. 76	11461. 68	19. 18
其中政府救助收入（元）	6456. 00	14. 06	2687. 12	4. 50
其他收入（元）	340. 75	0. 74	570. 65	0. 96
合计（元）	45931. 93	100. 00	59750. 12	100. 00

表 2－15 显示，农村地区低保边缘户的平均家庭总收入为 22656. 95 元，明显高于低保户的平均家庭总收入（17297. 31 元）。从收入结构来看，农村地区困难家庭对政府救助收入的依赖性更高。低保户的家庭收入中有 22. 94% 来自政府救助，低保边缘户的家庭收入有 9. 29% 来自政府救助。另外，低保边缘户家庭收入中劳动收入和经营性净收入的比例要明显高于低保户。这表明，与低保户相比，低保边缘户更多的是依靠自己的劳动来维持生活。

表 2－15　农村被访低保户和低保边缘户收入结构比较　　单位:%

收入情况	低保户		低保边缘户	
	均值	占总收入的比例	均值	占总收入的比例
劳动收入（元）	8412. 96	48. 64	14935. 86	65. 92
经营性净收入（元）	2157. 76	12. 47	3111. 08	13. 73
财产性收入（元）	445. 65	2. 58	801. 78	3. 54
转移性收入（元）	6045. 13	34. 95	3619. 70	15. 98
其中政府救助收入（元）	3967. 82	22. 94	2104. 46	9. 29
其他收入（元）	235. 81	1. 36	188. 53	0. 83
合计（元）	17297. 31	100. 00	22656. 95	100. 00

第二，储蓄和欠债。从表 2 - 16 可以看出，城市地区低保户积蓄额平均为 6416. 66 元，而欠债却达到 24660. 21 元，净负债达到 - 18243. 55 元。低保边缘户的积蓄要高于低保户（9874. 54 元），但负债也比低保户要高得多（31513. 22 元），因此净负债也高于低保户（ - 21638. 68 元）。这表明，低保边缘户可能比低保户面临的经济压力更大。

表 2 - 16　城市地区被访困难家庭积蓄和欠债情况　　单位：元

积蓄和欠债情况	全部调查户	低保户	低保边缘户
积蓄数额均值	7957. 35	6416. 66	9874. 54
欠债数额均值	27703. 77	24660. 21	31513. 22
净负债（积蓄 - 负债）	- 19746. 42	- 18243. 55	- 21638. 68

从表 2 - 17 可以看出，农村地区低保户平均积蓄额为 2081. 81 元，但欠债数额却达到 27511. 60 元，净负债达到 - 25429. 79 元。低保边缘户积蓄数额要高于低保户，但欠债数额却少于低保户。这表明，农村低保边缘户的家庭经济状况要好于低保户。

表 2 - 17　农村地区被访困难家庭积蓄和欠债情况　　单位：元

积蓄和欠债情况	全部调查户	低保户	低保边缘户
积蓄数额均值	2870. 18	2081. 81	3562. 30
欠债数额均值	26723. 40	27511. 60	26025. 09
净负债（积蓄 - 负债）	- 23853. 22	- 25429. 79	- 22462. 79

从表 2 - 18 可以看出，不管是城市还是农村，也不管是低保户还是低保边缘户，看病都是借债的最主要原因（都在 60% 以上）。在城市地区，借债原因排在第二位的是孩子上学（占 12. 7%），而农村地区借债原因排在第二位的是买房、租房或修建房（占 16. 4%）。城市地区困难家庭借债原因排在第三位的是买房、租房或修建房（占 10. 3%），而农村地区困难家庭借债原因排在第三位的是孩子上学（占 8. 7%）。城市和农村地区困难家庭因为日常生活需要借债都排在第四位（分别为 5. 2% 和 4. 0%）。城市和农村都有部分家庭因婚丧嫁娶而借债，但农村所占比例要比城市高一些（分别为 3. 6% 和 2. 5%）。因为经营需要、意外事故和重大自然灾害借债

的比例都比较小。

表2－18　被访城乡困难家庭借债的原因　　单位:%

借债的原因	城市			农村		
	全部调查户	低保户	低保边缘户	全部调查户	低保户	低保边缘户
看病	62.8	64.6	60.5	61.3	62.6	60.1
孩子上学	12.7	13.0	12.3	8.7	8.5	8.9
日常生活需要	5.2	5.3	4.9	4.0	4.3	3.9
经营需要	1.7	1.5	1.9	2.2	1.8	2.6
买房、租房或修建房	10.3	8.4	12.6	16.4	15.7	17.1
婚丧嫁娶	2.5	2.6	2.5	3.6	3.1	4.1
意外事故	1.3	0.9	1.9	1.2	1.5	1.0
重大自然灾害	0.1	–	0.1	0.2	0.1	0.2
其他	3.5	3.6	3.3	2.3	2.5	2.1
合计	100.0	100.0	100.0	100.0	100.0	100.0

三、家庭消费支出状况

家庭支出包括生活消费支出、转移性支出、家庭资产和经营性支出三个方面。

一是生活消费支出情况。从表2－19可以看出，城市困难家庭的生活消费总支出要高于农村家庭。城市困难家庭在食品支出、衣着支出、教育支出、水电燃料采暖支出和家庭设备、用品支出几个方面均值显著高于农村困难家庭，而农村困难家庭在婚丧嫁娶和住房支出方面要高于城市困难家庭。这表明农村家庭在婚丧嫁娶和住房方面的负担要远高于城市家庭。从消费支出排序来看，城乡困难家庭生活消费支出排在前三位的依次是医疗支出、食品支出和教育支出，只不过城市困难家庭在食品支出和教育支出的绝对数额要明显高于农村困难家庭。城市地区困难家庭生活消费支出排在第四位的是水电燃料采暖支出，而农村地区困难家庭生活消费支出排在第四位的是婚丧嫁娶支出。这表明，农村地区红白事方面的支出已经成为困难家庭的重要负担，而水电燃料取暖支出则是城市困难家庭的另一个重要负担。

表2－19　被访城乡困难家庭生活消费支出情况　单位：元

生活消费支出	城市			农村		
	户数（户）	均值	排序	户数（户）	均值	排序
食品支出	4090	12530.62	2	3059	7342.55	2
衣着支出	4086	1388.22	6	3068	995.25	7
教育支出	4095	3771.56	3	3075	2799.10	3
医疗支出	4071	12604.03	1	3063	12743.89	1
住房支出	4109	1485.15	5	3090	1675.99	5
婚丧嫁娶支出	4113	1363.47	7	3090	2055.72	4
水电燃料采暖支出	4091	2090.09	4	3070	1560.74	6
文娱支出	4118	187.27	12	3094	31.21	13
交通费	4093	579.15	10	3077	500.64	10
通信费	4093	865.61	9	3064	734.07	8
上网费	4093	210.73	11	3081	100.66	12
家庭设备、用品支出	4076	1101.17	8	3057	610.18	9
生活消费其他支出	4120	158.74	13	3093	139.34	11
合计		38335.81			31289.34	

二是转移性支出的情况。从表2－20可以看出，城市困难家庭的转移性支出要明显高于农村困难家庭。从支出排序来看，城乡困难家庭的人情往来支出均排在第一位。这表明，社会交往对于困难家庭来说仍然十分重要。城市地区排在第二位的是购买保险支出，而农村地区是赡养、抚养费，这表明城市地区购买保险的刚性需求更多，而农村地区更多的是依靠

亲属之间的赡养和抚养关系形成的转移支付。

表 2－20　被访城乡困难家庭转移性支出情况　　单位：元

转移性支出	城市			农村		
	户数	均值	排序	户数	均值	排序
赡养、抚养费	4102	1551.77	3	3065	1154.13	2
人情往来支出	4086	2405.89	1	3071	2260.35	1
购买保险支出	4095	1842.00	2	3073	693.89	3
转移性其他支出	4121	35.22	4	3094	13.46	4
合计		5834.88			4121.83	

三是家庭资产、经营性支出。从表 2－21 可以看出，农村困难家庭在住房方面的支出均值为 5546.74 元，而城市居民住房方面的支出为 2405.77 元，因此，农村困难家庭的住房支出要明显高于城市困难家庭。此外，城市困难家庭还有资产和经营性其他支出，而农村困难家庭则没有此项支出。

表 2－21　被访城乡困难家庭资产、经营性支出情况　　单位：元

城市	户数	均值	农村	户数	均值
购建房与房贷支出	4117	2405.77	盖房、购房、翻修、偿还银行房贷支出（元）	3091	5321.07
资产、经营性其他支出	4122	595.10	住房其他支出（元）	3094	225.67
合计		3000.87			5546.74

第三节　社会保障状况

一、社会救助状况

（一）低保制度的运行基本情况

低保制度的运行从申请到批准需要经过个人申请、资格审查、家计调查、民主评议、社区公示、上报审批、再次公示、待遇发放等诸多环节。受多种因素的综合影响，并非所有的困难家庭都申请过低保，申请低保的家庭也可能不会全部审批通过。同时，低保制度也建立了明确的动态调整机制。再加上家庭经济状况信息核对技术的引入，低保人员会处于一个变动的状态之中。具体情况见表2－22。

表2－22　被访城乡困难家庭申请低保及获得情况　　单位:%

	城市		农村	
	是	否	是	否
是否申请过低保	84.0	15.9	83.1	16.8
是否享受过低保	73.7	26.3	68.9	31.1
目前是否仍享受低保	56.7	43.2	52.6	47.3

从表2－22中的数据可以看到，八成以上的城乡困难家庭都申请过低保，也还有不到两成的人从未申请过，城乡困难家庭申请低保的比例大体相同。城市困难家庭中，享受过低保的家庭为73.7%，要略高于农村家庭（68.9%）。这表明，城乡困难家庭并非申请低保之后都能够获得低保。随着低保退出机制的不断完善，之前享受过低保的被访困难家庭很多已退出低保。目前城市仍享受低保的困难家庭占56.7%，农村仍享受低保的困难家庭只占52.6%。

低保程序中公示是一个重要环节。除了在对申请家庭经济状况民主评议后要将评议结果公示之外，区县民政部门对街道/乡镇提交的申请材料要提出审批意见，并将审批情况在乡（镇）、社区进行公示。虽然公示可以发挥群众监督的作用，但在一定程度上也会给申请者带来“污名性”。

表2-23显示，81.7%的城市困难家庭在申请低保的过程中在社区中进行了公示，也有13.9%未经公示，还有部分被访者表示不知道是否进行了低保公示（4.4%）。相比而言，农村困难家庭认为没有公示的比例要高于城市家庭（18.1%）。

表2-23　被访城乡困难家庭低保审批公示情况　　单位：%

	城市		农村	
	频数	百分比	频数	百分比
不知道	181	4.4	82	2.6
是	3371	81.7	2451	79.2
否	572	13.9	560	18.1
合计	4124	100	3093	100

从调查数据看，目前正在领取低保的城乡低保家庭，他们领取低保的时间和方式不尽相同（见表2-24）。从表中可以看出，城乡低保家庭领取低保金的时间主要是按月领取。其中，城市按月领取低保金的困难家庭约占一半，农村约占30%；在农村低保金按季度领取的情况占到20%，而城市按季度领取的较少（6.3%）。财政部、民政部联合发布的《中央财政困难群众基本生活救助补助资金管理办法》中规定：补助资金原则上实行社会化发放，按照国库集中支付制度有关规定，通过银行、信用社等代理金融机构，直接支付到救助对象账户①。从数据来看，目前城市和农村低保家庭领取低保的方式一半以上是通过到银行或邮局领取，也说明低保金是直接发放给低保家庭银行账户的；另外也有极少数情况是到村（居）委会领取或者是工作人员送到手上。

① 中华人民共和国财政部：财政部、民政部关于印发《中央财政困难群众基本生活救助补助资金管理办法》的通知，http://sbs.mof.gov.cn/zxzyzf/knqzjbshjzbz/201607/t20160719_2364280.html。

表2－24 被访城乡低保家庭领取低保金的时间及方式 单位:%

城市				农村			
领取时间		领取方式		领取时间		领取方式	
按月领取	49.1	村、居委会领取	1.1	按月领取	29.5	村、居委会领取	0.7
按季度领取	6.3	银行或邮局领取	55	按季度领取	20	银行或邮局领取	51.3
按年领取	0.3	工作人员送到手上	0.1	按年领取	1	工作人员送到手上	0.1
不定期	0.9	其他方式领取	0.5	不定期	1.6	其他方式领取	0.5

（二）社会救助获取情况

社会救助包括城乡最低生活保障、特困人员供养、灾害救助、医疗救助、失业救助、教育救助以及附加在救助基础上的一些政策优惠等内容。以下是被访城乡困难家庭的社会救助获取情况（见表2－25）。

表2－25 被访城乡困难家庭社会救助获取情况 单位：元,%，

享受的社会救助项目情况	城市			农村		
	频数	百分比	金额均值	频数	百分比	金额均值
低保金	2629	63.7	4865.58	1787	57.7	2553.24
医疗救助	976	23.7	1802.64	640	20.7	1689.76
教育救助	636	15.4	323.54	416	13.4	254.99
住房补贴	322	7.8	261.24	113	3.7	610.64
自然灾害救助	102	2.5	11.81	137	4.4	9.92
临时救助	372	9.0	86.67	206	6.7	77.71
水电、燃料、取暖费减免	901	21.8	78.53	387	12.5	22.26

续表

享受的社会救助项目情况	城市			农村		
	频数	百分比	金额均值	频数	百分比	金额均值
物价补贴、节假日一次性救助	629	15.3	78.28	215	6.9	26.15
其他救助项目、优惠政策收入	168	4.1	38.99	104	3.4	34.8
其他费用减免	125	3.0	10.22	74	2.4	6.49
司法救助与法律援助	47	1.1	11.03	7	0.2	32.55
失业救助	60	1.5	29.62	5	0.2	4.69
慈善救助	240	5.8	146.22	141	4.6	117.75

从表2－25可以看出，不管是城市还是农村，被访者所享受的各项社会救助内容中，低保金的覆盖人数最多，获得的救助金额最大；其次是医疗救助，水电、燃料、取暖费减免及教育救助等专项救助。在低保方面，虽然城市（63.7%）和农村（57.7%）的困难家庭占比接近，但受物价等综合因素的影响，城市困难家庭所获得的平均低保金（4865.58元）远远高于农村（2553.24元），约为农村低保金额的2倍。数据显示，不论是在政策覆盖人数还是受益金额上，城市在医疗救助、教育救助、失业救助、慈善救助及临时救助等方面都要略高于农村。

在其他的社会救助项目上，城市和农村也有比较明显的差异，具体表现在：①水电、燃料、取暖费减免和物价补贴及节假日一次性救助作为维持城市困难家庭日常生活的重要经济支持，城市困难家庭享受减免及救助的比例是农村的2倍多。②较之城市，住房补贴在农村发挥了不可小觑的作用，政府对农村困难家庭所进行的危房改造投入巨大，农村困难家庭在住房补贴方面获得的金额（610.64元）远高于城市困难家庭（261.24元）。③农村享受过自然灾害救助的占比为4.4%，而城市享受过自然灾害救助的人更少，仅占2.5%。

（三）城乡困难家庭救助需求情况

除已获得的上述各项社会救助项目外，由于城乡困难家庭的生存能力和防范风险的能力弱，他们未来希望在以下方面获得更多的帮助（见表2－26）。

表2－26　被访城乡困难家庭仍需获得的帮助项目　　单位：%

需要的帮助	城市		农村	
	频数	百分比	频数	百分比
直接提供生活金或生活品	2214	53.7	1941	62.7
帮助家里劳动力找份工作	1137	27.6	981	31.7
提供技能培训、指点致富门路	766	18.6	819	26.5
提供低息贷款或生产资金	492	11.9	614	19.8
资助子女完成学业	1166	28.3	874	28.2
减免医疗费	2673	64.8	2192	70.8
帮助修建住房	1186	28.8	1335	43.1
结对帮扶	994	24.1	1025	33.1

数据显示，城乡困难家庭需要获得的帮助中，排名前三位的项目一致，依次是“减免医疗费”（城市64.8%，农村70.8%）、“直接提供生活金或生活品”（城市53.7%，农村62.7%）、帮助修建住房（城市28.8%，农村43.1%）。除上述三项所需帮助一致外，城市和农村困难家庭的其他帮助需求排名有所不同。排在城市困难家庭所需帮助第四位的是资助子女完成学业（28.3%），而农村则是结对帮扶（33.1%）。对于城市困难家庭而言，排名后四位的帮助依次是：帮助家里劳动力找份工作（27.6%）、结对帮扶（24.1%）、提供技能培训、指点致富门路（18.6%）和提供低息贷款或生产资金（11.9%）；农村困难家庭所需的有所不同，分别是：帮助家里劳动力找份工作（31.7%）、资助子女完成学业（28.2%）、提供技能培训、指点致富门路（26.5%）和提供低息贷款或生产资金（19.8%）。

二、社会保险及社会福利状况

社会保险发挥着重要的贫困预防功能，是反贫困的第一道防线。以下是城市及农村困难家庭社会保险参与和给付基本情况。

（一）社会保险的参与情况

社会保险通常包括养老保险、医疗保险、失业保险、工伤保险和生育保险。根据人群的不同，城市的养老保险和医疗保险又划分为职工养老保险、居民养老保险、职工医疗保险与居民医疗保险。以下是城市和农村困难家庭参与社会保险的基本情况（见表 2 －27 －1 和表 2 －27 －2）。

表 2 －27 －1　被访城市困难家庭参与社会保险情况　单位：%

	养老保险		医疗保险		工伤保险	失业保险	生育保险
	职工养老保险	居民养老保险	职工医疗保险	居民医疗保险			
不适用	48.2	48.2	22	22	—	—	—
不知道	0.1	0.2	0.2	0.3	0.3	0.2	0.2
0 人	29.8	34.6	58.5	34.9	96.1	95.5	97.6
1 人	13.8	10.4	12.2	15.5	2.6	3.5	1.7
2 人	7.3	5.5	5.6	12.5	0.8	0.7	0.5
3 人	0.7	0.7	1.1	8.6	0.1	0.1	0.1
4 人	0.1	0.4	0.4	3.5	—	—	—
5 人	—	—	—	1.5	—	—	—
6 人及以上	—	—	—	1.0	—	—	—

表 2 －27 －2　被访农村困难家庭参与社会保险情况　单位：%

	农村居民养老保险	新型农村医疗保险	工伤保险	失业保险	生育保险
不适用	51.1	18.9	—	—	—
不知道	0.1	0.3	0.1	—	—

续表

	农村居民养老保险	新型农村医疗保险	工伤保险	失业保险	生育保险
0 人	11. 3	13. 2	98. 6	99	99. 2
1 人	14. 8	11. 5	0. 9	0. 6	0. 5
2 人	17. 5	19. 9	0. 4	0. 2	0. 2
3 人	3. 6	12. 9	0. 1	0. 1	0. 1
4 人	1. 2	10. 7	—	—	—
5 人	0. 3	6. 3	—	—	—
6 人及以上	0. 2	6. 3	—	—	—

从上表可以看出，城市困难家庭社会保险的覆盖率高于农村困难家庭。就单个险种来看，医疗保险对于城市和农村困难家庭的覆盖率都是比较高的。数据显示，农村困难家庭无人参加医疗保险的比例占 13. 2%；城市困难家庭中无人参加城镇职工医疗保险或城市居民医疗保险的比例分别占 58. 5% 和 34. 9%。养老保险的覆盖率较之医疗保险而言偏低。农村困难家庭中至少有 1 人参加养老保险的比例为 37. 6%。城市困难家庭至少有 1 人参加城镇职工养老保险或城市居民养老保险的比例为 38. 9%。其他三项社会保险，城市和农村困难家庭参保的比例都极低，对于城市和农村的困难家庭基本上起不了多大作用。

（二）社会保险的给付水平

以上主要探讨社会保险的覆盖率，下表分析农村及城市困难家庭所获得的社会保险给付水平（见表 2－28）。

表 2－28　被访城乡困难家庭社会保险给付水平　（单位：元/年）

	城市困难家庭保险给付		农村困难家庭保险给付
养老保险	职工养老	5018. 21	600. 85
	居民养老	1079. 93	
医疗保险	职工医疗	881. 04	1995. 4
	居民医疗	1706. 48	

续表

	城市困难家庭保险给付		农村困难家庭保险给付
工伤保险		62.05	—
失业保险		32.09	—
生育保险		9.44	—

表2－28中的数据显示，城市及农村困难家庭所享受的社会保险待遇水平比较低。对于农村困难家庭来说，保险给付水平最高的是新农合，年人均金额为1995.4元；养老保险次之，年人均金额为600.85元；至于工伤保险、失业保险和生育保险三项，在农村困难家庭中的覆盖面很小，给付可以忽略不计。较之农村而言，目前城市困难家庭给付水平较高的是养老保险。城镇职工养老保险给付均额为5018.21元，远高于城镇居民养老和新农保的给付水平。城镇医疗保险给付水平次之，职工医疗保险要低于居民医疗保险的给付水平。同样，作为资金支持的工伤、失业和生育保险，每人每年分别只有62.05元、32.09元和9.44元。

（三）福利津贴的获得及给付情况

福利津贴主要针对老年人、残疾人和儿童等困难群体，表2－29是城乡困难家庭福利津贴覆盖情况，从表中可以看出，对城乡困难家庭来说，福利津贴的覆盖率并不高。家中无人享有福利补贴的，达到八成，仅有两成困难家庭成员可以有资格享受此项福利津贴。城市困难家庭中1人获得福利补贴的占15.4%，农村略低（占13.6%），且家庭中有2—3人享受福利的人数占比均不及5%。

表2－29　被访城乡困难家庭福利津贴覆盖情况　　单位:%

	城市		农村	
	频数	百分比	频数	百分比
0人	3361	81.5	2529	81.7
1人	636	15.4	421	13.6
2人	107	2.6	128	4.1
3人	15	0.4	13	0.4

三、社会服务状况

社会服务有助于满足救助对象差异性与多样化的救助需求，对提高城乡困难家庭的生活质量有重要意义。表 2－30 为被访城乡困难家庭社会服务设施拥有情况。

表 2－30　被访城乡困难家庭拥有的社会服务设施情况　　单位:%

拥有的社会服务设施	城市		农村	
	频率	百分比	频率	百分比
托老所、养老院	1063	25.8	490	15.8
医疗卫生服务站	2849	69.1	2171	70.1
康复保健中心	1027	24.9	345	11.1
社区治安站（点）	2576	62.5	1238	40
社区文化站、图书室或活动中心	2518	61.1	1425	46
公共体育健身设施及场所	2590	62.8	1587	51.3
便民利民服务点	2153	52.2	1232	39.8
计划生育服务站	2620	63.5	1596	51.6
流动人口服务站	1949	47.3	798	25.8
物业服务站（清扫垃圾、绿化、设施养护等）	2343	56.8	1074	34.7
幼儿园、托儿所	2187	53	1190	38.4
其他	59	1.4	29	0.9
以上都没有	185	4.5	293	9.5

从上表可以看出，农村困难家庭所拥有的社会服务设施，除了医疗卫生服务站一项多于城市外，其他各项服务设施拥有比例均少于城市。尤其是在康复保健中心、社区治安站（点）、物业服务站及社区文化站、图书室或活动中心方面表现尤为明显。除此之外，上表社会服务设施在农村的无覆盖率接近 10%，而城市无覆盖的占比不到 5%，由此可见，城市较之农村拥有更多的社会服务设施。

社会服务设施的建设对困难家庭缓解困难有很大的帮助。同时，社会服务设施的利用率及对服务的评价也是反映社区服务质量的重要指标（见表2－31）。

表2－31　被访城乡困难家庭享受的社区服务　　单位：%

享受的社区服务	城市		农村	
	频率	百分比	频率	百分比
社区养老服务	405	9.8	276	8.9
幼儿托护服务	114	2.8	82	2.6
社区治安服务	2104	51	1101	35.6
环境卫生服务	2830	68.6	1874	60.5
办理社会保障服务	1465	35.5	1044	33.7
劳动就业服务	580	14.1	247	8.0
医疗卫生保健服务	1687	40.9	1464	47.3
文化娱乐服务	1135	27.5	822	26.6
家政服务	299	7.3	54	1.7
法律服务	352	8.5	188	6.1
物业服务	925	22.4	126	4.1
紧急救援服务	279	6.8	133	4.3
计生服务	616	14.9	470	15.2
心理咨询服务	248	6.0	96	3.1
其他	722	17.5	643	20.8

社会服务的受益人群中，除了医疗卫生保健服务和计生服务外，城市困难家庭所享受的社会服务在占比上要普遍高于农村，这一点与上述农村医疗卫生服务站多于城市相一致。社会服务类型上，城市困难家庭享受最多的服务是环境卫生（68.6%）；其次是社区治安（51%）、医疗卫生保健服务（40.9%）、办理社会保障服务（35.5%）等；幼儿托护服务的占比最少，不到3%。相比之下，农村困难家庭享受过的社会服务主要包括：环境卫生（60.5%）、医疗卫生保健服务（47.3%）和社区治安（35.6%），占比最少的是家政服务，仅占1.7%。

近年来，社会政策正在向为困难家庭提供专业的社工服务倾斜。各级人民政府也在积极鼓励发挥社会工作服务机构和社会工作者作用，为社会救助对象提供社会融入、能力提升、心理疏导等专业服务。以下是城乡困难家庭所了解的社区专业社会工作服务的情况（见表2－32）。

表2－32　社区专业社会工作服务情况　单位：%

	城市		农村	
	频数	百分比	频数	百分比
有	1144	27.7	220	7.1
无	2787	67.6	2194	70.9
不知道	192	4.7	681	22
合计	4123	100	3095	100

从上表可以看出，大约有27.7%的城市困难家庭所在的社区中有专业的社会工作服务。而农村困难家庭所在社区含有专业社工服务的仅占7.1%。还有部分被访者不知道社区中是否拥有专业的社工服务。总体看来，不管是对于农村困难家庭还是城市困难家庭而言，专业社工服务远没有进入家庭。

第四节　结论

本章描述了城乡困难家庭的人口和健康、家庭经济、就业和社会保障等方面的基本状况。

在人口学特征方面，与普通家庭相比，城乡困难家庭存在老龄化程度深、单身和离婚丧偶比例偏高、受教育水平偏低等问题，这些因素均可能成为贫困的致因，且农村的严重性程度要高于城市。在经济上，城乡困难家庭明显存在入不敷出的现象。在获得政府的财政转移支付后，虽然生活状况得以改善，但经不起疾病或意外事故的风险。健康、教育和就业问题也是影响城乡困难家庭的重要难题。被访的困难家庭大多负债累累，因病致贫情况突出。同时，城乡困难家庭成员非正规就业、失业现象比较严重。城乡困难家庭已就业家庭成员主要就业行业分布在居民服务、修理、制造、农林牧渔、建筑等低收入行业。从政策的角度来看，低保金、医疗救助及教育救助等对于困难家庭作用较大，是困难家庭重要的收入来源。同时，社会保险和社会福利津贴对于城乡困难家庭状况改善也有一定作用。对社会保险及福利数据分析表明，不管是城市还是农村，医疗保险和养老保险对于城乡困难家庭状况改善发挥了较大作用，其他保险和福利作用微乎其微。在社会服务方面，由于城市拥有完善的基础设施和专业人才，城市困难家庭所享受的社会服务要远高于农村地区。整体而言，由于困难家庭面临困难的多样性，导致困难家庭社会服务需求也呈现多元化特征。

第三章　城乡困难家庭最低生活保障精准支持研究

本章旨在分析最低生活保障制度对城乡困难家庭的精准支持状况，包括研究背景与分析思路、现状分析、效果评估分析、研究结论与若干思考四个部分。

第一节　研究背景与分析思路

一、研究背景与问题提出

贫困是长期存在的困扰人类生存和发展的重要问题，防止和解决由贫困带来的生存危机，保障城乡困难群体的生存发展权利，一直以来都是各国政府义不容辞的责任。20 世纪 90 年代初期，我国开始探索建立最低生活保障制度。1993 年，上海市进行最低生活保障试点，率先在全国建立最低生活保障制度。1999 年，国务院颁布《城市居民最低生活保障条例》，并于同年 10 月 1 日起施行，标志着我国城市居民最低生活保障制度建立。2007 年，中央一号文件明确提出“在全国范围内建立农村最低生活保障制度”，覆盖城乡居民的最低生活保障制度得以初步建立。2014 年《社会救助暂行办法》出台，标志着以低保制度为核心的全面社会救助体系的建立。该办法对最低生活保障制度的保障范围、申请程序、待遇发放等作了明确的规定，对最低生活保障标准、最低生活保障家庭收入状况、财产状况的认定办法以及退出机制等作了原则上的规定。经过近 20 年的发展，我国最低生活保障制度从无到有，从城市到农村，覆盖范围不断扩大、保障水平逐步提高。最低生活保障制度作为我国整个社会保障体系中“最后一张安全网”，在满足困难家庭基本生活需要、防止生存危机方面发挥了重要的作用。据民政部公布的2017年4季度的数据，城乡低保对象共有2994.1万户，5311.2万人。其中，城市742.7万户，1264.1万人；农村2251.4万户，4047.1万人。全国城市低保平均标准为540.6元/人·月，全国农村低保平均标准为4300元/人·年。全年各级政府共支出低保资金1669亿元。这些无疑彰显了我国政府在保障和改善民生、发展完善最低生活保障制度方面所作出的努力和取得的成就。

在2020年“全面建成小康社会”的背景下和“小康路上一个都不能少”的目标下，困难家庭由于自身能力有限，容易陷入生存危机，更加需要得到政府的关注和帮助。最低生活保障制度经过近20年的发展，尽管成就显著，仍然存在诸多问题。作为缓解困难家庭生活压力的一项重要的制度安排，其制度的不断完善是这些困难群体在小康路上“不掉队”的重要保证。党的十九大作出了“我国社会主要矛盾已经转化为人民日益增长的美好生活需要和不平衡不充分的发展之间的矛盾”的重大政治判断。最低生活保障制度在发挥“最后一张安全网”的作用上离人民特别是困难群众对美好生活的向往还有一定距离，需要进一步完善。

本章基于2017年本项目调查数据，对城乡低保家庭困难情况以及最低生活保障制度现状作了详细描述和分析。通过对调查数据统计分析，发现城乡低保家庭劳动力数量少，家庭成员文化程度普遍较低，健康状况普遍较差，就业质量不高，收入少但支出特别是医疗食品支出大，导致低保家庭积累数额少，负债高，生存风险较大，困难情况比较严重。通过对低保制度现状的分析，发现目前虽然低保家庭对低保主观满意度较高，对满足基本需要、解决生活困难作用很大，但低保制度仍存在城乡差距较大、福利依赖比较明显、制度捆绑现象较为严重等问题。最后，针对低保家庭困难情况以及低保制度现状提出了进一步完善最低生活保障制度的建议。

二、城乡低保家庭困难情况分析

（一）城乡低保家庭基本情况分析

1. 家庭规模小，劳动力数量少

根据城乡困难家庭调查数据统计结果，如表3-1所示，家庭规模小成

为城乡低保家庭一个显著的特征。城市低保家庭以两口之家、三口之家为主。家庭成员数为 2 人和 3 人的家庭数占家庭总数比例达到 57.0%。1 人户家庭的比例较高，达到 15.5%。城市低保家庭户均 2.94 人。农村低保家庭以两口之家、三口之家为主。家庭成员数为 2 人和 3 人的家庭数占家庭总数比例达到 48.2%。1 人户家庭的比例较高，达到 17.1%。农村低保家庭户均 3.06 人。

表 3－1　城乡低保家庭规模基本情况　　单位：户，人，%

	家庭成员数	1	2	3	4	5	6	7	8	9	10	11	12	总计	户均
城市	家庭数	356	580	726	316	179	84	34	9	6	1	0	1	2292	2.94
	占比	15.5	25.3	31.7	13.8	7.8	3.7	1.5	0.4	0.2	0.0	0.0	0.0	99.9	
农村	家庭数	248	386	311	247	119	86	33	6	9	2	0	0	1447	3.06
	占比	17.1	26.7	21.5	17.1	8.2	6.0	2.3	0.4	0.6	0.1	0.0	0.0	100	

此外，城乡低保家庭的劳动力数量少。如表 3－2 所示，城市低保家庭中，高达 37.2% 的低保家庭没有劳动力，平均每户的劳动力数量为 1.1 人，平均家庭劳动力数量与家庭总人数之比为 1∶2.67。农村低保家庭中，无劳动力的家庭比例占到 43.3%，平均每户的劳动力数量为 1.04 人，平均家庭劳动力数量与家庭总人数之比为 1∶2.94。相比之下，城市低保边缘户家庭平均每户的劳动力数量为 1.47 人，平均家庭劳动力数量与家庭总人数之比为 1∶2.18。农村低保边缘户家庭平均每户的劳动力数量为 1.37 人，平均家庭劳动力数量与平均家庭总人数之比为1∶2.43。

表 3－2　城乡低保家庭劳动力数量情况　　单位：户，人，%

有劳动能力人数		0	1	2	3	4	5	6	总计	户均	劳动力人数与家庭总人数之比
城市	家庭数	853	661	506	205	52	12	3	2292	1.1	1∶2.67
	比例	37.2	28.8	22.1	8.9	2.3	0.5	0.2	100		
农村	家庭数	626	371	280	128	27	9	6	1447	1.04	1∶2.94
	比例	43.3	25.6	19.4	8.8	1.9	0.6	0.4	100		

表3-3　城乡低保家庭与低保边缘户家庭劳动力情况对比　　单位：人

		户均劳动力	劳动力人数与家庭总人数之比
城市	低保户	1.1	1∶2.67
	低保边缘户	1.47	1∶2.18
农村	低保户	1.04	1∶2.94
	低保边缘户	1.37	1∶2.43

2. 受教育水平普遍偏低

城乡低保家庭成员受教育程度普遍偏低，城市和农村低保家庭最高受教育水平均为初中。如表3-4所示，城市低保家庭中最高受教育水平以初中和高中/中专为主，两者占比达54%，其中初中占比最高，达27.8%，高中/中专占26.2%。而大专及以上仅占11.8%，所有家庭成员均未上过学的低保家庭占比达6.6%。农村低保家庭中最高受教育水平以小学和初中为主，两者占比达60.3%，其中初中占比最高，达32.6%，小学占27.7%。而大专及以上仅占5.2%，所有家庭成员均未上过学的低保家庭占比达12.1%。

表3-4　城乡低保家庭受教育情况　　单位：户,%

家庭最高受教育水平		没上过学	小学	初中	高中/中专	大专及以上
城市	家庭数	152	335	636	600	270
	比例	6.6	14.6	27.8	26.2	11.8
农村	家庭数	175	401	472	245	75
	比例	12.1	27.7	32.6	16.9	5.2

3. 健康状况普遍较差

城乡低保家庭成员的健康状况普遍较差。具体体现在残疾人数量多、无自理能力者数量多、慢性病与大病患者多等方面。如表3-5所示，城乡低保家庭中，52.31%的家庭拥有至少一名残疾人，近10%的家庭拥有两名及以上的残疾人；40.2%的家庭拥有至少一名无自理能力成员，且其主要的照料方式为家人或亲属；64.53%的家庭中拥有至少一名慢性病患者，超过20%的家庭拥有两名及以上的慢性病患者；33.38%的家庭中有至少一名大病患者。农村低保家庭中，49.8%的家庭拥有至少一名残疾人，

12.7%的家庭拥有两名及以上的残疾人；40.0%的家庭拥有至少一名无自理能力成员，且其主要的照料方式为家人或亲属；63.4%的家庭中拥有至少一名慢性病患者，超过20%的家庭拥有两名及以上的慢性病患者；30.6%的家庭有至少一名大病患者。

表3－5　城乡低保家庭残疾人数、无自理能力人数、慢性病及大病患者人数基本情况

单位：户，%

	人数	0	1	2	>3	总计
残疾人	家庭数	1093	977	192	30	2292
	比例	47.69	42.63	8.37	1.31	100
无自理能力者	家庭数	1370	729	152	40	2291
	比例	59.80	31.82	6.64	1.74	100
慢性病患者	家庭数	813	981	415	83	2292
	比例	35.47	42.80	18.11	3.62	100
大病患者	家庭数	1527	649	102	14	2292
	比例	66.62	28.32	4.45	0.61	100

比较而言，城乡困难家庭中低保家庭健康状况较低保边缘户家庭差。如表3－6所示，从至少拥有一名残疾人的家庭数占总家庭数比例来看，在家庭残疾人数、无自理能力者人数、慢性病患者人数、大病患者人数等各方面，低保家庭均高于低保边缘户家庭。

表3－6　城乡低保家庭与低保边缘户家庭健康状况对比

单位：%

	残疾人	无自理能力者	慢性病患者	大病患者
低保户	52.3	40.2	64.5	33.4
低保边缘户	34.5	31.7	58.6	28.7

4. 面临多重困难、生活负担重

城乡低保家庭面临多重困难，生活负担重。如表3－7所示，城乡低保家庭目前面临的主要困难中，比例最高的均为“家庭成员疾病负担重”，两者都超过了60%；其次均为“家庭主要劳动力没有工作”，其中城市为56.3%，农村为64.8%。面临的其他主要困难还包括“家庭主要成员没有劳动能力”“家庭成员需长期照料”“居住条件差”等。此外，城乡低保家庭中，“子女教育负担难以承受”以及“赡养老人负担重”的比例也比较高，均超过了20%；城市低保家庭“子女教育负担难以承受”接近30%。

表3-7 城乡低保家庭面临的主要困难情况 单位:%

家庭目前面临的主要困难	城市	农村
家庭主要成员没有劳动能力	51.1	47.0
家庭主要劳动力没有工作	56.3	64.8
主要收入者被长期拖欠工资	4.23	4.7
家庭成员疾病负担重	61.8	65.8
家庭成员需长期照料	44.3	45.5
子女教育负担难以承受	28.9	26.2
家庭成员发生意外事故	6.9	6.8
家庭财产遭受重大损失	3.6	4.6
居住条件差	42.4	47.8
赡养老人负担重	24.2	25.0

5. 主要求助对象为亲戚、朋友和村/居委会

城乡困难家庭面临困难时主要求助对象为亲戚朋友和村/居委会等非政府力量。如表3-8所示，无论城市还是农村，低保家庭的第一求助对象为亲戚的占比最高，两者均接近一半，其中城市为48.6%，农村为46.6%。城市低保家庭第二求助对象主要是朋友和居委会，两者占比都超过了20%，其中朋友占22.4%，居委会占21.9%。农村低保家庭第二求助对象主要是朋友和村委会，两者占比都超过20%，其中朋友占21.7%，村委会占20.2%。此外，城乡低保家庭的第三求助对象为政府，比例均在15%以上。

表3-8 城乡低保家庭求助对象情况 单位:%

求助对象		政府	村/居委会	亲戚	朋友	邻居	其他	总计
城市	第一求助对象	16.7	26.2	48.6	3.3	2.5	2.7	100
	第二求助对象	16.3	21.9	20.6	22.4	6.0	12.8	100
	第三求助对象	15.2	16.1	10.6	17.0	8.4	32.7	100
农村	第一求助对象	21.1	21.6	46.6	3.3	5.7	1.7	100
	第二求助对象	18.0	20.2	22.8	21.7	6.1	11.2	100
	第三求助对象	15.9	14.3	13.4	13.7	15.3	27.4	100

(二)城乡低保家庭经济情况分析

1. 就业率低,就业状况差

城乡低保家庭劳动力就业情况较为严峻。据城乡困难家庭调查数据,如表3-9所示,城市低保家庭失业率高达41.14%。从主观来看,51.1%的城市低保家庭认为目前家庭面临的主要困难是“家庭主要劳动力没有工作”,47.0%的农村低保家庭认为目前家庭面临的主要困难是“家庭主要劳动力没有工作”。职业类型方面,如表3-10所示,城市低保家庭中主要收入人职业类型为“商业、服务人员”以及“生产、运输设备操作人员及相关人员”,两者占比达到29.7%。农村低保家庭中主要收入人职业类型为“农、林、牧、渔、水利业生产人员”,占比高达49.0%。

表3-9 城市低保家庭与低保边缘户家庭失业率比较 单位:人,%

	有劳动能力人数	有工作收入人数	失业率
低保户	2574	1515	41.14
低保边缘户	2696	1728	35.91

表3-10 城乡低保家庭主要收入人职业类型情况 单位:户,%

职业类型		商业、服务人员	生产、运输设备操作人员及相关人员	农、林、牧、渔、水利业生产人员	其他	合计
城市	家庭数	266	163	132	881	1442
	比例	18.4	11.3	9.2	61.1	100
农村	家庭数	55	63	486	387	991
	比例	5.5	6.4	49.0	39.1	100

2. 收入低，转移性收入占比高

城乡低保家庭收入较低，转移性收入占总收入比重较大。如表3－11所示，收入水平方面，城市低保家庭总收入为30156元/年，人均收入10257元/年。农村低保家庭总收入为17135元/年，人均收入5600元/年。收入结构方面，城市低保家庭收入的绝大部分来自劳动收入与转移性收入，两者占总收入的比例达到90%，其中劳动收入占43.3%，转移性收入占46.7%；农村低保家庭收入的绝大部分来自劳动收入、转移性收入以及经营性收入，三者占总收入的比例达到96%，其中劳动收入占48.4%，转移性收入占35.0%，经营性收入占12.6%。

表3－11 城乡低保家庭总收入基本情况 单位：元/年

收入类型	城市	农村
劳动收入	13045	8299
经营性收入	986	2153
财产收入	1707	445
转移性收入	14078	6003
其他收入	340	235
总收入	30156	17135

3. 支出总量大，医疗、食品支出占比高

城乡低保家庭总支出较高，医疗、食品支出占总支出比重较大。如表3－12、表3－13所示，支出水平方面，城市低保家庭总支出为43264元/年，人均总支出为14716元/年，生活消费支出为35557元/年，人均生活消费支出为12094元/年；农村低保家庭总支出为37706元/年，人均支出为12322元/年，生活消费支出为28314元/年，人均生活消费支出为9253元/年。支出结构方面，城市低保家庭支出中绝大部分来自生活消费支出与转移性支出，两者占总支出的比重达到93.7%，其中生活消费支出占82.2%，转移性支出占11.5%。生活消费支出中，医疗支出和食品支出为主要支出项目，两者占生活消费支出的比重达到67.7%，其中医疗支出占比最大，达34.1%，食品支出占33.6%。农村低保家庭支出中绝大部分来自生活消费支出与盖房、购房、翻修、偿还银行房贷等与

住房相关支出，两者占总支出比重达到90.9%，其中生活消费支出为主要支出，占75.1%。生活消费支出中，医疗支出与食品支出为主要支出项目，两者占生活消费支出的比重达到65.2%，其中医疗支出占比最大，占41.1%，食品支出占24.1%。

表3-12　城乡低保家庭总支出基本情况　单位：元/年

支出类型	城市	农村
生活消费支出	35557	28314
转移性支出	4986	3436
缴纳所得税	45	0
资产、经营性支出	2541	0
其他支出	135	5956

表3-13　城乡低保家庭生活消费支出基本情况　单位：元/年

支出类型	城市	农村
食品支出	11939	6833
衣着支出	1193	858
教育支出	3476	2454
医疗支出	12116	11632
住房支出	1337	1224
婚丧嫁娶支出	1055	2145
水电燃料采暖支出	1914	1415
文娱支出	116	16
交通费	475	442
通信费	737	634
上网费	168	59
家庭设备、用品支出	829	508
生活消费其他支出	202	94
生活消费总支出	35557	28314
生活消费人均支出	12094	9253

4. 积蓄数额少

城乡低保家庭积蓄数量少，如表 3 - 14 所示，城市低保家庭中，仅 13.9% 的家庭拥有积蓄，并且大部分家庭的积蓄数额在 20000 元以下，占 9.2%，拥有积蓄的低保家庭中，平均每户积蓄数额为 46013 元。农村低保家庭中，仅 7.9% 的家庭拥有积蓄，并且大部分家庭的积蓄数额在 20000 元以下，占 6.2%，拥有积蓄的低保家庭中，平均每户积蓄数额为 26492 元。

表 3 - 14　城乡低保家庭积蓄情况　　单位：元，户，%

积蓄数额		0	0—5000	5001—10000	10001—20000	20001—30000	30001—40000	40001—50000	50001—100000	100001以上	总计	有积蓄户平均积蓄
城市	家庭数	1950	100	60	50	20	8	21	32	25	2266	46013
	比例	86.1	4.3	2.7	2.2	0.9	0.4	0.9	1.4	1.1	100	
农村	家庭数	1325	34	27	27	7	0	3	11	4	1438	26492
	比例	92.1	2.4	1.9	1.9	0.5	0	0.2	0.8	0.3	100	

5. 负债数额较多，原因以“看病”为主

城乡低保家庭负债较多，原因以“看病”为主。如表 3 - 15、表3 - 16 所示，城市低保家庭中，41% 的家庭欠有债务，欠债的低保家庭中，平均每户欠债 60149 元。欠债的主要原因是“看病”和“孩子上学”，两者分别占比 64.5%、13.1%。农村低保家庭中，有 47.5% 的家庭欠有债务，欠债的低保家庭中，平均每户欠债 57968 元。欠债的主要原因是“看病”和“买房、租房或修建房”，两者分别占比 62.6%、15.7%。

表 3 - 15　城乡低保家庭负债情况　　单位：元，户，%

负债数额		0	0—5000	5001—10000	10001—20000	20001—30000	30001—40000	40001—50000	50001—100000	100001以上	总计	欠债户平均欠债金额
城市	家庭数	1347	115	107	145	109	69	90	177	124	2283	60149
	比例	59.0	5.0	4.7	6.4	4.8	3.0	3.9	7.8	5.4	100	
农村	家庭数	755	110	88	103	78	53	62	117	71	1437	57968
	比例	52.5	7.7	6.1	7.2	5.4	3.7	4.3	8.1	5.0	100	

表 3－16　城乡低保家庭负债主要原因　　单位：户，%

借债主要原因		看病	孩子上学	日常生活需要	经营需要	买房、租房或修建房	婚丧嫁娶	意外事故	其他	总计
城市	家庭数	604	122	50	14	79	24	8	34	935
	比例	64. 5	13. 1	5. 5	1. 4	8. 4	2. 6	0. 9	3. 6	100
农村	家庭数	427	58	29	12	107	21	10	17	681
	比例	62. 6	8. 5	4. 3	1. 8	15. 7	3. 1	1. 5	2. 5	100

6. 住房条件差

城乡低保家庭人均住房面积小，危房比例较高，住房条件较差。如表 3－17所示，城市低保家庭人均住房面积为 23. 9 平方米，有 23. 3% 的低保家庭住房为危房。农村低保家庭人均住房面积为 27. 1 平方米，有 35. 6% 的低保家庭住房为危房。

表 3－17　城乡低保家庭住房情况　　单位：户，%，平方米

是否是危房		是	否	总计	人均住房面积
城市	家庭数	492	1619	2111	23. 9
	比例	23. 3	76. 7	100	
农村	家庭数	466	844	1310	27. 1
	比例	35. 6	64. 4	100	

通过分析城乡低保家庭基本情况以及经济状况，发现城乡低保家庭人力资本弱，自我发展能力有限，生存风险较大，生活困难情况比较严重。城乡低保家庭面临人力资本数量少和质量低双重困境。家庭规模小特别是劳动力数量少，加之低保户家庭劳动力受教育程度普遍偏低，使得城乡低保家庭收入水平较低及家庭收入结构较为单一，以劳动收入和转移性收入为主，特别是城市低保家庭，转移性收入成为其最主要的收入来源。职业类型方面，城乡低保家庭主要收入人的职业以“商业、服务人员”“生产、运输设备操作人员及相关人员”以及“农、林、牧、渔、水利业生产人员”等低收入职业为主。此外，城乡低保家庭健康状况很差，残疾人数、无自理能力人数、慢性病及大病患者多，严重制约了家庭自身的发展能力，导致了家庭生活负担特别是医疗负担沉重。在家庭支出方面，无论城

市低保家庭还是农村低保家庭，医疗支出甚至超过了食品支出，成为最主要的家庭支出项目。近一半的城乡低保家庭负有债务，且大部分低保户借债的主要原因是“看病”和“孩子上学”。城乡低保家庭无自理能力者的照料方式以家人照料为主，严重限制了劳动力的发展。城市低保家庭中很大一部分有劳动能力的低保对象没有工作收入，失业率高达41%。所有这些反映了城乡低保家庭生活的困难性，面临着严峻的生存危机，也进一步说明了最低生活保障对满足困难家庭基本生活需要、缓解生活压力的重要性，以及完善低保制度对全面实现小康社会、建设美丽中国的必要性与紧迫性。

第二节　现状分析

一、低保申请状况

（一）申请低保情况

如表3－18所示，城市困难家庭中，申请过低保的家庭占总家庭的比例为84.1%，未申请过的占15.9%；农村困难家庭中，申请过低保的家庭占总家庭的比例为83.2%，未申请过的占16.8%。

表3－18　城乡困难家庭是否申请过低保基本情况　　单位：户,%

是否申请过低保		是	否	总计
城市	家庭数	3463	657	4120
	比例	84.1	15.9	100
农村	家庭数	2572	521	3093
	比例	83.2	16.8	100

（二）成功申请低保情况

如表3－19所示，城市申请过低保的困难家庭中，申请成功的家庭占申请总家庭的比例为86.6%，未申请成功的占13.4%；农村申请过低保的困难家庭中，申请成功的家庭占申请总家庭的比例为82.1%，未申请成功的占17.9%。

表3-19 城乡困难家庭是否成功申请到低保基本情况 单位：户，%

是否成功申请到低保		是	否	总计
城市	家庭数	2997	463	3460
	比例	86.6	13.4	100
农村	家庭数	2111	459	2570
	比例	82.1	17.9	100

（三）低保申请失败原因

如表3-20所示，城乡困难家庭低保申请失败的原因首先是由于不符合条件；其次是低保评审不合理；另外有较多家庭不清楚自己申请失败的原因。城市中，申请失败是由于不符合条件的比例为37.8%，而认为是由于低保评审不合理的比例为14.9%，另有36.5%的家庭不清楚自己失败的原因；农村中，申请失败是由于不符合条件的比例为34.1%，而认为是由于低保评审不合理的比例为16.6%，另有27.9%的家庭不清楚自己失败的原因。

表3-20 城乡困难家庭低保申请失败原因基本情况 单位：户，%

申请低保失败的原因		不符合条件	其他人家庭更贫困	低保评审不合理	不知道	其他	总计
城市	家庭数	175	18	69	169	32	463
	比例	37.8	3.9	14.9	36.5	6.9	100
农村	家庭数	156	55	76	128	43	458
	比例	34.1	12.0	16.6	27.9	9.4	100

（四）家庭收入核查

如表3-21所示，在低保资格认定方面，无论城市还是农村，认为家庭收入核查太烦琐的家庭数占比均低于不认为家庭收入核查太烦琐比例。城市低保家庭中，“非常同意”和“比较同意”家庭收入核查太烦琐的比例为35.1%，而“不太同意”和“非常不同意”的比例为43.3%。农村低保家庭中，“非常同意”和“比较同意”家庭收入核查太烦琐的比例为35.8%，而“不太同意”和“非常不同意”的比例为41%。

表3-21 城乡低保家庭对家庭收入核查主观态度基本情况 单位：户，%

家庭收入核查太烦琐		非常同意	比较同意	无所谓	不太同意	非常不同意	总计
城市	家庭数	331	464	490	633	346	2264
	比例	14.6	20.5	21.6	28.0	15.3	100
农村	家庭数	218	296	333	389	202	1438
	比例	15.2	20.6	23.2	27.1	13.9	100

二、享受低保状况

（一）低保参保情况

如表3-22所示，2017年城市困难家庭中参加低保的家庭占比56.8%，农村困难家庭中参加低保的家庭占比52.6%。

表3-22 城乡困难家庭参保情况 单位：户，%

目前是否享受低保		是	否	总计
城市	家庭数	2338	1781	4119
	比例	56.8	43.2	100
农村	家庭数	1628	1465	3093
	比例	52.6	47.4	100

（二）低保金待遇

如表3-23所示，城市低保家庭领取低保金额人均为2419元/年，户均为7113元/年，年户均低保金数额分别占城市低保家庭年均总收入、年均生活消费支出的23.6%、20.0%。农村低保家庭领取低保金额人均为1301元/年，户均为3982元/年，年户均低保金数额分别占农村低保家庭年均总收入、年均生活消费支出的23.2%、14.1%。

表 3－23　城乡低保家庭享受低保金待遇基本情况　单位：元/年，%

户均低保金		人均低保金	占总收入比重	占生活消费支出
城市	7113	2419	23.6	20.0
农村	3982	1301	23.2	14.1

（三）累计享受低保时间

如表 3－24 所示，城乡低保家庭累计享受低保时间过长，平均累计享受时间超过了 5 年。城市低保家庭累计享受低保时间的均值为 83 个月，累计享受时间在 2 年以下的家庭比例只有 5.9%，超过 10 年的比例达到 34.6%。农村低保家庭累计享受低保时间的均值为 63 个月，累计享受时间在 2 年以下的家庭比例只有 11.7%，超过 10 年的比例达到 19.1%。

表 3－24　城乡低保家庭累计享受低保时间基本情况　单位：户，年，%

累计享受低保时间		1 年以下	1—2	2—3	3—4	4—5	5—6	6—7	7—8	8—9	9—10	10 年以上	总计	均值（月）
城市	家庭数	27	92	195	190	153	163	146	150	119	79	695	2009	83
	比例	1.3	4.6	9.7	9.5	7.6	8.1	7.3	7.5	5.9	3.9	34.6	100	
农村	家庭数	34	112	162	168	102	131	97	79	73	49	238	1245	63
	比例	2.7	9.0	13.1	13.5	8.2	10.5	7.8	6.3	5.9	3.9	19.1	100	

三、低保管理状况

（一）低保发放时间

如表 3－25 所示，在低保金发放时间方面，绝大部分地区以按月发放为主，较少按年发放。城市低保家庭中，按月发放低保金占到了 88.0%；其次是按季发放，占 10.2%；按年发放占比最少，只有 0.4%。农村低保家庭中，按月发放低保金占到 55.0%；其次是按季发放，占 39.7%；按年发放最少，只有 2.0%。

表3－25 城乡低保家庭低保金发放时间基本情况 单位：户,%

多久发放一次低保金		按月发放	按季发放	按年发放	不定期	总计
城市	家庭数	1593	184	8	25	1810
	比例	88.0	10.2	0.4	1.4	100
农村	家庭数	604	436	22	36	1098
	比例	55.0	39.7	2.0	3.3	100

（二）低保审查时间间隔

如表3－26所示，在低保审查时间间隔方面，以6个月和12个月为主。城市低保家庭中，6个月审查一次的比例最高，占26.1%；其次是12个月审查一次，占25.8%，两者共占比例超过一半。此外，3个月审查一次的比例也较高，占到21.5%。农村低保家庭中，12个月审查一次的比例最高，占29.5%；其次是6个月审查一次，占24.1%，两者共占比例超过一半。此外，3个月审查一次的比例也较高，占到16.9%。

表3－26 城乡低保家庭低保审查时间间隔基本情况 单位：月，户,%

低保审查时间间隔		0	1	2	3	4	5	6	7	8	10	12	18	24	34个月及以上	总计
城市	家庭数	53	220	72	368	95	9	446	2	1	1	442	0	1	2	1712
	比例	3.1	12.9	4.2	21.5	5.5	0.4	26.1	0.1	0.1	0.1	25.8	0	0.1	0.1	100
农村	家庭数	66	108	41	169	71	5	241	0	1	0	295	2	2	2	1003
	比例	6.6	10.8	4.1	16.9	7.1	0.5	24.1	0	0.1	0	29.5	0.1	0.1	0.1	100

（三）低保审批是否公示

如表3－27所示，在低保审批方面，绝大部分地区对低保审批进行公示。城市低保家庭中，公示的比例超过90%，农村低保家庭中，公示的比例达到86.9%。

表 3－27　城乡低保审批公示情况　单位：户，%

低保审批是否公示		是	否	总计
城市	家庭数	1997	220	2217
	比例	90.1	9.9	100
农村	家庭数	1230	186	1416
	比例	86.9	13.1	100

四、低保户对低保制度的看法

（一）低保的作用

调查数据表明，绝大部分低保家庭对低保制度的作用比较认可。如表 3－28所示，城市低保家庭中，82.8%的低保家庭认为低保作用“很大”和“较大”，只有 3.2%的低保家庭认为作用“较小”和“无作用”。农村低保家庭中，79.7%的低保家庭认为低保作用“很大”和“较大”，只有 3.0%的低保家庭认为作用“较小”和“无作用”。

表 3－28　城乡低保家庭对低保作用的看法　单位：户，%

低保有多大作用		很大	较大	一般	较小	无作用	总计
城市	家庭数	1326	301	275	56	8	1966
	比例	67.4	15.4	14.0	2.8	0.4	100
农村	家庭数	794	162	208	33	3	1200
	比例	66.2	13.5	17.3	2.7	0.3	100

（二）低保对解决生活困难的帮助

在解决生活困难方面，大部分家庭认为低保作用“很大”或“比较大”。如表 3－29 所示，城市低保家庭中，认为低保在解决生活困难方面作用“很大”和“比较大”的比例达到 77.9%；认为作用“比较小”和“很小”的比例只有 5.7%。农村低保家庭中，认为低保在解决生活困难方面作用“很大”和“比较大”的比例达到 77.1%；认为作用“比较小”和“很小”的比例只有 4.4%。

表3－29　城乡低保家庭对低保解决生活困难作用的看法　单位：户，%

低保对解决生活有多大帮助		很大	比较大	一般	比较小	很小	总计
城市	家庭数	1285	361	347	65	56	2114
	比例	60.8	17.1	16.4	3.1	2.6	100
农村	家庭数	775	236	243	25	33	1312
	比例	59.1	18.0	18.5	1.9	2.5	100

（三）低保在哪方面作用大

低保作用具体体现在低保金、低保配套优惠政策、可获得其他专项救助等方面。根据调查数据，如表3－30所示，低保家庭认为低保金的作用大的比例最高；其次是低保身份带来的其他专项救助以及配套优惠政策。城市低保家庭中，认为低保制度在低保金方面作用大的比例达71.6%，其次分别是可获得其他专项救助（占18.3%），以及低保配套优惠政策（占7.4%）。农村低保家庭中，认为低保制度在低保金方面作用大的比例达71.9%，其次分别是可获得其他专项救助（占16.8%），以及低保配套优惠政策（占8.6%）。

表3－30　低保作用类型基本情况　单位：户，%

低保哪方面作用大		低保金	低保配套优惠政策（水电减免、帮扶）	可获得其他专项救助（医疗、教育、住房等救助）	其他	总计
城市	家庭数	1512	157	385	58	2112
	比例	71.6	7.4	18.3	2.7	100
农村	家庭数	946	112	221	36	1315
	比例	71.9	8.6	16.8	2.7	100

（四）低保审批的公平性

绝大部分低保家庭认为低保审批的公平性较大。如表3－31所示，城市低保家庭中，认为低保审批公平的家庭比例为88.2%，而认为低保审批不公平的家庭比例只有4.4%。农村低保家庭中，认为低保审批公平的家庭比例占到85.9%，而认为低保审批不公平的家庭比例只有4.8%。

表3－31　城乡低保家庭对低保审批公平性的看法　　单位：户，%

低保评审是否公平		公平	一般	不公平	总计
城市	家庭数	1811	151	91	2053
	比例	88.2	7.4	4.4	100
农村	家庭数	1087	118	61	1266
	比例	85.9	9.3	4.8	100

（五）对低保公示的态度

绝大部分低保家庭赞同低保公示制度。如表3－32所示，城市低保家庭中，赞成低保公示的比例达88.7%，反对的只有3.2%，另有8.1%的家庭持“无所谓”的态度。农村低保家庭中，赞成低保公示的比例达91.5%，反对的只有1.8%，另有6.7%的家庭持“无所谓”的态度。

表3－32　城乡低保家庭对低保公示制度看法　　单位：户，%

是否赞成低保公示		赞成	无所谓	反对	总计
城市	家庭数	1918	174	69	2161
	比例	88.7	8.1	3.2	100
农村	家庭数	1214	89	24	1327
	比例	91.5	6.7	1.8	100

（六）低保户的尊严与隐私

调查数据显示，大部分低保家庭不认为吃低保有损个人尊严和隐私。如表3－33所示，城市低保家庭中，“非常同意”和“比较同意”吃低保有损个人尊严和隐私的比例占21.4%；“不太同意”和“非常不同意”的比例超过一半，达57.2%；另有21.4%的家庭持“无所谓”的态度。农村低保家庭中，“非常同意”和“比较同意”吃低保有损个人尊严和隐私的比例占21.9%；“不太同意”和“非常不同意”的比例超过一半，达56.8%；另有21.3%的家庭持“无所谓”的态度。

表3-33 城乡低保家庭对低保有损个人尊严和隐私的主观看法 单位：户，%

吃低保有损个人尊严和隐私		非常同意	比较同意	无所谓	不太同意	非常不同意	总计
城市	家庭数	188	297	486	749	548	2268
	比例	8.3	13.1	21.4	33.0	24.2	100
农村	家庭数	131	184	307	483	335	1440
	比例	9.1	12.8	21.3	33.5	23.3	100

（七）工作人员的态度

调查数据显示，大部分低保家庭对低保工作人员的工作态度比较认可。如表3-34所示，城市低保家庭中，“非常同意”和“比较同意”低保工作人员工作不认真、不负责的比例为11.4%，而“不太同意”和“非常不同意”的比例达76.9%。农村低保家庭中，“非常同意”和“比较同意”低保工作人员工作不认真、不负责的比例为15.5%，而“不太同意”和“非常不同意”的比例达72.9%。

表3-34 城乡低保家庭对低保工作人员工作态度主观看法 单位：户，%

很多工作人员工作不认真、不负责		非常同意	比较同意	无所谓	不太同意	非常不同意	总计
城市	家庭数	121	138	264	915	826	2264
	比例	5.3	6.1	11.7	40.4	36.5	100
农村	家庭数	87	118	186	523	520	1434
	比例	6.0	9.5	11.6	36.5	36.4	100

第三节 效果评估分析

一、低保制度效率分析

（一）低保户对低保制度满意度较高

调查发现，大部分低保户对低保制度的满意度较高，认为低保的作用大，对解决生活困难有很大帮助。如图3－1、图3－2所示，详见表3－28、表3－29，在城市低保家庭中，认为低保制度作用“很大”或“较大”的家庭占82.8%，只有3.2%的低保家庭认为低保制度作用“较小”或“无作用”。77.9%的低保家庭认为低保对解决生活困难帮助“很大”或“比较大”，只有5.7%的家庭认为帮助“比较小”或“很小”。在农村低保家庭，认为低保制度作用“很大”或“较大”的家庭占79.7%，只有3.0%的低保家庭认为作用“较小”或“无作用”。77.1%的低保家庭认为低保对解决生活困难帮助“很大”或“比较大”，只有4.4%的低保家庭认为帮助“比较小”或“无作用”。

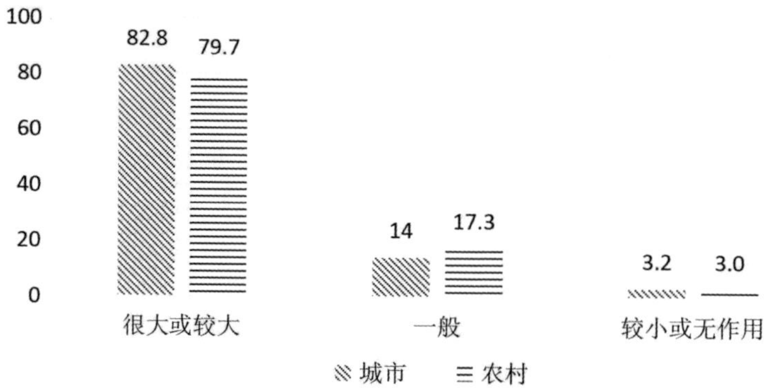

图3－1　城乡低保家庭对低保作用的看法（%）

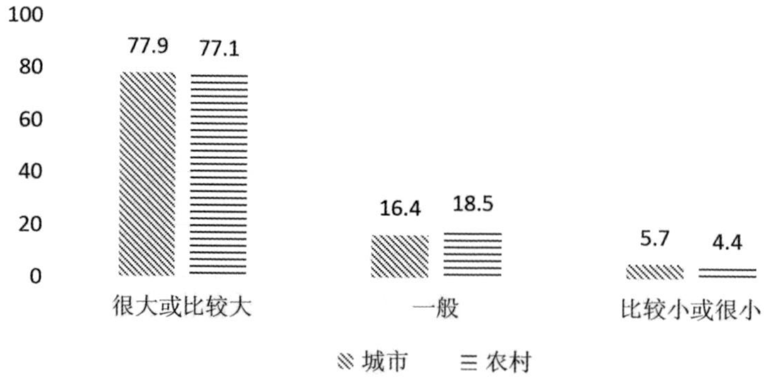

图3－2　城乡低保家庭对低保解决生活困难作用的看法（%）

（二）福利依赖现象明显

目前，学界对于福利依赖的理解和概念界定并不统一。我国学者在讨论福利依赖问题时多从消极角度出发，将福利依赖看成是一种“养懒汉”现象。本书所指低保福利依赖是指城乡低保对象依赖低保制度生存的一种现象，表现为低保对于维持低保户基本生活需要的重要性和低保户依赖低保制度的长期性两个方面。从客观方面来说，主要关注低保金水平、低保户的行为模式、低保户身份的时间、退出低保次数等。前者反映低保对于维持低保户基本生活需要的重要性，后三者反映低保户依赖低保制度的长期性。低保金水平以低保户领取的低保金额占其家庭总收入的比重进行衡量；低保户的行为模式以低保户的失业率进行衡量，本书中即被调查的低保家庭中无工作收入的有劳动能力人数占有劳动能力总人数的比重；低保户身份的时间以调查内容“累计享受低保时间”进行衡量；退出低保次数则以调查内容“退出低保次数”进行衡量。从这四个维度出发，发现低保金占低保户家庭总收入比重并不是很高，城市和农村均为23%左右。但是从低保户就业情况、低保户累计享受低保时间以及退出低保次数来看，我国现行低保制度下福利依赖现象比较明显，存在低保户家庭失业率过高、享受低保时间过长以及大部分低保家庭从未退出低保制度等问题。

一是低保户家庭失业率过高。如表3－9所示，在调查的城市低保家庭中，有劳动能力的人数为2574人，有工作收入的人数为1515人，无工作收入者1059人，城市低保家庭的失业率高达41.14%，不仅远高于全国平均失业率，并且远高于城市低保边缘户的失业率。

二是低保户家庭享受低保时间过长。调查研究表明，在城市低保家庭中，累计享受低保时间平均是83个月，94.1%的低保户累计享受低保时间在2年以上；67.3%的低保家庭累计享受低保时间在5年以上；34.6%的低保家庭累计享受低保时间在10年以上。在农村低保家庭中，累计享受低保时间平均是63个月，88.3%的低保户累计享受低保时间在2年以上；53.5%的低保家庭累计享受低保时间在5年以上；19.1%的低保家庭累计享受低保时间在10年以上。大部分地区的低保审查时间间隔为6个月或12个月，即每年有1—2次的低保资格审查。进一步分析不同累计享受低保时间的低保家庭成员特征发现，健康状况越差的低保家庭累计享受低保的时间越长，具体表现在家庭中残疾人和无自理能力者数量两个方面。在残疾人方面，家庭成员至少有一名是残疾人的低保户数量占总低保户数量的比例越大，则累计享受低保的时间越长。城市低保家庭，累计享受低保时间在2年以下的低保户中，至少有一名家庭成员是残疾人的家庭数占总家庭数的比例为43.2%，累计享受低保时间在2—5年的为47.4%，累计享受低保时间5—10年这一比例达54.9%，累计享受低保时间10年及以上的达60.6%。农村同样呈现类似的增长情况。无自理能力者方面，虽也有同样现象，但不如残疾人明显。在城市，累计享受低保时间在2年以下的低保户中，至少有一名家庭成员无自理能力的家庭数占总家庭数的比例为35.6%，而其他累计享受低保时间这一比例均在40%以上。在农村，累计享受低保时间在2年以下的低保户中，至少有一名家庭成员无自理能力的家庭数占总家庭数的比例为41.0%，累计享受低保时间在2—5年为41.2%，累计享受低保时间5—10年这一比例为41.7%，累计享受低保时间10年及以上的为44.5%。

三是大部分低保家庭从未退出过低保制度。如表3-36所示，在城市低保家庭中，从未退出过低保制度的家庭数占低保总家庭数的比例高达79.1%。在农村低保家庭中，从未退出过低保制度的家庭数占低保总家庭数的比例高达78.1%。进一步分析不同退出低保次数的低保家庭成员特征发现，健康状况越差的低保家庭退出低保制度的次数越少，具体表现在家庭中残疾人和无自理能力者数量两个方面。如表3-37所示，在残疾人方面，家庭成员至少有一名是残疾人的低保户数量占总低保户数量的比例越大，退出低保次数越少。城市低保家庭中，退出1次及以上的低保家庭中至少拥有一名残疾人家庭的比例为36.6%，而从未退出过低保的低保家庭中这一比例高达46.6%。农村低保家庭中，退出1次及以上的低保家庭中至少拥有一名残疾人家庭的比例为28.9%，而从未退出过低保的低保家庭中这一比例高达41.7%。在无自理能力者方面，家庭成员至少拥有一名无自理能力者家庭的比例上，从未退出低保制度的家庭高于退出1次及以上的低保家庭，只是两者差距较小，不如残疾人比例明显。

表 3－35 城乡低保家庭退出低保次数基本情况 单位：户，%

退出低保次数		0	1	2 次及以上	总计
城市	家庭数	1673	404	39	2116
	比例	79. 1	19. 1	1. 8	100
农村	家庭数	1026	265	22	1313
	比例	78. 1	20. 2	1. 7	100

表 3－36 不同退出低保次数低保户的成员的健康状况 单位：%

退出低保次数		0	1 次及以上
至少拥有一名残疾人家庭比例	城市	46. 6	36. 6
	农村	41. 7	28. 9
至少拥有一名无自理能力者家庭比例	城市	33. 6	31. 2
	农村	32. 5	32. 1

二、低保制度公平性分析

（一）城乡低保差距

我国的最低生活保障制度经历了从无到有、从城市到农村的发展路径。经过近 20 年的发展，根据调查结果，低保制度在城乡之间存在着明显的差距，具体表现在低保覆盖面和低保金水平两个方面。低保制度覆盖面方面，农村低于城市。如表 3－22 所示，城市困难家庭中，目前享受低保的困难家庭占总困难家庭的比重为 56. 8%，而农村只有 52. 6%。低保受助金额方面，农村明显低于城市。如表 3－23 所示，城市低保家庭年人均低保金为 2419 元，农村年人均低保金为 1301 元，城市的受助金额为农村的 1. 86 倍。此外，在低保金额占总收入比重、生活消费支出比重方面，农村均低于城市，进一步反映了农村低保水平低于城市，低保制度存在区域性不平等。

（二）困难群体内部不平等：制度捆绑现象明显

从调查数据来看，我国现行的低保制度在运行过程中除了城乡之间存在区域性不平等，制度捆绑现象也很明显。低保制度在实施过程中，影响了低保家庭与低保边缘家庭两种困难群体享受其他救助或优惠服务的机会。集中表现为由于低保的身份，使得低保家庭相较于低保边缘家庭而言，享受的机会更大、水平更高，从而加大了困难群体内部的不平等性。从主观方面来看，在对低保金作用的看法方面，除了低保金本身以外，低保户家庭认为低保制度的重要作用就是“可获得如医疗救助、教育救助及住房救助等其他专项救助”。如表 3－30 所示，城市和农村低保家庭中分别有 18.3% 及 16.8% 的家庭认为低保在“可获得其他专项救助”方面作用大，其比例甚至超过了“低保配套优惠政策”。

从客观方面来看，低保户享受其他救助或补贴的机会高于同为困难家庭的低保边缘户家庭，具体表现在以下两个方面。

享受残疾人补贴方面，低保户家庭的享受比例高于低保边缘户家庭，农村尤为明显。农村的低保家庭与边缘户家庭的重度残疾人数占残疾人总人数的比例相近，但是在享受残疾人补贴方面，低保户却远高于低保边缘户。城市的低保户家庭在重度残疾人数占残疾人数上高于低保边缘户家庭，但是其享受残疾补贴的比例更是远远高于低保边缘户家庭。根据调查结果，如表 3－38、表 3－39 所示，在本次调查的城市困难家庭样本中，低保户家庭共有不同残疾程度的残疾人 1109 人，其中一、二级重度残疾人 690 人，享受残疾人补贴的残疾人数为 979 人，享受比例达 88.3%；低保边缘户共有不同残疾程度的残疾人 558 人，其中一、二级重度残疾人 289 人；享受残疾人补贴的残疾人数为 376 人，享受比例为 67.4%。农村困难家庭中，低保户家庭共有不同残疾程度的残疾人 701 人，其中一、二级重度残疾人 424 人；享受残疾人补贴的残疾人数为 537 人，享受比例达 76.6%；低保边缘户共有不同残疾程度的残疾人 511 人，其中一、二级重度残疾人 305 人；享受残疾人补贴的残疾人数为 308 人，享受比例为 60.3%。在城乡低保家庭与低保边缘家庭残疾程度方面，城市低保家庭残疾程度重于低保边缘户家庭，而农村则差不多。具体而言，如表 3－39 所示，城市低保家庭重度残疾人数占残疾人总人数的比例为 62.2%，低保边缘户家庭这一比例为 51.8%。农村低保家庭重度残疾人数占残疾人总人数的比例为 60.4%，低保边缘户家庭这一比例为 59.7%，两者相差无几。

表 3-37　城乡低保家庭享受残疾人补贴情况　　单位：人，%

		残疾人总人数	享受残疾人补贴人数	比例
城市	低保户	1109	979	88.3
	低保边缘户	558	376	67.4
农村	低保户	701	537	76.6
	低保边缘户	511	308	60.3

表 3-38　城乡低保家庭残疾程度基本情况　　单位：户，%

残疾等级		一级	二级	三级	四级及以下	总计
城市	低保户	247	443	262	157	1109
	比例	22.3	39.9	23.6	14.2	100
	低保边缘户	99	190	166	103	558
	比例	17.7	34.1	29.7	18.5	100
农村	低保户	172	252	178	99	701
	比例	24.5	35.9	25.4	14.2	100
	低保边缘户	115	190	123	83	511
	比例	22.5	37.2	24.1	16.2	100

享受大病疾病救助方面，低保户家庭的享受水平高于低保边缘户家庭。根据调查数据统计结果，无论是绝对值还是相对值，低保户家庭享受大病疾病救助的水平均高于低保边缘户家庭。如表 3-40 所示，在城市低保家庭中，低保户与低保边缘户的大病治疗花费均值分别为每年 9053 元、10182 元，疾病救助金额均值分别为每年 248 元、170 元。低保边缘户的大病治疗花费高于低保户，可是疾病救助数额却是低保户大于低保边缘户。此外，在疾病救助数额占大病治疗花费总额比重方面，低保户约为低保边缘户的 1.6 倍。在农村低保家庭中，低保户与低保边缘户的大病治疗花费均值分别为每年 6957 元、8044 元，疾病救助金额均值分别为每年 113 元、86 元。同样是低保边缘户的大病治疗花费高于低保户，而疾病救助数额却是低保户大于低保边缘户。此外，在疾病救助数额占大病治疗花费总额比重方面，低保户约为低保边缘户的 1.5 倍。

表 3－39　城乡低保家庭享受大病疾病救助水平情况　　单位:%，元

		平均大病治疗花费	平均疾病救助金额	比例
城市	低保户	9053	248	2.74
	低保边缘户	10182	170	1.67
农村	低保户	6957	113	1.62
	低保边缘户	8044	86	1.06

三、保障水平的合适性分析

如图 3－3、图 3－4 所示（详见附表 1、附表 2），城市和农村低保家庭人均低保金额与家庭人均收入大致呈现着反相关关系，即随着低保家庭人均收入的增加，所领取到的低保金额相应减少，恰好反映了我国城乡低保“补差式”的制度设计。我国的低保待遇由低保标准线和家庭收入简单确定，即以低保家庭人均收入与既定的低保标准的差额作为低保户领取的低保金额。无论其家庭人均收入处于低保标准线以下哪一水平，通过低保补偿机制，最终所有的低保户都将处于同一收入水平，即低保标准线水平。

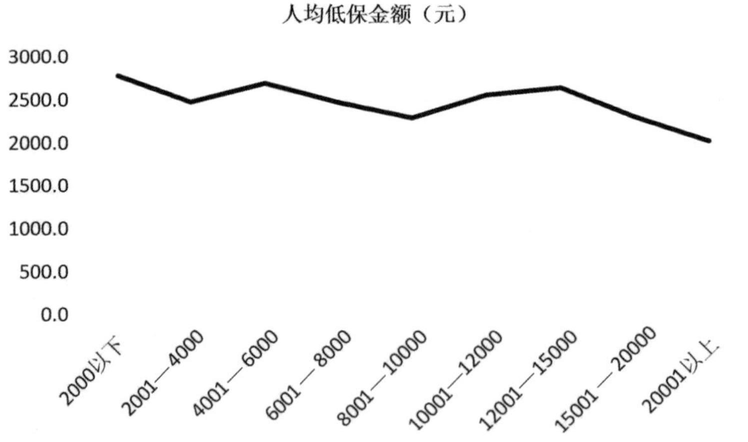

图 3－3　城市分收入低保家庭人均低保金额基本情况

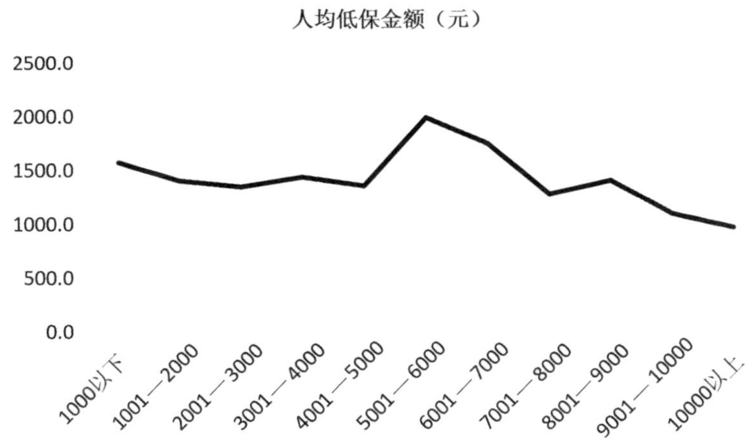

图 3－4　农村分收入低保家庭人均低保金额基本情况

第四节　结论与若干思考

一、结论

通过对本次城乡困难家庭调查数据的分析，发现绝大部分低保户对低保制度的主观满意度高。总的来说，低保制度在满足低保户家庭基本生活需要方面作用较大，一定程度上减轻了家庭负担，缓解了家庭的困境。但是，低保制度也存在许多亟待解决的问题，主要体现在以下几个方面：第一，低保制度的公平性不足，城乡区域之间、困难群体内部之间存在较大差距。首先是区域之间的不平等，城市低保覆盖面以及保障水平均高于农村。尤其是低保金水平方面，城乡差距明显，城市年人均收入高于农村，但是年人均低保金却远远高于农村。调查数据显示，城市的低保受助金额约是农村 2 倍。其次在困难群体内部存在不平等，低保户和低保边缘户之间差距较大，制度捆绑现象明显。主观上，有部分低保家庭认为低保制度的重要作用在于低保身份可以获得如医疗救助、教育救助及住房救助等其他专项救助以及低保配套优惠政策。客观上，调查数据显示，低保户在残疾人补贴和大病疾病救助的机会和水平方面均高于低保边缘户。第二，福利依赖现象明显，制度产生了负面效应。根据调查数据，低保家庭失业率过高，超过40%，远高于全国平均水平以及低保边缘户的失业率。另外，低保户累计享受低保时间过长，城市低保家庭累计享受低保时间平均为83个月，农村为63个月，并且健康状况越差的低保家庭累计享受时间越长。大部分低保家庭从未退出过低保制度，并且健康状况越差的家庭退出低保制度的次数越少。

二、若干思考

第一，以家庭为基本保障单元的低保制度下家庭整体状况的评估成为重点和难题，更具复杂性。受我国传统文化等因素的影响，我国的低保制度以家庭而非个人为救助对象，所以在进行低保资格认定、待遇发放及审核退出机制等方面都以家庭为基本单位。如此，对整个家庭的状况进行评估以及评估的科学性和准确性就成为低保制度精准保障、有效运行的关键。对家庭的评估即是判断家庭的困难情况，并以此作为救助政策制定和实施的依据。家庭评估与个人评估是两个完全不同层面的事情，家庭评估更为复杂困难。以健康状况为例，个人健康状况可以从是否具有劳动能力、是否为残疾以及残疾程度、患病情况等方面进行衡量。而家庭健康状况则需要考虑所有家庭成员的情况以及家庭整体情况等多方面因素。在本研究中，对家庭健康状况的衡量只是简单地从家庭中残疾人数量、无自理能力者数量、慢性病患者数量、大病患者数量等单个方面出发，难以准确衡量一个家庭的真正健康状况和实际困难情况。如何科学准确地对家庭状况进行评估衡量，从而提高以低保为核心的社会救助体系的精准性和有效性，还需要作进一步的思考和探讨。

第二，对福利依赖的理解及测量尚无统一明确的结论，导致在讨论福利依赖问题时缺乏针对性。福利依赖的研究起源于西方国家，不同学者基于不同理念对福利依赖具有不同的理解，甚至“依赖”这一翻译本身就带有贬义的意思。我国学者在讨论福利依赖问题时多从消极角度出发，将福利依赖看成是一种“养懒汉”现象。目前衡量福利依赖主要有低保户享受低保时间、退出低保次数和低保金占总收入比例等指标。西方国家如美国的标准是享受时间为6个月，低保金收入占总收入比重为50%，超过这一标准即为福利依赖。我国显然不能照搬美国这一标准，需要根据我国具体情况确定合适的“依赖”指标水平。此外，在探讨福利依赖问题时，应考虑不同的人群的情况。对于处于非劳动年龄阶段以及无劳动能力者或健康状况较差的人群而言，凭借其自身能力无法摆脱生存危机或缺乏其他保障的情况下，低保对保证其基本生活具有重要意义，其需要“依赖”低保制度才能够正常生活，这样一来，“依赖”反而具有积极意义。而对于有劳动能力者，显然不能让低保制度成为其懒惰的避风港甚至是成为促生懒惰的源泉，需要通过更为科学细致的制度设计避免“依赖”行为的发生，以减少制度的负面效应，发挥低保制度的“安全网”功能。所以，在探讨福利依赖问题时，既要关注受助者的就业倾向等客观表现，又要考虑受助者之间的个体特征差异，从而为我国更加积极的、多元化的社会救助体系提供更坚实的理论基础。

第三，“补差式”的待遇补偿机制缺乏制度内在激励性，不利于激发低保户的积极性。与西方国家负向激励的救助制度设计理念不同，我国低保制度采取的是简单的“补差式”待遇补偿机制，即以低保家庭人均收入与既定的低保标准的差额作为低保户领取的低保金额。这种待遇补偿机制的优点在于容易确定低保待遇，便于操作，政府只需要根据低保标准与低保户家庭人均收入等数据定期发放低保金并根据数据的变化简单调整低保金额就可以了，管理比较简单。其缺点在于缺乏制度激励性。由于不管家庭收入多少，只要是在低保标准以下，政府就将利用低保补偿将总收入“拉到”低保标准水平，意味着收入很低与收入接近低保线的家庭其最后的结果是一样的。这样一来，收入较高的低保户也就失去了工作的动力，不利于激发低保户的积极性，违背了制度的初衷。特别是在强调社会救助体系由“输血式”向“造血式”转变的理念背景下，如何设计更加科学合理的低保金待遇补偿机制，也值得我们作深入的思考。

附表：

附表1　城市分收入低保家庭人均低保金额基本情况

单位：元，户，%

人均总收入（元）	家庭数（户）	比例（%）	人均低保金额（元）
2000 以下	279	15.5	2773.7
2001—4000	282	15.6	2468.1
4001—6000	270	15.0	2686.6
6001—8000	203	11.2	2465.7
8001—10000	185	10.3	2285.6
10001—12000	122	6.7	2551.6
12001—15000	131	7.2	2636.7
15001—20000	157	8.8	2297.9
20000 以上	175	9.7	2018.5
总计	1804	100	—

附表2　农村分收入低保家庭人均低保金额基本情况

单位：元，户，%

人均总收入（元）	家庭数（户）	比例（%）	人均低保金额（元）
1000 以下	222	18.2	1567.7
1001—2000	204	16.7	1399.9
2001—3000	190	15.6	1342.7
3001—4000	124	10.1	1434.3
4001—5000	98	8.0	1352.4
5001—6000	80	6.6	1985.2
6001—7000	57	4.7	1747.2
7001—8000	56	4.6	1275.1
8001—9000	25	2.1	1401.1
9001—10000	34	2.8	1088.5
10000 以上	131	10.6	965.5
总计	1221	100	—

第四章　城乡困难家庭医疗保障精准支持研究

本章旨在分析医疗保障制度对城乡困难家庭支持的精准状况，具体包括研究背景与分析思路、需求分析、精准支持分析、研究结论与若干思考四个部分。

第一节　研究背景与分析思路

一、研究背景与问题提出

（一）研究背景

2013 年 12 月 28 日，中共中央办公厅、国务院办公厅印发《关于创新机制扎实推进农村扶贫开发工作的意见》，要求在我国农村地区建立精准扶贫工作机制。随后，中央政府又先后发布了《中共中央、国务院关于打赢脱贫攻坚战的决定》《国务院关于印发“十三五”脱贫攻坚规划的通知》等精准扶贫相关政策，提出要实现扶贫对象精准、措施到户精准、项目安排精准、资金使用精准、因村派人（第一书记）精准及脱贫成效精准六个精准。在精准扶贫过程中，中央政府提出了八大扶贫措施，分别是产业发展脱贫、转移就业脱贫、易地搬迁脱贫、教育扶贫、健康扶贫、生态保护扶贫、兜底保障和社会扶贫。

在上述各项精准扶贫政策中，健康扶贫是重中之重。习近平总书记指出，没有全民健康，就没有全民小康。健康是人最重要的可行能力，健康状况不良是家庭陷入贫困的重要原因。因病致贫、因病返贫是中国农村人口致贫的主要原因。2013 年和 2015 年，中国建档立卡贫困户中，因病致贫和因病返贫户分别高达 42.2% 和 44.1%。随着脱贫攻坚任务的推进，因病致贫、因病返贫日益突出，成为完成脱贫攻坚任务的最大阻力。为此，2016年6月20日，国家卫计委联合国务院扶贫办等15个部门共同发布了《关于实施健康扶贫工程的指导意见》。2017年4月12日，国家卫计委、民政部等6个部门又发布《关于印发健康扶贫工程“三个一批”行动计划的通知》，提出了“大病集中救治一批、慢病签约服务管理一批、重病兜底保障一批”的要求。两份文件均旨在提高农村贫困人口健康水平，防止因病致贫、因病返贫。不过，目前健康扶贫工作主要针对农村贫困人口，忽视了城市贫困人口。

在健康扶贫工程中，主要包括医疗保障体系建设、医疗卫生服务体系建设、医疗卫生机构能力建设以及疾病防控和公共卫生体系建设四大方面，目的是要使贫困人口少生病、方便看病、看得起病和看得好病（王培安，2017）。其中，医疗保障体系建设的主要目的在于降低民众医疗费用负担。良好的医疗保障体系，对于提高贫困人口医疗服务利用、提高贫困人口健康水平进而提升其收入水平至关重要。但前提是，通过精心设计医疗保障体系精准支持贫困人口。否则，仅仅有医疗保障制度体系而缺乏良好的制度设计，贫困人口不但不能从中受益，反而可能加剧社会不平等和健康不平等。

（二）问题提出

目前，已有不少研究对中国医疗保障政策进行了评估，包括筹资公平性、管理绩效、费用控制效果以及待遇公平性等，相关研究不胜枚举。但是，这些研究多侧重于从总体上或某个单项制度或某类人群进行评估，很少专门针对城乡困难家庭。部分原因在于目前还少有专门针对城乡困难家庭的相关调查数据。本章的目的在于利用民政部政策研究中心2017年度本项目调查数据，提出中国城乡困难家庭医疗保障精准支持的衡量指标，评估目前城乡困难家庭医疗保障精准支持现实情况，并提出相关的政策建议。

二、现有困难群众医疗保障相关政策

（一）相关政策梳理

1. 中国多层次医疗保障体系架构

改革开放之前，中国的医疗保障制度覆盖了约80%的人口。改革开放后，随着计划经济向市场经济体制转轨，新的社会医疗保险制度建立。1993年，中国提出建立职工医疗保险制度（不包括职工家属），并在1998年全面实施。一些地区还为职工建立了补充性的医疗保险。

2003年，中国农村开始实行新型农村合作医疗（以下简称新农合），实行政府补贴为主、个人缴费为辅的筹资模式。2007年，中国又建立了城市居民基本医疗保险制度，针对未被职工医疗保险制度覆盖的城市居民，筹资模式与新农合相同。2016年，新农合与城市居民医疗保险合并为城乡居民基本医疗保险。表4－1显示了中国三大基本医疗保险制度覆盖情况。

表4－1　中国社会医疗保险覆盖人群情况　　单位：亿人，%

年份	全国人口	职工医疗保险参保人数	居民医疗保险参保人数	新农合参合人数	参保率
2000	12.67	0.38	0.00	0.00	2.99
2004	13.00	1.24	0.00	0.80	15.70
2007	13.21	1.80	0.43	7.26	71.83
2008	13.28	2.00	1.18	8.15	85.33
2009	13.35	2.19	1.82	8.33	92.50
2010	13.41	2.37	1.95	8.36	94.61
2011	13.47	2.52	2.21	8.32	96.89
2012	13.54	2.65	2.72	8.05	99.07
2013	13.61	2.74	2.96	8.02	100.88
2014	13.68	2.83	3.15	7.36	97.51
2015	13.75	2.89	3.77	6.70	97.16

注：2017年《中国统计年鉴》未提供新农合参合人数统计，故基本医疗保险参保数据仅更新到2015年。参保率＝（职工医疗保险参保人数＋居民医疗保险参保人数＋新农合参合人数）/全国人口。

资料来源：2016年《中国统计年鉴》，2016年《中国卫生和计划生育统计年鉴》，2008年《中国卫生统计年鉴》。

由于新农合和城市居民医疗保险的筹资能力有限，对高额医疗费用的保障力度有限。2012 年 8 月，国家六部门出台了《关于开展城乡居民大病保险工作的指导意见》，对象为城乡居民医疗保险参保人，资金来源于城乡居民医疗保险基金，针对参保人群“患大病发生高额医疗费用”。2015 年 7 月 28 日，国务院办公厅发布了《关于全面实施城乡居民大病保险的意见》，要求在全国推开大病保险。

除医疗保险制度外，中国还建立起了医疗救助制度。2003 年，中国建立了农村医疗救助制度，对象是患大病的农村五保户和贫困农民。2005 年，城市医疗救助制度建立，对象是城市居民最低生活保障对象中未参加城市职工基本医疗保险人员、已参加城市职工基本医疗保险但个人负担仍然较重的人员和其他特殊困难群众。2012 年，民政部发布了《关于开展重特大疾病医疗救助试点工作的意见》，对象是患重特大疾病的低保家庭成员、五保户、低收入老年人、重度残疾人以及其他因患重特大疾病难以自付医疗费用且家庭贫困的人员。2015 年，国务院办公厅发布了《关于进一步完善医疗救助制度 全面开展重特大疾病医疗救助工作的意见》，要求全面开展重特大疾病医疗救助制度，对象包括最低生活保障家庭成员和特困供养人员，低收入家庭的老年人、未成年人、重度残疾人和重病患者等困难群众以及发生高额医疗费用、超过家庭承受能力、基本生活出现严重困难家庭中的重病患者。

表 4－2 提供了中国医疗救助制度运行情况。中国医疗救助资金规模十分有限。资助参保对象是医疗救助制度的主要人群，但是资金支出占比不高。人均直接医疗救助支出过低，仅约 800 元。而 2015 年，中国医院人均住院费用为 8268.1 元。根据民政部《2013 年城乡医疗救助工作进展情况》，2013 年，重特大疾病医疗救助人均支出仅 2412.29 元。其中，门诊救助人均支出仅 452 元，住院救助人均支出仅 4567 元。因此，中国医疗救助制度化解居民医疗费用风险的能力有限。

表4－2　历年民政部门医疗救助支出和救助人次情况

单位：亿元，元，万元

年份	医疗救助总支出	救助总人次	资助参保参合支出	资助参保参合人次	人均资助参保金额	人均大病救助/直接救助金额
2008	68.0	9353.1	11.0	4075.0	27.0	405.6
2009	105.8	11450.4	16.3	5155.0	31.6	708.5
2010	133.0	13632.5	21.6	6076.6	35.5	705.1
2011	187.6	14894.2	40.7	6375.1	63.8	685.3
2012	203.8	13928.7	37.5	5877.5	63.8	765.2
2013	257.4	8939.3	30.0	6358.8	47.2	848.9
2014	284.0	9119.0	48.4	6723.7	72.0	852.5
2015	303.7	9523.8	61.7	6634.7	93.0	819.6

资料来源：历年民政部《社会服务发展统计公报》。

此外，由于存在极少数需要急救的患者因身份不明、无能力支付医疗费用等原因，得不到及时有效的治疗的情况，2013年，国务院办公厅发布了《关于建立疾病应急救助制度的指导意见》。除政府主导的社会医疗保险与医疗救助制度外，近年来，中国大力鼓励发展商业健康保险和社会慈善救助。目前，中国已经建立了多层次的医疗保障体系，如图4－1所示。

2. 其他主要针对城乡困难群众的医疗保障政策

首先是城乡困难家庭临时救助政策。根据2014年国务院颁布的《社会救助暂行办法》，我国目前建立了最低生活保障、特困人员供养、受灾人员救助、医疗救助、教育救助、住房救助、就业救助和临时救助等综合性社会救助制度。除受灾人员救助和临时救助外，其余制度目标定位均是城乡低保和特困供养人员。这意味着，中国社会救助制度主要解决收入型贫困对象的需求。

然而，近年来，尤其是随着医疗、教育和住房的市场化，越来越多的家庭面临高额的医疗费用、教育支出和住房支出，由此而引发的家庭基本生活困难的现象日益突出。为解决低保和特困供养人员家庭以外，因医疗、意外、教育和住房等原因导致刚性支出大幅增加，超过了家庭承受能

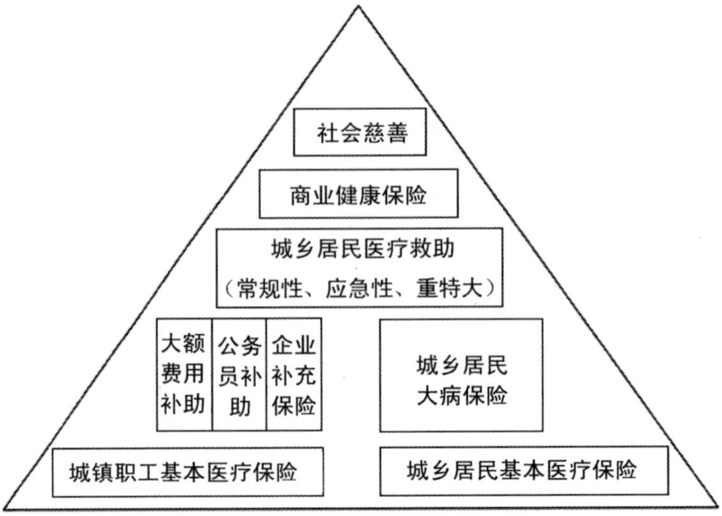

图4－1　中国多层次医疗保障体系

力导致基本生活出现困难的家庭，政府开始着重强调救急难问题。救急难的主要制度安排之一就是临时救助制度。早在2007年6月，民政部就发布了《关于进一步建立健全临时救助制度的通知》。2014年10月，国务院发布《关于全面建立临时救助制度的通知》，要求在全国全面推进临时救助制度。

其次是急难救助。《社会救助暂行办法》第二条提出："社会救助制度坚持托底线、救急难、可持续，与其他社会保障制度相衔接，社会救助水平与经济社会发展水平相适应。"可见，救急难是社会救助制度的基本工作方针之一。根据民政部负责人对《社会救助暂行办法》的解读，救急难是"一个新提法，也是一个新要求"，要"着眼于发挥医疗救助、教育救助、住房救助等救助制度功能和社会力量参与的协同作用"，应"发挥好所有相关救助制度的功能：低保、特困人员供养解决基本生活问题，医疗、住房、教育等救助制度解决专门问题，临时救助解决突发问题，社会力量帮助解决个性化突出问题"。2015年3月12日，民政部、财政部等部门发布的《关于在全国开展"救急难"综合试点工作的通知》，要求"在给予急难家庭必要物质帮助、保障其基本生活的同时，由社会工作者针对不同的急难家庭开展心理疏导、精神抚慰、能力提升、社会融入等个性化帮扶服务”。

可见，救急难的特点是：①是一项综合性的政策框架，而非单一的制度举措，提供全方位的急难救助，而非某项单一的救助。②各项社会救助制度均融入了急难救助的内容，需要各项社会救助制度加强制度衔接和协同作用。③急难救助的具体内容，既包括生活救助，又包括专项救助，还包括各种社会救助服务供给。④急难救助强调的是突发性、应急性和过渡性，保障对象拓展到全体居民，而非局限于低保户和特困人员。

最后是健康扶贫相关政策。根据《关于实施健康扶贫工程的指导意见》，健康扶贫政策可以分为两类：①针对贫困地区的健康扶贫政策，包括医疗服务体系建设、医疗服务能力建设和公共卫生体系建设等。②针对农村贫困人口的健康扶贫政策，包括医疗保障制度倾斜、先诊疗后付费、分类救治等。《关于印发健康扶贫工程“三个一批”行动计划的通知》指出，按照“大病集中救治一批、慢病签约服务管理一批、重病兜底保障一批”的要求，组织对患有大病和长期慢性病的贫困人口实行分类分批救治，将健康扶贫落实到人、精准到病，推动健康扶贫工程深入实施。在不同地区，健康扶贫政策差异较大。值得注意的是，健康扶贫相关政策仅针对农村贫困人口，而不针对城市贫困人口。由于数据限制，本章无法分析健康扶贫政策的精准支持效果。

（二）政策梳理评价

前述政策梳理主要着重分析了我国城乡困难家庭医疗保障的相关政策，但并未具体分析各项政策的具体运作方式及其对城乡困难家庭医疗费用分担的作用。

首先，我国基本医疗保险以保住院为主、保门诊为辅。但是，由于筹资水平有限，我国基本医疗保险保障水平较低。基本医疗保险都设置了三个目录，使得大病医疗保障水平不足。同时，基本医疗保险起付线对城乡困难家庭而言，仍显得过高。我国基本医疗保险保障水平较低，并且医疗机构级别越高，报销比例越低，不利于保障大病。我国基本医疗保险还设置了基金支付封顶线，而非个人支付封顶线。因此，总体而言，我国基本医疗保险在待遇水平方面，并没有对城乡困难家庭有所倾斜，并且对于大病的保障力度不足。

其次，补充医疗保险或大病保险都设置了极高的起付线，使得其覆盖面较窄，尤其是困难家庭很难达到其起付线，从而很难从中受益。补充医疗保险或大病保险通常只报销基本医疗保险三个目录内费用，使得报销范围极其有限。更关键的是，补充医疗保险或大病保险政策范围内报销比例过低。因此，城乡困难家庭很难从补充医疗保险或大病保险中受益。

再次，目前各地医疗救助大量资金用于补偿参合费用，使得救助能力受到限制。限于有限的资金（每年仅300亿元左右），医疗救助主要针对基本医疗保险和大病保险三个目录内费用，同时为了扩大受益面，救助门诊和住院，使得救助水平极其有限。目前，多数地区对门诊、住院和重特大疾病医疗救助均未设置起付线，但是一般均设置有封顶线和报销比例。这些制度设计使得医疗救助尽管以城乡困难家庭为主，但是其实际作用有限。

最后，目前全国实行因病支出型贫困救助的地区并不多，对于城乡困难家庭的作用有限（王超群，2017）。临时救助目前主要针对疾病开展救助，但是带有一定的非正规性，通常采用一事一议的做法，并且资金有限。急难救助目前尚未形成制度化的运作体系，各地尚处于试点过程。健康扶贫尽管推进时间较晚，但是各地已经开展了大量政策实践，对于解决农村贫困人口疾病分类救治、慢病管理和医疗保障发挥了巨大作用。但是，健康扶贫政策并不覆盖城市困难家庭。因此，总体而言，主要针对城乡困难家庭的医疗保障相关政策丰富，但是政策资金有限、制度化程度不足、覆盖人群有限，可能无法有效满足城乡困难家庭的医疗保障需求。

三、理论基础与文献综述

（一）理论基础

世界卫生组织（World Health Organization，WHO）于2008年提出了评估全民健康覆盖（universal health coverage）的三个方面：即宽度，指覆盖的人群规模；深度，指覆盖的服务范围；高度，指对所覆盖服务花费的保障水平（WHO，2018）。我们可以将之转化为评估医疗保障制度（包括基本医疗保险与医疗救助）对城乡困难家庭覆盖的三个维度。即医疗保障制度覆盖了哪些困难人群，覆盖了哪些服务和报销比例。可以具体分为基本医疗保险与医疗救助分别覆盖了哪些困难人群的哪些服务，以及这些服务的实际报销比例。

就中国城乡困难家庭而言，医疗保障制度覆盖哪些服务，主要涉及医疗保险三个目录问题。通过分析国家基本医疗保险、工伤保险和生育保险的药品目录、诊疗项目和医疗服务设施目录，可以确定医疗保障制度覆盖范围。一般而言，调查数据很难获得个体医疗费用在三个目录内外分布的信息。而医疗保障制度对城乡困难家庭的覆盖人群和实际报销比例则可以通过调查数据分析出来。因此，本章也主要从这两个角度展开分析。

（二）文献综述

目前，关于精准扶贫相关研究众多，关于医疗保障和医疗救助运行效果的相关研究也十分丰富。但是，关于医疗保障精准支持困难家庭的研究相对较少。一些研究考察了多层次医疗保障体系建构对困难家庭的支持，但是多集中于介绍各地的政策实践。比如，四川省贫困县和四川省成都市等地的实践（张子武等，2016；黄德斌等，2016）。

也有研究者分析了医疗保障制度和医疗救助制度对困难家庭的作用。在医疗保障制度方面，黄宵等（2017）发现，医疗保障制度无法有效降低城市贫困家庭慢性病导致的灾难性卫生支出经济风险。不过，王晓蕊、王红漫（2017）根据对中国八地的实证调查的数据发现，医疗保障制度有效降低了灾难性卫生支出发生率、平均差距和相对差距。黄薇（2017）则发现，城市居民医疗保险制度对低收入城市家庭具有明显的扶贫效果，尤其是对受到大病风险冲击的困难家庭。但是，也出现了对较高收入的参保家庭更有利的逆向再分配现象。向国春等（2017）指出了全民医保在解决困难家庭医疗负担中面临的问题，如大病保险和医疗救助发挥的作用有限，医疗服务利用过度与不足同时并存，政策保障的并非重大疾病以及政策的财务可持续堪忧等。王前强等（2017）指出贫困人群可行能力不足，应对贫困人群开辟绿色通道，实行免费治疗等，以降低交易成本。张仲芳（2017）指出，医疗保障制度对于贫困家庭存在保障水平低、医疗费用增长速度快、三医改革不联动等问题。为此，要提高政策精准度、构筑“四重医疗保障”反贫困政策体系，加强贫困人口大病医疗费用控制等。

在医疗救助方面，向国春等（2017）指出，应加强对困难家庭的精准识别，提高医疗救助的筹资水平，控制患者个人的自付医疗费用负担。徐娜、田固等（2016）指出，目前医疗救助可以惠及更多贫困人口、精准认定救助对象、减轻个人费用负担以及救助服务更加便民等。但是，医疗救助制度也面临一些困难，比如资金支出压力加大、与大病保险制度衔接不够紧密以及整体救助水平依然偏低等。徐伟等（2017）指出，山东省青岛市大病救助政策不仅减轻了受助对象的医疗负担，还缓解了医疗保险基金的支付压力。陈欢欢等（2017）对湖北省红安县的分析也发现了相似的结论。

总体上看，已有研究更多地讨论了医疗保险制度或医疗救助制度对于减轻困难家庭医疗费用负担的效果，但是对于二者的共同作用讨论较少。同时，已有研究聚焦于医疗费用负担这一核心层面，而忽视了政策和对象精准问题，忽视了医疗保障政策对城乡困难家庭的可及性、充分性与公平性。即现有研究还缺乏一个统一的分析框架，并针对性地分析医疗保障政策对城乡困难家庭的精准支持情况。

四、指标操作化与分析思路

（一）指标操作化

本章将医疗保障精准支持分为以下两部分。

一是医疗保障内容与对象精准，主要分析困难家庭是否有医疗保障相关政策，医疗保障政策是否有效识别了城乡困难家庭。在医疗保障内容精准方面，上文已详细梳理了我国多层次医疗保障体系和主要针对困难家庭的医疗保障政策。总体而言，中国医疗保障制度体系非常健全，做到了政策体系全覆盖。因此，本章将不再对此问题进行重点分析。对于医疗保障政策是否有效识别了城乡困难家庭，本章采用 Vadapalli（2009）提出的贫困瞄准方法来分析医疗保障对象的瞄准效果。Vadapalli（2009）将人口分为贫困人口与非贫困人口，同时结合是否被反贫困政策覆盖，形成一个四方格，即成功瞄准、应保未保、不应保纳保以及成功排斥（李棉管，2017）。

本章则将困难家庭按照是否应该得到医疗保障制度保护以及是否得到了医疗保障制度保护分为四种类型，见表 4－3。我们根据解垩（2016）的计算方法，分别计算成功瞄准率（或应保未保率）和成功排斥率（或不应保纳保率）。其中，成功瞄准率计算方法为应得到医疗保障制度保护的困难家庭中，实际得到保护的困难家庭占比。应保未保率为“1－成功瞄准率”。成功排斥率计算方法为不应得到医疗保障制度保护的困难家庭中，实际也没有得到保护的困难家庭占比。不应保纳保率为“1－成功排斥率”。

表4－3　城乡困难家庭医疗保障精准支持分类

	得到医疗保障制度保护	未得到医疗保障制度保护
应得到医疗保障制度保护	成功瞄准	应保未保
不应得到医疗保障制度保护	不应保纳保	成功排斥

我们将应该得到医疗保障制度保护的家庭定义为受访城市或农村困难家庭的医疗总支出大于0的家庭。由于缺乏详细的制度细节，比如医疗保险三个目录费用情况，因此我们无法界定哪些家庭不应得到医疗保障制度保护。因此，本章主要分析成功瞄准率或应保未保率。我们将分别分析城乡低保户和低保边缘户的医疗保险和医疗救助的成功瞄准率或应保未保率。由于本次调查数据未直接调查家庭总医疗费用，本章将家庭实际上发生的医疗总支出为家庭自付医疗支出、家庭基本医疗保险报销金额以及医疗救助金额之和。需要指出的是，由于数据的限制，本章的结论是审慎的，仅可作为参考，不能推而广之。

二是现行医疗保障政策对城乡困难家庭实施效果的精准情况，具体包括三个维度：医疗保障政策对城乡困难家庭的可及性、充分性与公平性。其中，可及性评估主要分析医疗保险、常规性医疗救助和重特大疾病医疗救助的可及性，包括医疗保障参保率、医疗救助的救助率等。充分性评估主要包括医疗保险和医疗救助的实际报销比例。同时，本章将利用世界卫生组织推荐的灾难性卫生支出（Catastrophic Health Expenditure，以下简称CHE）方法，分析医疗保险和医疗救助制度保障前后，城乡困难家庭的

CHE 发生率，以分析医疗保障制度的保障效果。公平性评估主要使用基尼系数和泰尔指数。由于医疗费用发生后，大量家庭收入为负，因此我们没有分析医疗保障制度补偿前后基尼系数和泰尔指数的变化，我们仅仅分析了医疗费用在医疗保障制度报销前后基尼系数和泰尔指数的变化。

（二）分析思路

本章的主要分析思路如下：本章第二节将分析城乡困难家庭的医疗保障需求，主要分析城市和农村困难家庭的健康状况、慢性病、大病、残疾和无生活自理能力的基本情况，分析 2016 年面临的主要困难、突发困难、欠债原因、就诊流向及疾病经济负担感知等。同时，这一部分还将分析城市和农村困难家庭对医疗救助的作用评价和对医疗保险的满意度评价等。本章第三节将利用前述指标分析城市和农村困难家庭的内容与对象精准度、政策实施效果精准度等，并作出相应的评价。本章最后一节将总结研究结论，借鉴国际经验，并提出相应的政策建议。

第二节　需求分析

一、城乡困难家庭医疗保障需求分析

（一）城乡困难家庭医疗保障需求总体情况

表 4 – 4 显示，城乡困难家庭健康状况较差和很差的人的占比较高，占家庭总人口的 41%。同时，家庭抚养比（家庭 0—14 岁孩子和 65 岁及以上人口占家庭总人口的比重）为 35.61%。根据 2017 年《中国统计年鉴》，2016 年，全国人口抚养比为 27.5%。2016 年，城乡困难家庭劳动力占比 36.30%。根据 2013 年《中国统计年鉴》，2012 年，城市居民家庭平均每户人口 2.86 人，其中就业人数为 1.49 人，占比 52.10%；农村居民家庭每户常住人口为 3.88 人，劳动力为 2.76 人，占比 71.13%[①]。可见，城乡困难家庭劳动力更少，劳动年龄内成员负担更重。

---

① 2014 年《中国统计年鉴》只提供了农村居民家庭户均常住人口和劳动力情况。2014 年后，《中国统计年鉴》不再提供城市和农村居民家庭户均常住人数和劳动力情况。

根据2010年第二次全国残疾人抽样调查显示，全国残疾人8502万人，当年全国人口134091万，残疾人占比6.34%。根据2016年《中国卫生和计划生育统计年鉴》，2015年，全国慢性病患病率22.72%。对比表4-4，可以看出，城乡困难家庭残疾人口、慢性病、大病、无自理能力人口占比远远高于全国平均水平。

2017年《中国统计年鉴》显示，2016年，全国城乡居民人均可支配收入23821.0元，人均消费17110.7元，其中人均医疗保健消费1307.5元，占家庭人均消费的7.64%。而表4-4显示，城乡居民人均总收入远低于全国平均水平。而在家庭人均支出上，城乡困难家庭仅略低于全国平均水平。一个重要原因就是城乡困难家庭医疗支出过高，远远高于全国平均水平。最后，城乡困难家庭的债务都远远高于储蓄。

前文显示（见表4-1），2015年，我国已经基本实现了医疗保险全民覆盖。但是，表4-4却显示，仍有大量城乡困难家庭尚未参加基本医疗保险。其主要原因可能在于，我国医疗救助制度、健康扶贫政策等资助了大量城乡困难家庭参保，使得大量城乡困难家庭无须缴纳基本医疗保险费便可享受基本医疗保险报销。但是，由于政府代为缴纳基本医疗保险费，使得大量城乡困难家庭受访人误以为本人及家庭成员没有参加基本医疗保险，从而大大降低了调查数据中的城乡困难家庭基本医疗保险参保率。

表4-4　城乡困难家庭社会人口和健康相关情况（2016年）

单位：人，元,%

指标	全部家庭		城市家庭		农村家庭	
	样本量	均值	样本量	均值	样本量	均值
家庭成员健康状况水平	7219	3.23	4124	3.19	3095	3.28
家庭健康状况较差和很差的人数	7219	1.12	4124	1.08	3095	1.18
家庭健康状况较差和很差的人口占比	7219	41.00	4124	39.64	3095	42.80
家庭抚养比	7219	35.61	4124	31.35	3095	41.30
家庭劳动人口占比	7219	36.30	4124	38.92	3095	32.81
家庭残疾人口占比	7219	19.45	4124	20.16	3095	18.52

续表

指标	全部家庭		城市家庭		农村家庭	
	样本量	均值	样本量	均值	样本量	均值
家庭领取残疾补贴人数占比	3123	26.66	1828	28.82	1295	23.61
家庭慢性病人数占比	7219	33.05	4124	32.75	3095	33.45
家庭大病人数占比	7218	12.97	4124	13.76	3094	11.93
家庭无自理能力人数占比	7218	15.73	4123	15.74	3095	15.71
家庭生活性总支出	7134	35391.12	4071	38418.06	3063	31368.04
家庭转移性总支出	7219	5061.41	4124	5791.45	3095	4088.66
家庭总支出	7134	44178.75	4071	46721.29	3063	40799.50
家庭总收入	7219	27759.89	4124	33617.91	3095	19954.24
家庭人均总收入	7219	9119.69	4124	11434.68	3095	6035.03
家庭人均总支出	7134	15238.82	4071	16587.58	3063	13446.20
家庭医疗支出	7134	12664.41	4071	12604.03	3063	12744.67
家庭医疗支出占家庭收入比重	6960	45.62	3975	37.49	2985	63.87
家庭医疗支出占家庭支出比重	7134	28.67	4071	26.98	3063	31.24
家庭人均储蓄	7219	1989.16	4124	2784.61	3095	929.24
家庭人均债务	7219	8916.14	4124	9328.60	3095	8366.55
2016年家庭人均新增债务	7219	2768.27	4124	2835.05	3095	2679.29
家庭基本医疗保险参保率	7216	71.54	4123	67.64	3093	76.73
家庭基本医疗保险人均报销金额	5369	1782.36	3017	2069.32	2352	1414.27

表4－5显示，绝大多数城乡困难家庭主要依靠家人或亲属照料无生活自理能力的家人。其中，6%的无生活自理能力的受访人完全没有人照顾。这主要是因为城乡困难家庭几乎没有经济实力支付社区、养老院、保姆等外部力量的护理费用。由于城乡困难家庭中无自理能力家属占比较高，一旦家庭中存在无自理能力的家属，有劳动能力的家庭成员将因为必须照顾家属而无法外出工作，从而难以脱贫。因此，城乡困难家庭急需长期护理保险政策的支持。

表4－5　城乡困难家庭无自理能力家属照料方式　　单位：人，%

主要照料方式	全部家庭		城市家庭		农村家庭	
	频次	百分比	频次	百分比	频次	百分比
家人或亲属照料	2410	91.08	1352	90.07	1058	92.40
社区居家照料	27	1.02	21	1.40	6	0.52
聘请保姆照料	18	0.68	12	0.80	6	0.52
送养老院等专门机构照料	33	1.25	24	1.60	9	0.79
无人照料	158	5.97	92	6.13	66	5.76
合计	2646	100.00	1501	100.00	1145	100.00

表4－6显示了城乡困难家庭目前面临的困难。前五大主要困难包括疾病负担重、无劳动能力、无工作、居住条件差、长期照料负担。其中，第一位的困难是疾病负担重。约高达60%的城乡困难家庭目前都面临疾病负担重的困难。而表4－7显示，在城乡困难家庭2016年面临的突发困难中，最主要的也是突发重病。同时，农村困难家庭的疾病负担困难要重于城市困难家庭。

表4－6　城乡困难家庭目前面临的困难占比情况　　单位：%，人

目前面临哪些困难	全部家庭	城市家庭	农村家庭
无工作	47.56	48.55	46.24
无劳动能力	53.17	50.53	56.67
拖欠工资	4.99	4.75	5.30
疾病负担重	59.81	57.86	62.42
长期照料	40.81	39.82	42.13
教育负担	28.37	30.07	26.11
意外	6.47	6.40	6.56
财产损失	4.16	3.42	5.14
居住条件差	42.24	41.05	43.81
赡养老人负担	24.56	24.81	24.23
其他	7.42	7.81	6.91
无困难	7.91	8.41	7.24
样本量	7219	4124	3095

表4－7　城乡困难家庭2016年面临的突发困难占比情况　单位:%，人

2016年面临的突发困难	全部家庭	城市家庭	农村家庭
自然灾害	7.67	4.49	11.92
交通事故	3.32	3.52	3.07
突发重病	18.76	19.81	17.35
失业	18.12	20.34	15.15
其他	9.35	9.92	8.59
无任何困难	55.81	54.51	57.54
样本量	7219	4124	3095

表4－8显示，城乡困难家庭借债的最主要原因是看病。62.05%的借过债的城乡困难家庭都曾因为看病而借债。因房屋相关支出和教育相关支出借债的城乡困难家庭分别占被调查家庭总数的13.17%和10.84%，二者之和仅相当于因看病而借债的家庭的约1/3。

表4－8　城乡困难家庭借债主要原因　单位：人,%

借债主要原因	全部家庭		城市家庭		农村家庭	
	频次	百分比	频次	百分比	频次	百分比
看病	1969	62.05	1060	62.76	909	61.25
孩子上学	344	10.84	215	12.73	129	8.69
日常生活需要	147	4.63	87	5.15	60	4.04
经营需要	61	1.92	28	1.66	33	2.22
买房、租房或修建房	418	13.17	174	10.30	244	16.44
婚丧嫁娶	97	3.06	43	2.55	54	3.64
意外事故	40	1.26	22	1.30	18	1.21
重大自然灾害	4	0.13	1	0.06	3	0.20
其他原因	93	2.93	59	3.49	34	2.29
合计	3173	100.00	1689	100.00	1484	100.00

表4－9显示，城乡困难家庭目前最主要的帮助需求是减免医疗费用，近70%的城乡困难家庭都需要这一帮助；其次是需要生活费，近60%的家

庭需要这一帮助。城乡困难家庭其他方面的帮助需求相对较低。

表4-9 城乡困难家庭目前需要哪些帮助 单位:%，人

目前需要哪些帮助	全部家庭	城市家庭	农村家庭
生活费	57.59	53.71	62.75
找工作	29.36	27.58	31.73
培训	21.98	18.58	26.49
生产资金	15.32	11.94	19.84
子女教育	28.27	28.29	28.24
减免医疗费	67.42	64.85	70.86
修建住房	34.95	28.77	43.17
结对帮扶	27.98	24.11	33.12
其他	13.18	15.70	9.82
样本量	7217	4122	3095

表4-10—表4-12反映了城乡困难家庭不同年龄人群的就诊流向。可见，城市老年人和成年人主要在药店买药，儿童主要去私人诊所或社区卫生服务站就医。农村人口不论老年人、成年人还是儿童，都首选在村卫生服务站就医。这主要是由于城乡医疗资源配置方式不同。但是，城乡困难家庭首选去医疗费用较低的医疗机构就诊。

表4-10 城乡困难家庭老年人就诊流向 单位：人,%

老人的诊疗途径	全部家庭		城市家庭		农村家庭	
	频次	占比	频次	占比	频次	占比
到药店买药	1792	30.40	1263	38.12	529	20.49
去私人诊所或社区/村卫生服务站	2596	44.04	1192	35.98	1404	54.38
去街道医院（乡镇卫生院）	851	14.44	416	12.56	435	16.85
去县、区级医院	364	6.17	216	6.52	148	5.73
去市级以上医院	217	3.68	177	5.34	40	1.55
不治疗	75	1.27	49	1.48	26	1.01
合计	5895	100.00	3313	100.00	2582	100.00

表 4－11　城乡困难家庭成年人就诊流向　　单位：人，%

成年人的诊疗途径	全部家庭		城市家庭		农村家庭	
	频次	占比	频次	占比	频次	占比
到药店买药	2232	37. 36	1651	46. 04	581	24. 33
去私人诊所或社区/村卫生服务站	2342	39. 20	1131	31. 54	1211	50. 71
去街道医院（乡镇卫生院）	750	12. 55	381	10. 62	369	15. 45
去县、区级医院	320	5. 36	176	4. 91	144	6. 03
去市级以上医院	210	3. 52	172	4. 80	38	1. 59
不治疗	120	2. 01	75	2. 09	45	1. 88
合计	5974	100. 00	3586	100. 00	2388	100. 00

表 4－12　城乡困难家庭儿童就诊流向　　单位：人，%

儿童的诊疗途径	全部家庭		城市家庭		农村家庭	
	频次	占比	频次	占比	频次	占比
到药店买药	791	24. 15	568	29. 82	223	16. 27
去私人诊所或社区/村卫生服务站	1437	43. 86	704	36. 96	733	53. 46
去街道医院（乡镇卫生院）	515	15. 72	275	14. 44	240	17. 51
去县、区级医院	314	9. 58	177	9. 29	137	9. 99
去市级以上医院	195	5. 95	167	8. 77	28	2. 04
不治疗	24	0. 74	14	0. 73	10	0. 73
合计	3276	100. 00	1905	100. 00	1371	100. 00

（二）城市困难家庭医疗保障需求解析

表 4－13 显示，在城市困难家庭中，低保边缘户的情况基本上都优于低保户。比如低保边缘户家庭的成员健康状况、劳动人口、家庭收入、支出都更多，而慢性病、残疾人、无自理能力的家庭成员占比都要更低。值得注意的是，低保边缘户债务更高，医疗保险报销金额也更高。这可能是

因为低保边缘户的医疗总支出高于低保户。

表 4-13 城市困难家庭社会人口和健康相关情况（2016 年）

单位：人,%，元

指标	城市低保户		城市低保边缘户	
	样本量	均值	样本量	均值
家庭成员健康状况水平	2292	3.30	1832	3.06
家庭健康状况较差和很差的人数	2292	1.14	1832	1.00
家庭健康状况较差和很差的人口占比	2292	42.96	1832	35.49
家庭抚养比	2292	31.28	1832	31.44
家庭劳动人口占比	2292	35.02	1832	43.79
家庭残疾人口占比	2292	24.49	1832	14.74
家庭领取残疾补贴人数占比	1196	32.45	632	21.93
家庭慢性病人数占比	2292	35.66	1832	29.84
家庭大病人数占比	2292	15.11	1832	12.06
家庭无自理能力人数占比	2291	18.16	1832	12.71
家庭生活性总支出	2257	36064.29	1814	41346.64
家庭转移性总支出	2292	4973.91	1832	6814.26
家庭总支出	2257	42694.14	1814	51731.91
家庭总收入	2292	30259.28	1832	37819.86
家庭人均总收入	2292	10817.85	1832	12206.39
家庭人均总支出	2257	15782.15	1814	17589.70
家庭医疗总支出	2257	12303.86	1814	12977.51
家庭人均储蓄	2292	2417.67	1832	3243.69
家庭人均债务	2292	8500.15	1832	10365.06
2016 年家庭人均新增债务	2292	2473.75	1832	3287.07
家庭基本医疗保险人均报销金额	1650	1925.03	1367	2243.49

表4－14显示，近50%的贫困人口认为看病的经济负担较重和非常重，仅有的10%的贫困人口认为看病负担较轻和很轻。这表明，现行医疗保障制度对于城市困难家庭的保障力度仍显不足。

表4－14　城市困难家庭看病经济负担感知　　单位：人，%

看病的经济负担	全部		低保户		低保边缘户	
	频次	百分比	频次	百分比	频次	百分比
非常重	999	24.25	592	25.89	407	22.22
较重	996	24.18	560	24.49	436	23.80
一般	1673	40.62	901	39.40	772	42.14
较轻	275	6.68	137	5.99	138	7.53
很轻	176	4.27	97	4.24	79	4.31
合计	4119	100.00	2287	100.00	1832	100.00

表4－15显示，绝大部分城市困难家庭都认为，医疗救助的作用很大或者较大。只有极少数人认为医疗救助的作用有限。同时，低保户认为医疗救助的作用很大或者较大的比例要高于低保边缘户。

表4－15　城市困难家庭对医疗救助作用的评价　　单位：人，%

医疗救助作用	全部家庭		低保户		低保边缘户	
	频次	百分比	频次	百分比	频次	百分比
很大	600	61.35	387	62.72	213	59.00
较大	159	16.26	102	16.53	57	15.79
一般	167	17.08	100	16.21	67	18.56
较小	39	3.99	19	3.08	20	5.54
无作用	13	1.33	9	1.46	4	1.11
合计	978	100.00	617	100.00	361	100.00

总体上看，绝大部分城市困难家庭受访人认为，重特大疾病医疗救助效果明显，重特大疾病医疗救助的救助病种并不少，救助标准不低，救助的手续较为方便，结算较为及时（见表4－16）。

表 4－16　城市困难家庭对重特大疾病医疗救助作用的评价　单位：人,%

是否同意下述说法	救助效果明显		救助病种多		救助标准低		手续方便		结算及时	
	频次	百分比	频次	百分比	频次	百分比	频次	百分比	频次	百分比
很不同意	16	6.78	8	3.40	15	6.38	16	6.78	8	3.39
不太同意	12	5.08	32	13.62	30	12.77	23	9.75	16	6.78
一般	31	13.14	41	17.45	53	22.55	47	19.92	51	21.61
比较同意	74	31.36	64	27.23	62	26.38	81	34.32	81	34.32
非常同意	90	38.14	34	14.47	35	14.89	47	19.92	54	22.88
说不清	13	5.51	56	23.83	40	17.02	22	9.32	26	11.02
合计	236	100.00	235	100.00	235	100.00	236	100.00	236	100.00

表 4－17 显示了城市困难家庭对职工医疗保险和城市居民医疗保险的参保、报销和满意度情况。其中，基本医疗保险参保率并未达到 100%，甚至对于低保户也未达到 100%。可能的原因不再赘述。同时，医疗保险对低保边缘户报销的金额更多。这主要是因为低保边缘户的医疗支出更高。城市低保边缘户对于职工医疗保险和居民医疗保险的满意度更高。

表 4－17　城市困难家庭医疗保险参保、报销和满意度情况　单位：人，元

指标	城市		低保户		低保边缘户	
	样本量	平均值	样本量	平均值	样本量	平均值
家庭规模	4124	3.06	2292	2.94	1832	3.20
基本医疗保险人数	4123	2.07	2291	1.98	1832	2.18
基本医疗保险报销金额	3017	5387.80	1650	4910.06	1367	5964.45
基本医疗保险满意度	3188	2.51	1757	2.47	1431	2.55
城市居民医疗保险人数	3202	1.22	1764	1.28	1438	1.16
城市居民医疗保险报销金额	1675	4212.84	950	3771.41	725	4791.26
城市居民医疗保险满意度	1750	2.62	1000	2.61	750	2.63
职工医疗保险人数	3207	0.37	1766	0.33	1441	0.41
职工医疗保险报销金额	735	4979.74	369	5027.19	366	4931.90
职工医疗保险满意度	791	2.84	398	2.76	393	2.91
基本医疗保险参保率	4123	67.64	2291	67.61	1832	67.68
基本医疗保险人均报销金额	3017	2069.32	1650	1925.03	1367	2243.49

绝大部分城市困难家庭都对基本医疗保险满意度持一般态度。但是，比较而言，认为医疗保险满意度非常高和比较高的比例，远超过了满意度非常低和比较低的比例。不论是全部基本医疗保险，还是职工基本医疗保险、城市居民基本医疗保险，均是如此（见表4－18）。

表4－18　城市困难家庭医疗保险满意度评价　　单位：人,%

基本医疗保险满意度	全部基本医疗保险		职工基本医疗保险		城市居民基本医疗保险	
	频次	百分比	频次	百分比	频次	百分比
非常高	765	24.00	79	9.99	336	19.20
比较高	604	18.95	129	16.31	319	18.23
一般	1427	44.76	472	59.67	874	49.94
比较低	220	6.90	63	7.96	121	6.91
非常低	172	5.40	48	6.07	100	5.71
合计	3188	100.00	791	100.00	1750	100.00

（三）农村困难家庭医疗保障需求解析

农村困难家庭的基本情况与城市相似，即低保边缘户的情况基本上都优于低保户。比如，低保边缘户的健康状况、劳动人口、家庭收入和支出都更多，而慢性病人、残疾人、无自理能力的家庭成员占比都要更低（见表4－19）。

表4－19　农村困难家庭社会人口和健康相关情况（2016年）

单位：人，元,%

指标	农村低保户		农村低保边缘户	
	样本量	均值	样本量	均值
家庭成员健康状况水平	1447	3.36	1648	3.21
家庭健康状况较差和很差的人数	1447	1.24	1648	1.13
家庭健康状况较差和很差的人口占比	1447	46.15	1648	39.87
家庭抚养比	1447	42.89	1648	39.90
家庭劳动人口占比	1447	29.06	1648	36.11

续表

指标	农村低保户		农村低保边缘户	
	样本量	均值	样本量	均值
家庭残疾人口占比	1447	23.10	1648	14.50
家庭领取残疾补贴人数占比	713	26.69	582	19.83
家庭慢性病人数占比	1447	34.97	1648	32.13
家庭大病人数占比	1446	13.24	1648	10.78
家庭无自理能力人数占比	1447	17.75	1648	13.93
家庭生活性总支出	1429	28621.51	1634	33770.00
家庭转移性总支出	1447	3436.86	1648	4660.96
家庭总支出	1429	37794.91	1634	43427.14
家庭总收入	1447	17215.86	1648	22358.63
家庭人均总收入	1447	5603.87	1648	6413.60
家庭人均总支出	1429	13057.72	1634	13785.95
家庭医疗总支出	1429	11778.59	1634	13589.55
家庭人均储蓄	1447	656.37	1648	1168.83
家庭人均债务	1447	8912.88	1648	7886.85
2016 年家庭人均新增债务	1447	2727.36	1648	2637.08
家庭基本医疗保险人均报销金额	1101	1261.08	1251	1549.09

与城市相似，近 50% 的农村贫困人口认为看病的经济负担较重或非常重，只有不到 10% 的农村贫困人口认为看病负担较轻或很轻。低保户认为看病负担重的比例略微超过低保边缘户（见表 4 –20）。

表 4 –20　农村困难家庭看病经济负担感知　　单位：人,%

看病的经济负担	全部		低保户		低保边缘户	
	频次	百分比	频次	百分比	频次	百分比
非常重	807	26.09	393	27.18	414	25.14
较重	735	23.76	347	24.00	388	23.56
一般	1247	40.32	546	37.76	701	42.56
较轻	182	5.88	93	6.43	89	5.40
很轻	122	3.94	67	4.63	55	3.34
合计	3093	100.00	1446	100.00	1647	100.00

与城市相似，50%以上的农村困难家庭受访人都认为，医疗救助的作用很大。约20%的人认为医疗救助的作用较大。只有极少数人认为医疗救助的作用有限。同时，低保户认为医疗救助的作用很大的比例要高于低保边缘户（见表4-21）。

表4-21　农村困难家庭对医疗救助作用的评价　单位：人,%

医疗救助作用	全部家庭		低保户		低保边缘户	
	频次	百分比	频次	百分比	频次	百分比
很大	382	54.42	207	56.40	175	52.24
较大	135	19.23	70	19.07	65	19.40
一般	137	19.52	72	19.62	65	19.40
较小	32	4.56	11	3.00	21	6.27
无作用	16	2.28	7	1.91	9	2.69
合计	702	100.00	367	100.00	335	100.00

与城市不同，绝大部分农村困难家庭受访人认为，重特大疾病医疗救助效果明显，救助的手续较为方便，结算较为及时。但是，多数受访人认为，重特大疾病医疗救助病种较少，救助标准较低（见表4-22）。

表4-22　农村困难家庭对重特大疾病医疗救助作用的评价　单位：人,%

是否同意	救助效果明显		救助病种少		救助标准低		手续方便		结算及时	
	频次	百分比	频次	百分比	频次	百分比	频次	百分比	频次	百分比
很不同意	5	4.55	10	9.09	13	11.82	5	4.55	3	2.73
不太同意	0	0.00	10	9.09	17	15.45	10	9.09	6	5.45
一般	13	11.82	24	21.82	24	21.82	21	19.09	22	20.00
比较同意	36	32.73	25	22.73	22	20.00	32	29.09	25	22.73
非常同意	52	47.27	18	16.36	21	19.09	33	30.00	40	36.36
说不清	4	3.64	23	20.91	13	11.82	9	8.18	14	12.73
合计	110	100.00	110	100.00	110	100.00	110	100.00	110	100.00

与城市相似，农村医疗保险对低保边缘户报销的金额更多（见表4-23）。这主要是因为低保边缘户的医疗支出更高。农村低保边缘户对于新

农合和居民医疗保险的满意度更高。同时，基本医疗保险参保率并未达到100%，甚至对于低保户也未达到100%（原因不再赘述）。比较而言，农村基本医疗保险参保率要高于城市。这可能是因为农村新农合实行以家庭为单位参保，而城市实行以个人为单位参保。

表4-23　农村困难家庭医疗保险参保、报销和满意度情况　单位：人，元

指标	全部家庭		低保户		低保边缘户	
	样本量	平均值	样本量	平均值	样本量	平均值
家庭规模	3095	3.21	1447	3.06	1648	3.33
基本医疗保险人数	3093	2.50	1445	2.38	1648	2.60
基本医疗保险报销金额	2352	4515.06	1101	3892.79	1251	5062.71
基本医疗保险满意度	2500	2.28	1161	2.23	1339	2.32
城市居民医疗保险人数	2507	0.17	1164	0.14	1343	0.19
居民医疗保险报销金额	155	8696.41	65	10004.98	90	7751.33
居民医疗保险满意度	169	2.57	69	2.55	100	2.59
职工医疗保险/新农合人数	2500	2.55	1158	2.52	1342	2.58
职工医疗保险/新农合报销金额	1964	3148.64	931	3261.41	1033	3047.00
职工医疗保险/新农合满意度	2089	2.23	987	2.19	1102	2.27
基本医疗保险参保率	3093	76.73	1445	76.22	1648	77.18
基本医疗保险人均报销金额	2352	1414.27	1101	1261.08	1251	1549.09

与城市相似，绝大部分人都对基本医疗保险满意度持一般态度。但是，比较而言，认为医疗保险满意度非常高和比较高的比例远远超过了满意度非常低和比较低的比例。不论是全部基本医疗保险，还是新农合、城市居民基本医疗保险，均是如此（见表4-24）。比较而言，农村贫困人口对于新农合的满意度要远高于对于城市居民基本医疗保险的满意度。这或许是因为他们不太了解城市居民基本医疗保险的缘故。

表 4-24　农村困难家庭基本医疗保险满意度评价　　单位：人，%

基本医疗保险满意度	基本医疗保险		新农合		城市居民基本医疗保险	
	频次	百分比	频次	百分比	频次	百分比
非常高	790	31.60	695	33.27	33	19.53
比较高	551	22.04	468	22.40	32	18.93
一般	935	37.40	750	35.90	84	49.70
比较低	128	5.12	102	4.88	14	8.28
非常低	96	3.84	74	3.54	6	3.55
合计	2500	100.00	2089	100.00	169	100.00

二、城乡困难家庭医疗保障需求分析结论

综上所述，本章发现如下几个方面的研究结论。

第一，城乡低保户处境比低保边缘户更糟糕，家庭成员健康状况、劳动力状况更差，家庭收入更低、储蓄更少，家庭负担更重。

第二，疾病负担是城乡困难家庭当前最重要的关切。高达60%的城乡困难家庭正承受沉重的疾病负担。2016年，约20%的城乡困难家庭面临突发重病的困难。60%的城乡困难家庭是为了看病而借债。城乡困难家庭目前最需要的帮助是减免医疗费用。50%的城乡困难家庭认为看病的经济负担较重或非常重。由于医疗负担较重，城乡困难家庭首选去医疗费用较低的医疗机构（比如药店、诊所和村卫生室，而不是医院）就诊。同时，90%以上的城乡困难家庭主要依靠家人或亲属照料无生活自理能力的家人。其中，6%的无生活自理能力的城乡困难家庭成员完全没有人照顾。

第三，基本医疗保险尚未实现对城乡困难家庭的全覆盖。一个可能的原因是，各地资助低保户和低保边缘户参保，使得受访人误以为没有参保，从而导致参保率被低估。同时，由于低保边缘户的医疗支出更高，基本医疗保险对低保边缘户报销金额更多。结果是，低保边缘户对基本医疗保险的满意度要比低保户更高。

第四，绝大部分城乡困难家庭都认为，医疗救助的作用很大或者较大。只有极少数人认为医疗救助的作用有限。在重特大疾病医疗救助方

面，绝大部分城乡困难家庭受访人认为，重特大疾病医疗救助效果明显，救助的手续较为方便，结算较为及时。不过，部分农村困难家庭认为重特大疾病医疗救助病种较少，救助标准较低。

总体而言，我国医疗保障政策对城乡困难家庭发挥了重要作用，一定程度上满足了城乡困难家庭的医疗需求，但是医疗负担仍是城乡困难家庭的主要负担和面临的主要困难，我国医疗保障政策仍需要进一步向城乡困难家庭倾斜。

第三节　精准支持分析

一、内容与对象精准分析

前文指出，我国已经建立了多层次的医疗保障体系，同时对城乡困难家庭针对性地建立了临时救助以及健康扶贫等相关制度。因此，从政策内容覆盖上，我国医疗保障政策已经基本实现了城乡困难家庭人群全覆盖。因此，我们将进一步分析医疗保障政策的对象精准性。

表4－25显示了我国城乡困难家庭医疗保障瞄准率。从表中可以看到，城乡困难家庭医疗保障瞄准率相对较低。但是，必须慎重解释本表。有以下两个方面的原因：①本章将应得到医疗保障保护的家庭界定为发生了医疗支出的家庭。但是，医疗支出中可能有相当部分属于医疗保险和医疗救助目录外费用。比如，药店的很多药品就未包含在医疗保险和医疗救助药品目录中，因此就无法获得报销。同时，各地医疗保险和医疗救助通常设置有一定的起付线，在起付线以下的医疗支出先由个人支付。因此，部分城乡困难家庭发生的医疗支出本身就无法纳入医疗保险和医疗救助保障范围。②前文指出，城乡困难家庭医疗保险参保率仅约70%，原因在于许多困难家庭已由政府全额资助参保，但是受访人却不知道。由于目前各地医疗保险和医疗救助已经基本实现了“一站式”即时结算，所以城乡困难家庭受访人通常只知道出院时的自付医疗费用，却不知道医疗保险和医疗救助的报销金额，从而误以为没有获得报销。由于以上两个原因，我们尚无法判断城乡困难家庭医疗保障政策的实际瞄准情况。因此，表4－25仅供参考。

表4－25　城乡困难家庭医疗保障瞄准率

医疗保障类别	低保户类型	应得到医疗保障保护	实际得到医疗保障保护	成功瞄准率
	单位	户	户	%
医疗保险	农村低保户	1356	621	45.80
	农村低保边缘户	1556	710	45.63
	城市低保户	2156	911	42.25
	城市低保边缘户	1722	761	44.19
医疗救助	农村低保户	1356	293	21.61
	农村低保边缘户	1556	280	17.99
	城市低保户	2156	506	23.47
	城市低保边缘户	1722	305	17.71

二、政策实施效果精准

（一）可及性评估

表4－26提供了城乡困难家庭医疗保障可及性分析。从总体上看，医疗保险参保率不高，原因不再赘述。常规性医疗救助获得率为22.39%；重特大疾病医疗救助获得率为4.79%；临时救助获得率为7.91%。其中，城市困难家庭除了医疗保险参保率外，其他救助获得率均高于农村困难家庭。这表明，我国医疗救助制度主要向城市困难家庭倾斜。这可能是因为城市困难家庭的医疗支出要高于农村的缘故。

表4－26　城乡困难家庭医疗保障可及性　　单位：人，%

医疗保障可及性	全部家庭	城市困难家庭	农村困难家庭
医疗保险参保率	71.54	67.64	76.73
常规医疗救助获得率	22.39	23.67	20.68
重特大疾病医疗救助获得率	4.79	5.72	3.55
临时救助获得率	7.91	8.92	6.56
样本量	7219	4124	3095

（二）充分性评估

表4-27显示，我国城乡困难家庭医疗保障报销比例极低，远远低于普通人群的医疗保障报销比例。根据我们对各地医疗保障政策和医疗救助政策的了解，各地医疗保障政策基本上都对困难家庭进行了倾斜。尤其是农村贫困人口，各地医疗保障政策倾斜力度很大，以致很多地区的新农合基金因此出现赤字。因此，表4-27中出现的低报销比例的情况，主要的原因可能在于受访人不了解“一站式”结算前的个人和家庭成员医疗总费用，汇报的都是医疗保障制度报销后的金额，而误以为医疗保障制度未予以报销或大大低估了医疗保障制度报销金额。因此，未来数据调查，应结合医疗保险经办机构和医疗救助经办机构数据来获取受访人及其家庭成员的医疗支出和报销情况。相对而言，这一数据要更加准确。根据我们对各地的调研，绝大多数困难家庭尤其是农村困难家庭医疗保障制度的实际报销比例高达90%，部分地区甚至高达100%，即困难家庭完全不用支付医疗费用，导致了医疗资源浪费（向国春等，2017）。

表4-27　城乡困难家庭医疗保障充分性评估　　单位:%

类别	全部家庭	城市家庭	农村家庭
医疗保险实际报销比例	20.45	21.40	19.15
医疗救助实际报销比例	9.67	9.82	9.46
医疗保障实际报销比例	30.12	31.22	28.61
医疗费用自付比例	69.56	68.42	71.12

2005年，WHO官方推荐了灾难性医疗支出（CHE）计算方法之后，灾难性医疗支出研究大量涌现。2013年的《世界卫生报告》将灾难性医疗支出与致贫性医疗支出（即因病致贫）视为衡量一国疾病经济风险保护的两大核心指标（WHO，2013）。灾难性医疗支出概念的引入，极大地推动了世界范围内对医疗负担、医疗筹资公平性的重视，加速了各国全民健康覆盖进程。目前，不论国际还是国内学术界，灾难性医疗支出已经取代了因病致贫，成为研究家庭医疗支出负担的主流方法。本章借鉴Xu等（2003）和WHO（2005）推荐的方法，计算我国城乡困难家庭灾难性医疗

支出发生率。限于篇幅，本章不再详细介绍具体计算方法，可以参见上述文献。

表4-28显示，在不同CHE标准下，我国城乡困难家庭CHE发生率不同。已有研究发现，2000年，在亚洲14个国家和地区中，中国大陆CHE（定义为家庭现金卫生支出不低于非食品支出的40%）发生率为4.81%（Van Doorslaer，et al.，2007）。2008年，我国城市地区CHE（定义同上）发生率为9.5%，农村地区CHE发生率为14.4%（李叶、吴群红、高力军，2012）。并且，收入越低的群体CHE（定义同上）发生率越高，最贫困的家庭的CHE发生率为15.8%，次贫困家庭为14.4%（吴群红等，2012）。2003年、2008年和2011年，中国总人口CHE（定义为家庭现金卫生支出不低于家庭总收入的40%）发生率分别为12.2%、14.0%和12.9%。2011年，中国有1.73亿人遭遇CHE（Meng，et al.，2012）。

表4-28和表4-29显示，在不同CHE标准下，我国城乡困难家庭CHE发生率不同。基于可比的口径，可以发现与前述文献大致相同的结论：（1）城乡困难家庭CHE发生率远高于普通人群。（2）农村（困难）家庭的发生率远高于城市（困难）家庭。（3）收入越低，CHE发生率越高。这表明，我国医疗保障制度并未有效化解城乡困难家庭的医疗费用风险。

表4-28 城乡困难家庭CHE发生率 单位:%，人

CHE标准	总体发生率	城市发生率	农村发生率
10%标准	78.04	77.06	80.81
20%标准	64.80	63.05	68.47
30%标准	54.04	52.21	58.71
40%标准	45.38	42.36	50.57
50%标准	36.43	33.78	41.10
60%标准	28.20	26.33	32.76
样本量	7219	4124	3095

注：全部困难家庭和城市困难家庭、农村困难家庭使用的家庭生存性生活支出标准不同。因此，总体CHE发生数量不等于城市CHE发生率与样本量之积与农村CHE发生率与样本量之积的和。

表4－29　40%CHE标准下城乡困难家庭CHE发生率　单位:%，人

CHE40%标准	总体发生率	城市发生率	农村发生率
1	54.02	51.20	59.37
2	50.24	45.73	56.75
3	46.54	43.52	53.19
4	40.42	37.80	44.23
5	35.63	33.49	39.26
样本量	7219	4124	3095

注：全部困难家庭和城市困难家庭、农村困难家庭使用的家庭生存性生活支出标准不同。因此，总体CHE发生数量不等于城市CHE发生率与样本量之积与农村CHE发生率与样本量之积的和。收入分组方法见下文。

（三）公平性评估

评估公平性可以使用基尼系数和Kakwani指数等。但是，这些指数都要求进行评估的家庭收入为正。而家庭收入在扣除医疗总支出后很可能为负数（实际上约有1/6的困难家庭的收入扣除医疗总支出后为负数），无法使用上述指标衡量。因此，本章仅仅分析医疗总支出及其在扣除医疗保险和医疗救助报销后的基尼系数和Kakwani指数。各个指数的具体计算方法可以参考相关文献，本章使用Stata软件inequal命令直接计算上述指数。

表4－30显示，城乡困难家庭医疗支出的不平等程度较高。这反映了医疗支出的集中性特征，即少部分人发生了高额医疗支出，而大部分人很少发生医疗支出。经过医疗保险和医疗救助各自的报销后，城市和农村困难家庭的基尼系数和Kakwani指数都出现了下降。但是，医疗保险的作用显然大于医疗救助。这是因为医疗保险报销的医疗费用更多，越是高额医疗支出医疗保险报销越多。同时，由于没有控制困难家庭成员的医疗支出排序，因此，基尼系数和Kakwani指数下降并不代表最困难的群体从中受益最多。

表 4－30　城乡困难家庭医疗支出的不平等　　单位:%

	全部家庭		城市家庭		农村家庭	
	基尼系数	Kakwani 指数	基尼系数	Kakwani 指数	基尼系数	Kakwani 指数
医疗总支出	0.7297	0.4256	0.7290	0.4239	0.7293	0.4269
医疗保险报销后	0.7176	0.4117	0.7159	0.4089	0.7192	0.4150
医疗救助报销后	0.7224	0.4173	0.7208	0.4149	0.7233	0.4195
医疗保险和救助报销后	0.7099	0.4031	0.7059	0.3981	0.7148	0.4096

由于表 4－30 不能够反映医疗保险和医疗救助对不同收入群体的影响，为此，我们以省级（各县调查人数极少，因此本章以省级为单位）为单元分别将各省份城市和农村困难家庭按照家庭人均收入划分为 5 组（1 组为最低收入组，5 组为最高收入组），比较不同收入组获得的医疗保险报销金额和医疗救助报销金额。表 4－31 显示，医疗保险报销金额远高于医疗救助。同时，不论是城市还是农村，困难家庭人均收入越高，医疗保险和医疗救助报销金额越高。这表明，我国医疗保障政策对于最困难家庭的倾斜力度不足。

同时，城市困难家庭医疗保险和医疗救助报销金额通常高于农村家庭，但是部分城市困难家庭报销金额低于农村家庭。就全部样本来看，城乡困难家庭低收入组（第 1 组和第 2 组）医疗保险和医疗救助报销金额差别不大，但是中高收入组（第 3 组到第 5 组）差异较大。比如，农村最高收入组家庭医疗保险报销金额略高于城市，而救助金额略低于城市。而农村次高收入组家庭正好相反。目前，尚不清楚其中的原因。

表 4－31　城乡困难家庭医疗费用报销的分布情况　　单位：元

收入分组	全部家庭		城市家庭		农村家庭	
	医疗保险报销金额	医疗救助报销金额	医疗保险报销金额	医疗救助报销金额	医疗保险报销金额	医疗救助报销金额
1	3059.17	1197.52	3091.96	1208.21	3029.39	1215.08
2	3395.44	1481.48	3343.74	1266.35	3433.14	1759.36

续表

收入分组	全部家庭		城市家庭		农村家庭	
	医疗保险报销金额	医疗救助报销金额	医疗保险报销金额	医疗救助报销金额	医疗保险报销金额	医疗救助报销金额
3	4041.68	1806.28	5131.95	2482.80	2633.67	864.40
4	5298.84	1927.07	6261.36	1682.76	4035.49	2263.69
5	8980.05	2393.61	8893.24	2409.70	9119.76	2373.69
获得医疗保险或医疗救助报销的样本						
1	5754.87	6650.31	6175.19	6237.01	5277.38	7276.17
2	6145.52	7481.75	6279.82	6554.94	5986.08	8668.07
3	7187.01	9394.81	9089.87	11559.48	4680.98	5444.85
4	9361.51	9992.27	11034.09	8449.27	7192.00	12212.02
5	15485.56	12255.52	14802.12	13159.78	16396.82	11221.09

如果比较低保户和低保边缘户，则会发现低保边缘户获得医疗保险概率、人均报销金额、报销总额均高于低保户。而低保边缘户获得医疗救助的概率低于低保户，获得的医疗救助总额和均值低于低保户，但是获得救助的低保边缘户的人均医疗救助金额要高于低保户。这反映出低保户更少从医疗保险覆盖和人均报销中获益，而是更容易被医疗救助覆盖，但是获得医疗救助的低保户的人均救助金额仍低于获得医疗救助的低保边缘户（见表4－32）。

表4－32　低保户和低保边缘户获得的医疗费用报销情况 单位：元，人

样本类型	报销类型	全部家庭		低保户		低保边缘户	
		均值	样本量	均值	样本量	均值	样本量
全部样本	医疗保险报销金额	5005.48	5369	4502.93	2751	5533.56	2618
	医疗救助报销金额	1760.40	7219	1914.47	3739	1594.86	3480
获得报销的样本	医疗保险报销金额	8949.19	3003	8085.87	1532	9848.30	1471
	医疗救助报销金额	9182.31	1384	8958.97	799	9487.36	585

表4－33分析了城市居民医疗保险或新农合保费由政府全额或部分代

缴的比例。除了最低收入组外，其余收入组政府全额或部分代缴保费的比例随着收入上升而下降。可见，在医疗保险筹资层面，基本医疗保险更倾向于照顾更困难的家庭。最低收入组较低的政府代缴比例，很可能是因为最低收入组不知道政府已经为其代缴了保费。表 4－34 显示，低保户由自己全额负担保费的比例远低于低保边缘户。对比表 4－33 和表 4－34 的矛盾之处可以发现，许多低保户收入要高于低保边缘户。

表 4－33　城市居民医疗保险和新农合保费由政府全额或部分代缴的比例

单位：%

收入分组	全部家庭	城市家庭	农村家庭
1	40. 66	46. 72	34. 34
2	50. 00	54. 83	44. 88
3	48. 20	53. 29	42. 60
4	43. 21	46. 73	39. 51
5	41. 02	48. 33	33. 65

表 4－34　低保户和低保边缘户保费来源分布　　单位：%，人

保费负担方式	全部家庭	低保户	低保边缘户
自己全额负担	50. 46	42. 17	59. 18
政府全额负担	24. 42	32. 7	15. 7
政府个人按比例承担	20. 21	20. 92	19. 46
不适用	4. 92	4. 21	5. 67
样本量	6340	3251	3089

三、精准性评估结论

首先应说明的是，由于调查数据的限制，应谨慎对待本章的相关结论。总体上看，在政策精准上，我国已经建立了多层次医疗保障体系，还建立了临时救助制度、急难救助制度、应急救助制度以及健康扶贫制度等相关制度，我国医疗保障政策已经实现了城乡困难家庭人群全覆盖。

在对象精准上，由于数据的限制，比如缺少各地医疗保险三个目录、

医疗保险和医疗救助起付线以及个人医疗费用的详细构成情况，我们尚无法准确判断当前城乡困难家庭医疗保障瞄准率。大量困难家庭实际上享受了医疗保险和医疗救助，但是由于“一站式”即时结算技术，使得受访人不清楚个人是否获得相关待遇，从而大大低估了医疗保障瞄准率。

在医疗保障政策可及性上，城乡困难家庭基本医疗保险的参保率约为70%，主要原因在于政府全额或部分资助参保。而城乡困难家庭常规性医疗救助、重特大疾病医疗救助和临时救助的获得率都远远超过了普通人群，表明医疗相关救助制度主要向困难家庭尤其是城市困难家庭倾斜。

在充分性上，由于“一站式”即时结算技术，本次调查数据的医疗保障实际报销比例极低，甚至远远低于普通人群的医疗保障报销比例。根据我们对各地医疗保障政策和医疗救助政策的了解，各地城乡困难家庭尤其是农村困难家庭的医疗保障待遇十分慷慨，远远超过了普通人群。利用WHO提出的CHE分析框架，我们发现，中国城乡困难家庭CHE发生率远高于普通人群。同时，农村（困难）家庭的CHE发生率远高于城市（困难）家庭。家庭人均收入越低，CHE发生率越高。我国医疗保障制度并未有效化解城乡困难家庭的医疗费用风险。

基于医疗保险筹资的角度，我们发现收入越低，政府全额或部分资助参保的比例越高，表明基本医疗保险更倾向于照顾更困难的家庭。但是，从医疗支出的角度看，由于医疗支出的集中性特征，城乡困难家庭的医疗支出的不平等程度较高。同时，医疗保险和医疗救助制度均降低了医疗支出的不平等程度，但是效果有限。同时，不论是城市还是农村，家庭人均收入越高，医疗保险和医疗救助报销金额越高。比较低保户和低保边缘户可以发现，低保户更少从医疗保险覆盖和人均报销中获益，而是更容易被医疗救助覆盖，但是获得医疗救助的低保户的人均救助金额仍低于获得医疗救助的低保边缘户。这表明，我国医疗保障政策对于最困难家庭的倾斜力度不足。

第四节　结论与若干思考

一、研究结论

中国已经建立了多层次医疗保障体系，但是各项制度对于困难群体的倾斜力度不够，尤其是在三个目录、起付线、报销比例和封顶线的设置上，都不利于低收入群体。

城乡困难家庭的人口社会经济状况都要低于普通人群，比如城乡困难家庭成员的健康状况更差、劳动力更少、残疾人更多、慢性病患者更多、家庭收入和储蓄更低，医疗负担更重，等等。本章利用 WHO 提出的 CHE 分析框架，我们发现，中国城乡困难家庭 CHE 发生率远高于普通人群。同时，农村（困难）家庭的发生率远高于城市（困难）家庭。收入越低，CHE 发生率越高。我国医疗保障制度并未有效化解城乡困难家庭的医疗费用风险。

其结果是，疾病负担是城乡困难家庭当前最重要的关切。高达 60% 的城乡困难家庭目前都面临疾病负担重的困难。约 20% 的城乡困难家庭面临突发重病的困难。城乡困难家庭中借债的最主要原因是看病（占借债者的 60%）。城乡困难家庭目前最需要的帮助是减免医疗费用。50% 的城乡困难家庭认为看病的经济负担较重或非常重。由于医疗负担较重，城乡困难家庭首选去医疗费用较低的医疗机构就诊。

由于数据的限制，我们很难准确评估当前医疗保障政策的精准程度。我们仅能谨慎地认为，目前医疗保障政策对困难家庭的瞄准率被低估了。我国医疗保障政策对于最困难家庭的倾斜力度不足。医疗保险制度对于困难家庭中的较高收入者更有利，而对于困难家庭中的较低收入者的倾斜力度不足。医疗保险和医疗救助对于城市困难家庭都更为有利，对于农村困难家庭的倾斜不足。虽然医疗保险和医疗救助都能够降低医疗支出的不平等程度，但是效果有限。

二、国际经验借鉴

城乡困难家庭的医疗费用负担的核心问题是提高医疗保障水平。在医疗保障水平中，一个核心指标是医疗保障实际报销比例。尽管中国目前建立了多层次的医疗保障制度，但是各个制度叠加的实际报销比例并不高，从而使得家庭医疗负担较重。而欧盟统计数据库显示，2011 年欧盟国家住院和药品支出中公共医疗保障实际报销比例为 90.4%。对于城乡困难家庭而言，由于其家庭收入较低，相对较少的自付医疗支出即可导致其发生 CHE。目前，发达国家降低 CHE 的主要做法就是提高医疗保险实际报销比例，并对困难群体（最容易发生 CHE）予以倾斜。OECD 统计数据库显示，在 32 个 OECD 国家中，几乎都有针对慢性病人或残疾人、低收入者、老年人、领取社会福利者、儿童和孕妇等困难群体的共付费用减免政策。比如英国、葡萄牙、挪威和奥地利等国，可以获得共付费用减免的人数分别占其总人口的 62%、55%、20% 和 11%（见表 4-35）。

表 4-35　32 个 OECD 国家的患者共付费用减免政策

国家	慢性病人或残疾人	低收入者	领取社会福利者	老年人	儿童	孕妇	共付豁免人群占总人口的比重（%）
澳大利亚	有	有		有	有	有	
奥地利		有		有			11
比利时	有	有			有		14
加拿大		有					
智利	有	有		有			
捷克			有		有	有	
丹麦	有			有	有		
芬兰	有				有	有	24
法国	有	有	有			有	18
德国	有				有		
希腊	有	有		有	有	有	
匈牙利	有						

续表

国家	慢性病或残疾人	低收入者	领取社会福利者	老年人	儿童	孕妇	共付豁免人群占总人口的比重（%）
冰岛	有			有	有		37
爱尔兰	有	有			有	有	30
以色列	有	有	有		有	有	
意大利	有	有	有	有	有	有	
日本	有	有	有	有	有		
韩国	有	有		有	有		
卢森堡	有	有			有	有	
墨西哥		有	有				
荷兰	有				有		11
新西兰		有			有		
挪威	有			有	有	有	20
波兰	有				有	有	
葡萄牙	有	有		有	有	有	55
斯洛伐克	有						30
斯洛文尼亚	有	有	有		有	有	
西班牙	有		有				24
瑞典	有				有		
瑞士					有	有	1
英国	有	有			有	有	62
美国		有					
合计（个）	25	19	8	11	23	15	

注：空白表示缺乏数据。

资料来源：OECD 统计数据库。

在确保国民不会因高额医疗费用给家庭造成沉重经济负担时，发达国家通常采用个人或家庭支付封顶的措施。比如，美国奥巴马医改设置了年度个人现金支付最大限额，2013 年的限额为每人 6250 美元，家庭为 12500 美元，并且根据通货膨胀每年进行调整（黄国武，2015）。日本根据参保人收入情况确定自付限额，低收入者月自付限额为3.54万日元，中等收入者月自付限额8.01万日元+（医疗费用-26.7万日元）×1%，高收入者自付限额为15万日元+（医疗费用-50万日元）×1%。德国按家庭收入的一定比例设立个人自付限额，一般为家庭总收入的2%，严重慢性疾病患者为1%（仇雨临、黄国武，2014）。

从总体上看，在OECD国家，采用个人或家庭自付医疗费用封顶来确保家庭不会因为高额医疗费用而陷入困境更为常见（见表4-36）。主要原因是，绝对费用封顶比相对费用封顶在操作上更加简便。同时，发达国家医疗保障水平极高，个人或家庭自付医疗费用绝对金额的标准定得也比较低，并且对社会困难群体普遍设立了各种自付费用减免政策（见表4-35），因此发达国家居民家庭极少发生因病致贫和因病返贫现象（Moser K N，2013）。在这种情况下，没有必要采用操作复杂的相对费用封顶。但是，为了凸显公平，一部分国家如德国、卢森堡等国，仍然采用了相对费用封顶。

表4-36　32个OECD国家的两类自付封顶线设置

国家	自付封顶线	相对于收入的自付封顶线	国家	自付封顶线	相对于收入的自付封顶线
澳大利亚	有		韩国	有	
奥地利		有	卢森堡		有
比利时		有	墨西哥		
加拿大			荷兰		
智利	有	有	新西兰	有	
捷克	有		挪威	有	
丹麦	有		波兰		
芬兰	有		葡萄牙		
法国			斯洛伐克		
德国		有	斯洛文尼亚		
希腊			西班牙		
匈牙利		有	瑞典	有	
冰岛	有		瑞士	有	

续表

国家	自付封顶线	相对于收入的自付封顶线	国家	自付封顶线	相对于收入的自付封顶线
爱尔兰	有		英国		
以色列	有		美国	有	
意大利			合计（个）	14	7
日本		有			

注：空白表示缺乏数据。
资料来源：OECD 统计数据库。

总体上看，发达国家降低国民医疗费用包括困难家庭自付医疗费用的策略包括：为国民提供高保障水平（个人现金自付比重低于20%）的基本医疗保障制度，并通过自付费用封顶、降低共付费用、豁免社会困难群体共付费用以及保费减免等措施来降低国民自付费用负担。此外，发达国家还通过税收优惠等措施鼓励国民购买商业健康保险，提升保障水平。

三、若干思考

鉴于以上研究，提出以下四点建议。

第一，将改革的重点放在提升医疗保障制度的总体效果，而不是建立更多的医疗保障制度上。中国已经建立了多层次医疗保障体系，但是各项制度保障力度均不足，总体合力不足，反而增加了医疗保障制度之间的衔接与协调。未来，应该借由国家医疗保障局建立的契机，加强各项医疗保障制度之间的整合与衔接，优化制度设计。从医疗保险筹资、三个目录、起付线、报销比例和封顶线的设置等方面，合力向城乡困难家庭倾斜（尤其是最困难的群体），提高医疗保障政策的公平性。

第二，未来医疗保障制度设计要更加精细化。未来，可以考虑结合最低生活保障收入核查，进一步精细化管理。比如，由于最低生活保障对象和特困供养人员的收入已知，因此可以借鉴国外使用个人自付医疗费用封顶的模式，使医疗保障制度的保障效果更加突出。同时，现行医疗保障制度的防范性不足，对于因病支出型贫困的事先预防效果不大。未来，应进一步扩大各地因病支出型贫困的救助力度。

第三，以健康中国战略为依托，积极提升城乡困难家庭的健康状况、身体状况，从而提高其收入水平。当前，应积极利用健康扶贫工程“三个一批”计划，改善农村困难家庭成员健康水平，使其有健康的身体投入生产劳动，创造收入，从而走出贫病恶性循环。同时，目前健康扶贫工程主要针对农村贫困人口，未来应逐步扩展到城市贫困人口。

第四，鉴于城乡困难家庭成员中无生活自理能力人员占比较高，影响了城乡困难家庭中有劳动能力的成员的就业及其收入，因此，未来医疗保障制度与长期护理保险制度也应加强制度衔接，减轻城乡困难家庭的长期照护负担。

第五章 城乡困难家庭教育保障精准支持研究

本章旨在分析教育保障对城乡困难家庭的精准支持状况，具体包括研究背景与分析思路、需求分析、精准支持分析、研究结论与若干思考四个部分。

第一节 研究背景与分析思路

一、研究背景与问题提出

党的十八大以来，习近平总书记关于“精准扶贫”的重要思想逐步形成和完善。在精准扶贫的诸多方面中，“教育精准扶贫”的地位尤为突出。习总书记强调“扶贫先扶志，扶贫必扶智，让贫困地区的孩子们接受良好教育，是扶贫开发的重要任务，也是阻断贫困代际传递的重要途径”。在教育精准扶贫的过程中，首先是要注重并且关注贫困地区的教育，其中的重中之重是关注贫困山区的教育。开展教育精准扶贫工作，在重视对贫困地区“输血”的同时，更应重视为贫困对象“造血”，特别是让贫困对象从精神上、观念上实现脱贫，不输掉基本的尊严和志气（龙丽、王中华，2016）。

依据“六个精准”的内涵，可以将“教育精准扶贫”理解为：第一，明确教育扶贫的对象是贫困地区的教育，要提高贫困地区的教育质量，尤其侧重提高连片特困扶贫攻坚地区的教育质量。第二，设置教育扶贫项目要目标清晰、专门对口，比如农村义务教育学生营养改善计划、农村贫困地区定向招生专项计划、乡村教师支持计划、中等职业教育协作计划等。第三，要加强对各项教育扶贫工程资金使用效率的保障，并且要重视对资金使用效率和绩效的评估。第四，要加快完善学生资助体系，保障贫困地区的学生不因家庭经济困难而辍学。第五，着力加强针对教育扶贫的统筹和管理，明确各级政府、教育行政部门、学校的相应责任。第六，不能忽视对教育扶贫的成效进行评估，评估内容包括学校基础建设标准、各级教育入学率、经费使用和倾斜政策落实情况等（钟慧笑，2016）。教育精准扶贫要求：①教育行政部门进行深入的研究，积极寻求有效的扶贫路径；②学校要完善相应制度，积极开展扶贫实践；③教师要将政策贯彻执行，尽职尽责推动扶贫落地；④学生最终能自尊自信，保证扶贫有效。

简单来讲，精准扶贫指的是，扶贫的政策和措施均针对真正的贫困家庭和人口，考虑到不同贫困地区教育发展现状和不同贫困人口的教育需求，结合现代科技，采取有效措施，通过对贫困人口有针对性的帮扶，从而提高贫困人口的基本文化素质和劳动者技术技能以促进贫困人口掌握脱贫致富本领，从根本上消除导致贫困的因素和障碍，实现可持续脱贫的目标（代蕊华、于璇，2017）。

二、我国教育精准扶贫的政策沿革

我国教育精准扶贫政策主要历经“扶贫”“教育扶贫”“教育精准扶贫”三个发展阶段，对于困难家庭的帮扶从保障其温饱到关注其可持续的受教育机会。特别从 2013 年开始，教育精准扶贫的思路逐渐得到明确，相关措施更具针对性。以下分别从中央和具有代表性的地方政府两个范围来列举 1994—2017 年的政策沿革。

表 5－1　中国教育扶贫政策沿革

施行范围	时间（年）	相关政策/法规	重点内容举例
全国	1994	国务院制订《国家八七扶贫攻坚计划》	明确规划未来 7 年教育领域扶贫的主要任务在于推进贫困地区农村的教育改革，普及初等教育，扫除青壮年文盲，并于次年启动“贫困地区义务教育工程”，增拨教育扶贫专项资金，重点投向《国家八七扶贫攻坚计划》确定的 592 个贫困县义务教育阶段学校的基础设施建设
	1996	国务院《关于尽快解决农村贫困人口温饱问题的决定》	提出“要把扶贫开发转移到依靠科技进步，提高农民素质的轨道上来”，在扶贫开发的内涵上进一步拓展了教育扶贫的功能
	2001	《中国农村扶贫开发纲要（2001—2010 年）》	
	2010	财政部、教育部下发《关于建立普通高中家庭经济困难学生国家资助制度的意见》	建立面向高中生的国家助学金和学费减免制度
	2011	集中连片特殊困难地区农村义务教育学生营养改善计划；《中国农村扶贫开发纲要（2011—2020 年）》	集中连片特殊困难片区内 3200 多万农村义务教育阶段学生直接受惠；该纲要制定了到 2020 年“稳定实现扶贫对象不愁吃、不愁穿，保障其义务教育、基本医疗和住房”的扶贫开发总体目标；我国扶贫开发已经从以解决温饱为主要任务阶段转入巩固温饱成果、加快脱贫致富、改善生态环境、提高发展能力、缩小发展差距的新阶段，实现了从救济式扶贫向开发式扶贫的根本性转变

续表

施行范围	时间（年）	相关政策/法规	重点内容举例
全国	2013	国务院办公厅转发了教育部等部门《关于实施教育扶贫工程意见的通知》《关于创新机制扎实推进农村扶贫开发工作的意见》	明确了教育扶贫的总体思路、主要任务和保障措施等，充分发挥教育在扶贫开发中的重要作用；提出了深化改革创新扶贫开发工作机制的要求，将建立精准扶贫工作机制作为六项扶贫创新机制之一
	2014	国务院颁布《社会救助暂行办法》	国家对在义务教育阶段就学的最低生活保障家庭成员、特困供养人员，给予教育救助。对在高中教育（含中等职业教育）、普通高等教育阶段就学的最低生活保障家庭成员、特困供养人员，以及不能入学接受义务教育的残疾儿童，根据实际情况给予适当教育救助
	2015	《中共中央国务院关于打赢脱贫攻坚战的决定》《关于深化中小学教师职称制度改革的指导意见》	教育扶贫的实现路径被描述为“让贫困家庭子女都能接受公平有质量的教育”，“精准扶贫、精准脱贫”确定为基本方略，教育被赋予了“阻断贫困代际传递”的使命；各地制定职称评聘具体评价标准条件时，要综合考虑乡村小学和教学点实际，对农村教师予以适当倾斜，吸引和稳定优秀教师在边远贫困地区乡村小学和教学点任教
	2016	财政部、教育部印发《关于免除普通高中建档立卡家庭经济困难学生学杂费的意见》；教育部等 6 部门联合印发了《教育脱贫攻坚“十三五”规划》；教育部办公厅《关于进一步加强和规范高校家庭经济困难学生认定工作的通知》；《职业教育东西协作行动计划（2016—2020 年）》	自 2016 年秋季学期起，免除公办普通高中建档立卡等家庭经济困难学生学杂费；规划提出了“一个目标、两个重点、五大教育群体、五项重点任务”，力争实现贫困地区“人人有学上、个个有技能、家家有希望、县县有帮扶”；对各地各高校精准认定家庭经济困难学生工作作出部署，要求合理确定认定标准，在分配资金和名额时不搞“一刀切”，对民族院校、以农林水地矿油核等国家需要的特殊学科专业为主的高校给予适当倾斜，保护受助学生隐私、尊严等；结对帮扶和对口协作作为推进教育精准扶贫的重点举措

续表

施行范围		时间（年）	相关政策/法规	重点内容举例
全国		2017	《关于进一步落实高等教育学生资助政策的通知》《关于进一步规范研究生国家助学金管理工作的通知》	国家资助政策从普通高校拓展到科研院所、党校、行政学院、会计学院等各类研究生培养单位，资助对象从全日制普通本专科学生、研究生拓展到预科生；并使资金的发放更加精准有针对性
地方	广西	2015	《关于开展教育精准扶贫扶持贫困家庭子女上学就业的实施意见》	全面实施教育精准扶贫，将扶贫部门实施的雨露计划扶贫培训补助政策与教育部门实施的家庭经济困难学生资助政策无缝衔接
	湖北	2015	全面启动教育精准扶贫行动计划	实施“五个精准”：“精准改造”，让贫困户子女不仅有学校可上，而且能上好学校；“精准招生”，让贫困户子女不仅拥有受教育机会，而且拥有更多接受优质教育的机会；“精准资助”，让贫困户子女不仅上得起学，而且免费上学；“精准就业”，让贫困户子女不仅有业可就，而且能够持续发展；“精准培训”，让贫困农民拥有一技之长，能够脱贫致富
	甘肃	2015	《甘肃省精准扶贫乡村教师队伍专项支持计划》《甘肃省加快发展民族教育专项规划》《甘肃省精准扶贫职业教育专项支持计划》	结合地方实际情况，针对地方发展特色，做到因地分类、因人分策，实现农村贫困户子女从学前教育到大学阶段全覆盖，将教育贫困信息、主要措施、任务节奏、考核评估进行全程对接，确保贫困家庭子女“上得起学、读得起书、就得了业”
	贵州	2016	《贵州省教育精准脱贫规划方案（2016—2020年）》	实施八大教育精准脱贫计划：学生精准资助惠民计划、职业教育脱贫富民计划、办学条件扩容改善计划、教育信息化推广计划、教师队伍素质提升计划、农村和贫困地区招生倾斜计划、教育对口帮扶计划、特殊困难群体关爱计划

续表

施行范围		时间（年）	相关政策/法规	重点内容举例
地方	宁夏	2016	《自治区教育厅关于印发〈宁夏教育精准扶贫行动方案（2016—2020年）的通知〉》	选取部分高职学院在高职分类考试招生中面向建档立卡家庭经济困难未录取的考生单列计划、单独投档录取
	海南	2017	《海南省大力开展职业教育精准扶贫实施方案》《关于进一步完善非义务教育阶段建档立卡家庭经济困难学生补助政策的通知》《加强中等职业学校“扶贫励志班”管理工作的通知》	实施“五精准”“四优先”帮扶，对建档立卡家庭学生进行精准、精细化培养。“五精准”指的是“精准招生、精准培养、精准资助、精准就业创业、精准培训”，“四优先”指的是“建档立卡家庭学生可优先选择中职学校和就读专业；学校优先提供资助性勤工俭学岗位；优先提供校外实习岗位；优先推荐就业”

三、理论基础与文献综述

（一）理论基础

1. 从经济学的“反贫困理论”到舒尔茨的“人力资本”

美国经济学家西奥多·舒尔茨（Theodore W. Schultz）是人力资本理论的代表人物之一。1960 年，舒尔茨在美国经济学会年会上提出其著名的观点：“经济发展主要取决于人的质量，而不是自然资源的丰瘠或资本存量的多寡。”舒尔茨认为，完整的资本概念应该包括物质资本和人力资本两个方面，前者体现在物质产品上，后者则属于劳动者，即凝聚在劳动者身上的知识储备和劳动技能等。进而，舒尔茨提出了人力资本的概念。“所谓人力资本，就是体现在人力资源身上的、以人力资源的数量和质量来表示的一种非物质资本，其实质是强调以教育、培训和扫盲为基础的工人技能的长期改善，以及健康状况的提高、儿童死亡率的下降以及家庭在对子女的培养方面投入更多资源的观点。在人力资本理论中，舒尔茨特别强调了教育是人力资本形成的主要途径。他认为教育投资是一种重要的生产性投资，教育活动是隐藏在人体内部的能使人的能力得以增长的生产性活动，而不是一种消费活动，相反，政府和私人有意识地投资，为的是获得一种具有生产能力的潜力，它蕴藏在人体内，会在将来作出贡献。”（郑皓瑜，2016）

2. 罗尔斯与“正义论”

约翰·罗尔斯（John Rowls）作为著名的政治学家，其“正义论”思想在针对社会困难群体帮扶方面同样具有很大影响。根据罗尔斯的正义论，对困难群体（如贫困人口）平等对待并进行制度补偿是社会正义发展的要求。他认为：“财富和权力的不平等，只有在它们最终能对每一个人的利益，尤其是对地位最不利的社会成员的利益进行补偿的情况下才是正义的。”因此，当社会分配致使收入差距和地位差别扩大时，社会应对最少受惠者即困难群体给予一定补偿，以此来保证社会持续良性运作。对于社会困难群体子女的教育而言，仅仅强调平等对待、机会均等是无法从根本上消除其发生的恶性循环过程的。

3. 阿玛蒂亚·森的贫困理论

经济学家阿玛蒂亚· 森（Amartya Sen）在某种意义上综合了人力资本和社会正义的观点，并将其运用到教育和贫困的研究中。首先，他提出了以实现“生活内容”的能力来评估平等与不平等的新思路。基于人际相异性，能力平等比机会平等更重要，“有很好的理由把贫困看作是对基本的可行能力的剥夺，而不仅仅是收入低下”（贾汇亮，2010）。其次，森认为贫困是一个绝对的概念，贫困反映的是贫困者缺乏实现自己能力的社会资源。森的分配正义原则是能力平等，主张关注人的积极自由，主张社会应该保证每个人具有发挥其与经济发展水平相适应的能力的机会和资源。因此，在现代社会接受良好教育是个体积极自由的重要表现，也是现代社会个体提高实现“生活内容”的能力的基本途径，因而教育救助对于贫困者来说具有重要的伦理道德意义。

4. 刘易斯与贫困文化理论

1959 年，美国伊利诺伊大学人类学教授奥斯卡·刘易斯（Oscar Lewis）在其作品《五个家庭：关于贫困文化的墨西哥人实例研究》中提出贫困文化理论，认为穷人因为贫困而在居住等方面具有独特性，并形成独特的生活方式。穷人独特的居住方式促进了穷人间的集体互动，从而使得与其他人在社会生活中相对隔离，这样就产生出一种脱离社会主流文化的贫困亚文化。这种亚文化通过“圈内”交往而得到加强，并且被制度化，进而维持着贫困的生活。同时，他还强调，在这种环境中长成的下一代会自然地习得贫困文化，使得贫困文化“代代相传”（李兴旺、朱超，2017）。

因此，要想消灭贫困，须改造贫困文化。只有穷人抛弃了自暴自弃、不求上进、宿命论的价值观念，而接受了积极进取、不懈奋斗的价值观时，贫困才真正有可能消失。增加困难群体及其后代与主流文化接触的机会及其被主流文化接纳的技能，教育就是关键。对于贫困家庭而言，子女接受良好的教育是其家庭唯一向上流动的机会。然而，高昂的教育支出完全超出了贫困家庭的能力范围，他们子女的教育必然将成为社会问题。只有建立健全教育扶贫制度，才能保障他们受教育的权益，促进教育机会平等。

（二）中国教育精准扶贫实践综述

1. 国内教育扶贫的现状

我国近几年实施的教育扶贫政策，包括学前教育三年行动、全面改善贫困地区义务教育薄弱学校基本办学条件、义务教育“两免一补”、中等职业教育免学费、补助生活费、高等教育学生资助政策等20项，努力促进区域和城乡之间的教育均衡发展，使贫困地区的学生也能够享受到平等的教育资源（亓明超，2017）。教育部督导局相关负责人介绍，自“全面改薄”实施至2017年底，全国共新建、改扩建校舍1.86亿平方米，完成五年规划任务的90%，超过2017年初预定的“超七成”工作目标，提前一年实现2018年“过九成”工作目标。2017年是我国实行“农村义务教育学生营养改善计划”的第六个年头，在实现国家扶贫开发重点县2017年全覆盖既定目标的基础上，全国已有1596个县实施了营养改善计划，超过全国县级行政区总数的1/2，受益学生总数3600多万人，约占全国义务教育阶段学生总数的1/4。

总体上看，我国近几年教育扶贫的实践成果可以从三大方面进行概括（张琦，史志乐，2017）。

第一，对贫困地区教育经费的投入增多。我国重视发展教育，近年来财政性教育经费不断向中西部地区，尤其是贫困地区倾斜。2012年，我国财政性教育经费占GDP比重超过4%，其中安排农村义务教育经费保障机制改革资金865.4亿元，安排农村义务教育薄弱学校改造计划180.14亿元，同时安排“全国中小学校舍安全工程”建设资金20亿元，营养膳食补助资金150.5亿元。2014年，我国财政性教育经费达2.64万亿元人民币，中央财政教育转移支付资金90%用于支持中西部，重点向农村地区、民族地区、连片特困地区倾斜，涉及贫困家庭学生资助、国培计划、乡村劳动力技能培训等。在新一轮扶贫开发攻坚过程中，国家对贫困地区教育投入稳步增长，为促进贫困地区教育发展提供了重要的资金支持，为提高贫困地区的教育水平提供了资金保障。

第二，贫困地区学生获资助的规模和受益的人数明显扩大。这得益于我国全面系统的贫困生资助政策体系。自《国家中长期教育改革和发展规划纲要（2010—2020年）》实施以来，我国学前、义务、高中、本专科、研究生等各级教育阶段的学生资助工作均得到大力发展。教育规划纲要中期评估报告显示，2010—2014年，全国累计资助学前教育、义务教育、中职教育、普通高中、高等教育等各教育阶段学生达到4.1亿人次（不包括义务教育免费教科书项目），年均资助8201.26万人次。从各地教育扶贫情况来看，也取得了很大进展。例如，江西省基本形成奖、助、贷、勤、补、免六位一体的资助体系；广西壮族自治区建立“全程覆盖、无缝衔接”的家庭经济困难学生资助体系；贵州省正在努力推进以“精准资助”为首的八大教育精准脱贫计划。

第三，贫困地区教育水平得以快速提升。随着针对贫困地区的教育投入的重视和教育经费的增多，贫困地区、贫困人口的受教育程度普遍提高。一方面，文盲、半文盲比重逐年下降，从2002年的15.3%下降到2014年的8.7%。另一方面，义务教育比重稳步提高并成为比重最大的部分，截至2014年，扶贫重点县劳动力中，初中及以下教育程度占到89.5%；中等教育和高等教育比重显著上升，高中教育占到8%，大专及以上教育占到2.5%。与此同时，我国集中连片特困地区各阶段入学率进一步提高，学前教育毛入园率为76.24%，九年义务教育巩固率达到92.68%，高中阶段教育毛入学率达到76.23%（张琦、史志乐，2017）。

2. 教育扶贫的“精准性”问题

目前中央和各地通过多种举措在教育扶贫领域取得了显著成效，但同时我国仍然面临着7000多万农村贫困人口脱贫的艰巨任务，特别是长期以来的粗放式扶贫模式导致的低质低效、针对性差等问题不断显现，推进扶贫开发战略依然面临着前所未有的压力和挑战（代蕊华、于璇，2017）。而长期以来，我国教育扶贫效率偏低，其根本原因在于教育扶贫瞄准精度（即精准性）较低，多数教育扶贫项目都是“漫灌式”进行，教育扶贫资源溢出现象较为突出。出现“该扶贫的没有扶贫，不该扶贫的却享受扶贫资源”的情况。

张翔（2016）提出，从学理上讲，教育精准扶贫必然包括精准识别、精准帮扶和精准管理三个方面。其中，精准识别体现为教育扶贫对象瞄准精度；精准帮扶关乎教育扶贫项目的内容与实施方式是否切实；精准管理涉及教育扶贫对象动态管理、教育扶贫资金精准运作以及教育扶贫成效精准考核等。下文将主要从这三个方面，对教育精准扶贫存在的问题进行归类梳理。

（1）精准识别问题。张翔认为，所谓“精准识别”就是按照统一标准，通过规范的流程和方法，找出真正的贫困村、贫困户，了解贫困状况，分析致贫原因，摸清帮扶需求的过程，精准辨别和确认扶贫对象的过程。需要注意的是，教育扶贫对象精准识别的内涵与一般扶贫对象精准识别不尽相同。教育扶贫对象精准识别不仅需要将贫困对象从总人口中精准辨别出来，还要精准辨别贫困对象是否具有受教育能力，即是否能成为教育扶贫对象，并非所有的贫困人口都适宜于教育扶贫。明确这一点后，开展教育精准扶贫识别，就首先要确定哪些人属于真正贫困，并为真正贫困人口建档立卡。其次，要将贫困人口进一步分为可通过教育扶持的贫困人口和不能通过教育扶持的贫困人口两类，教育扶贫对象是那些具备受教育能力、可通过教育扶贫的贫困人口。

但是，我国目前识别贫困户的方法是通过设定年人均纯收入的贫困线标准进行识别，这种识别方法、模式相对单一。例如，年收入为2855元以下的列入贫困户名单，但是在实际中，收入在标准线上下浮动的家庭很可能出现家庭条件相差无几、却无法享受扶贫政策的现象。另外，目前缺乏对贫困户类型的精准识别。贫困对象致贫原因多样，有因病致贫、残疾致贫、因学致贫、自然灾害致贫、缺乏脱贫项目致贫等诸多因素（陈晨，2016）。

此外，诸多地区教育扶贫起步较晚，教育扶贫对象档案没有建立起来。于是，在教育扶贫过程中，一些地区仍然沿用扶贫部门原先掌握的贫困人口建立档案。然而，那些已有的贫困人口档案在实际建设中是存在问题的，譬如捏造事实、虚报数据、形式主义等。加之我国贫困人口建档立卡主要采用抽样调查的方式进行，贫困人口的确定不是通过科学标准识别出来的，而是基于扶贫办测算结果自上而下分配的指标。

（2）精准帮扶的问题。在帮扶实施的过程中，也存在着一系列问题。首先是资助面不能覆盖所有贫困家庭。例如，在集中连片特困地区，由于自然条件、地理环境等因素，贫困程度深，贫困范围广，需要资助才能完成学业的学生远远超过了20%的资助比例。这种需求与供给之间的缺口，造成了不少学生只能提前辍学，外出打工，来改善家庭经济。另外，资助的金额低，不能满足实际的生活费用支出。在国家给予资助的20%覆盖面中，现给予的平均资助标准为每生每年2000元，平均下来一个月200元左右。这部分钱还要支付交通费、生活费、日常生活开销，对得到资助的贫困学生来说捉襟见肘；而对于没有得到资助的学生来说，这更是严重影响到他们的正常学习生活。因此，教育精准扶贫的资助力度还有待提高。

由于对区域间统筹和差异的关注不够，也造成帮扶的过程和结果不尽如人意。当前，教育精准扶贫中涉及学校的扶贫主要体现在“全面改薄”、经费达标以及师资配置等均衡方面。在扶贫中往往根据学生人数发放经费，市县级学校学生多，经费也多；贫困区县学生人数少，需要举债建设，远远降低了办学标准，导致区县教育差距越来越大。造成教育资源存在差异的本源是城乡之间经费投入不同（有关统计数据显示，城市小学每年生均95元，农村小学生均仅28元，相差近4倍；城市初中生均146元，农村初中生均仅45元，相差3.24倍），农村初中和小学生均仪器、设备购置费，仅相当于城市学校的1/4。在贫困地区各学校办学条件也存在差异，校际之间的教学质量不同，进行教育精准扶贫过程中，实施“一刀切”让优质教育资源向农村倾斜，却忽略了农村学校之间的差异，没能做到有的放矢，造成了区域间教育资源再度失衡（赵红霞、谢红荣，2016）。

在各地方实施精准帮扶的过程中，还涌现了许多具体问题。

如刘洋等（2017）在对贵州省高校教育精准扶贫进行的研究中，发现当地资助条件设定宽泛，有待规范明确。“既然教育精准扶贫是针对农村贫困学生进行专项资助，应该增加和设定合理的资助条件，并根据各地实际经济水平和家庭实际情况进行条件细化，当然这会增加教育精准扶贫的工作内容和强度。”研究者还发现，一般而言，精准扶贫手册（现已变更为扶贫卡）中设有脱贫年限一项，经调查，研究者了解到这项内容各地填写不一，部分地区为了扩大资助范围，通常将脱贫年限设定为一年，以保证每年可以有不同的贫困家庭获得资助；部分地区则体现灵活性，在脱贫年限上未填写数字，但是这一现实完全违背了实施办法中的具体规定。最后，教育精准扶贫中资助程序存在信息不对称，由于部分地区对于教育精准扶贫政策和通知落实不及时，导致贫困学生家庭并未知晓此项政策的实施，多数是贫困大学生在校得知此事后才跟家里取得联系，建档立卡存在着严重的滞后性，最终导致当地扶贫工作进展落后，甚至造成百姓对政府及工作人员信任缺失。

梁文政（2015）在对重庆市教育精准扶贫进行研究后，总结出了当地扶贫实践的问题：①扶贫对象重普惠轻精准。重庆市学生资助忽视了不同家庭收入水平的差距，违背了“一户一策”的精准扶贫原则，致使部分A类贫困户即便得到国家资助，也难以从根本上解决因教致贫、因教返贫问题，而一些C类贫困户或者脱贫户仍然享受资助。此外，农村薄弱学校因校情各异，需求也就不同，而在扶贫过程中往往是“撒胡椒面”，全面开花，效益发挥不够。②扶贫措施重联动轻统筹。由于来自不同行业、不同群体的帮扶资金进出口子缺乏统筹，导致集中发力有余，而兼顾公平不足。特别是在媒体报道一些典型家庭和学校后，不同行业、爱心人士、企业家反复捐赠，而一些未被发现的家庭和学校只能享受国家层面的政策帮扶。此外，社会团体和个人横向扶贫缺乏监管，存在极大的廉政和安全漏洞。在研究中他特别强调了贫困界限划分不明对精准帮扶造成的困难。“界定标准偏重于定性，缺乏定量指标，在建卡之初，难以精准把握对象，存在凭印象的现象，少数村（居）委会社区干部由于深入贫困家庭调查摸底不够，搞人情、讲关系在所难免，导致基础数据缺乏客观性与真实性，而国家扶持、支持、资助政策往往又明确为持卡、持证对象。”

（3）精准管理的问题。相比于国外相对成熟的效果评估机制，我国在精准扶贫的理念上具有非系统性，精准扶贫的相关法律法规体系也有待完善，从而影响到对整体实践工作的管理和评估不够有力、有效。目前，我国对扶贫效果的评价主要是以人均年收入的提高，扶贫对象的减少为标准，存在着单一性的缺点，没有体现因地制宜、以人为本的思想。

3. 提高教育扶贫精准性的现有实践总结

基于教育精准扶贫存在的多方面的问题，全国与各地方都在扶贫模式与技术上进行了诸多探索，研究者也在进一步拓宽提高教育扶贫精准性的思路。

（1）依托于信息化技术的精准扶贫。2016年4月，习近平总书记在网络安全与信息化工作座谈会上指出：“可以发挥互联网在助推脱贫攻坚中的作用，推进精准扶贫、精准脱贫，让更多困难群众用上互联网，让农产品通过互联网走出乡村，让山沟里的孩子也能接受优质教育。”于淼、解梁秋（2017）认为，“互联网 +”为教育精准扶贫提供了技术保障，拓宽了教育精准扶贫的内容维度，激发了教育精准扶贫的内在动力。针对教育精准扶贫中面临的教育信息化基础设施建设滞后、应用型网络教育资源匮乏、贫困亚文化削弱脱贫内在动力、师资队伍建设受阻等诸多问题，教育精准扶贫工作要从强化保障、精准提供教育内容、营造扶贫文化氛围、加强师资建设等方面入手，充分发挥“互联网 +”在教育精准扶贫中的重要作用。

此外，大数据因其数据化、网络化与动态化等特点和精湛有效的技术理念与精准扶贫的机制要求相契合，近年来被认为是完善精准扶贫工作的有力技术基础。以大数据分析为技术手段的精准定位将在很大程度上保证扶贫工作的精准、精确，因此需要构建教育扶贫“大数据”应用格局，收集更为全面的个人、家庭、经济、受教育程度、面临困难等方面的信息，从而分析和掌握贫困对象的实际需求和利益诉求，提高教育扶贫工作的精细化和科学化，揭示传统技术难以展现的关联关系，挖掘精准扶贫行为规律，建立“用数据说话、用数据决策、用数据管理、用数据创新”的管理机制，实现基于数据的精准决策。

甘肃省自 2015 年 6 月开始建设“甘肃省精准扶贫大数据管理平台”，2016 年 1 月建成并投入使用。该平台作为全国第一个精准扶贫大数据管理平台，目前已完成全省 417 万贫困人口的信息采集，将省域内的建档立卡贫困学生信息纳入教育精准扶贫大数据库，实现了全省 88 万教育精准扶贫对象的清单式管理和动态监控。甘肃省依托大数据分析，区分和明确了“因学致贫”与“缺技术致贫”的精准扶贫政策，着手解决了贫困地区学前教育资源较为短缺的问题，实现了职业教育阶段贫困学生的精准筛选，并借助动态管理，在义务教育阶段为贫困学生提供“两免”，为家庭经济困难寄宿生发放生活补助、提供免费营养餐，在普通高中阶段为 9.11 万人免除学杂费和书本费（封清云、郭炯、郑晓俊，2017）。

（2）教育精准扶贫与“PPP 模式”。PPP（Public - Private - Partnership）模式，即公私合营模式，是以提供公共物品或服务为导向，政府与私人组织协作的一种方式。有学者认为，PPP 模式推进精准扶贫、精准脱贫的主要应用领域包括基础设施建设领域、产业扶贫领域、教育和医疗卫生等公共服务领域、生产条件和生活条件改善等领域，但 PPP 模式推广面临着如何实现 PPP 模式与精准扶贫、精准脱贫之间的有效衔接，如何处理好政府与社会资本之间的合作伙伴关系等关键问题。廉超（2017）认为，应从完善法律法规体系出发，提高项目扶贫精准性，建立项目示范和服务平台建设，完善项目运行机制等渠道加快推进 PPP 模式在贫困地区的运用。

在以旨在解决教育资源分配不公、推进教育扶贫的具体实践中，一些非营利组织如美丽中国（Teach for China，TFC）的影响力不断扩大，TFC 是北京立德未来助学公益基金会下设的非营利的支教项目，项目通过“两年轮换制”，每年输送优秀的大学生前往教育资源匮乏的地区进行支教。目前，其支教项目分布在广东、云南、甘肃、福建、广西等地，持续地为提高贫困地区教学质量、稳定输送人才做着努力。在未来，精准扶贫与 PPP 模式结合可以考虑借助已有的组织或者企业，通过考察后，有的放矢地进行帮扶。

（3）精准性评估模式参考。目前，我国还没有形成统一的针对教育扶贫精准性结果的评估体系。在对结果评估模型进行设计的过程中，可以参考以往研究中，研究者对于其他问题精准性的计算方法。如郭伟和等（2016）在探讨城市最低生活保障政策瞄准效果时，提出一种研究思路，即根据一系列标准设定，考察低保户个案是否被瞄准，取为（0，1）变量，针对现实情况，将瞄准区分为救所应救、不需未救，将未瞄准区分为救不应救、需而未救，然后分别计算瞄准区与未瞄准区相对于总体的占比，从而得到瞄准率与未瞄准率，依据瞄准率还可进一步对影响因子进行分析。在研究教育扶贫精准性时，这样的做法同样具有参考价值。

四、指标操作化与分析思路

（一）指标操作化

1. 变量介绍

本研究主要设置以下变量对教育扶贫进行分析。

家庭总收入（除转移性支出）：将劳动收入、经营纯收入、财产性收入及全年其他收入设定为家庭总收入。

人均收入：家庭总收入除以家庭人数后得到家庭人均收入。

总教育支出：问卷 C12“2016 年全年，您家教育费用的情况”问题中各教育阶段的教育花费与课外辅导费的总和。

纯教育支出：仅包括教育花费（不包括课外辅导费）。

教育支出占比：用总教育支出/总支出（支出问题中所有支出相加）。

总教育救助金：根据问卷 C08 中全年教育救助金额。

各阶段教育救助金：问卷 C12“2016 年全年，您家教育费用的情况”问题中各阶段教育政府救助金额，包括学前教育阶段、义务教育阶段、高中教育阶段与大学教育阶段①。

总救助金占比：总教育救助金/总教育支出。

救助金占比：各阶段教育救助金/相应阶段的教育支出。

2. 精准化计算公式

本研究考察教育扶贫的精准性指标主要关注在两个方面：

其一为扶不应扶，即教育救助覆盖人群中不应教育补助的对象。主要分为三类：无教育支出、家中无上学人口、无低保且剩余收入高（位于总体剩余收入的前 10%）。

其二为需而未扶，即无教育救助人群中存在符合教育救助范围的对象，此处范围以已有教育救助对象的各项数据为标准，主要判定标准为：教育支出符合救助对象的范围，收入低且剩余收入低、家中无劳动力。

在精准性判定时先计算总体精准性，然后在此基础上再以某个区县为

① 在对救助金额的数据处理中，仅针对救助金额大于 0 的群体，以更精确获取救助金的均值等数据。

划分依据，计算区县细分精准性。

总体精准性：将城市与农村看作两个整体进行均值的判断与条件筛选。此精准性又分为总体精准性与去除极值后的精准性。

区县细分精准性：筛选城市与农村各自可分析的区县，在区县内部进行具体均值判断与条件筛选。

精准性计算公式：

1 －（扶不应扶数＋需而未扶数）/有上学人口或有教育支出家庭数

1 － 每个区县扶不应扶数与需而未扶数之和/有上学人口或有教育支出家庭数。

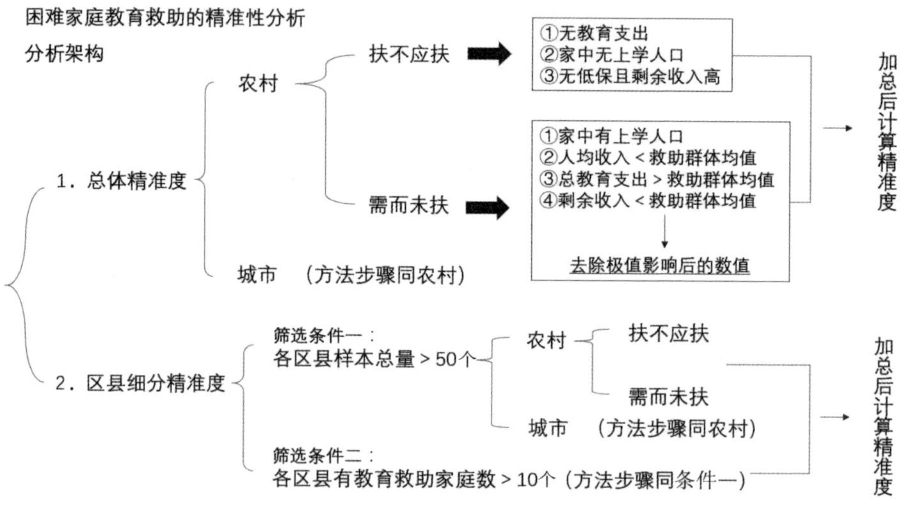

图5－1 分析思路图

（二）分析思路

本研究在将城市、农村视为两个总体进行精准性分析的基础上，再分别考察各区县的数据，同时考虑到各地的贫困程度不一，因此需要加入微观数据进行比照。这一部分共依据两个标准选取分析区县：

其一为区县总体被访家庭数大于50个。这是考虑到样本的可分析性，样本量过少会造成对比性弱、样本特殊性强。

其二为区县中有教育救助家庭的数量大于10个。因为按照总被访家庭数筛选时，容易遗漏虽总样本量不大但有教育救助家庭的数量多的有可分析性的区县。以此部分对家庭总数量小于50个的群体进行进一步筛选，以尽可能多地分析具有可分析价值的区县。

由于细分区县后可分析的样本量变少，因此本部分的计算结果具有相对性，即主要以各区县已获得教育救助的家庭为标准，来探讨“需而未扶”的家庭，判定条件为“家中有上学人口、人均收入小于有教育救助家庭的人均收入、家中无劳动力”；“扶不应扶”的家庭筛选条件放宽至“家中无上学人口一项”。同样，“需而未扶”与“扶不应扶”的加总数为“不精准数”。为更好地体现各县的扶贫精准性，在表格中添加“占区县家庭比”部分，以体现不准确数占每个区县有上学人口或有教育支出家庭数的比例。

第二节　需求分析

在这一部分中，我们将根据本项目调查数据，对农村困难家庭、城市困难家庭两个群体在教育方面的情况进行描述，在我们进行教育扶贫精准性分析前对于数据的实际状况有一个全局性的把握。

一、城乡困难家庭教育需求分析

（一）城乡总体数据分析

1. 总教育救助金额分析

针对获得教育救助金的家庭，农村家庭的平均总教育救助金额为2016元，城市家庭的平均总教育救助金额为2320元。

2. 各阶段教育救助金额分析

在获得救助金的家庭里，农村学前教育阶段平均教育救助金额为1155元；义务教育阶段平均教育救助金额为1325元；高中教育阶段平均教育救助金额为2346元；大学教育阶段平均教育救助金额为4314元。城市学前教育阶段平均教育救助金额为1697元；义务教育阶段平均教育救助金额为1609元；高中教育阶段平均教育救助金额为2098元；大学教育阶段平均教育救助金额为3362元。

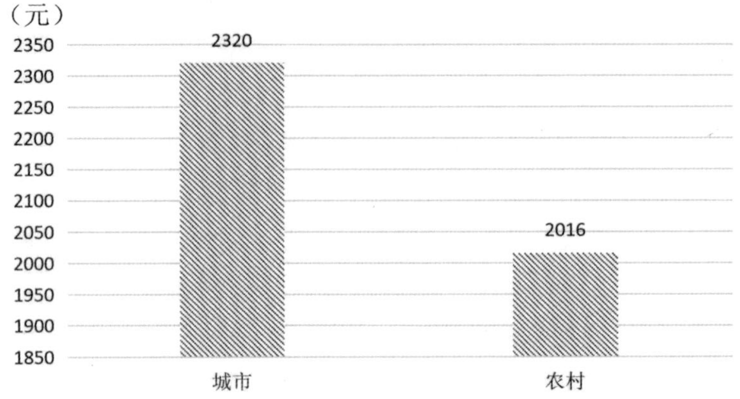

图5－2　城市农村平均总教育救助金对比图

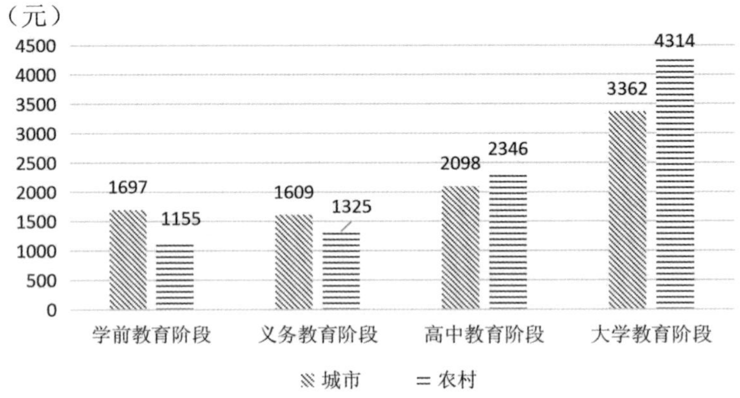

图5－3　城市农村各阶段教育救助金额对比图

3. 城乡各项指标对比

总体而言，无论是农村还是城市，有教育救助家庭的人均收入、剩余收入都低于无教育救助家庭。总教育支出方面，无教育救助的家庭支出金额更高。农村有教育救助的家庭在剔除极值后的总教育支出与纯教育支出方面有教育救助上的金额都高于无教育救助家庭。但城市在这两方面与农村相反，无教育救助的家庭支出更高。

表5－2　农村城市各项指标对比　　单位：元，人

指标 平均值	农村有教育救助家庭	农村无救助且家中有上学人口的家庭	城市有教育救助家庭	城市无救助且家中有上学人口的家庭
人均收入	3801.07	5736.38	5231.02	7880.87
剔除极值后的人均收入	3171.25	4525.23	4388.94	6177.49
收入—教育支出	8336.55	19663	10173.4	18048.78
剔除极值后的收入—教育支出	5401.03	13917.12	6553.84	13793.94
平均上学人口	1.52	1.45	1.24	1.26
总教育支出	7527.02	8740.97	8015.23	8740.973
剔除极值后的总教育支出	5995.84	5428.14	6688.36	7171.71
纯教育支出	7166.44	6319.21	7076.15	7452.61

（二）城市困难家庭教育需求解析

1. 教育救助评价

关于教育救助作用共637个有效评价，其分布如下。

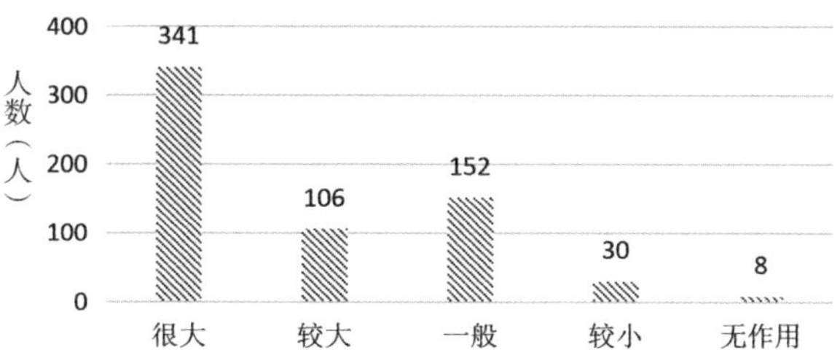

图5－4　城市教育救助作用评价分布

可以发现，针对教育救助的作用，约54%的人认为有很大作用；约

17%的人认为作用较大；约24%的人认为一般；约5%的人认为作用较小；仅1%的人认为无作用。

2. 教育支出分析

（1）教育支出基本情况。城市共1851个有上学人口的家庭。由图5－5可知，义务教育阶段的支出相对非义务教育阶段少。

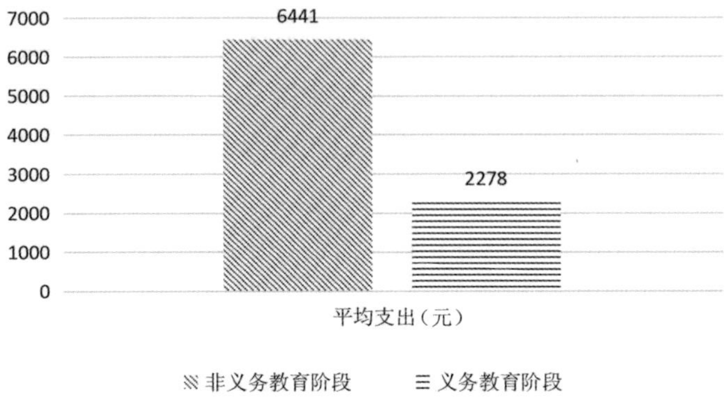

图5－5　城市教育支出对比图

在非义务教育阶段中，大学阶段教育支出的均值最高，学前阶段的教育支出均值最低。

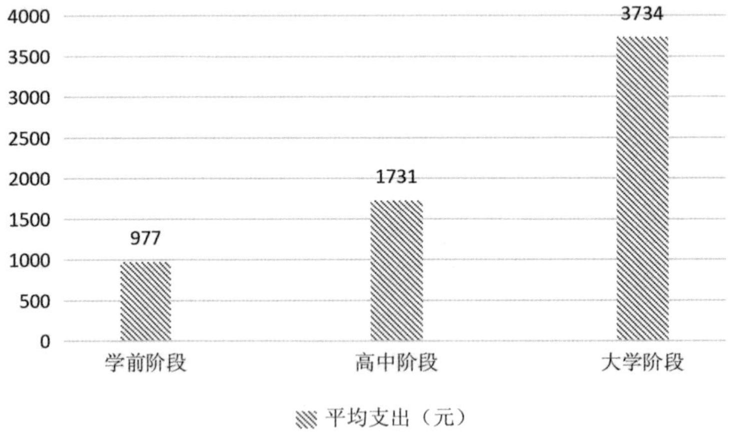

图5－6　城市非义务教育阶段教育支出

（2）教育支出占家庭总支出的比例。在城市家庭的总支出里，教育支出占比的均值为10%。在有上学人口或有教育支出的家庭中教育支出的平均占比为21%。对城市家庭总体而言，将教育总支出扣除教育救助后，占总支出的比例均值为9%。对有上学人口或有教育支出的家庭，扣除教育救助后的教育支出占家庭总支出的平均比例为20%。

在1937个有上学人口或有教育支出的家庭中，其获得教育救助前的支出与获得扣除教育救助后的教育支出对比如下。

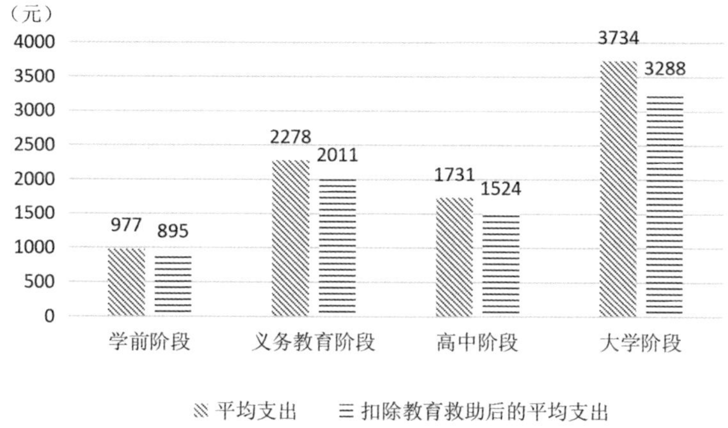

图5-7　城市教育救助影响

由图5-8可知，大部分家庭的教育支出高于所获得教育救助金（包括没有获得教育救助的家庭）。学前阶段7%的家庭、义务教育阶段9%的家庭、高中阶段7%的家庭、大学阶段3%的家庭其教育救助金与教育支出相等。

值得注意的是，义务教育阶段约5%的家庭、高中阶段约4%的家庭所获教育救助金高于其阶段教育支出。学前教育及大学阶段此比例分别为1%与2%。

3. 教育救助金占教育支出分析

（1）总救助金占比。在1937个有教育人口或教育支出的家庭里，总救助金占总教育支出比例的均值为17%。剔除占比为0的家庭与占比位于前5%（占比大于0.77）的家庭后，占比分布如图5-10所示。

（2）各阶段救助金占比。在有学前教育阶段人口的家庭中，约14%的

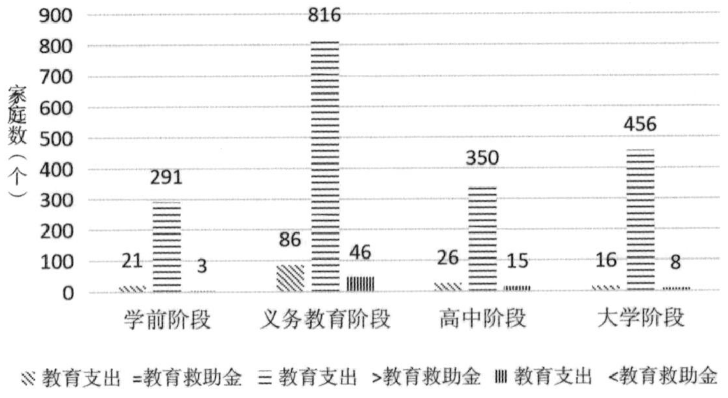

图5－8　城市教育救助作用分布

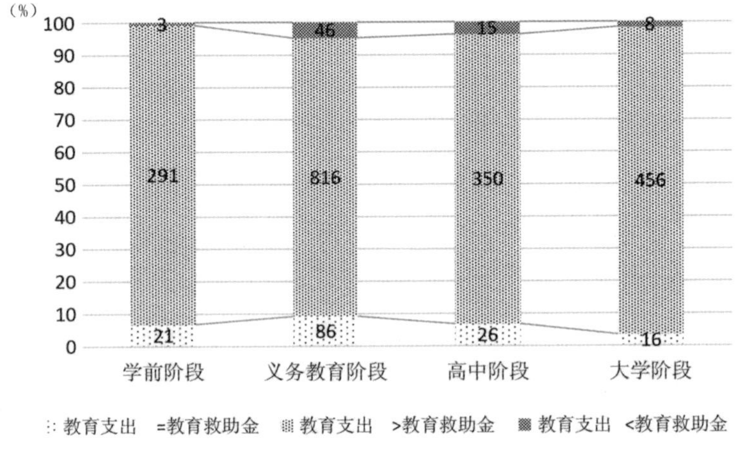

图5－9　城市教育支出与教育救助金对比图

家庭获得救助金，这些家庭获得的救助金占学前阶段教育支出的平均比值为36%。在义务教育阶段，约22%的家庭获得救助金，这些家庭获得的救助金占义务阶段教育支出的平均比值为85%。

在高中教育阶段，约32%的家庭获得教育救助，这些家庭获得的救助金占高中阶段教育支出的平均比值为48%。在大学阶段，约34%的家庭获得教育救助，这些家庭的教育救助金占大学阶段教育支出的平均比值为33%。

（三）农村困难家庭教育需求解析

1. 教育救助评价

关于教育救助作用共420个有效评价，包括415个享受着教育救助的家庭与5个曾享受过教育救助的家庭。可以发现，针对教育救助的作用，约53%的人认为有很大作用；约18%的人认为作用较大；约25%的人认为一般；约4%的人认为作用较小；不足1%的人认为无作用。

2. 教育支出分析

（1）教育支出基本情况。农村共1217个有上学人口的家庭，研究发现，义务教育阶段的教育支出少于非义务教育阶段的教育支出。在非义务教育阶段的支出情况与农村相似，大学阶段的教育支出的均值最高，学前阶段的教育支出均值最低。

（2）教育支出占家庭总支出的比例。总体而言，农村教育支出占家庭总支出的均值为10%。在家中有上学人口或有教育支出的家庭群体中占比的均值为20%。与城市家庭的情况相似。对农村家庭总体而言，将教育总支出扣除教育救助后，占家庭总支出的比例均值为7%。对有上学人口或有教育支出的家庭，扣除教育救助后的教育支出占家庭总支出的平均比例为17%。

另外，在1260个有上学人口或教育支出不为0的家庭中，其获得教育救助前的支出与扣除教育救助后的教育支出对比如下：

大部分家庭的教育支出高于所获得教育救助金（包括未获得教育救助的家庭）。学前阶段8.2%的家庭、义务教育阶段8.4%的家庭、高中阶段6.3%的家庭、大学阶段3.6%的家庭，其教育救助金与教育支出相等。

值得注意的是，与城市相同义务教育阶段约5%的家庭、高中阶段约4%的家庭所获教育救助金高于其阶段教育支出。不同的是学前教育及大学阶段此比例分别为1.7%与3%，高于城市占比。

3. 教育救助金占教育支出分析

（1）总救助金占比。在1260个有上学人口或有教育支出的家庭中，总救助金占总教育支出的平均值为19%[①]。

① 计算时去除了120个总教育支出为0的家庭。

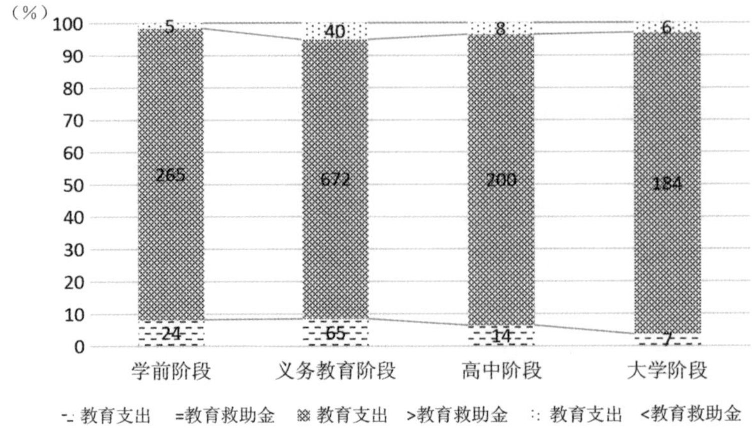

图 5－10　教育支出与教育救助金对比图

（2）各阶段救助金占比。在学前教育阶段，约 18% 的家庭获得救助金，这些家庭获得的救助金占学前阶段教育支出的平均比值为 51%。在义务教育阶段，约 26% 的家庭获得救助金，这些家庭获得的救助金占义务教育阶段教育支出的平均比值为 97%。在高中教育阶段，约 39% 的家庭有教育救助，这些家庭的教育救助金占高中阶段教育支出的平均比值为 38%。在大学阶段，约 44% 的家庭获得教育救助，这些家庭的教育救助金占大学阶段教育支出的平均比值为 41%。

二、需求分析总结

经分析可知，城乡均为大学阶段的教育支出最高，不同的是城市的支出峰值出现在高中，而农村的峰值出现在学前阶段。城乡大部分家庭认为教育救助有用，过半数认为教育救助有“较大”作用。

表 5－3　城乡救助金占教育支出的平均比值对比　单位:%

分类	总救助金占比	学前教育阶段	义务教育阶段	高中教育阶段	大学教育阶段
城市	17	36	85	48	33
农村	19	51	97	38	41

如表 5－3 所示，农村的教育救助金占教育支出的平均比例普遍高于

城市，且城乡均在义务教育阶段占比最高。另外城乡在各阶段均有1%—5%的家庭所获教育救助金高于其该阶段教育支出。有3%—9%的家庭所获教育救助金与该阶段教育支出相等。

第三节　精准支持分析

一、总体精准性评估

（一）农村扶贫精准性评估

1. 扶不应扶

（1）无教育支出。在416个获得教育救助的家庭中，共41个家庭没有总教育支出。45个家庭纯教育支出为0。36个家庭无教育支出。54个家庭在教育总支出、纯教育支出或者教育支出三项中有一项为0。共25个家庭中无论是教育总支出、纯教育支出还是教育支出每项都无支出，共占1260个家庭有上学人口或有教育支出的农村家庭数量的2%。这之中有14个家庭有上学人口。

（2）家中无上学人口。经筛选，共21个获得教育救助的家庭并无上学人口，且都没有总教育支出。但这21个家庭在另外一项教育支出中10个家庭有支出，11个没有支出。

（3）无低保且剩余收入高。低保方面：在总享受教育救助的人群中，共290人目前仍在享受低保，126人现在未享受低保，在未享受低保的人中共52人曾经成功申请过低保。

剩余收入方面：剩余收入不小于43000元，位于总体总收入的前10%。有教育救助的家庭剩余收入位于前10%的共0个。

（4）此项不精准率。家中无上学人口1.7%，有上学人口但无教育支出1.1%，所以总体不精准率为2.8%。

2. 需而未扶

此项考察范围是未获得教育救助的群体，在家中有上学人口的前提下，判定其属于“需而未扶”的标准由人均收入、总教育支出、剩余收入与家中有无劳动力几项指标组成。

（1）人均收入。在人均收入方面，共385个家庭的人均收入小于有教育救助群体的人均收入。去除有教育救助群体前5%的极值后，共344个家庭的人均收入小于受教育扶贫群体的人均收入。

（2）总教育支出大于均值。共236个家庭满足总教育支出大于有教育救助群体的平均总教育支出。剔除极值后，满足此条件的家庭变为303个。

（3）剩余收入小于均值。共365个家庭满足剩余收入小于有教育救助群体的平均剩余收入。剔除极值后满足此条件的家庭变为320个。

（4）条件总和。无教育救助群体中满足家中有上学学生、总教育支出大于均值、剩余收入小于均值、人均收入小于均值的家庭共有99个，占有上学人口或有教育支出群体的7.9%。

依据政策要求加入家中无劳动力为筛选条件后，满足条件的共56个家庭，占有上学人口或有教育支出群体的4.4%。

去除有教育救助群体前5%的极值后，共60个家庭满足所有条件，占有上学人口或有教育支出群体的4.8%。

3. 总精准率

总体农村教育扶贫精准率：100% -2.8% -4.4% =92.8%

去除极值的影响后农村教育扶贫的精准率：100% -2.8% -4.8% =92.4%

（二）城市扶贫精准性评估

1. 扶不应扶

（1）无教育支出。在636个获得教育救助的家庭中，共82个家庭家中没有总教育支出；95个家庭纯教育支出为0。79个家庭无教育支出。118个家庭在教育总支出、纯教育支出或者教育支出三项中有一项为0。共56个家庭无论是教育总支出、纯教育支出还是教育支出一项都无支出，占1937个家庭有上学人口或有教育支出群体的2.89%。这之中有30个家庭有上学人口。

（2）无上学人口。经筛选，共48个获得教育救助的家庭家中并无上学人口，且均无总教育支出。但这48个家庭在另外一项教育支出方面，18个有支出，30个没有支出。

（3）无低保且剩余收入高。低保方面：在总享受教育救助的人群中，共473个目前仍在享受低保，163个现在未享受低保，在未享受低保的人中共79个曾经成功申请过低保。

剩余收入方面：剩余收入不小于51012元的家庭其剩余收入位于总体总收入的前10%。有教育救助的家庭剩余收入位于前10%的共27个。无低保并收入位于前10%的共18个。其中4个家庭家中无上学人口。

没有家庭出现有上学人口但无任何教育支出的情况。

（4）此项不精准率。家中无上学人口2.48%，有上学人口但无教育支出1.55%，低保0.93%。因此不精准率为4.96%。

2. 需而未扶

因为主要观测对象为家中有上学人口的家庭，因此首先以家中有上学人口对样本进行筛选。之后，此部分判定条件主要为：家中无劳动力；人均收入低于有教育救助家庭的平均值。

（1）人均收入。在人均收入方面，共614个家庭的人均收入小于有教育救助群体的人均收入，占总人口的14.8%。去除有教育救助群体前5%的极值后，共530个家庭的人均收入小于受教育扶贫群体的人均收入。

（2）总教育支出大于均值。共461个家庭满足总教育支出大于有教育救助群体的平均总教育支出。剔除极值后，满足此条件的家庭变为566个。

（3）剩余收入小于均值。共540个家庭满足剩余收入小于有教育救助群体的平均剩余收入。剔除极值满足此条件的家庭变为478个。

（4）条件总和。无教育救助群体中满足家中有上学学生、总教育支出大于均值、剩余收入小于均值、人均收入小于均值的家庭共有176个，占有上学人口或有教育支出群体的9.09%。

依据政策要求加入家中无劳动力为筛选条件后，满足条件的共94个家庭，占有上学人口或有教育支出群体的4.85%。

去除有教育救助群体前5%的极值后，共105个家庭满足所有条件，占有上学人口或有教育支出群体的5.42%。

3. 总精准率

总体城市教育扶贫的精准率：100% −4.96% −4.85% =90.19%

去除极值的影响后，城市教育扶贫的精准率：100% −4.96% −5.42% =89.62%

二、细分区县后的精准性评估

(一) 农村区县精准性评估

1. 以区县家庭数为分类依据

农村共137个区县，其中9个区县家庭数量大于50个。

表5-4 以区县家庭为分类依据的农村区县精准性分析

市区县名称缩写	不精准数	占市区县有教育人口或有教育支出群体的比例（%）
LL市	12	19.4
MY县	9	15.5
DB县	9	20.9
YC县	0	0
ZX县	4	12.5
WH县	7	18.4
XM市	3	16.7
TS区	8	26.7
SM县	0	0
合计	52	

2. 以区县教育救助家庭数为分类依据

满足有教育救助家庭数量大于10的区县中，包括4个总家庭数大于50的区县，在上一部分已分析。下面对满足条件的样本量小于50的3个市县进行分析。

表5-5 以教育救助家庭为分类依据的农村区县精准性分析

市县名称缩写	不精准数	占市县有教育人口或有教育支出群体的比例（%）
HS市	0	0
RC县	3	21.4
XS县	4	22.2
总计	7	

3. 总精准性

$$1-[(52+7)/1260]\times 100\% = 95.3\%$$

（二）城市区县精准性评估

1. 以区县家庭数为分类依据

城市共123个区县，满足总样本数大于50的区县共24个。

表5-6　以区县家庭为分类依据的城市区县精准性分析

市区县名称缩写	不精准数	占市区县有教育人口或有教育支出群体的比例（%）
MY县	68	26.1
XH县	0	0
TX区	7	22.6
TS区	11	21.6
LH区	8	20
SS区	14	35
XS区	8	23.5
EQ区	6	11.1
XH区	12	20.7
XZ区	4	10.3
NK区	4	14.8
HS区	0	0
RC区	7	25.9
AY区	13	31.7
LY县	2	8.3
CR县	9	34.6
KS市	4	13.8
DC区	8	29.6
CH区	3	12.5
TF区	8	17.8
YC县	3	13

续表

市区县名称缩写	不精准数	占市区县有教育人口或有教育支出群体的比例（%）
HL 区	0	0
CH 市	0	0
总计	199	

2. 以区县教育救助家庭数为分类依据

另外对剩下的区县进行受教育扶贫家庭不小于10的筛选，共得到6个区县。

表5－7　以教育救助家庭为分类依据的城市区县精准性分析

区县名称缩写	不精准数	占区县有教育人口或有教育支出群体的比例（%）
NH 区	1	4.8
GL 区	2	7.4
BY 县	2	8.3
YL 县	2	7.7
JD 区	3	12
XS 县	3	21.4
总计	13	

3. 总精准性

$$1-[(199+13)/1973]\times 100\% = 89.3\%$$

三、精准性评估结论

虽然城乡整体精准性都较高，但农村的教育扶贫救助精准率在三种精准测算方式下都要高于城市，且农村的教育救助金在各阶段教育支出的占比普遍高于城市，说明农村在教育救助的公平性和充分性方面都要好于城市。

第四节　结论与若干思考

一、研究结论

依据以上数据分析结果，2017 年我国针对困难家庭教育救助的精准率较高。对照以往一些研究中精准性的测算比值，如郭伟和等（2016）计算出 2011 年城市低保瞄准精度为 84.37%，庄天慧等（2016）针对西部某省 34 个国家扶贫重点县进行研究，得出 2012 年农村扶贫瞄准精度为 45.91%（非民族地区贫困县）和 63.64%（民族地区贫困县）。杨浩等（2016）关于少数民族地区扶贫精准性的研究中，其选取的 M 市 29 个建档立卡贫困村的瞄准精度平均都低于 20%。崔嵩等（2015）基于乌蒙山片区三省六县 2016 年的数据测算出扶贫项目对建档立卡贫困户的瞄准精确度为 49%，对低收入的农户的瞄准精确度为 44%。本研究中的教育扶贫精准性城市在 89% 以上，农村在 92% 以上，明显高于过往研究的数据，这主要缘于精准性测算的方法和标准不同，本研究在测算精准性时是以获得教育救助的人群为标准，来判断在这样的情况下的需者未扶和不需者扶。因此，虽然测算方法合理，但不像其他研究一样有某一绝对标准（如贫困线）。另外，本研究教育扶贫精准性的测算，在很大程度上依赖现有困难家庭建档立卡

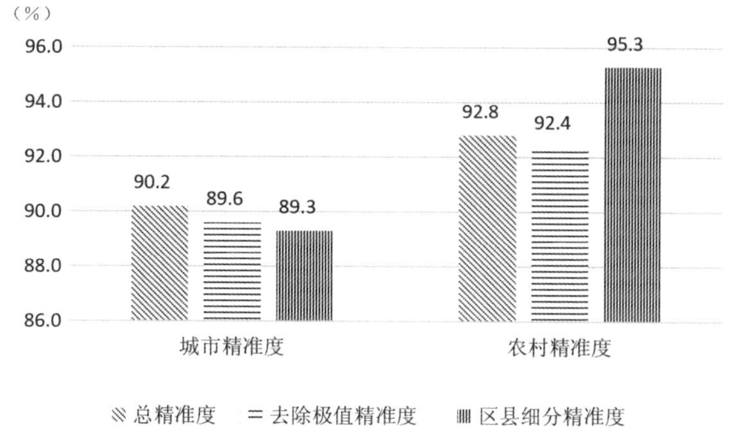

图 5－11　城乡教育扶贫精准性对比

的精准性。因此，本研究初步测算出的精准性的质量取决于上述识别工作的准确程度。

二、国际经验借鉴

（一）国外提高教育扶贫精准性的方法与案例

贫困地区的教育发展是一个全球性的问题，世界各国在该问题上都进行了大量的、长时间的探索，从不同方面为贫困地区的教育提供支持，并且力主提升支持的精准性、有效性。各国的教育精准扶贫主要在于财力和人力两大资源的投入。

1. 教育经费投入：差异化分配

詹宁斯（Jennings）在对俄亥俄州公立学校教育经费和学业成就之间的关系进行研究后发现，两者有显著正相关，即学校教育经费投入越多，学生的学业成就水平越高，这一研究结果为处于低收入地区的学校提供额外的经费支持提供了证据。约翰逊（Johnson）和伊戈尔（Ingle）指出，应制定有差别、可实行的政策，为低收入地区学校提供经费支持来提高学生学业成绩（张彩云、傅王倩，2016）。国外从教育经费的投入出发形成较为完善的资助体制，主要体现了差异化分配的原则。

美国：按阶段的补偿性教育经费分配机制

1965 年，美国出台《初等和中等教育法》。该法规定："政府政策向服务于贫困和低薪家庭幼儿分布区域的教育部门提供教育救助，对教育环境处于劣势的儿童，他们的特定教育需求，要发动专业人士为其提供适当学龄前教育计划及入学教育计划。"美国经济机会署倡导制订了"先行计划"，为全美贫困群体儿童开设了旨在开启 3—5 岁儿童的智力，发展他们的语言能力，努力开发贫困幼儿的认知能力及学前教育活动，以确保他们在入学之后能正常学习（李文静，2011）。

其《中小学教育法》则根据低收入家庭孩子的数量把教育经费分配至各州，使教育经费能够有效地资助公立以及私立学校的贫困学生。该法第一条为低收入家庭儿童所在的地方教育机关提供财政援助，提出联邦政府为低收入家庭儿童所在地方学区提供特殊资金，每个公立学校可以获得的特殊资金数 =50% × 州生均经费 × 家庭年收入在 2000 美元以下的学龄儿童人数。此条款给予低收入家庭的学生所在学校提供每年10亿美元的经费支持。至2008年时，每年的补偿性教育经费投入已超过139亿美元，同时规定州教育部门仅可支配该经费中的1%用于管理，99%的经费都须分配到学区。综观美国中小学教育法发现，对于贫困地区学生教育补偿的范围不断扩大，从学龄儿童扩大到5岁以上儿童，覆盖大部分学校，补偿经费投入逐步增多，同时将经费拨款到学区逐步发展为拨款到学校，最后到学生个人，资助对象更加精准，还规定贫困学生在转学时可将自己的资助经费一并转走（张彩云、傅王倩，2016）。

高等教育阶段为了让贫困学生可以平等地享有接受高等教育的机会，拥有选择学校及专业的权利，美国政府提高了资助学生的贷款额度。2000年美国64%的学生靠贷款上大学。克林顿2001年1月公布了巨额入学机会税额减免计划，筹款300亿美元帮助进入大学的贫困学生支付学费（李文静，2011）。

拉丁美洲：专项支持计划

20世纪90年代中期以来，在世界银行、美洲开发银行等金融机构的资助下，拉美19个国家相继出台并实施了促进贫困人口人力资本开发的一系列专项计划和方案——“有条件的现金转移支付计划”。其中影响较大的有墨西哥的“机会计划”、巴西的“家庭救助计划”“学校救助计划”以及智利的“智利团结计划”等。该计划经过10多年的实施，被证实了在提高人力资本、消除贫困等方面取得了一定成效，并已跨越国家、地区界线，被引入印度尼西亚、摩洛哥、巴基斯坦、菲律宾、南非和土耳其等国，以及纽约和华盛顿特区等城市开展试点。

所谓的“有条件现金转移支付计划”指在特定的一段时间内，通过直接的现金补贴方式，促进贫困人口，特别是赤贫人口的人力资本投资，要求受益家庭必须保证家庭中适龄儿童入学，并以达到一定的出勤率作为基本的领取补贴的条件。此计划以提高和改善儿童的受教育水平为基本目的，为学龄儿童提供一定数额的现金补贴作为助学金，帮助他们完成基础教育阶段的学习。在不同国家计划的实施过程中，计划的具体规定各有不同，强制贫困家庭承担的义务在各国也各不相同，但差距不大。在覆盖教育年限方面，基础教育状况较好的国家，如墨西哥、哥伦比亚、阿根廷等国，助学金发放到中学阶段。在最低入学率方面，各国所定标准基本在80%—90%；此外，也有一些计划不仅要求达到规定入学率，而且对学习效果也作出了要求，如要求通过升级考试等。在救助人群方面，在巴西和阿根廷，计划主要面向中学生，因这个年龄段的孩子在这两个国家的失学率最高；洪都拉斯主要针对小学一至四年级儿童；墨西哥主要面对小学毕业前的学生和初中低年级学生；委内瑞拉则主要针对小学生。在现金补贴金额方面，墨西哥和洪都拉斯的现金补贴既包含了所有直接费用，如报名费、学杂费以及交通费等，也包括了儿童上学不参与工作给家庭带来的经济损失的间接补贴，而在其他国家这笔补贴仅含对家庭经济损失的补贴。由于成本－机会比值随着年龄增加而增长，因此，在哥伦比亚和墨西哥发放给中学生的现金补贴高于小学生。同时，补贴金额还受性别、通货膨胀率等因素影响，在许多国家，女童得到的补贴也多于男童，这样做的目的是改善教育领域性别差异问题（郑皓瑜，2016）。

2. 师资队伍建设：政策性倾斜

除了经费的精准性投入，国外还注重师资力量的精准性支持，因为教师质量是影响贫困地区教育质量的关键。各国根据自己的实际情况出台了多种政策和措施来吸引或分配教师到贫困地区的学校任教，通过补充和调配贫困地区师资来实现教育精准扶贫的长期有效。

法国："教育优先发展区"

法国政府早在1981年就设立了"教育优先发展区"，这些区域指的是处境不利的地区，主要包括文化贫乏、经济落后的地区以及大中城市低收入社会阶层，如失业者、非熟练工人、移民等贫民社区，通过各种措施优先发展该地区的学校。所有在教育优先区内小学和初中任教的教师都可享受"特殊工作补贴"，从1994年起，对初次分配到"教育优先区"的教师，政府每年为每人提供12594法郎特殊补贴，连续补贴三年；对于愿意流动到"教育优先区"任教的教师，政府每年为每人提供6741法郎的特殊补贴。该津贴计入教师工资，由国民教育部支付。通过提高教师工资待遇吸引教师到贫困地区任教，从而改善当地的教育质量。

日韩："教师交流轮岗制度"

日本教师交流轮岗制度开始于第二次世界大战初期，在20世纪60年代趋于完善。经过半个世纪的发展，该制度取得了良好成效，使得全国的教师资源分布相对均衡，儿童都能够就近入学。当学校缺乏教师时，县教育委员会可以通过聘任、晋升、降级、调转等方式对教师进行重新调配。教师流动并不是强调教师单方面的奉献，对于交流轮岗的教师，国家会提供不同类型的津贴，包括交通津贴、住房津贴、单身赴任津贴和偏僻地津贴等。根据家庭与任职学校距离、不同区域的住房水平、配偶是否随任以及偏僻地区的级别，都有非常详尽的津贴补助方案。国家对教师统一调配的方式为确保各级各类学校具备充足的师资提供了有效的解决途径。

韩国的教师也属于公务员身份，所有国立大学的校长、系主任和教师以及所有中小学教师统称为教育公务员，须服从《国家教育公务员法》，该法对教师的流动进行了规定。为保障不同区域师资水平相当，要求公立学校的中小学校长、校监和教师在不同区域进行轮岗，教师在同一所公立学校的工作年限为4—5 年。同时韩国的轮岗还实行城乡流动，教师在城市工作的时间为 8—10 年，之后必须流动到农村学校工作 3—4 年。

（二）国外教育扶贫的效果评估模式

对贫困地区的教育扶贫，除经费投入、师资保障外，必须建立与之相对应的评估和监督系统。美国率先开始对学校效能进行标准化评价。在《中小学教育法》中，要求各学区对低收入学区拨款有效性进行评估，采取统一的标准化考试并根据学生成绩来评估学校教学效果，对表现不合格的学校提出新的促进计划。之后的 NCLB 法案更是关注到包括贫困地区学生在内的所有处境不利的学生，通过学生的成绩来评价学校。为督促学校履行提高所有学生成绩的责任，各州要求学校向家长报告学生的成绩结果，并按照种族、民族、英语能力和社会经济地位等分类公开。对于那些未取得一定年度进步的学校、学区或州，将被认定为“需要改进”。如果学校三年之后还没有取得适当的进步，学校中包括贫困学生在内的处境不利学生可以将所得的专门资助经费转到更好的公立或私立学校，或择校接受额外的教育服务。那些在缩小成绩差距方面成效显著的学校和州被给予“额外津贴奖金”。绩效评估的管理模式是基于学生的学业成就来管理学区和州政府所能获得的拨款，即如果学生达不到预先设定的学业成就标准，那么校方将面临经费和信任危机（张彩云、傅王倩，2016）。

三、若干思考

（一）完善教育扶贫对象的数据收集和建档工作

要落实教育精准扶贫，需要开展全方位的调查。调查内容不仅包括贫困人口的基本情况（如性别、年龄、民族等），还要涉及贫困人口的经济收入和受教育能力等方面的情况。不仅要在现有的贫困人口档案中，对教育扶贫对象的资料进行补充，更要尽量建立并完善教育扶贫对象的数据库，明确对象是否因为教育原因致贫，还要建立动态的教育扶贫对象进退机制，根据家庭受教育者的就业和成长情况定期重新识别和更新贫困人口信息，保证信息的及时性和有效性。有了扎实可信的建档立卡支持，为进一步划分明确的资助标准、扶贫界限提供基础，进而有助于后期评估教育资助体系的完善和教育计划的完成。

在数据的收集和精确筛选方面，可以借鉴已有的与互联网大数据成功结合的案例，如2016年，湖北全省运用大数据开展惠民政策落实情况监督检查，涉及民政部门的包括城市低保、农村低保、农村五保和医疗救助4个方面，成果显著。其中，宜昌市民政部门在此次大数据比对工作中，坚持问题导向，变数据为利剑，靶向“微腐”，精准“肃蝇”，纠正不符合救助政策问题300多条，取消不符合低保待遇1300多人，12名把关不严、履职不实的违纪干部受到了党纪处分①，还有黄冈市城乡低保由2014年底的43.4万人清理至2016年的21.6万人，减幅50.2%；月人均保障水平城镇对象净增36元，增幅16.9%，农村对象净增43元，增幅44.8%（秦梦，2016）。

需要注意的是，大数据技术固然有其巨大优势，可以帮助决策和实践考量，但是，大数据毕竟是对已有数据上进行分类和分析，要更加深入、准确地解决精准识别和精准帮扶等问题，还需要随时更新数据和公众的监督，例如建设阳光监督平台。在已有案例中，四川省仁寿县建立了惠民资金检查大数据系统平台，其中深入人心的有中共仁寿县纪律检查委员会开

---

① 宜昌市民政局：《湖北民政：大数据比对在落实惠民政策实践中的运用与思考》，http：//www.ycmzj.gov.cn/content-39798-975386-1.html，2017年7月。

辟的“清风仁寿”公众号，民众可以在该公众号上一键查询身份证、惠民政策和惠民资金发放，发现有违规或者不正当的情况还可以使用平台的“一键举报”功能，后台即时作出回应。截至 2017 年，仁寿县的大数据平台公示惠民资金信息近 200 万条，涉及资金 6 亿余元，覆盖 30 余万名群众；公开惠民项目 200 余项，涉及金额 2 亿元，累计查询人数 14000 余人次；对比发现疑点 1017 个，查实问题 200 余个，问责 80 余人，其中纪律处分 40 余人①。

（二）精确划分扶贫范围，资源有差异投放

可参考国外教育扶贫经验，划分扶贫范围，根据不同地域的经济、政治、文化条件和人力资源状况，优化教学点布局，加强基础设施建设。克服过去扶贫中出现的“一刀切”“普惠化”“重复投入”等问题，通过设立“扶贫优先区”等方式，规范资源的投入渠道，区别资源投入力度，增加资源投入的区分度，以需求为导向进行人、财、物的精确匹配。

（三）建立动态的教育扶贫效果评估体系

首先，应建立针对“教育扶贫精准性”系统性、标准化的评估体系，使中央和各地方能依据评估结果对政策和实践展开相应调整。评估体系应该基于“扶真贫”的理念，避免扶贫中出现的两类错误（“该扶的没扶”“不该扶的扶了”），从定性评价逐渐过渡到可靠的定量评价。结合西方多维度效果评估机制，在我国脱贫成效的评价中，不能单一地以收入来评价，应该综合考虑受教育者的人均收入、受教育年限、贫困地区的人力资本状况、受教育者的学习效果等。并且，效果评估应着眼于长时间追踪、动态分析的视角。扶贫的目的是脱贫，扶贫对象必然是动态变化的，这就要求定时更新信息、查漏补缺，以确保整个教育精准扶贫任务的持续推动和顺利完成。

① 《眉山日报》：《仁寿县：依托大数据平台监管惠民资金 群众参与监督杜绝“微腐败”》，http：//jw. ms. gov. cn/info/1036/3698. htm，2017 年 9 月 21 日。

第六章　城乡困难家庭住房保障精准支持研究

本章旨在分析住房保障对城乡困难家庭的精准支持状况，具体包括研究背景与分析思路、需求分析、精准支持分析、研究结论与若干思考四个部分。

第一节　研究背景与分析思路

一、研究背景与问题提出

（一）研究背景

过去30年中，一方面我国努力推进住房市场化改革，另一方面也在着力解决中低收入人口的住房困难问题。但是这两方面的政策目标常常会产生冲突，以经济建设为核心的目标引导地方政府将住房政策重心放在了住房市场化、私有化上，同时把住房市场化作为刺激经济增长的一个杠杆，城乡困难群体住房保障常常被忽视。中国从计划经济走向市场经济，推进住房私有化近30年，现在政府不得不面对市场化的结果——城市人口中住房不平等和城乡住房贫困问题。

改革开放以来，城镇居民的住房条件获得了显著的改善，人均住房建筑面积从1990年的13.7平方米增加到2010年的31.6平方米（罗楚亮，2013）。与此同时，城镇住房分化也越来越突出，李实和罗楚亮在2002年城镇住户调查数据的基础上研究发现，城镇居民的住房贫困发生率为2.7%；城市流动人口住房贫困发生率为40%。在农村，随着经济的发展，农村住房状况也获得了显著的改善，根据国家统计局调查数据显示，2012年，农村人均住房面积已经达到37.1平方米，比城市居民人均住房面积高。在住房结构上，农村人均钢筋混凝土结构住房面积达到 17.12 平方米，人均砖木结构住房面积达到 16.35 平方米，这些数据显示出农村住房质量也在提高。在农村居住住房质量不断改善的同时，新的住房问题也开始呈现出来。过去几十年，中国经济快速发展，但是不同区域之间、区域内不同群体之间的收入差距都在不断拉大，农村居民收入差距也在不断拉大。根据中国社会科学院农村发展研究所出版的《农村绿皮书：中国农村经济形势分析与预测（2016—2017）》，全国农村高、低收入组居民人均可支配收入之比为9.46∶1，比上年上升了1.03（魏后凯、黄秉信，2017）。中低收入居民的住房支付能力不足，住房条件相对较差。特别是一些农村居民，因为收入较低，没有能力对住房进行翻修，长期居住于简陋的住房当中。

（二）问题提出

过去 30 多年，各级政府一直在不断探索适合城镇居民的住房保障方式，从经济适用房到廉租房，再发展到公租房、共有产权房，各级政府在保障对象、保障群体、保障方式上不断推陈出新，那么这些住房保障政策是否满足了城镇困难群体的住房保障需求？是否存在漏保或者过度保障现象，换句话说，住房保障政策的精准性如何？对于农村人口，以往住房保障并不在探讨的范畴之内。随着城乡一体化的快速发展，一方面流入城市的农村户籍人口很大程度上存在住房困难问题；另一方面农村的宅基地大量空置，其对解决农村居民的住房问题的效用很低。未来如何提高农村困难群体住房保障的精准性，也是一个重要的问题。本报告将利用 2017 年度本项目调查数据，着重探讨城乡困难家庭住房保障的精准性问题。

二、现有相关政策梳理

（一）城市住房保障政策的梳理及评价

目前城市住房供给分为三个层次：顶层为私人商品房市场；中层为经济适用房、限价房、共有产权房市场，现在经济适用房在部分地方已经停止建设；底层主要为公租房和廉租房。本章主要考虑针对低收入阶层住房保障措施的精准支持性，因此下面的分析将着重围绕经济适用房政策（限价商品房）、廉租房（公租房）以及住房补贴政策展开。

1. 经济适用房政策

经济适用房可追溯至1998年的房改。1998年，国务院发布的《关于进一步深化城镇住房改革》明确提出“建立和完善以经济适用住房为主的住房供应体系”。城镇经济适用房政策主要是为了解决“中低收入家庭”住房困难问题。中等收入阶层主要是指城市中的中产阶级，他们希望获得房屋产权，但是却缺乏相应的购买能力。经济适用房项目主要就是针对这类没有能力按照市场价格购买住房的群体。经济适用房相对于以往推行的公共住房项目具有如下特征：第一，经济适用房是有限产权，主要针对那些有一定住房购买能力并希望获得房屋所有权的家庭，因此它的目的是“售”而非“租”，最终会以低于市场的价格出售给符合资格的家庭。第二，经济适用房主要有两种修建模式，一种模式是由房地产商修建，地方政府提供一些税收上的优惠政策，由房地产商在开发商品房时配建一些经济适用房。另一种模式是由大型国有企业附属的公司来修建经济适用房，帮助地方政府完成经济适用房的指标（Di et al.，2008）。这实际上是地方政府和房地产商互相合作的双赢项目，地方政府将低价的土地让与开发商，同时降低相关的开发费和房地产税，相应地，房地产开发商将以不超过一定盈利上限的方式供应经济适用房（Liu and Xie，2000）。

经济适用房的主要问题在于退出难，一旦符合条件的家庭在某一时点购得住房，这个家庭实际上是享有部分住房所有权的。在一定年限之后，经济适用房可以上市交易，这实际上也刺激了一部分群体的购房需求。一方面，这种类型的住房保障在多大程度上能解决低收入人口的住房需求是存在疑问的，由于经济适用房的门槛较高，真正有需求的贫困人口通常不能覆盖进来；另一方面，覆盖进来的家庭，基本上没有一个合理的退出机制。从20世纪90年代到2010年20多年的运行绩效看，经济适用房政策在解决低收入人口住房需求方面的效果并不明显。正因如此，2010年后，经济适用房逐渐淡出了住房政策体系。

2. 廉租房政策

2000年初，中央政府开始重视城市低收入人口的诉求，出台了廉租型住房的相关法规。廉租房是为弥补住房市场化不足所设计的一项用于解决城镇困难群体住房的制度，政府向符合城镇居民最低生活保障标准且住房困难家庭提供社会保障性质的住房。一般来说，廉租房有几种形式：第一，"实物配租"，由地方政府或者有一定经济能力的企事业单位提供限定价格的房子供出租；第二，"现金补贴"，城市低收入家庭可以从市场上租赁一些私人房源，但是可以根据其贫困水平获得相应的现金补贴；第三，"租金核减"，对于已经从市场上租赁住房的低收入家庭，可以获得相应的租金减免。1999 年，建设部发布了《城镇廉租住房管理办法》，对廉租住房的来源以及租金作了明确规定。2003 年，住房和城乡建设部、财政部、民政部等部门颁布了《城镇最低收入家庭廉租住房管理办法》。该办法规定：地方人民政府应当在国家统一政策指导下，建立城镇最低收入家庭廉租住房制度。廉租住房只租不售，且面向城镇特困人口出租，只收取象征性租金。因此，廉租住房定位为解决低收入家庭住房困难的主要途径。

关于廉租房的发展，它与经济适用房有一些相似之处，它也主要依赖于地方政府来进行筹资，中央政府仅承担相对较低的比例。从某种程度来讲，廉租住房政策条件比经济适用房可能还要更弱一些，在经济适用房政策上，地方政府还可以将成本部分转嫁到开发商身上，但是廉租住房必须依赖地方政府的直接投入，对地方政府形成了不小的压力。廉租住房政策清楚地将目标定位到低收入家庭，地方政府需要匹配相应的财政资金进行廉租房的修建或直接给予租户廉租房补贴，并为此制定了相当严格的标准。政策结果是廉租房项目推行相当缓慢。到 2006 年，大概有 55000 个低收入家庭被廉租房项目所覆盖，与其他公共住房项目一起，新开发的公共住房尚不足 1% （檀榕基，2009）。2008—2012 年，全国开工建设廉租房 597 万套，基本建成 420 余万套①。

3. 公租房政策

考虑到廉租住房在实施中的问题，2012 年住房和城乡建设部出台了《公共租赁住房管理办法》。2014 年，住房和城乡建设部、财政部和国家发改委联合印发了《关于公共租赁住房和廉租住房并轨运行的通知》，自

① 人民网．全国累计开工廉租房公租房约 1150 万套平行运行致资源浪费［R］．http：//finance. people. com. cn/n/2013/1206/c1004 - 23770709. html. 2013 - 12 - 06。

2014年以后，各地公共租赁住房和廉租住房将并轨运行，并轨后将统称公共租赁住房。廉租住房建设计划（含购改租等筹集方式）统一并入公共租赁住房建设计划，但住房保障投资力度不减弱，地方政府将原来用于廉租住房建设资金调整到公共租赁住房建设投资，廉租户在市场租赁住房享受租赁补贴继续发放。

公共租赁住房也是一个以租赁为目标的住房政策，但与廉租房政策目标有所差别，廉租房的主要目标对象是城市中的低收入人群，而公共租赁住房的目标对象更广泛，包括新近毕业的大学生、地方引进人才、新近就业的职员，部分发达地区将具有稳定职业和在城市居住一年以上的外来人员也纳入了保障对象。公共租赁住房的一个最大不同在于将流动人口也纳入了政策目标内，这是首次突破户口制度界限出台的住房政策。比如，上海公共租赁住房供应对象定为常住人口，且不设收入限制。公共租赁住房弥补了廉租房政策的很多不足。以往住房保障体系中廉租住房定位于户籍人口中的最低收入群体，经济适用房定位于中等收入群体，但是价格对中低收入群体来讲还是偏高。在廉租住房、经济适用房和商品房之间，具有很多的“夹心层”，即收入超过廉租住房申请标准但是又无力购买经济适用房或者商品房的家庭。而公共租赁住房面对城市中等以下群体出租住房，且不区分户籍，很大程度上保障了中低收入群体的住房需求。

（二）农村住房政策梳理及评价

1. 宅基地供给制度

宅基地供给制度以“一户一宅”为基础，每个农村家庭在村集体内都可以无偿获得一处宅基地使用权，具有一定福利性质。宅基地的所有权归村集体，农村居民仅拥有宅基地的使用权，即所谓的“房地分离”制度。宅基地为农村居民提供了重要的生活保障，特别是在城市化过程中，农民自身抗风险能力较低，宅基地为农村居民提供了最基本的居住选择，一定程度上避免了西方城市化过程中的“贫民窟”问题。但是最近几年，很多学者对宅基地制度提出了一些质疑，宅基地区位的固定属性和人口流动性产生了深刻的矛盾，现有制度上无法化解这一矛盾，所以出现农村大量的宅基地空置问题。目前部分地方开始尝试“宅基地换房”，即农民自愿以其宅基地，按照规定的置换标准，换取小城镇内的一套住房，迁入小城镇居住，而原村庄建设用地中的一部分进行复耕，另一部分征收为国有后，再“招”“拍”“挂”出售，其收益用于小城镇建设资金缺口。但是这种形式仅对居住本地的居民有一定价值，对外出流动者的价值还是非常有限。

2. 农村危房改造工程

农村危房改造工程始于2009年，主要针对农村建造时间较长的危房进行改建或改造。危房改造工程主要瞄准的是农村中没有改造和修缮能力的低保户、五保户、贫困残疾人家庭等困难群体。2013年，“精准扶贫”政策实施以来，针对农村中建档立卡贫困家庭也设有危房改造补贴。危房改造方式主要分为拆除重建和修缮加固两种，补助标准并没有国家统一规定，根据各市区的建设标准、改造成本和改造对象的支付能力而定，改造资金主要来源于政府补助、银行贷款和农民自筹三部分。

表6－1　2009—2014年农村危房改造任务及中央补助资金标准

单位：万户，亿元

年份	农村危房改造任务	中央补助资金
2009	80	40
2010	120	75
2011	256	166
2012	400	318.72
2013	266	230
2014	266	230

资料来源：叶佩娣：《城乡统筹发展背景下中国农村住房保障政策研究》，载《农村经济》2016年第11期。

截至2014年底，各地共完成危房改造任务1388万户，中央补助资金投入了1059.72亿元。危房改造工程对改善农村低收入家庭居住质量起到了重要作用，下文将通过“农村困难家庭”数据，进一步分析农村危房改造的现状和问题。

三、理论基础与文献综述

（一）理论基础

作为人类的基本需求之一，住房在人们生活中扮演着不可替代的角色。对于世界上的任何一个国家政府来说，“为每一个家庭提供舒适健康的生活环境”是义不容辞的责任。

人们可以通过不同的方式去获得自己的住房。其中市场购买是最为重要的方式之一。然而，住房作为一种特殊的商品，市场失灵的存在使得住房市场并不总是资源配置的最优途径。由于市场失灵的存在，住房市场并不能为所有的人提供足够的住房。为社会提供社会安全网、改善社会公平和促进经济增长等是政府的基本职责。因此，政府对住房市场的干预是必要且必需的，在世界上的大多数国家的政策实践中都有体现。为实现一定的政策目标，如何干预住房市场以及怎样使得住房市场在住房分配中更好地发挥作用，是很多国家面临的重要问题。

1. 住房市场失灵

市场失灵是经济学中最为重要的概念之一。在一个给定的市场，消费者对于产品的需求数量与生产者所提供的产品供给量并不能平衡。市场失灵常常与信息不对称、自然垄断、外部性、公共物品等相联系。大多数的住房经济学家对新古典模型在住房分析中的应用持怀疑态度（Meen，1998）。例如，住房部门有着较高的交易成本（特别是，搜寻成本、迁移成本以及交易成本）、信息不对称（如潜在的住房者并不能全面掌握有关住房特征的所有信息；房屋所有者和租客并不能全面地了解对方）、住房的外部性（条件较差的住房常常会对邻居的住房价值带来负面影响；当一个家庭想改善住房，但由于外部性的存在可能会使得其不去这样做，因为自己所得收益并不等于社会收益，邻居也从中受益）。更为广泛的，住房市场的物理特征，如内部环境、住房条件以及内部特征设计，可能会影响到居住者的健康和幸福感，甚至影响到其教育的获得和就业[①]。正是由于这些特征的存在，住房市场失灵会不可避免地出现。这意味着住房市场对于物品和服务的配置不一定是有效率的，政府对住房市场的干预具有充足的理由。

---

① 住房不仅仅影响健康、教育或犯罪，其他方面如社区、社会混乱（anomie）、幸福体验（perceive well - being）、社会排斥、贫穷、就业等，在一些论文中也有讨论，如，在 Mullins P.，J. Western，and B. Broadbent（2001）．“The Links between Housing and Nine Key Socio - Cultural Factors：A Review of the Evidence” rs，for example。

2. 住房公平

即使住房市场是充分竞争并且有效率，其也不能达到资源分配的公平。由于收入和财富分配不平等，有着较多财富的人常常可以获得质量更高的房屋，而较低收入者则只能得到基础的住房条件，甚至是不可接受的低标准。住房的外部性可以影响住户成员的健康、教育；而健康、教育同时又是影响人们收入的重要因素。较差的住房条件常常会导致较差的健康和较低的教育质量，从而进一步影响其收入水平，较低的收入水平又会影响其良好居住环境的获得，这演变为一种恶性的循环。在这种环境下，政府应当特别地给予居住条件较差的低收入者较多的关注，因为他们较低的能力限制了他们能够获得条件更好住房的可能性。

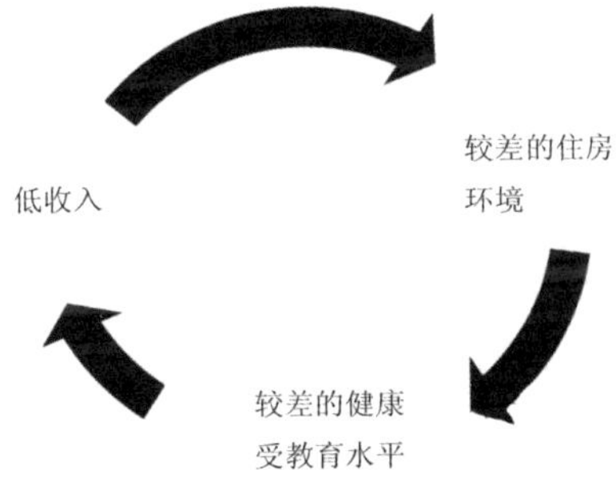

图6－1　较差住房环境所带来的恶性循环

（二）文献综述

住房保障政策是否精准一直是学者关注的焦点问题。国内学者对于住房保障制度的精准性研究主要有两个路径：一是从住房保障制度本身出发，探讨何样的住房保障制度更能保障中低收入人口的住房可及性和充足性；二是从土地制度出发，探讨城市化过程中如何建立有效的激励机制，保障城市政府进行有效的住房供给，同时对于农村城市迁移人口给予一定弹性的住房保障措施。

1. 关于城市住房保障制度适度性和精准性的研究

目前主要有两类主流的住房政策工具：一类是需求方的政策工具，其目标在于提高个体家庭的住房可支付能力，具体可以分为针对租房者的制度和针对住房所有权的制度工具；另一类是供给方的政策工具，政府扶持房地产开发商，从税收、土地等支持房地产开发商建设社会性住房。杨小静（2015）等研究认为，深化住房保障制度改革，向公平、效率和稳定目标模式过渡可以分两步走。第一步，逐步减少直至停止提供产权性质保障房、逐步扩大提供使用权性质的保障房；第二步，逐步减少直至停止实物保障比例，逐步扩大货币保障比例。邓宏乾（2015）等深入探讨了住房补贴模式和标准，他认为我国住房保障制度设计与实践具有典型的问题导向性，是一种“补丁式”的制度设计。未来住房改革应动态调整住房保障的补贴范围，逐步构建市场化的租赁补贴为主的补贴体系。在具体住房保障措施上，邱桂杰、衣洪岩（2016）以吉林省廉租住房保障个案为研究对象，探讨廉租住房政策中实物配租和租赁货币补贴两种方式的适用性。研究表明，两种方式都会提高低收入家庭的效用水平。实物配租方式的优势在于能够直接改善低收入家庭居住条件，但当居住条件并非家庭亟须满足的需求时，实物配租方式对低收入家庭整体效用水平的提升作用并不显著。从公平与效率和地方政府的承受能力来看，租赁货币补贴方式优于实物配租方式。在租赁市场供给总量存在刚性不足的情况下，应以实物配租为主要保障方式；当市场存量住房达到一定水平时，租赁货币补贴应成为主要方式。崔光灿（2016）对上海的廉租住房家庭研究发现，享受住房保障时间超过 5 年仍不退出的比例为 66.9%，超过 10 年仍不退出的比例为 38.7%，所有家庭享受住房保障时间的中位数为 8.48 年。同时，收入与住房保障享受时间呈倒“U”形的关系，中间收入的家庭享受住房保障的时间更长；申请时家庭就业人口越多，享受住房保障的时间越长；家庭中如果有教育医疗等大额开支，将可能延长住房保障的享受时间；家庭享受住房补贴的水平越高，其享受的时间也可能更长；居住在郊区的家庭享受住房保障的时间可能更长。从退出角度来看，以实物供应为主的廉租房体制确实存在着保障结果非精准的问题。

2. 关于农村土地制度与住房保障关系的研究

谭锐等（2016）从土地财政的视角对保障性住房建设中遇到的障碍进行了研究，他认为，保障房实物建设与土地财政发生抵触的根本因素在于土地。保障房用地的无偿供应一方面减少了政府可获得的土地出让金，另一方面加重了地方发展的财政压力。因此，最近几年才会出现地方政府规避保障房土地的供应。文章研究结果表明，财政压力比逐利动机能更好地预测政府规避供地的行为，文章提出保障房货币化或市场化改革可能是更加行之有效的保障房供给方式。杨小静提出，改革现行土地管理制度，建立城乡统一的土地管理体制。黄海洲（2015）提出，地权、房权和税收是任何住房制度的设计都必须涉及的三个核心要素。中国要建立有效的住房制度，对具有保障属性的商品房，对应“部分土地出让金+部分产权+低税收”的组合，主要面向中低收入家庭，应改变地权和房权结构，加大金融支持。苏勇（2010）研究认为，农村土地制度严重阻碍了农村住房福利的增进。城镇保障性房屋所用土地限定为国有土地，为使两者实现衔接与互补，将保障性住房特别是廉租房用地扩大至符合规划的集体建设用地上。魏宗财等（2015）在研究广州保障性住房时认为保障性住房建设的主要资金来源是公积金增值收益、土地出让金净收益及市政府财政拨款等，而这些来源均存在一定的变数，无法保证建设资金的长期性和稳定性。贾康（2016）认为，符合国情和可持续发展要求的“双轨统筹”的住房制度模式，“双轨统筹”的原点在政府牵头顶层规划，其下政府在“保障轨”上主要管托底、管进退；在“市场轨”上主要管规则、管收税。

四、指标操作化与分析思路

住房精准支持与一个国家的住房保障适度标准联系在一起。在一个国家内不同地区的适度标准的不同，都会导致住房保障支持程度和范围的差异。同时，住房保障的适度标准本质上是一个动态的概念，随着社会经济条件的变化而变化。传统上，住房保障隐含着保障每个个体“居者有其屋”的权利。随着社会经济的发展，整个社会已经不再满足“居者有其屋”的生存意义上的保障，而是追求“适度”的住房保障标准（涂缦缦，2015）。而所谓适度的住房保障标准是指公民有权获得并负担得起的适于居住的、有良好的物质设备和基础服务设施，具有安全、健康并公平享有的住房权利（Janet Ellen，1997）。联合国经济、社会和文化权利委员会1991 年颁布的《第 4 号一般性意见：适足住房权》对住房保障的适足标准进行了原则性的解释，即“住房保障是否适足取决于社会、经济、文化、气候、生态及其他因素”（李泽厚，2002）。同时，委员会还强调，在考虑住房保障时必须考虑到：住房使用权的法律保障，服务、材料、设备和基础设施的提供，住房补助的适当性，住房条件的适当性，住房机会的可得性，居住地点的便利性，以及文化环境的适当性（王宏哲，2008）。该文件从外在“条件”和内在“质量”两个方面对适度的住房保障标准进行了原则性的界定。

本研究从微观角度探讨城乡住房保障的精准支持问题，首先需要从操作上确定住房保障应该覆盖哪部分群体；其次，应该覆盖到什么程度。如果按照当下的社会经济标准，现有的住房保障体系根据法律保障了相应人群的住房需求，可以称其为实现了“精准支持”的目标；如果在住房保障标准上没有满足相应人群的住房需求，则就存在着偏离“精准支持”的问题。所以，主要是需要结合现有的政策和研究，确定住房保障的适度性标准。

目前衡量住房保障主要有三个标准：第一是是否是危房；第二是家庭人均住房居住面积；第三是家庭硬件设施，包括洗手间设置等。

第一个标准是最严格的。过去几年城市地方政府坚持不懈地进行棚户区改造，农村进行危房改造，都是针对历史遗留的老旧住房进行修复更新。但目前城乡中还是存在一些危房问题，问卷中也进行了相应的设计，“危房”是衡量家庭住房是否需要保障的一项重要标准。

第二个标准是家庭人均居住面积。根据国家标准《住宅设计规范》（GB50096—1999），家庭人均居住面积需要达到 10 平方米以上，而刘琳等（2009）推算了具备基本功能的廉租房所需要的住房面积。根据他们的推算，住房贫困的标准大体是两人及以下户为 28 平方米。根据相关规定，我国新建廉租住房套型面积控制在 50 平方米以内，公共租赁住房单套建筑面积以 40 平方米左右的小户型为主，严格控制在 60 平方米以下。由于只有上限标准而没有最低限度标准，人均数量的适足标准缺乏操作性，也影响社会公平。本书将结合以往学者界定，按照人均住房保障面积不低于 10 平方米，两人及以下户不低于 28 平方米作为住房保障适度标准，如果低于这一标准，就存在着住房保障不足，或者说住房精准支持不够的问题。

第三个标准是家庭住房支付水平。美国 1937 年《国民住房法案》（*National Housing Act*）以及 1983 年《住房与城市和农村恢复法案》（*The Housing and Urban - Rural Recovery Act*）对中低收入者设定了 30% 的住房支付困难标准，一直沿用至今。其后，一些学者对住房支付压力进行了弹性处理，比如 Schwartz 等将 30%—49.9% 作为轻度住房支付困难指标，将 50% 以上作为严重住房支付困难指标。澳大利亚将 50% 作为中低收入家庭住房支付困难指标（Baker etc.，2006）。Mostafa 等将 50% 作为中国中等收入者住房支付困难指标 。我们在后文中对住房支付困难的判定也将以 50% 作为住房支付困难的标准。

综合以上三个方面，下文安排如下的结构：

第一，首先分析城乡困难家庭对住房保障的需求，依托于本项目调查数据，分析现有的城乡住房总体结构及困难群体对于住房保障的核心需求。

第二，分析现有住房保障制度的精准覆盖程度。依据上文提出的标准，对城乡困难群体获得住房保障制度的精准性进行分析。同时对于已经居住于保障性住房的家庭，从居住面积、经济收入等维度，考虑其保障是否适度，从反向反思现有的住房保障制度的精准性问题。

第三，结合现有的城乡住房保障精准支持数据分析结果，分析我国城乡住房保障中存在的精准识别问题，探讨城乡困难家庭住房政策改革思路。

第二节　需求分析

一、城乡困难家庭住房保障需求分析

（一）城市困难家庭住房保障需求分析

1. 城市家庭住房居住结构

目前城镇低收入群体主要的住房形式包括自建房、拆迁安置房、自购商品房和公租、廉租房，四种住房类型比例分别为 29.32%、17.14%、9.65%、9.63%。其他住房类型零散分布于几类住房当中。在人均居住面

积上，城市总体人均居住面积达到了29.47平方米，其中自建房人均居住面积为35.6平方米，拆迁安置房人均居住面积为30.13平方米，自购商品房人均居住面积为29.59平方米，公租、廉租人均居住面积比前几类住房类型人均居住面积稍低，为23.18平方米，政府补贴建房和经济适用房人均居住面积均为26平方米，这两种住房保障类型下人均居住面积比自建房和商品房人均居住面积略低，但也达到了基本的住房保障标准。租住单位住房的人均居住面积最低，为18.02平方米。总体上，城镇人居住房面积已经获得显著改善，人均住房面积小于10平方米的困难家庭为9.3%。

表6-2　2016年不同类型家庭的居住结构　　单位:%，平方米

住房类型	城市困难家庭住房	自评住房条件差比例	人均居住面积
自建房	29.32	43.84	35.60
拆迁安置房	17.14	28.85	30.13
自购商品房	9.65	30.15	29.59
公租廉租房	9.63	43.70	23.18
政府补贴建房	1.94	47.50	26.71
自购经适房或限价房	4.10	30.18	26.90
继承房	5.84	43.98	27.56
单位提供免费住房	2.91	50	21.30
市场租房	4.63	64.4	21.97
租住单位住房	1.60	50	18.02
借房	3.49	53.47	27.74
其他	9.68	44.86	27.47
总样本	100（4214）		29.47

在主观自评住房质量上，不同类型的住房家庭也有所差异。我们将住房自评分为三个梯队，第一个梯队为自评住房条件差的比例大于50%的家庭，这类家庭对住房条件满意度极低，住房条件亟待改善；第二个梯队为自评住房条件差的比例在40%—50%，这类家庭对住房条件满意程度适中；第三个梯度为自评住房条件差的比例在40%以下，这类家庭对住房条

件基本满意。市场租房家庭对自评住房条件差的比例最高，为64.4%；其次为借房居住家庭，自评条件差的比例为53.47%；租住单位住房家庭自评条件差的比例为50%。这三类家庭主观自评条件差的比例均已超过50%。自建房自评条件差的比例为43.84%，公租廉租住房自评条件差的比例为43.70%，政府补贴建房自评住房条件差的比例为47.50%。这三类住房形式住房条件自评处于第二个梯队。拆迁安置房自评家庭住房差的比例为28.85%，自购商品房自评住房条件差的比例为30.15%，自购经适房或限价房自评住房条件差的比例为30.18%，这三类住房类型家庭对住房条件处于基本满意的程度。

低保家庭和低保边缘家庭在住房结构上相比略有差异。总体来看，低保边缘家庭自有产权住房比例略高，具体来说，在自建房比例上，低保边缘家庭居住于自建房的比例为31.17%，而低保家庭居住在自建房中的比例为27.84%，低保边缘家庭比低保家庭高3.33%；在拆迁安置住房比例上，低保边缘家庭居住比例为18.40%，而低保家庭为16.14%，两者相差2.26%；在自购商品房比例上，低保边缘家庭拥有比例为10.86%，而低保家庭为8.68%，两者相差比例为2.18%。在经济适用房和限价房拥有比例上，低保边缘家庭比例为4.64%，而低保家庭占有比例为3.66%，两者相差0.98%。

在非产权居住形式上，低保家庭要高于低保边缘家庭。在公租、廉租住房居住形式上，低保家庭居住比例为10.95%，而低保边缘家庭为7.97%，两者相差2.98%；在单位提供免费住房上，低保家庭居住比例为3.23%，而低保边缘家庭为2.51%，两者相差0.72%；在市场租房上，低保家庭居住比例为4.45%，而低保边缘家庭为4.86%，两者比例差异不大。

住房保障制度区别于低保制度，住房保障制度应为低保制度的重要补充。对于城市住房困难群体，政府以住房实物供给或货币形式给予补偿，它是城市中低收入家庭的分类救助手段，也是缓解城市住房压力的重要工具。首先，从政府保障住房的不同形式分布看，城市低保家庭和低保边缘家庭在自购经适房（限价房）上的差异并不是特别显著，尽管低保边缘家庭在经适房（限价房）的比例略高于低保家庭。在公租（廉租）住房比例上，低保家庭的覆盖比例显著高于低保边缘家庭。从这一点上来看，目前的公租（廉租）住房主要供应对象偏向于低保住房困难家庭。

其次，从住房结构分布比例上看，我国城市低收入家庭产权住房比例还是相对较高的，低保家庭自有住房比例达到 58.37%，低保边缘家庭自有产权住房比例达到 71.67%。无论低保家庭还是低保边缘家庭，住房产权自有比例都超过了 50%。这在发达国家来说是不能想象的比例。

表 6－3　低保家庭与低保边缘家庭居住结构差异　　单位：%

家庭居住结构类型	低保家庭	低保边缘家庭
自有住房		
自建房	27.84	31.17
拆迁安置房	16.14	18.40
自购商品房	8.68	10.86
政府补贴建房	2.05	1.80
自购经适房或限价房	3.66	4.64
继承房	6.68	4.80
非自有住房		
公租廉租房	10.95	7.97
单位提供免费住房	3.23	2.51
市场租房	4.45	4.86
租住单位住房	1.44	1.80
借房	3.75	3.17
其他	10.99	8.02
总样本	2292	1832

2. 城市家庭住房居住条件

以往检验家庭的住房条件，住房面积是一个非常重要的指标。在计划经济时期，家庭人均居住面积小于 10 平方米，一家人居住于 10 平方米以内的狭小空间司空见惯。住房市场化改革以来，家庭住房条件获得了显著的改善，我们仍然以两个口径界定家庭住房面积困难，一为家庭人均住房面积小于 10 平方米，二为 2 人以上住房面积少于 28 平方米。两者满足其一即界定为家庭存在住房面积困难问题。从城市低收入家庭总体统计结果来看，人均居住面积为29.47平方米，人均住房面积小于10平方米的困难家庭为9.3%；人均住房面积小于10平方米，或者两人以下住房面积小于28平方米的比例为8.2%。总体上来讲，城市住房面积困难家庭已然属于少数群体。第二个评价住房条件的客观指标为“是否是危房”，城市中危房主要出现于自建住房或者棚户区。根据本书使用的数据，城市总体平均的危房比例为23.01%，其中，低保户中危房比例为22.82%，低保边缘群体危房比例为23.25%，两者差异并不是很大。

我们按照低保和低保边缘两类群体分别统计，在低保户中，家庭住房面积出现困难的比例为10.17%，而在低保边缘户中，家庭住房面积出现困难的比例为8.84%。除此之外，问卷中从主观自评角度询问家庭成员是否存在住房条件差的问题，总体上主观反映居住条件差的比例为41.05%。在低保家庭中，主观反映居住条件差的比例为42.41%；而在低保边缘家庭中，主观反映居住条件差的比例为39.36%。虽然住房面积已经不是家庭主要的住房困难，但其他因素仍然可能影响了城镇低收入家庭的居住质量，以致低收入家庭主观自评居住条件差的比例非常高。

表6-4 低保家庭与低保边缘家庭住房条件差异 单位:%

	总体平均	低保家庭	低保边缘家庭
人均住房面积低于10平方米或2人以内家庭低于28平方米	9.58	10.17	8.84
家庭住房为危房	23.01	22.82	23.25
自评居住条件差	41.05	42.41	39.36

（二）农村困难家庭住房保障需求分析

如前所述，农村住房所有权情况与城市有着本质的差异，大部分农村居民都会在自有宅基地上建房，拥有使用权，但是对宅基地并不拥有所有权。首先从农村建房形式看，自建房是农村住房的主要居住形式，占农村建房比例的73.93%；其次为政府补贴建房，占农村建房比例的6.91%，随着“新农村建设”“美丽乡村”“农村土地整理”等工程陆续进入农村，政府补贴建房的比例有所提升；最后为继承房和拆迁安置房，分别占农村住房的5.40%和4.17%。

在城市住房质量衡量指标中，人均居住面积是住房质量的一个重要衡量指标。在农村，人均平均居住面积为34.87平方米，远高于城市人均居住面积。分类结果来看，自建房人均居住面积为35.83平方米；拆迁安置房的人均居住面积为37.14平方米；政府补贴建房的人均居住面积为31.76平方米；唯有继承房的人均居住面积略低，为29.82平方米。总体而言，居住空间在农村住房中并不是最主要的问题。

表6－5　农村困难家庭住房基本状况　　单位:%，平方米

	农村困难家庭住房	人均居住面积	危房比例	自评住房条件差比例
自建房	73.93	35.83	33.30	43.05
拆迁安置房	4.17	37.14	6.97	12.40
政府补贴建房	6.91	31.76	15.88	36.44
继承房	5.40	29.82	52.69	66.46
其他	3.49	31.52	30.63	55.89
总样本	2095	34.87	31.79	43.81

问卷中专门设置了农村家庭住房是否为“危房”的问题，这是衡量住房质量的一个重要指标。总体来看，农村困难家庭危房平均比例为31.79%，大概占农村困难家庭总数的1/3。分类分析结果显示，危房比例最高的为农村继承房，占此类住房的52.69%，农村中的继承房修建时间较长，大多是上一辈传给下一辈的住房，部分地区甚至是土木结构的住房，此类住房危房比例高不言而喻。其次为农村自建住房，危房比例为33.30%，自建住房危房比例也是偏高的。再次为政府补贴建房，其危房比例为15.88%，低于农村自建住房危房比例，却高于拆迁安置房的危房比例。最低的为拆迁安置房，其危房比例仅为6.97%。拆迁安置房是近几年来在城市化过程中由地方政府主导兴建的居住形式，为了让农民能安定下来，拆迁安置房一般仿照城市住房标准，自来水管道、燃气管道都会相应打通，卫生间也不同于农村中的旱厕。因此，拆迁安置房客观上的质量标

准也比农村居民居住标准高。

为了进一步分析农村居住质量，我们把农村居民对住房质量的主观评价纳入分析范畴，问卷对应问题为“是否认为住房条件较差”。总体来看，农村居民对自身住房质量的评价并不乐观，总体平均自评住房条件较差的比例为43.81%。从分类统计结果来看，在自建房中，43.05%的居民认为自身住房条件较差；在政府补贴建房中，自评住房条件较差的比例为36.44%；在继承房居住的家庭自评住房条件较差的比例最高，为66.46%。唯有拆迁安置房家庭，整体对自评住房条件较差的比例最低，仅有12.40%。

二、需求分析结论

从城市困难家庭住房保障需求来看，目前城市家庭的住房保障需求主要集中在两个层面。

一是危房治理。虽然中央出台了一系列棚户区改造、危房治理的方案，但是在城市内部，仍然存在着大量的自建房，房屋面积狭小、质量较低。随着城市住房市场化改革，城市居民在住房市场中也产生了“逆向选择”，可以迁移出去的人口大部分已经通过市场化的手段解决了住房问题。而城市中仍在危房中居住的大多为贫困群体和中老年群体，他们的住房质量亟待改善。

二是城市困难群体沉重的住房支出压力。与20世纪90年代相比，住房面积需求已经并不是主要的住房需求，90%以上的城市家庭人均住房面积都已经突破了人均10平方米。当下城市困难群体最大的需求就是解决沉重的住房支出压力。特别是一线、二线城市，其住房支出压力是小城市住房支出压力的数倍，而家庭人均收入却不足以支付昂贵的住房成本，亟待有效的住房保障制度防止这些困难群体滑落到低收入陷阱之中。

农村困难家庭的住房保障需求主要集中在两个层面。

一是农村中危房改造。农村危房改造需求比城市更高。由于历史原因和现有发展因素，农村中的危房比例还是比较高，而随着社会经济的发展，农村人力、物资等成本也在逐年上升，很多流动人口家庭通过打工收入修缮危房还背负了沉重的负债，农村贫困群体更难以承受危房修缮的成本。

二是由于现在城乡一体化速度加快，越来越多的农村中青年人口向城市迁移，农村宅基地和住房如何盘活成为一个新的住房议题。农村户籍人口在城市中购买住房的压力非常大，而农村现有住房或者成为鸡肋，或者成为危房，将城乡的住房市场联动起来，可能是解决部分农村人口住房困难的重要举措。

第三节　精准支持分析

一、住房保障内容与对象精准分析

（一）城市住房保障对象精准分析

城市住房保障政策的瞄准机制与低保对象有所差异，它更多地应该考虑到城市中的住房困难家庭，这些家庭既包括低保家庭，也包含低保边缘家庭，也有可能包含城市中等收入家庭。由于我们调查得出的是截面数据，现在住在廉租住房或经济适用房的家庭均是已经解决了住房困难的家庭，我们并不清楚居住于廉租房之前个体家庭的居住情况。

那么基于现有的数据，我们仅能分析两类问题。

一是现有的居住于廉租房的家庭，哪些有可能是保障不适度的家庭。居住面积超标或者收入水平超标，都有可能是廉租房保障不精准的因素。在人均居住面积上，城市与城市之间规定的住房保障面积差异很大，较低保障水平为人均 7 平方米，较高保障水平为人均 15 平方米，如以人均 20 平方米为上限，在已经获得廉租住房保障的家庭中，人均居住面积超过 20 平方米的家庭占 48.36%；如以人均 30 平方米为上限，在已经获得廉租住房保障的家庭中，人均居住面积超过 30 平方米的家庭占 22.67%。从居住面积保障来看，至少有 20% 的廉租住房家庭面积超过一般城市保障标准。从家庭人均年收入看，以北京市 2017 年城六区廉租房准入线为上限，在已经居住于廉租住房保障的家庭中，家庭收入则超过这一标准的家庭占 47.1%；以上海市 2017 年廉租房准入线为上限，家庭收入超过这一标准的家庭占 7.05%。由于样本量有限，各地廉租房准入标准差异很大，我们以北京、上海两地廉租房准入标准为上限，模糊推断 2017 年全国廉租房保障对象的精准情况，以收入为标准看，至少7%的家庭可能存在着未退出的问题。

表6－6　2017年廉租住房居住家庭超标情况

2017年廉租房居住家庭	指标值
人均居住面积超过20平方米	48.36%（192/397）
人均居住面积超过30平方米	22.67%（90/397）
家庭人均年收入＞11520元（按北京市廉租房准入标准）	47.1%（187/397）
家庭人均年收入＞25200元（按上海市廉租房准入标准）	7.05%（28/397）

二是对于居住在非廉租住房的家庭，其住房条件也存在着需要保障且未保障的问题。在几类主要住房类型中，首先，自建房居住家庭反映的问题最为集中，人均家庭居住面积小于10平方米的家庭占自建住房总体比例的24.3%；危房家庭占自建住房家庭的比例为39.83%。两者比例都非常高，体现了城市自建住房家庭居住条件亟待改善。其次，在继承房中，危房比例较高，占继承房总体比例的8.32%，人均家庭居住面积小于10平方米的家庭占继承房家庭的比例达到7.09%。最后，市场租房家庭中，人均家庭居住面积小于10平方米的家庭占市场租赁住房家庭的比例为9.37%，危房家庭占市场租赁住房家庭的比例为4.43%。总体来看，早期廉租住房政策主要是以“实物供给”为主，能够获得廉租住房的家庭有限，在廉租房标准上，大部分城市与低保线挂钩，但是在低保家庭之外，仍然存在着城市住房困难问题。

（二）农村住房保障对象精准分析

农村困难家庭最主要的保障形式为低保救助，我们分别分析了低保家庭和非低保家庭的住房质量和住房困难情况。在自建房居住形式上，低保边缘家庭比农村低保家庭高4.9%，而在政府补贴建房居住形式上，低保家庭比低保边缘家庭高3.63%。政府补贴建房更可能向低保家庭倾斜。在危房比例上，低保家庭危房比例为34.69%，而低保边缘家庭危房比例为29.25%，低保家庭危房的比例比低保边缘家庭高5.44%。

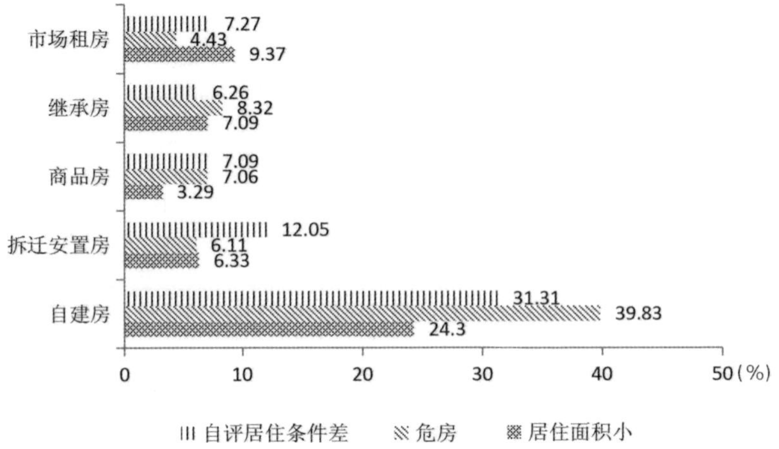

图6－2　城市不同类型家庭居住困难问题

表6－7　农村低保家庭与低保边缘家庭居住情况差异　　单位:%

	低保家庭	低保边缘家庭
自建房	71. 32	76. 21
拆迁安置房	3. 73	4. 55
政府补贴建房	8. 85	5. 22
继承房	5. 94	4. 92
其他	10. 16	9. 10
合计	100	100
危房	34. 69	29. 25
非危房	65. 10	70. 57
合计	100	100
总样本	1447	1648

因为本研究着重讨论的问题是住房政策瞄准情况，在农村住房补贴覆盖范围上，危房家庭中享受住房补贴的比例为2. 24%，而非危房家庭中享受住房补贴的比例为4. 22%，非危房家庭享受住房补贴的比例更高。在政府补贴建房覆盖范围上，危房家庭中享受政府补贴建房的比例为3. 46%，而非危房家庭享受政府补贴建房的比例为8. 53%，两者差距达到5. 07%。

对于未来住房的安排，危房家庭中打算自建或买房的比例为16.06%，非危房家庭中打算自建或买房的家庭比例为6.06%，两者相差10%。所以综合起来看，危房家庭享受住房补贴的程度低于非危房家庭，而危房家庭很大程度上仍需要自建或购买住房，其所背负的压力就会更沉重。从这一点上来说，农村住房政策的瞄准机制有待完善。

表6-8　农村危房家庭与非危房家庭获得住房补贴的差异 单位:%，个

	危房	非危房
住房补贴	2.24	4.22
政府补贴建房	3.46	8.53
自建房或买房打算	16.06	6.06
总样本	984	2111

另外，从主观自评的角度看，在农村自评住房条件较差家庭中，享受住房补贴的比例为3.17%，享受政府补贴建房的比例为5.75%；在农村自评住房条件较好的家庭中，享受住房补贴的比例为3.91%，享受政府补贴建房的比例为7.82%。两者相比，住房条件较好的家庭更有可能获得住房补贴或者政府补贴建房的机会。

表6-9　农村住房条件差的家庭与住房条件良好家庭获取住房补贴的差异

单位:%，个

	住房条件较差	住房条件良好
住房补贴	3.17	3.91
政府补贴建房	5.75	7.82
自建房或买房打算	13.50	6.04
总样本	1739	1356

二、城乡困难家庭住房支出负担分析

（一）城市困难家庭住房支出负担分析

从平均水平看，低保家庭的年均住房支出为1342元，低保边缘家庭年均住房支出为1663元，低保边缘家庭年均住房支出比低保家庭高321元。

在购建房和偿还银行贷款方面，低保户的年均支出1599元，低保边缘家庭支出为3416元，两者相差1817元。

表6－10　低保户与低保边缘户的住房支出比较　　单位：元

	家庭日常住房支出	购建房及偿还银行贷款支出
低保户	1342	1599
低保边缘户	1663	3416

在城市困难家庭中，有住房支出的家庭并不多，仅占总调研样本数的38.36%，有资产性住房支出的家庭4.48%，两者合计占总样本的42.84%，并且住房支出集中在较高年收入的家庭当中。从这一点上看，住房支出并不像食品、衣服、交通等支出项目是每个家庭的必备的支出。城镇中低收入家庭会尽可能降低住房支出的比例，以此弥补其他必要的支出项目。同时，城镇家庭住房支出较低并不意味着城镇中低收入家庭对住房改善没有需求，相反，可能是基于现有收入承担能力下而进行的一种权宜性安排。

我们依照收入分位数将总样本分为8组，在收入最低的5%群体中，住房支出占家庭总支出的比例非常高，平均支出在家庭总收入的2倍以上。在低保家庭中，这一比例更高，家庭年住房总支出是家庭年收入的4.45倍，这类家庭依靠一年的流水收入不足以支付当年的住房相关支出。在低保边缘家庭收入最低的5%的群体中，其家庭年住房总支出占家庭年收入的86%，住房支出占到家庭年收入50%以上，也存在着严重的支付压力问题。

表6－11　在不同分位组中家庭住房支出情况　　单位：元/年，%

	总体分组组内均收入	住房支出占家庭收入比例	低保家庭组内均收入	低保家庭住房支出比例	低保边缘家庭组内均收入	低保边缘家庭住房支出比例
P5以下	993	2.08	939	4.45	1024	0.86
P5—10	5137	0.42	5018	0.62	5181	0.15
P10—25	10604	0.08	10600	0.07	10609	0.09

续表

	总体分组组内均收入	住房支出占家庭收入比例	低保家庭组内均收入	低保家庭住房支出比例	低保边缘家庭组内均收入	低保边缘家庭住房支出比例
P25—50	21515	0. 11	21493	0. 09	21548	0. 12
P50—75	37662	0. 09	37850	0. 07	37419	0. 12
P75—95	66685	0. 09	66620	0. 07	66753	0. 10
P95—99	124144	0. 13	125953	0. 05	122868	0. 19
P99 以上	308272	0. 08	321014	0. 07	296110	0. 09

在家庭收入排序位于 5—10 的群体中，低保家庭年住房支出仍然占到家庭年收入的 62%，依然具有较高的住房支付压力；而低保边缘家庭年住房支出仅占家庭年收入的 15%，住房支出显著下降。但是在按收入排序最高 6 个收入群组中（即 P10—25，P25—50，P50—75，P75—95，P95—99，P99 以上），低保边缘家庭的年住房支出始终高于低保家庭的年住房支出。

考虑到我国各地区发展的不均衡性，我们将城市分为三类：第一类是一线城市，包含北京、上海、天津、广州和深圳；二线城市包含杭州、南京、济南、重庆、沈阳、大连、青岛、东莞、宁波、厦门、成都、武汉、苏州、西安、长沙、郑州等 45 个城市；其他为三线城市。将三类城市低收入人口按照分位收入进行统计分析，一线城市的住房压力显著高于二线和三线城市，在最低收入组，住房支出是年收入的 5. 37 倍；二线城市年住房支出是家庭收入的 57%；三线城市年住房支出是家庭收入的 47%。总体来看，一线城市住房压力显著高于二线和三线城市。

表 6－12　一线、二线及三线城市的住房压力　　单位：%

分位数	一线城市	二线城市	三线及以下城市
P5 以下	537	57	47
P5—10	32	6	45
P10—25	40	8	7
P25—50	9	10	10

续表

分位数	一线城市	二线城市	三线及以下城市
P50—75	5	5	11
P75—95	4	8	9
P95—99	14	23	6
P99 以上	4	7	19

另外，从人群分类看，低保户和低保边缘户在一线城市、二线城市和其他城市所面对的境遇也有差异。在一线城市，低保边缘户家庭年平均住房支出是家庭年收入的17.34%，而低保户家庭年平均住房支出占其收入的6.45%。低保户在制度保护下其住房压力显著减轻。在二线城市，低保边缘户家庭平均住房支出是家庭收入的14.57%，而低保户家庭平均住房支出占其收入的6.73%。低保户的住房支出负担仍然低于低保边缘家庭。在三线及以下城市，低保户和低保边缘户的住房支出压力基本相当，住房支出大致占家庭总收入的比例在13%。

表6－13　一线、二线城市低保与低保边缘家庭的住房支出压力　单位：人,%

	低保户	低保边缘户	样本数
一线城市	6.45	17.34	320
二线城市	6.73	14.57	1167
其他城市	13.63	13.08	2637

（二）农村困难家庭住房支出负担分析

在样本中，农村家庭发生住房支出的样本数为439个，占总样本数的14.18%；家庭发生盖房、购房、翻修等支出的样本数为377个，占总样本数的12.1%。农村住房属于耐用消费品，不似食品、日常生活用品一般，并不是大部分家庭的支出项目。

另外，在住房支出能力上，我们将整个农村困难家庭收入按分位数分为八组，比较八个组内部的收入水平，农村家庭的收入差距在不断拉大，最低的5分位以下家庭年均收入在305元，5—10分位组家庭年均收入为1970元，而在99分位以上的家庭年均收入为193191元，最高收入组是最低收入组的63倍，最高收入组是第二收入组的9.8倍。从住房支出角度看，低收入家庭的住房支出负担更大，由于收入较低，住房支出水平即便在一般的水平上，也会占据家庭收入较高的比例。在最低收入组，住房支出占到家庭年收入的10倍；修缮、盖房等支出占家庭年收入的5.8倍；在第二收入组，住房支出占到家庭年收入的5.79倍；修缮、盖房等支出占家庭年收入的6.26倍。在这样的家庭中，只有依靠外部转移支付才有可能维持家庭收支平衡。另外，在大部分农村家庭中，修缮、盖房等支出是家庭的大项支出，远超出一般家庭年收入的总额，需要一定的积蓄才有可能启动这项较大家庭预算计划。

表6-14　按分位数统计农村困难家庭住房支出情况　　单位：元，%

	组内均收入	住房支出占家庭收入比例	修缮、盖房等占家庭收入比例
P5以下	305	10.20	5.83
P5—10	1970	5.79	6.26
P10—25	4720	1.14	4.14
P25—50	10252	0.87	2.18
P50—75	21590	0.41	1.58
P75—95	44083	0.32	1.55
P95—99	83979	0.25	0.67
P99以上	193191	0.39	1.31

三、精准性评估结论

综合三方面的数据分析结果，城市住房保障一方面存在“应退未退”的问题，由于廉租住房定价较低，城镇低收入群体具有很强的激励留在廉租住房体系之内，享受廉租住房的福利；另一方面，城市住房保障体系中仍存在一些“应保未保”的群体。这两个问题实际上是一体两面，由于廉租房制度初始是以“实物保障”为主，缺乏政策弹性，导致未进入者进入严，进入之后退出难。这是城镇住房保障有失精准性的重要原因。同时城市困难群体存在着较高的住房支出压力，收入越低的群体住房支出压力越高，居于一线城市的困难家庭住房支出压力显著高于二线、三线城市。

农村住房补贴、政府补贴建房也存在很强的瞄不准问题。无论现金住房补贴还是政府补贴建房，都还是相当于一种补贴性质的住房，需要被补贴者自己有建房或者修房的意愿，并且有一定的自付能力才能获得这种住房补贴。而真正困难的家庭很少能拿得出自己建房的资金，银行如果没有担保也不会为农村贫困家庭贷款。在这种情况下，政策受益者只可能是中间群体，最低收入者由于缺乏支付能力，也享受不了这种类型的政策支持。

第四节　结论与若干思考

一、结论

本报告利用2017年度本项目调查数据对城乡困难家庭住房政策精准性进行了综合分析，研究发现：依据城市住房适度性标准，现有城镇住房保障体系仅覆盖了12.50%的城镇危房家庭、13.67%的城镇人均居住面积困难家庭和13.11%的居住条件差的家庭。城镇住房保障覆盖面较狭窄，同时还存在覆盖偏差问题。经济适用房/限价房主要解决了具有一定收入水平城镇家庭的住房需求问题，而对低保家庭、城市危房家庭、住房面积困难家庭的住房保障效应不大。一方面，廉租房/公租房是一种实物保障形式，其宗旨在于解决城市中低收入人口的居住困难问题，承担一个住房安全网的功能。城市公租、廉租住房确实在一定程度上缓解了低保家庭、人均住房面积较低的家庭的居住困难问题。另一方面，城市公租房还具有吸引人才、发展产业的目标，所以当总体资源有限时，必然会在两个政策目标上进行权衡，最终公租房不太可能覆盖城市所有住房困难人口；住房补贴作为一种货币保障形式，覆盖了更广的城市低收入人口，对于中低收入家庭的瞄准性、可及性均有所提高，对城镇低保户家庭、人均居住面积较小家庭、自评住房条件较差家庭都具有显著的改善作用。

农村住房保障的政策工具较为滞后，只有政府补贴建房和住房补贴两类住房政策工具。由于建造结构、居住历史等因素，农村中的危房问题比较突出，而现有的住房保障仅能覆盖5.7%的危房家庭。而“政府补贴建房”在农村瞄准机制中可能存在问题，由于有一定的门槛限制，农村住房条件差、危房家庭使用上“政府补贴建房”政策的机会反而会显著降低，这与“政府补贴建房”的初衷是相违背的。同时，农村危房家庭比非危房家庭使用住房补贴的概率更低，农村住房补贴并不完全是以“危房家庭”为主要瞄准标准的。所以总体上来讲，农村住房政策工具不足，住房保障瞄准机制也不健全。

二、国际经验借鉴

为了解决住房市场的失灵，改善不平等，促进经济发展，各国政府采用了不同的住房政策工具。需求方政策主要是帮助家庭实现住房所有权，政策直接补贴到家庭户。供给方政策则主要在租房部门，补贴支付给开发商或生产者。德国政府在最近十几年逐步强化面向低收入群体的需求方补贴政策，住房所有权补贴政策已经取消，“建房者补贴（Brick and Mortar subsidies）”也已经开始向“住房津贴和住房救济计划（Wohngeld and Kosten der Unterkunft）”政策转变，这一转变更有利于适应低收入群体的住房需求。德国从20世纪90年代开始，国家就在住房市场上不再推行供给政策，转而逐步变为支持个人家庭的需求。通过弹性的住房补贴制度，使更多的群体能够在租赁住房市场中获益（比约恩·埃格纳，2011）。在过去几十年间，国际社会总的住房政策趋势已经渐趋明朗：供给方补贴政策向需求方补贴政策转变，与此同时，政府的角色也在发生变化，从服务的直接提供者向“增能”角色转变。

三、若干思考

目前，我国在租赁住房体系中，也分为“实物补贴”和“货币补贴”，两种方式都会在一定程度上满足低收入家庭的住房需求。实物配租方式的优势在于能够直接改善低收入家庭居住条件，但当居住条件并非家庭最亟须满足的需求时，实物配租方式对低收入家庭整体效用水平的提升作用并不显著。从公平与效率和地方政府的承受能力来看，租赁货币补贴方式优于实物配租方式。在租赁市场供给总量存在刚性不足的情况下，应以实物配租为主要保障方式；当市场存量住房达到一定水平时，租赁货币补贴应成为主要方式（邱桂杰、衣洪岩，2016）。

对于农村住房市场，危房问题可能基于两方面的因素，一为老房年久失修，二为外出流动造成的房屋失修。现在越来越多的农村住房是第二种情况。对于第一类问题，农村现有的危房改造体系尚不健全，由于需要贫困家庭自付一定比例的维修费用，最贫困的家庭通常不能从政策中受益。对于农村住房困难群体，需要政府改变一些临时性的制度安排，建立更加规范、稳定的住房保障制度，确立农村住房保障的范围、保障水平和资金来源。同时保障方式应该逐步多样化，针对不同家庭提供不同保障方式，针对极贫家庭可以采用实物保障，针对一般困难家庭可以通过建房补贴等形式予以保障。在资金来源上，农村住房保障目前主要依赖财政拨款形式，未来可以引入农村金融机构，扩宽资金来源。

对于第二类问题，其实是农村经济改革的大问题，目前的农村宅基地确权改革也与此有很大的关联。大部分流动人口在农村户籍地会留有一处房产，农村的宅基地属于农村土地集体所有，农民只有宅基地上房产的使用权，而没有所有权，所以农民宁可房屋变成危房，也不愿意改作他用。目前学界讨论的一个政策方向是允许宅基地确权流通，农民可以将现有宅基地、危房进行置换，置换资金用于在城市购买新的住房。

第七章　城乡困难家庭社会服务精准支持研究

本章旨在分析城乡困难家庭社会服务方面的精准支持状况，具体包括研究背景与分析思路、需求与精准支持分析、城乡区域比较分析三个核心部分，并将在归纳研究结论基础上，提出若干对策建议。

第一节　研究背景与分析思路

自1601年《伊丽莎白济贫法》颁行以来，西方经历了一个国家福利发展的过程。具体来说，英国面对快速工业化带来的问题，最早进行社会政策立法。1883年通过《疾病保险法》，之后针对老年、残疾、童工等问题进行社会立法，在第一次世界大战前形成对工人阶级的社会立法体系。1942年在第二次世界大战进行中，伦敦政治经济学院院长贝弗里奇向英国战时内阁提交了著名的《贝弗里奇报告》，全面阐述了英国战后社会保障的重建方案。1948年，工党首相艾德礼宣布国民保险法、国民救助法、国家健康服务法开始实施，由此被视为福利国家的开端。20世纪50年代，英国学者蒂特姆斯提出政府不仅要提供国家福利，而且应该提供普遍而非残补性的社会福利。他进一步明确了“社会服务”概念，具体而言社会服务是指通过将创造国民收入的一部分人的收入分配给值得同情和救济的另一部分人，而进行的对普遍的福利有贡献的一系列集体的干预行动。

就我国而言，传统上主要由家庭与社区为个体提供相应的照顾，并未发展出成体系的社会服务。中华人民共和国成立以后，在大约10年的时间里，建立了一个以城市企事业单位、基层社区街居组织、农村人民公社等为组织单位的社会管理体制。单位社会体制下的基本社会政策模式是通过户籍制度分割呈现居民的身份，农村通过合作组织解决基本生活和福利保障问题，由此形成了中国计划经济时期城乡二元、单位有别的双二元社会福利体系（王思斌，2010）。

新时期社会条件发生了新的变化。一方面，20 世纪 80 年代城市单位制改革以来，单位的功能转移到“社会”，具体来说就落实到街道上（朱健刚，1997）。相应的社会服务也相当程度上落到了基层的街道乃至居委会。农村集体经济解体以后，农村的社会照顾长期以家庭照顾为主。另一方面，伴随着我国经济的发展，一些结构性问题开始显现：城市单位改制与市场经济发展滋生大量贫困与困难群体；人口结构迅速老龄化，养老问题凸显；伴随着人口老龄化而来的是对医疗服务需求的增加。

社会条件的新变化都对社会服务的发展提出了新的要求。城乡社会服务方面也在服务“精准”上狠下功夫，提高服务的精准水平。2016 年民政部印发《城乡社区服务体系建设规划（2016—2020 年）》，明确强调，要增强社区服务的有效供给，发展城乡社区就业、社会保障服务、社区养老服务、文化、教育、体育服务、法律服务以及通过建立居民健康档案的方式发展城乡医疗卫生和计划生育服务。2017 年党的十九大报告中，对于社会服务进一步作了加强保障体系、实施健康中国的总体规划。2018 年政府工作报告中指出，过去五年着力保障和改善民生，人民群众获得感不断增强。

本研究中对于社会服务的调查主要涉及两个维度：一方面涉及社区社会服务设施的建设，即考察社区托老所、养老院、医疗服务站、康复保健中心、社区治安站、社区文化站、公共体育健身设施及场所、便民利民服务点、计划生育服务站、流动人口服务站、物业服务站以及幼儿园等社区硬件设施的建设；另一方面通过考察社区养老服务、幼儿托护服务、社区治安服务、卫生环境服务、办理社会保障服务、劳动就业服务、医疗卫生保健服务、文化娱乐服务、家政服务、法律服务、物业服务、紧急救援服务、计生服务、心理咨询服务等服务项目的建设情况实现对社会服务的评估。

本章希望通过对研究中涉及的社会服务设施建设、社会服务项目建设等维度问题进行量化分析的基础上，评估当前的社会服务政策及其政策实施情况，并为进一步推动社会服务政策的发展，改善城乡社会服务质量提出政策建议。

第二节　需求与精准支持分析

一、农村社会服务建设精准度分析

（一）农村社会服务设施建设情况

城乡困难家庭调查数据显示（见表7－1），调查所涉社区社会服务设施建设相对完善，调查所涉医疗卫生、治安、文化、体育等服务设施在被调查家庭所在社区多有建设，仅有0.94%的家庭反映其所在社区未能提供任何社会服务设施。但是进一步来说各项服务设施的建设情况也存在一定程度的差距。

1. 医疗、体育、计生设施建设较好，其中医疗服务站覆盖率达到七成

现阶段农村社区医疗卫生、公共体育健身设施以及计生服务站得到了较好的发展。其中70%以上的家庭指出社区存在医疗服务站，50%以上的家庭则认为社区设有计划生育服务站；公共体育健身设施则达到50%以上。这表明，现阶段农村居民在社区能够享受到基本的医疗服务以及计生服务，并且半数以上的农村社区居民能够享受到体育健身设施。社区服务在为居民提供了基本公共服务设施的同时丰富了农村居民的精神文化生活。

2. 文化、治安、便民利民与幼儿园等设施建设在四成左右

相当一部分农村社区居民能够享受到文化、治安、便民利民点以及儿童教育服务。社区文化站、社区治安站、社区便民利民点、社区托儿所覆盖率分别达46.07%、40.00%、39.81%、38.48%。但是，社区物业服务与流动人口服务站覆盖率相对较低，分别为34.70%、25.78%，这部分与农村社区为流动人口流出地，社区相当程度的公共服务并非由物业公司提供有关。农村社区养老院、康复保健中心覆盖率较低，分别为15.86%、11.15%。

表 7－1　农村困难家庭所在社区社会服务设施建设情况（多重响应）

单位：户，%

服务设施	选择家庭户数	百分比
托老所、养老院	491	15.86
医疗卫生服务站	2171	70.15
康复保健中心	345	11.15
社区治安站	1238	40.00
社区文化站	1426	46.07
公共体育健身设施	1588	51.31
便民利民服务点	1232	39.81
计划生育服务站	1597	51.60
流动人口服务站	798	25.78
物业服务站	1074	34.70
幼儿园、托儿所	1191	38.48
以上都没有	29	0.94
N	3095	100

（二）农村社会服务分析

本研究涉及对环境、医疗、治安、养老、物业等多项农村社区社会服务项目的调查（见表 7－2），数据显示各项社会服务项目建设差距较大。

1. 环境卫生服务覆盖最好，医疗服务覆盖将近五成

超过半数以上的居民选择享受过社区环境卫生服务项目（60.58%）；农村社区的医疗卫生保健服务也获得了较好的发展，47.33% 的农村社区家庭享受过医疗卫生保健服务。农村医疗卫生保健服务的发展离不开农村医疗卫生设施的建设，如表 7－1 中所表明的，医疗卫生服务站建设在各项社会服务设施建设中最为完备。

2. 应当加快农村治安、文化、计生方面建设

分别有 35.61%、33.76%、26.59%、15.19% 的被访家庭表示享受过社区治安服务、办理社会保障服务、文化娱乐服务以及计生服务。一方面，这表明应当进一步加快上述服务在农村社区的普及，尤其是加快治

安、文化娱乐、计生服务方面的投入，进一步增强居民安全感、改善精神文化生活以及计生服务质量；另一方面需要注意的是，享受办理社会保障服务之所以在被调查数据中比例较高，与数据结构本身存在一定的关系，本数据调查群体为农村社区的低保户以及低保边缘户。

3. 为应对老龄化问题，应当加强养老、幼儿托护等方面服务的发展

选择享受过社区提供的养老服务、就业服务、物业服务、法律服务、幼儿托护服务、紧急救援服务、心理咨询服务以及家政服务的家庭比例均低于10%。养老服务长时间是由家庭提供，但是随着人口老龄化以及大量农村青壮年人口流出农村，对社区养老的需求增加，但是现阶段养老服务的建设仍然处于起步阶段。法律、心理咨询等较为专业化的服务，其建设需要经历相当长的时期。

表7-2　农村困难家庭所在社区社会服务提供情况（多重响应） 单位：户,%

服务项目	选择家庭户数	百分比
社区养老服务	276	8.92
幼儿托护服务	82	2.65
社区治安服务	1102	35.61
环境卫生服务	1875	60.58
办理社会保障服务	1045	33.76
劳动就业服务	247	7.98
医疗卫生保健服务	1465	47.33
文化娱乐服务	823	26.59
家政服务	54	1.74
法律服务	188	6.07
物业服务	126	4.07
紧急救援服务	133	4.30
计生服务	470	15.19
心理咨询服务	96	3.10
其他	643	20.78
N	3095	100

4. 农村社会工作发展处在起步阶段

关于农村社会工作发展方面（见表7-3），仅有7.11%的受访家庭选择其所在的社区存在社会工作服务，大部分被访者（70.89%）指出其所在社区并未提供社会工作服务，相当一部分被访家庭对于社区是否提供社会工作服务并不知晓。这表明，农村社会工作服务还处在起步阶段，半数以上的社区并未提供社区社会工作服务，并且社会工作服务在农村社区的宣传本身也存在问题，相当一部分受访者（22.00%）并不了解本社区社会工作发展的状况。

表7-3　农村困难家庭所在社区社会工作服务情况　　单位：户，%

社区是否有社工服务	选择家庭户数	百分比
有	220	7.11
没有	2194	70.89
不知道	681	22.00
总数	3095	100

5. 农村养老服务、环境卫生服务以及医疗服务被认为最需改善

农村社区养老服务、环境卫生服务以及医疗服务在“社区最需要改善的服务项目”（见表7-4）中排名居前，分别有15.19%、11.57%、10.15%的被访家庭选择上述三项。在老龄化加剧的背景下，农村养老设施等方面的建设并未能够得到普及，并且由于受劳动力流出等因素的影响的农村原来以家庭支持为主的养老模式难以为继（陈柏峰，2009）。应当加强养老方面的政策支持。表7-2显示，六成以上的家庭表示所在社区提供相应的环境卫生服务，将近五成的家庭表示享受过社区医疗服务，但是这两项社会服务也被10%以上的被访家庭认为最需要改善。这表明大量社区能够提供环境卫生服务与社区医疗保健服务，但是却不能真正满足农村社区居民对于这两项服务的需求。

表7-4　农村困难家庭所在社区最需要改善的服务项目　单位：户,%

社区需要改善的服务项目	选择家庭户数	百分比
社区养老服务	470	15.19
幼儿托护服务	79	2.55
社区治安服务	112	3.62
环境卫生服务	358	11.57
办理社会保障服务	149	4.81
劳动就业服务	153	4.94
医疗卫生保健服务	314	10.15
文化娱乐服务	169	5.46
家政服务	23	0.74
法律服务	46	1.49
物业服务	29	0.94
紧急救援服务	42	1.36
计生服务	7	0.23
心理咨询服务	26	0.84
其他①	1118	36.11
N	3095	100

（三）农村社会服务满意度分析

1. 社区服务项目满意度与社区服务享受比例呈正相关

表7-5为对“您所在的社区第一位的社会服务为何?”这一题目进行的描述性统计。排在前五位的分别是环境卫生服务、社区治安服务、医疗卫生保健服务、办理社会保障服务以及社区养老服务，五项分别占到36.16%、15.38%、9.66%、8.85%以及7.01%，合计占到将近80%。这与上文居民选择享受到的社区社会服务存在重复之处，调查中农村居民享受到的社会服务前三名分别是社区环境卫生服务（60.58%）、医疗保健服务（47.33%）以及社区治安服务（35.61%）。研究中社区办理社会保障

① 此处“其他”包括数据中的“其他”“不适用”“拒绝回答”“不知道”。

服务能够有相当高的满意度，一部分与本数据调查个案多为社区低保户以及低保边缘户有关，这部分家庭切实享受到了社区的社会保障服务。而更加值得注意的是，农村养老服务虽然覆盖比例较低（8.92%），但是却获得较高的满意度（7.01%）；环境卫生服务以及医疗服务在获得较高满意度的同时又被认为是农村社区最需改善的社会服务。这从另一个侧面表明，此三项社会服务为农村社区最为关注的社会服务。

表7－5　农村困难家庭所在社区最好的社会服务项目　　单位：户,%

社区最好的服务项目	选择家庭户数	百分比
社区养老服务	217	7.01
幼儿托护服务	30	0.97
社区治安服务	476	15.38
环境卫生服务	1119	36.16
办理社会保障服务	274	8.85
劳动就业服务	18	0.58
医疗卫生保健服务	299	9.66
文化娱乐服务	67	2.16
家政服务	9	0.29
法律服务	13	0.42
物业服务	7	0.23
紧急救援服务	9	0.29
计生服务	48	1.55
心理咨询服务	7	0.23
其他①	502	16.23
N	3095	100

2. 农村社区社会服务总体满意度较高

表7－6表明农村居民对其所在社区社会服务总体满意度较高，达到61.04%，不满意度仅为6.62%。细分来看，绿化、环境卫生、交通、治

① 合并原选项中的“其他”“不适用”“拒绝回答”“不知道”。

安均获得了六成左右的满意度，与总体持平，但是居民对社区生活服务设施的满意度较低，为49.95%。在看到社区各项服务获得较高的满意度的同时还应当指出的是，社区各项服务不满意的评价总体而言高于总体，绿化、环境卫生、交通以及生活服务设施各项的不满意度均高于10%，不满意度最低的治安一项为7.69%。农村社区绿化、环境卫生、交通等社会服务还有相当改进的空间。

表7-6　农村困难家庭所在社区社会服务满意度　　单位：户，%

社会服务满意度	总体满意程度	绿化状况	环境卫生状况	交通便利状况	治安状况	生活服务设施
很不满意	3.78	6.17	5.72	6.72	3.72	4.78
不太满意	2.84	6.75	6.24	7.79	3.97	5.69
一般	32.15	31.86	28.69	23.26	26.04	39.00
较满意	25.85	24.52	26.69	28.53	31.02	24.78
非常满意	35.19	30.50	32.60	33.57	34.96	25.17
不知道	0.19	0.19	0.06	0.13①	0.29	0.58
N	3095	100	100	100	100	100

二、城市社会服务建设精准度分析

（一）城市社会服务设施建设情况

城乡困难家庭调查数据显示（见表7-7），调查所涉及社区社会服务设施建设相对完善，调查所涉及医疗、卫生、保健、物业等服务设施在被调查家庭所在社区较为完备，仅有1.43%的受访家庭反映上述社会服务设施在其居住的社区均未提供，但是各项服务设施的建设情况也存在一定程度的差异。

1. 城市医疗卫生、治安、文化等设施建设相对完善

现阶段社区医疗卫生服务、计划生育服务、公共体育健身、社区治安以及社区文化设施在城市社区得到了较好的发展。将近七成的被访家

① 合并原选项中的"不知道"与"拒绝回答"。

庭指出其社区建有医疗卫生服务站（69.08%），六成以上的被访家庭指出其社区建有计划生育服务站（63.53%）、公共体育健身设施（62.80%）、社区治安站（62.46%）以及社区文化站（61.06%）。这表明六成以上的城市社区居民能够在社区接受基本的医疗、治安、健身以及文化服务资源。

2. 城市幼儿园、便民设施以及流动人口服务设施覆盖五成左右

分别有53.03%、52.21%以及47.26%的被访者选择社区存在幼儿园、托儿所、便民利民服务点、流动人口服务站设施。这表明，一半左右的城市社区建设有便民利民服务点、托儿所、幼儿园以及流动人口服务站，为城市社区居民提供便民利民服务、儿童教育服务以及为流动人口提供相应的社会服务。

3. 城市社区养老、保健设施建设覆盖较低

城市社会服务设施建设最为落后的两项是康复保健中心建设以及养老机构的建设，认为社区之中存在上述两项机构的被访家庭分别占24.90%、25.78%。虽然近年面临人口老龄化的状况，民政部等相关部门密集出台养老政策，但是养老设施普及还需要相当长一段时间的积累。

表7-7 城市困难家庭所在社区社会服务设施建设情况（多重响应）

单位：户,%

服务设施	选择家庭户数	百分比
托老所、养老院	1063	25.78
医疗卫生服务站	2849	69.08
康复保健中心	1027	24.90
社区治安站	2576	62.46
社区文化站	2518	61.06
公共体育健身设施	2590	62.80
便民利民服务点	2153	52.21
计划生育服务站	2620	63.53
流动人口服务站	1949	47.26
物业服务站	2343	56.81

续表

服务设施	选择家庭户数	百分比
幼儿园、托儿所	2187	53.03
以上都没有	59	1.43
N	4124	100

（二）城市社会服务成效分析

研究涉及对城市环境、治安、医疗、养老服务等多项城市社区社会服务项目的调查（见表7-8），各项社会服务项目建设差距较大。

1. 城市社区卫生、治安以及医疗保健服务发展较好

城市环境卫生、社区治安、医疗卫生保健服务与办理社会保障服务比例分别为68.62%、51.02%、40.91%、35.52%。将近七成的城市社区被访家庭所在社区能够享受到环境卫生服务，五成城市社区被访家庭能够享受到社区治安服务，四成城市社区被访家庭能够享受到医疗卫生服务。城市社区医疗卫生保健服务指标较低，部分与中国城市医疗资源集中在城市，相当多的城市居民不会选择在社区就医有关。同农村情况相同，"办理社会保障服务"一项的统计数字部分受城乡困难家庭调查个案主要为城市低保户与低保边缘户影响。

2. 城市社区提供一定程度的文化、物业服务，计生、劳动就业以及社区养老服务较差，法律、心理咨询服务覆盖不及一成

社区提供一定程度的文化娱乐服务以及物业服务，分别有27.52%、22.43%的被访家庭选择享受过社区文化娱乐服务、物业服务。城市社区之中计生服务（14.94%）、劳动就业服务（14.06%），被访家庭之中认为自己享受过上述服务的比例均不超过20%；社区养老服务受服务发展与服务对象的特定性影响，覆盖率仅为9.82%。与上述相比，法律服务、紧急救援服务、家政服务、心理咨询服务，同样由于服务较为专业且服务建设需要一定的时间积累，四者的服务享受比例均低于一成。城市幼儿托护与教育工作并不主要以社区为单位建设，其数据值较低（2.76%）与此有一定关联。

表7-8　城市困难家庭所在社区社会服务提供情况（多重响应）

单位：户，%

服务项目	选择家庭户数	百分比
社区养老服务	405	9.82
幼儿托护服务	114	2.76
社区治安服务	2104	51.02
环境卫生服务	2830	68.62
办理社会保障服务	1465	35.52
劳动就业服务	580	14.06
医疗卫生保健服务	1687	40.91
文化娱乐服务	1135	27.52
家政服务	299	7.25
法律服务	352	8.54
物业服务	925	22.43
紧急救援服务	279	6.77
计生服务	616	14.94
心理咨询服务	248	6.01
其他	722	17.51
N	4124	100

3. 六成以上城市社区不存在社会工作服务

城市社区社会工作发展方面（见表7-9），67.58%的被访家庭表示其所在的社区没有社会工作服务，仅不到三成的被访家庭指出其所在的社区存在社会工作服务。虽然较农村社区高出20%，但是城市社区社会工作建设并不完备。

表7-9　城市困难家庭所在社区社会工作服务情况　　单位：户，%

社区是否有社工服务	选择家庭户数	百分比
有	1144	27.74
没有	2787	67.58

续表

社区是否有社工服务	选择家庭户数	百分比
不知道①	193	4.68
总数	4124	100

4. 城市社会养老服务与环境卫生服务亟须改善

问卷中涉及“在现居的社区，最需改善的服务是?”这一问题。数据显示（见表7－10），社区养老服务（16.63%）、环境卫生（13.19%）两项为城市居民认为最为迫切需要改善的服务，医疗卫生保健服务（7.47%）紧随其后。对比城市社会服务提供数据，能够发现，城市社区虽基本的环境卫生、医疗服务覆盖较高，但是服务质量还需进一步提升。城市社区同样面临人口老龄化带来的压力，居民对于养老方面的服务需求迫切。

表7－10 城市困难家庭所在社区需要改善的服务项目 单位：户，%

社区需要改善的服务项目	选择家庭户数	百分比
社区养老服务	686	16.63
幼儿托护服务	95	2.30
社区治安服务	251	6.09
环境卫生服务	544	13.19
办理社会保障服务	213	5.16
劳动就业服务	235	5.70
医疗卫生保健服务	308	7.47
文化娱乐服务	189	4.58
家政服务	74	1.79
法律服务	89	2.16
物业服务	192	4.66
紧急救援服务	61	1.48
计生服务	19	0.46
心理咨询服务	102	2.47

① 此处“不知道”选项囊括“不知道”“拒绝回答”。

续表

社区需要改善的服务项目	选择家庭户数	百分比
其他①	1066	25.86
N	4124	100

（三）城市社会服务满意度分析

1. 社会服务满意度与社会服务覆盖比例存在较大重合

表7-11为对“您所在的社区第一位的社会服务为何?”这一题目进行的描述性统计。排在前四位的分别是环境卫生服务、社区治安服务、社区养老服务以及办理社会保障服务，四者分别占到31.52%、22.55%、9.92%以及8.07%，合计占到七成以上。这与上文居民选择享受到的社区社会服务存在重叠之处，调查中城市居民享受到的社会服务前四名分别是社区环境卫生服务（68.62%）、社区治安服务（51.02%）、医疗卫生保健服务（40.91%）以及办理社会保障服务（35.52%）。研究中社区办理社会保障服务能够有相当高的满意度，正如上文指出的一部分与本数据调查个案多为社区低保户以及低保边缘户有关，这部分家庭切实享受到了社区的社会保障服务。社区养老服务虽然享受的比例较低（9.82%），但是却得到了较高的评价。说明了城市居民对养老服务有极强需求。医疗保健服务，提供率为40.91%，但是满意度仅为5.84%，这表明城市医疗保健服务虽然有一定程度的覆盖，但是并不能够真正满足居民的医疗保健需求，城市医疗保健服务质量亟待提高。

表7-11　城市困难家庭所在社区最好的社会服务项目　单位：户，%

社区最好的服务项目	选择家庭户数（户）	百分比（%）
社区养老服务	409	9.92
幼儿托护服务	34	0.82
社区治安服务	930	22.55
社区环境卫生服务	1300	31.52
办理社会保障服务	333	8.07

① 此处“其他”包括数据中的“其他”“不适用”“拒绝回答”“不知道”。

续表

社区最好的服务项目	选择家庭户数（户）	百分比（%）
劳动就业服务	41	0.99
医疗卫生保健服务	241	5.84
文化娱乐服务	100	2.42
家政服务	30	0.73
法律服务	12	0.29
物业服务	83	2.01
紧急救援服务	16	0.39
计生服务	62	1.50
心理咨询服务	10	0.24
其他①	523	12.69
N	4124	100

2. 城市居民社会服务总体满意度较高，达六成以上

表7－12表明城市居民对其所在社区社会服务总体满意度较高，达到67.14%，其中“非常满意”达到40.30%，不满意度则为4.27%。细分来看，交通、治安均获得了高于60%以上的满意度，稍稍低于总体满意度，但是居民对社区绿化状况、社区环境卫生状况、生活服务设施的满意度较低，分别为50.97%、56.01%、51.96%。在看到社区各项服务获得较高的满意度的同时还应当指出的是，对社区各项服务不满意的评价总体而言低于总体满意度，绿化、环境、交通三项的不满意度均高于10%，其中绿化不满意度达到17.02%。治安与生活服务设施不满意度也接近10%。城市社区绿化、环境卫生、交通等社会服务还有相当大改进的空间。

表7－12　城市困难家庭所在社区社会服务满意度　　单位：%

社会服务满意度	总体满意程度	绿化状况	环境卫生状况	交通便利状况	治安状况	生活服务设施
很不满意	2.50	7.83	6.23	4.95	4.36	3.54
不太满意	1.77	9.19	7.15	6.47	5.63	6.18

① 此处“其他”包括数据中的“其他”“不适用”“拒绝回答”“不知道”。

续表

社会服务满意度	总体满意程度	绿化状况	环境卫生状况	交通便利状况	治安状况	生活服务设施
一般	28.25	31.60	30.46	25.56	27.57	37.51
较满意	26.84	25.75	27.28	30.77	31.64	28.44
非常满意	40.30	25.22	28.73	32.01	30.55	23.52
不知道①	0.34	0.15	0.42	0.15	0.24	0.80
N	4124	100	100	100	100	100

第三节　城乡、区域比较分析

一、社会服务建设城乡精准度比较分析

（一）城乡社会服务设施建设比较分析

以下将对城乡社会服务设施建设进行比较分析。表 7 - 13 显示，城市社会服务设施建设整体好于农村。

医疗卫生服务站建设农村与城市持平，农村与城市均有七成左右的被访家庭指出其所在的社区建设有医疗服务站。62.46%的城市家庭指出其社区存在社区治安站，这一数据农村仅有40%。在社区文化站、公共体育健身设施、计划生育服务站建设方面，城市较农村更为完备，城市六成以上的被访家庭指出其社区建设有上述三项设施，而农村则在五成左右。城市物业服务站、幼儿园建设也较农村更为完备，56.81%的被访者指出其所在社区存在物业服务站，而农村这一数字仅为34.70%；农村幼儿园覆盖率为38.48%，城市则为53.03%。城市便民利民服务点建设（52.21%）较农村便民利民服务点（39.81%）建设超过10多个百分点。城市作为流动人口的流入地，接近半数（47.26%）的社区建设有流动人口服务站，较农村（25.78%）高出两成多。城市养老（25.78%）、康复保健（24.90%）设施

① 选项中的“不知道”与“拒绝回答”合并为“不知道”。

建设较差，但是其建设依然领先于农村养老（15.86%）、康复保健（11.15%）设施建设10多个百分点。

表7－13　城乡困难家庭所在社区服务设施建设情况对比（多重响应）

单位：户，%

服务设施	农村家庭户数	百分比	城市家庭户数	百分比
托老所、养老院	491	15.86	1063	25.78
医疗卫生服务站	2171	70.15	2849	69.08
康复保健中心	345	11.15	1027	24.90
社区治安站	1238	40.00	2576	62.46
社区文化站	1426	46.07	2518	61.06
公共体育健身设施	1588	51.31	2590	62.80
便民利民服务点	1232	39.81	2153	52.21
计划生育服务站	1597	51.60	2620	63.53
流动人口服务站	798	25.78	1949	47.26
物业服务站	1074	34.70	2343	56.81
幼儿园、托儿所	1191	38.48	2187	53.03
以上都没有	29	0.94	59	1.43
N	3095	100	4124	100

（二）城乡社会服务成效比较分析

1. 城市社会服务提供整体优于农村

对城乡社会服务进行对比（见表7－14），总体而言，城市社会服务优于农村社会服务。从城乡内部看，各项社会服务之间也存在差距。

城市社区治安服务提供状况好于农村较多，超过半数的城市被访家庭表示接受过社区治安服务，农村这一数字则为35.61%。社会工作服务方面（见表7－15），城市社会工作建设取得一定的成效，社区覆盖率达到27.74%。而农村社会工作刚刚起步，仅仅只有7.11%的村民表示自己所在社区提供社会工作服务。城市物业服务虽然绝对值较低，仅为22.43%，却高出农村物业服务（4.07%）较多。家政服务不仅受供给因素的影响，并且受家庭经济水平的限制，城市家政覆盖率为7.25%，而农村则更低，仅为1.74%。城市环境卫生（68.62%）情况稍高出农村（60.58%）8个百分点。而在社区养老服务、幼儿托护服务、社会保障服务、文化娱乐服务、法律服务、紧急救援服务以及心理咨询服务方面，城市提供状况均优于农村，但是基本处于同一水平。其中养老、幼儿托护、法律、紧急救援以及心理咨询方面服务提供城乡均低于10%。这些社会服务在城乡获得率较低一方面与特定服务为专业化服务（例如法律服务与心理咨询服务）受众较小有关，另一方面也与相当一部分服务建设还处于起步阶段有关，例如，城乡均认为需要改善的社区养老服务。

值得注意的是，在所有社会服务之中，仅仅有医疗卫生保健服务以及计生服务农村社区提供状况优于城市状况，这与城市医疗资源相对集中，居民较少使用社区医院，而是在上级医疗服务机构寻求医疗服务有关。

上述数据表明，社会服务建设城乡之间存在差距虽不明显，但是农村社会服务建设大部分指标均落后于城市，应当有针对性地增加农村社区建设投入，加强农村社会服务建设。

表7-14　城乡困难家庭所在社区社会服务提供情况对比（多重响应）

单位：户,%

服务项目	农村家庭户数	百分比	城市家庭户数	百分比
社区养老服务	276	8.92	405	9.82
幼儿托护服务	82	2.65	114	2.76
社区治安服务	1102	35.61	2104	51.02
环境卫生服务	1875	60.58	2830	68.62
办理社会保障服务	1045	33.76	1465	35.52
劳动就业服务	247	7.98	580	14.06
医疗卫生保健服务	1465	47.33	1687	40.91
文化娱乐服务	823	26.59	1135	27.52
家政服务	54	1.74	299	7.25
法律服务	188	6.07	352	8.54
物业服务	126	4.07	925	22.43
紧急救援服务	133	4.30	279	6.77

续表

服务项目	农村家庭户数	百分比	城市家庭户数	百分比
计生服务	470	15.19	616	14.94
心理咨询服务	96	3.10	248	6.01
其他	643	20.78	722	17.51
N	3095	100	4124	100

表7－15　城乡困难家庭所在社区社会工作服务情况对比　单位：户,%

社区是否有社工服务	选择家庭户数	百分比	选择家庭户数	百分比
有	220	7.11	1144	27.74
没有	2194	70.89	2787	67.58
不知道	681	22.00	193	4.68
总数	3095	100	4124	100

2. 城乡养老、卫生、医疗社区服务改善民众诉求较高

城乡困难家庭数据中被调查家庭认为何种社区服务最需要改善进行对比（见表7－16），发现社区养老服务、环境卫生服务以及医疗卫生保健服务在城乡数据中均居于前三位。其中社区养老服务问题以及社区医疗卫生保健服务问题，涉及我国社会的结构性问题，即老龄化与民众健康问题。从城乡数据对比之中能够发现，现阶段养老与医疗提供问题在城乡面临同样的需求与挑战。

表7－16　城乡困难家庭所在社区需要改善的服务项目对比　单位：户,%

社区需要改善的服务项目	农村家庭户数	百分比	城市家庭户数	百分比
社区养老服务	470	15.19	686	16.63
幼儿托护服务	79	2.55	95	2.30
社区治安服务	112	3.62	251	6.09
环境卫生服务	358	11.57	544	13.19

续表

社区需要改善的服务项目	农村家庭户数	百分比	城市家庭户数	百分比
办理社会保障服务	149	4.81	213	5.16
劳动就业服务	153	4.94	235	5.70
医疗卫生保健服务	314	10.15	308	7.47
文化娱乐服务	169	5.46	189	4.58
家政服务	23	0.74	74	1.79
法律服务	46	1.49	89	2.16
物业服务	29	0.94	192	4.66
紧急救援	42	1.36	61	1.48
计生服务	7	0.23	19	0.46
心理咨询服务	26	0.84	102	2.47
其他①	1118	36.11	1066	25.86
N	3095	100	4124	100

（三）城乡社会服务满意度比较分析

总体来看，城乡社会服务满意度与城乡社会服务供应存在正相关，环境卫生、社区治安服务城乡虽有不同，但是均处于满意度排名的前两位；医疗卫生服务虽城乡均有较高的服务覆盖，但是满意率较低；养老服务建设虽然还处于起步阶段，但是获得了与其服务覆盖不相称的高满意率。

表7－17显示环境卫生服务、社区治安服务在社会服务中满意度最高，其中农村环境卫生服务满意度达到36.16%，城市31.52%。社区治安满意度，农村为15.38%，城市为22.55%。农村环境卫生服务满意度高于城市，城市社区治安满意度高于农村。办理社会保障服务满意度相对较高，农村、城市分别达8.85%、8.07%，这在很大程度上是由于数据中的个案是低保户以及低保边缘户，享受到了办理社会保障服务。

医疗卫生保健服务虽然提供了较高的服务比例，但是仅仅能够满足基本的社区卫生服务，因此获得的满意度较低（农村9.66%，城市

① 此处“其他”包括数据中的“其他”“不适用”“拒绝回答”“不知道”。

5.84%）。与社区医疗卫生保健服务不同，社区养老服务虽然提供比例较低，但是由于长期以来主要由家庭负担养老服务，社区提供养老服务超出城乡居民的预期，相应的社区养老服务获得了与其提供不相符的满意度评价，农村获得了7.01%，城市获得了9.92%。其余社会服务满意度相对都较低，全部低于5%。城乡家庭社会服务总体满意度，农村为61.04%，城市为67.14%，城市较农村稍高，与城市社会服务提供较农村更为完备的事实相符。

表7－17　城乡困难家庭所在社区最好的社会服务项目对比 单位：户，%

社区最好的服务项目	农村选择家庭户数	百分比	城市选择家庭户数	百分比
社区养老服务	217	7.01	409	9.92
幼儿托护服务	30	0.97	34	0.82
社区治安服务	476	15.38	930	22.55
环境卫生服务	1119	36.16	1300	31.52
办理社会保障服务	274	8.85	333	8.07
劳动就业服务	18	0.58	41	0.99
医疗卫生保健服务	299	9.66	241	5.84
文化娱乐服务	67	2.16	100	2.42
家政服务	9	0.29	30	0.73
法律服务	13	0.42	12	0.29
物业服务	7	0.23	83	2.01
紧急救援服务	9	0.29	16	0.39
计生服务服务	48	1.55	62	1.50
心理咨询服务	7	0.23	10	0.24
其他①	502	16.23	523	12.69
服务总体满意度②		61.04		67.14
N	3095	100	4124	100

① 合并原选项中的“其他”“不适用”“拒绝回答”“不知道”。

② 此处合并表7－6、表7－12之中的“较满意”“非常满意”选项。

二、社会服务建设精准度区域比较分析

(一) 区域社会服务设施建设比较分析

本项目2017年在全国29个省区市进行了抽样调查。本研究首先将农村、城市数据库进行数据合并，其次根据国家统计局标准建构东、中、西区域变量进行交互分析。其中东部地区包括北京、天津、河北、辽宁、上海、江苏、浙江、福建、山东、广东、海南11个省市；中部地区包括山西、吉林、黑龙江、安徽、江西、河南、湖北、湖南8个省份；西部地区包括内蒙古、广西、重庆、四川、贵州、云南、陕西、甘肃、青海以及宁夏10个省区市。

表7－18显示，总体而言，社会服务设施建设东部、中部、西部发展较为均衡，个别服务设施差距较大。具体而言，社区医疗卫生服务站是在东中西三个区域覆盖率最高的社区设施，分别达70.13%、70.17%、66.91%，三个区域差异较小。公共体育健身设施建设，东部（62.95%）优于中部（53.62%），中部优于西部（50.22%），东、西部差距较大。计划生育服务站、社区文化站两者覆盖率均达五成以上，且三个区域差异较小。社区治安站建设，三个区域分别达53.45%、54.05%、49.26%，东部、中部建设好于西部。社区便民利民服务点、物业服务站、幼儿园三项社会服务设施，三个区域持平，均在四成以上。流动人口服务站建设，三个区域持平，在三成以上。社区养老院、康复保健中心建设在三个区域均处于欠发达的状况，设施覆盖近两成社区。

表7－18 东中西部社区服务设施建设 单位:%

服务设施	东部（%）	中部（%）	西部（%）
托老所、养老院	20.07	22.44	24.19
医疗卫生服务站	70.13	70.17	66.91
康复保健中心	19.70	18.63	17.65
社区治安站	53.45	54.05	49.26
社区文化站	55.64	52.90	54.49
公共体育健身设施	62.95	53.62	50.22

续表

服务设施	东部（%）	中部（%）	西部（%）
便民利民服务点	45.63	48.70	47.65
计划生育服务站	58.81	58.06	57.87
流动人口服务站	38.05	37.26	39.26
物业服务站	49.99	44.02	45.00
幼儿园、托儿所	48.30	44.16	46.62
以上都没有	5.99	6.71	6.62
N	3787	2072	1360

（二）区域社会服务成效比较分析

表7-19提供了区域社会服务项目之间的数据对比，区域社会服务成效比较表明，东部、中部、西部社会服务覆盖总体均衡的同时，在个别服务上存在差异。

环境卫生服务为各个区域居民享受最多的社会服务，虽然三个区域的环境卫生提供情况有沿着东部（66.65%）、中部（64.53%）、西部（62.06%）递减的趋势，但是三个区域服务并没有实质意义上的差距。文化娱乐服务也存在环境卫生服务相同趋势，但是其在三个区域的总体覆盖率较低，不及三成。社区治安服务与医疗卫生保健服务在三个区域均有四成以上的服务覆盖，医疗卫生保健服务提供三个区域持平，而中部的社区治安服务领先东部、西部将近10个百分点。西部办理社会保障服务在三个区域之中最高，达38.16%。物业服务方面也存在从东部向中西部服务递减的情况，东部有将近20%的物业服务覆盖，而西部不及10%。社会工作服务，三个区域之覆盖均近两成。劳动就业服务与计生服务，三个区域持平，并且覆盖率较低。社区养老服务三个区域覆盖均较低，在一成左右，但是却呈现从西向东递减的趋势。法律服务、家政服务、紧急救援服务、心理咨询服务以及幼儿托护服务，三个区域覆盖均不及10%。

表 7－19　东中西部社会服务项目对比　单位：%

服务项目	东部	中部	西部
社区养老服务	8.00	10.04	12.50
幼儿托护服务	2.61	3.28	2.13
社区治安服务	42.73	49.37	41.54
环境卫生服务	66.65	64.53	62.06
办理社会保障服务	34.78	32.53	38.16
劳动就业服务	11.65	11.68	10.59
医疗卫生保健服务	43.97	43.53	43.01
文化娱乐服务	28.70	26.25	24.04
家政服务	5.81	3.96	3.75
法律服务	7.31	7.67	7.65
物业服务	17.69	12.31	9.26
紧急救援服务	5.47	5.98	5.96
计生服务	15.26	15.83	13.24
心理咨询服务	4.44	4.78	5.66
社会工作服务	19.14	19.40	17.43
其他	18.01	19.50	20.51
N	3787	2072	1360

从区域来看（见表 7－20），社区养老服务、环境卫生服务以及医疗卫生保健服务在“最需要改善的社会服务”之中排名前三。社区养老服务需求最为强烈，尤其是在东部地区（17.22%），考虑到三个区域社区养老服务覆盖率较低，应当加大对于社区养老方面的投入。虽然三个区域均有较高的环境卫生、医疗卫生保健服务覆盖率，但是并没有达到居民对于环境卫生以及医疗保健的需求，此两项服务的水平应有所提升。

表 7－20　东中西部社区最需要改善的社会服务对比　单位：%

服务项目	东部	中部	西部
社区养老服务	17.22	14.58	14.85
幼儿托护服务	2.59	1.74	2.94

续表

服务项目	东部	中部	西部
社区治安服务	5.10	4.83	5.15
环境卫生服务	12.97	13.37	9.85
办理社会保障服务	4.78	5.31	5.22
劳动就业服务	4.62	6.18	6.25
医疗卫生保健服务	8.77	7.96	9.19
文化娱乐服务	3.75	5.50	7.50
家政服务	1.29	1.16	1.76
法律服务	1.74	2.08	1.91
物业服务	3.46	2.75	2.43
紧急救援服务	1.56	1.21	1.40
计生服务	0.45	0.19	0.37
心理咨询服务	1.80	2.08	1.25
其他	20.33	20.37	20.44
N	3787	2072	1360

（三）区域社会服务满意度比较分析

表7－21显示，区域社会服务总体满意度较高，达六成以上，并且呈现从东部向中西部满意度递减的趋势，但是涉及具体的社会服务项目则存在不同的模式。

环境卫生服务虽然被较多的受访者认为最需要改善，但是同时在东部、中部、西部均被三成以上的受访者认为环境卫生服务是社区最好的社会服务。社区治安的总体状况也被认为满意，呈现中部（22.59%）优于东部（18.72%）、西部（16.84%）的趋势。社区养老服务、医疗卫生保健服务，三个区域指标均较低，但是呈现西部优于中部、东部的态势。其他相应的社会服务满意度较低，这与相关社会服务建设水平以及服务受众较小有关。

表7－21　东中西部社区最好的社会服务对比　单位:%

服务项目	东部	中部	西部
社区养老服务	8.48	8.01	10.22
幼儿托护服务	0.95	0.63	1.10
社区治安服务	18.72	22.59	16.84
环境卫生服务	35.49	32.09	30.15
办理社会保障服务	9.08	5.55	10.88
劳动就业服务	0.77	0.97	0.74
医疗卫生保健服务	6.36	8.35	9.26
文化娱乐服务	2.53	2.27	1.76
家政服务	0.63	0.34	0.59
法律服务	0.26	0.48	0.37
物业服务	1.56	1.25	0.37
紧急救援服务	0.29	0.39	0.44
计生服务	1.29	1.88	1.62
心理咨询服务	0.24	0.34	0.07
其他	8.85	9.41	8.75
服务总体满意度	65.96	63.71	61.77
N	3787	2072	1360

三、社会服务满意度相关分析

传统公共管理学发展至今，在探讨政府机制的同时忽视了对公民体验的关注，而行为公共管理学的出现为弥补这方面研究的不足带来了希望。行为公共管理学主要聚焦于政府行为过程与公民体验过程之间的相互影响与作用。根据“政府行为－公民体验”双轮模型，其研究内容可以分为两个方面：一方面是在公共服务动机与公共决策心理影响下，政府对公民的行为输出；另一方面是公民接受到政府行为后的认知与情绪的体验（张书维、李纾，2008；贾奇凡、尹泽轩、周洁，2018）。因此，通过对于公民接受公共服务满意度的调查能够帮助我们理解政策受众对于公共服务的主观评价，进而在服务政策上作出进一步调整，提升政策受众对于政策的满意度以及获得感。本研究将数据中受访者性别、年龄、婚姻状况，政治身份、健康状况、受教育水平、家庭收入、低保身份、接受社会救助项目数量以及接受社会服务项目数量等变量引入回归分析，考察上述变量对社会服务满意程度的影响。

表7－22　社会服务满意度相关因素 ologit 回归分析

	(1)	(2)	(3)
变量	模型1	模型2	模型3
受访者特征			
性别（参照：女性）	0.002	-0.012	0.009
	(0.060)	(0.060)	(0.061)
年龄（参照：15—30岁）			
31—40岁	-0.217	-0.206	-0.226
	(0.215)	(0.215)	(0.215)
41—50岁	0.079	0.059	0.021
	(0.199)	(0.199)	(0.199)
51—60岁	0.210	0.226	0.203
	(0.201)	(0.201)	(0.201)
60岁及以上	0.436*	0.471*	0.423*
	(0.202)	(0.202)	(0.202)
已婚（参照：其他）	-0.002	0.021	0.002
	(0.064)	(0.064)	(0.065)
党员（参照：其他）	0.051	0.075	0.014
	(0.108)	(0.109)	(0.110)
汉族（参照：其他）	-0.210	-0.204	-0.218
	(0.158)	(0.159)	(0.160)
健康情况（参照：很差）			
较差	-0.178*	-0.146+	-0.183*
	(0.087)	(0.088)	(0.089)

续表

	(1)	(2)	(3)
变量	模型 1	模型 2	模型 3
一般	-0.228**	-0.164*	-0.195*
	(0.082)	(0.083)	(0.084)
较好	-0.159	-0.070	-0.174
	(0.124)	(0.125)	(0.126)
很好	0.434***	0.551***	0.440***
	(0.130)	(0.131)	(0.133)
教育（参照：未接受任何教育）			
小学	-0.070	-0.074	-0.105
	(0.100)	(0.101)	(0.102)
初中	-0.189 +	-0.215*	-0.292**
	(0.101)	(0.101)	(0.102)
高中或中专	-0.202 +	-0.232*	-0.320**
	(0.113)	(0.114)	(0.115)
大专	-0.015	-0.012	-0.131
	(0.193)	(0.193)	(0.195)
本科	-0.491*	-0.552*	-0.713**
	(0.248)	(0.248)	(0.250)
硕士及以上	-0.279	-0.374	-0.627
	(0.881)	(0.894)	(0.961)
收入分组（参照：5000 元以下）			
5001—10000 元	0.310*	0.298*	0.251 +
	(0.148)	(0.149)	(0.150)
10001—20000 元	0.327*	0.292*	0.287*
	(0.132)	(0.133)	(0.133)
20001—40000 元	0.105	0.045	-0.002
	(0.125)	(0.126)	(0.126)
40001 元及以上	0.088	0.007	-0.111

续表

	(1)	(2)	(3)
变量	模型 1	模型 2	模型 3
	(0.125)	(0.126)	(0.127)
家庭低保户（参照：低保边缘户）	0.301***	0.209***	0.226***
	(0.059)	(0.060)	(0.061)
接受社会救助项目数量		0.189***	0.152***
		(0.025)	(0.025)
接受社会服务项目数量			0.142***
			(0.010)
Observations	4109	4109	4109
ll	-5025.3	-4995.9	-4890.5
LR chi^2	146.09	204.81	415.65
Prob > chi^2	0.000	0.000	0.000
Pseudo R^2	0.0143	0.0201	0.0408

Standard errors in parentheses; + $p < 0.1$, * $p < 0.05$, ** $p < 0.01$, *** $p < 0.001$

上述回归表格显示，模型总体显著。从各个变量来看，在控制其他变量不变的情况下，从受访者特征来看，性别并未对社会服务满意度产生影响。与15—30岁的对照组进行比较发现，控制其他变量情况下，60岁以上的年龄组被访者更容易对社会服务作出满意的评价，其他年龄组并未对社会服务满意度产生显著影响。婚姻状况、政治身份以及民族身份并未对社会服务满意度产生显著影响。受访者的健康状况对社会服务满意度的评价较为复杂，在控制其他变量影响情况下与参照组健康状况“较差”的情况进行对比中，健康状况“较差”“一般”两组更容易对社会评价作出负面的评价，而健康状况“很好”则更容易对社会服务作出正面的评价。针对受访者的教育状况的分析显示，控制其他变量的情况下，同参照组“未接受任何教育”相比较，初中教育、高中或中专教育以及本科教育均更容易对社会服务进行负面的评价。对数据之中家庭收入的分析显示，控制其他变量影响下，同5000元以下的对照组相比较，收入5001—10000元、10001—20000元的两组更容易对社会服务给出满意的评价；20001—40000

元以及 40000 元以上收入两组，未有显著影响。

进一步来看，调查期间家庭为低保家庭的受访者相较于低保边缘户更容易给社会服务好的评价，而享受过更多社会救助项目的家庭也越容易给社会服务给出较好的评价。值得注意的是，模型 3 中加入“接受社会服务项目数量”这一变量，这一变量对“社会服务满意度”有符合理论假设的显著影响，并且提升了模型整体的解释能力。这表明社会服务的供给与瞄准是影响社会服务满意度的重要维度。需要指出的是，由于数据结构所限，研究难以对影响社会服务满意度的因素与机制进行进一步分析。

第四节　结论与若干思考

总体而言，现阶段城乡困难家庭社会服务总体满意度较高且在包括社区卫生、社区治安以及社区基本医疗卫生服务等基础服务项目建设上取得了较大的成就。但是现有社会服务体系未能适应社会变化中产生的新需求，例如社区养老服务。社会服务的服务主体——社会工作发展仍处于起步阶段。城乡之间对比来看，城乡服务结构相似，但是城市社会服务整体优于农村，差距明显。区域对比来看，从服务设施建设以及服务覆盖角度看社会服务建设东部、中部、西部发展相对均衡。具体而言，有以下三个问题值得进一步讨论。

一、养老、医疗等社会服务较为精准，但是服务质量亟待进一步提高

现阶段，随着我国人口老龄化的加剧，家庭和社会面临着越来越大的养老、医疗方面的压力。以往通过家庭以及单位实现老年人照顾的模式，在现阶段单位制解体以及大量农民进城务工的背景下，单位、家庭的养老功能逐渐丧失。现阶段社区能够提供一定程度的社区养老服务，正如上文分析之中指出的，城乡有不到 10% 的家庭能够享受到社区养老服务。通过

数据运算发现城乡养老服务精准率较低①，城市精准率为9.74%，农村为10.67%。现阶段在城乡养老精准率较低的同时，城乡居民强烈要求提高社区养老服务水平。城乡数据中有涉及“居民认为社区最需要改善的社会服务”的问题，社区养老服务以15%左右的比例居于第一位。

社区医疗服务同样难以真正满足居民的需求。虽然在城乡之中社区医疗服务站城乡建设均达七成，较为普及并且社区医疗服务覆盖达四成以上，但是城乡医疗精准率②还待提高，城市医疗精准率为42.57%，农村医疗精准率为49.22%。相当比例的城乡居民认为社区医疗最需要改善，社区医疗项目为城乡居民认为最需要改善的社区服务的第三位。城乡医疗服务的满意度与其设施建设、医疗覆盖更不成比例，其中城市医疗服务满意度仅为5.84%。由此来看，社区层面仅仅能够提供最为基本的医疗服务，并不能够真正满足居民医疗服务需求。

针对养老等社会服务供需不平衡的问题，应提早布局养老服务，采取“政府购买社会服务”等模式，通过市场的方式拓宽社会服务供给主体，将市场化的社会服务引入社区，为城乡居民提供兜底的社会养老服务（王琼，2016）。自20世纪70年代以来，伴随着新公共管理运动、福利多元主义思潮以及第三部门的兴起，政府购买服务成为其创新公共服务的主流方式。通过政府购买服务的方式能够在一定程度上克服政府难以解决公共服务高度复杂性、专业性的问题（吴玉霞，2014）。现阶段，我国在实施社会服务体系建设规划的同时注重服务主体多元化，并且近几年针对政府购买服务、医养结合的模式密集出台了一系列文件，为社会服务发展提供了一系列制度、程序方面的支持，并且开展了一系列试点工作。但是值得注意的是，在通过政府购买服务满足专业性服务需求、提高社会服务绩效性

---

① 养老精准率计算方式为使用数据之中A06中第10个选项，看家庭中是否有“赡养老人负担重”问题，剔除数据中无赡养老人负担的个案（城市保留个案1016，农村750），并结合D03之中“家庭是否享受社区养老服务”选项，如果家庭之中既存在赡养老人负担重并且享受到社区养老服务，则为精准。

② 医疗精准率计算方式为使用数据A06中，看家庭中是否有“家庭成员疾病负担重”问题，剔除数据中无疾病负担重个案（城市保留个案2375，农村1932），结合D03之中“家庭是否享受医疗卫生保健服务”选项，如果家庭之中既存在家庭成员疾病负担重并且享受到社区医疗卫生保健服务，则为精准。

的同时，必须通过制度方面的设计保证服务质量。

伴随着人口老龄化的到来，城乡居民对于医疗服务的需求也有显著增加。但是现阶段，社区医疗仅能够提供最为基本的医疗服务，难以满足社区居民更高的服务需求。基层社区医疗服务发展现状与我国医疗体制息息相关，社区医疗服务现阶段处于医疗服务的最末端，在医疗资源整体紧缺的大环境下，基层医疗在人员与设备上投入较小，服务质量也在相当程度上受限于此。在新的医疗改革背景之下，为提高城乡居民的社区医疗保障质量，满足城乡居民医疗保障诉求，应当加大对于城乡社区医疗人员与设备方面的投入，提高社区医疗服务水平。

二、在满足基本社会服务的同时，应当提高社会服务质量

在看到社区卫生服务、社区治安服务以及社区基本医疗卫生服务等基础服务项目建设上取得了较大成就的同时，还应指出的是幼儿托护服务、劳动就业服务、文化娱乐服务、法律服务、计生服务、心理咨询服务以及社会工作服务发展均处于起步阶段。上文分析中发现，上述大部分服务享受比例较低，这部分与相关服务为专业化服务有关，相当一部分家庭日常生活并不需要某些专业服务。对其瞄准率进行计算发现，现阶段上述服务精准程度不尽相同，城市劳动就业精准率为 14.71%，农村为 8.18%①；而城乡幼儿托护精准率，城乡均在较低的水平，城市为 6.09%，农村为 6.12%②。文化娱乐服务与社会工作服务两项服务不是以家庭为单位而是以社区为单位进行的调查，其服务覆盖城乡均不及三成。难以真正满足城乡居民的精神文化需求，也难以为城乡居民提供专业社会工作服务。

在现代化进程中，城乡居民对于以法律为代表的专业化需求越来越多，法律越来越成为社会生活中的行为准则。但是法律等专业事务涉及较为专业的领域，普通居民在日常生活中针对较为专业的问题难以通过社区或者自身资源解决。因此以法律服务为代表的相关专业社会服务，需要将

---

① 劳动就业精准率计算方式与上述相同，计算使用题目为问卷 A06 中的“家庭主要劳动力没有工作”以及 D03 中的“劳动就业服务”选项。城市保留个案 1985，农村 1431。

② 幼儿托护精准率计算方式与上述相同，计算使用题目为问卷 C12_ 1a 所问的“家庭中学前教育人数”以及 D03 中的“幼儿托护”选项。城市保留个案 312，农村 294。

相关从业者引入社区服务之中，为居民提供相关社会服务，以更好地满足居民的专业社会服务需求。

针对文化服务，在提升社区文化体育设施建设的同时，更为重要的是社区工作人员在社区内部进行文化培育与组织。根据社区居民需求，培育出符合居民需求的社区服务。社会工作是社会服务的重要组成部分，是养老、心理咨询等专业社会服务的重要主体。社会工作建设的核心问题在于社工服务队伍的建设。截至2017年，全国目前社会工作专业人才队伍总量达到76万人，其中持证社工28万多人；相关事业单位、群团组织、社区和社会组织社会工作专业岗位超过27万个。但是，现阶段社会工作建设仍然处于起步阶段。针对社会工作专业人才队伍建设的问题，近几年民政部联合中央有关部门和群团组织先后印发了《关于加强社会工作专业人才队伍建设的意见》《社会工作专业人才队伍建设中长期规划（2011—2020年）》《关于加强社会工作专业岗位开发与人才激励保障的意见》等综合性制度文件，围绕社区、灾害、青少年、社会救助、工会、禁毒等领域出台专项政策，完善了社会工作专业人才队伍建设的顶层设计。2018年3月人社部、民政部印发关于《高级社会工作师评定办法》的通知，进一步明确了社会工作从业者的职业发展路径。但是现阶段，社会工作岗位并不明确，薪酬待遇、职业地位等较多问题也并没有得到有效的解决。为进一步发展社会工作，并通过社会工作提供专业的社会服务，应当尽快明确社工岗位，解决薪酬待遇与职业地位的问题，加快社会服务工作发展。

三、城乡社会服务均等化

由于经济发展水平等方面的原因，现阶段社会服务发展呈现出城乡发展不平衡的特点。正如上文所指出的，现阶段城市社会服务建设整体优于农村。针对社会服务发展不平衡的问题，最为主要的是国家能够在宏观上加大对社会服务发展较差地区的投入。针对农村地区社会公共服务，能够在农村社区建设试点的基础之上根据各地不同情况进行拓展。在具体方法上，除采用政府直接提供服务、政府购买服务的方法之外，可以动员与培训社区农村居民进行自我服务，缩小城乡社会服务差距，促进城乡社会服务均等化。

第八章　城乡困难家庭就业保障精准支持研究

本章旨在分析城乡困难家庭就业保障支持的精准状况，具体包括研究背景与分析思路、需求分析、精准支持分析、研究结论与若干思考四个部分。

第一节　研究背景与分析思路

一、研究背景与问题提出

（一）研究背景

就业是最大的民生，对发挥人的创造能力、促进群众增收和保障基本生活、适应人们对自身价值的追求具有十分重要的意义。基于就业对于经济、对于就业人员所在的家庭的重大意义，党的十九大报告指出，要坚持就业优先战略和积极就业政策，大规模开展职业技能培训，提供全方位公共就业服务，“使人人都有通过辛勤劳动实现自身发展的机会”。

（二）问题提出

在全面建成小康社会的决胜阶段，新型工业化、信息化、城镇化、农业现代化孕育巨大发展潜力，新兴产业、新兴业态吸纳就业能力不断增强，大众创业、万众创新催生更多新的就业增长点，为促进城乡困难家庭就业提供了难得的机遇。另外，在经济发展新常态下，劳动者素质结构与经济社会发展需求不相适应、结构性就业矛盾突出等问题凸显。特别是随着经济转型升级，经济的知识密度越来越高，对劳动者的综合素质尤其是教育、技能和能力的要求越来越高，这意味着教育技能水平低的人群面临越来越大的低工资、就业不稳定的风险（Esping - Andersen，2009），加大了就业促进尤其是城乡困难家庭就业支持的难度。

在经济新常态下，如何通过推进供给侧结构性改革，完善就业创业服务机制，提高城乡困难家庭劳动力的素质，促进城乡困难家庭的未就业人员充分抓住就业机遇，实现更充分、更高质量的就业，提高就业稳定性，帮助城乡困难家庭脱离贫困，这一问题直接关系到全面建成小康社会目标的实现。

二、现有相关政策梳理

（一）相关政策梳理

针对城乡困难家庭的就业保障，现有的政策大体包括两类：

一是在就业促进的总体框架下，以实现就业本身为目标，其核心是保证包括城乡尤其是城市困难家庭在内的劳动者实现就业。《中华人民共和国就业促进法》规定，就业困难人员是指因身体状况、技能水平、家庭因素、失去土地等原因难以实现就业，以及连续失业一定时间仍未能实现就业的人员（第五十二条）；对就业困难人员，地方各级人民政府应实施重点帮助，提供有针对性的就业服务和公益性岗位援助（第五十四条）。但就业促进更多涉及的是城市劳动力人口，因此，就业促进的目标是“确保城市有就业需求的家庭至少有一人实现就业”（第五十六条）。同样，《国务院关于印发“十三五”促进就业规划的通知》提出，要强化困难群体就业援助，健全就业援助制度，完善就业援助政策，鼓励企业吸纳困难人员就业，通过公益性岗位托底帮扶一批确实难以通过市场就业的大龄就业困难人员、零就业家庭人员。对就业困难人员和零就业家庭成员开展实名制动态管理和分类帮扶，提供一对一就业援助，做到零就业家庭“产生一户、援助一户、消除一户、稳定一户”，确保零就业家庭动态清零。

二是以缓解和消除贫困为目标的就业援助政策，其对象是低收入家庭有劳动能力的家庭成员。在这一政策框架内，就业是帮助低收入家庭脱贫的政策工具。《社会救助暂行办法》规定，国家对最低生活保障家庭中有劳动能力并处于失业状态的成员，通过贷款贴息、社会保险补贴、岗位补贴、培训补贴、费用减免、公益性岗位安置等办法，给予就业救助。县级以上地方人民政府应当采取有针对性的措施，确保家庭有劳动能力的成员均处于失业状态的最低生活保障家庭至少有一人就业。《人力资源社会保障部财政部国务院扶贫办关于切实做好就业扶贫工作的指导意见》提出实现精准对接、促进稳定就业的目标，通过开发岗位、劳务协作、技能培训、就业服务、权益维护等措施，帮助一批未就业贫困劳动力转移就业，帮助一批已就业贫困劳动力稳定就业，帮助一批贫困家庭未升学初、高中毕业生就读技工院校毕业后实现技能就业，带动促进1000万贫困人口脱贫。《人力资源社会保障部办公厅财政部办公厅关于进一步做好2017年就业重点工作的通知》要求各地将就业扶贫作为政治任务，全面开展就业扶贫工作，建立岗位开发、技能培训、就业服务、权益维护“四位一体”工作机制，促进贫困劳动力转移就业和稳定就业。

（二）政策梳理评价

针对城乡困难家庭的就业扶持，现有的政策涉及方方面面，体现了党和政府对就业问题的高度重视，也从更高的层面提出了给城乡困难家庭提供精准就业保障的要求。为此，有必要对这些政策的实施状况尤其是实施效果进行适当的评估，明确现有政策举措面临的主要挑战和问题，使就业支持政策更契合当前的就业环境，更有效地帮助城乡困难家庭有劳动能力的家庭成员实现更有质量的就业，更好地满足城乡困难家庭的需要。

三、理论基础与文献综述

（一）理论基础

有劳动能力的家庭成员未就业，是导致家庭陷入经济贫困的关键因素。因此，对城乡困难家庭实现精准救助的一大举措，就是帮助城乡困难家庭有劳动能力的家庭成员实现就业。在市场经济条件下，除了公益性岗位安置以外，绝大部分有劳动能力的劳动年龄人口都需要通过劳动力市场实现就业。

在市场经济条件下，个体能否实现就业，取决于三个层次的条件，即个体因素、家庭条件和就业环境（McQuiad & Lindsay，2005）。其中，个体因素包括个人的人力资本、求职能力和求职的灵活度，家庭条件包括家庭环境、家庭的文化和社会资本等，而就业环境包括劳动力市场的需求因素和公共服务的支持状况等（见表8－1）。从这些因素看，做好城乡困难家庭的就业保障工作，需要突破传统的聚焦于单个个体的就业能力的思路，而采用更广义的就业支持概念，构建更广泛的就业支持体系。

表8－1　就业能力的框架

个体因素	家庭条件	就业环境
就业技能和个人特质： 基本社会技能 个人能力： 基本通用技能 关键通用技能 高端通用技能 工作经历： 劳动力市场的依恋程度 人口特征： 如年龄、性别等 健康状况： 身心健康状况，疾病史，残障类型和等级 求职： 有效利用就业服务、就业网信息；有效使用非正式社会网络；面试技能；知道自己的优势和不足；知道哪有工作机会；知道该找什么样的工作 适应力和流动性： 能去别的地方就业；工资灵活度；职业灵活度（工作时间、岗位、部门）	家庭环境： 直接照料责任：照料老人孩子 其他照料责任：抚养/赡养孩子和其他家人；陪伴其他家人 其他家庭环境：安全、稳定、负担得起的合适住房 工作文化： 家庭、同辈群体、其他个人关系、社区支持、鼓励就业的文化资源获取 交通工具： 私人交通工具，能步行一段路 金融资本：家庭收入水平，经济困难的程度和持续时间，获得正式非正式经济支持；管理收入和债务的能力 获得社会资本：获得个人和家庭的支持网络，获得正式非正式的社区支持网络；非正式社会网络的范围和状态	需求因素： 劳动力市场因素 当地需求的水平；当地需求的变化（所需的技能水平；空缺岗位的结果；需求集中的行业）；就业地是否偏远；岗位竞争的水平 宏观经济因素：宏观经济的稳定性，全国劳动力市场的需求水平 空缺岗位的特征：薪酬水平；工作条件，工作时间；升迁机会 招聘因素：雇主的招聘偏好；雇主的招聘渠道；招聘歧视（如年龄、性别、居住区域、残障等） 支持因素： 就业政策因素。公共就业服务的可及性和穿透力；社会救助制度的激励 其他政策支持因素： 公共交通的可及性和可负担程度；儿童照料和其他支持服务

资料来源：McQuiad和Lindsay（2005）。

（二）文献综述

如何提供合理的制度激励或有效的公共服务，促使社会救助对象跳出救助进入劳动力市场，特别是激活失业人员尤其是长期失业人员重新就业，是欧美社会政策改革的一大议题。比如，英国更多强调提供工作福利（workfare）来提高就业对于社会救助对象的吸引力（简·米勒，2012），美国的困难家庭临时救助（TANF）侧重于强化救助对象的就业责任，而德国、荷兰等西欧国家则更强调以积极的劳动力市场政策（ALMP）来激活失业人员（Cantillon & Vandenbroucke，2014）。但在实践中，这些政策的效果往往并不理想。那么，是什么因素导致这些政策失灵呢？对这一问题，有几种不同的解释。

一是经济周期论。即公共就业服务的效能取决于经济周期，只有在经济景气时，积极的劳动力市场政策之类的政策才会起作用。在经济不景气时，这些政策照样无能为力（McQuiad & Lindsay，2005）。

二是人群差异论。即公共就业服务的效能取决于目标人群的特征，公共就业服务之所以表现欠佳，是因为服务对象内部存在差异，就业困难人员存在很大的分化，其需要的政策支持也并不相同，同一政策对不同人群的效果也不一样。对学历高的人群，公共就业服务的效能较好，而对学历层次低、技能水平低的，公共就业服务的效能就很低。同样是培训，对促进年轻人就业很有效，但对年龄大的失业人员帮助甚微；参加培训之后，教育水平高的人员比教育水平低的人员就业更稳定（Nordlund，2011）。

三是公共服务的提供模式论。比如，Autor 和 Houseman（2010）的研究发现，实行个体化的、有雇主参与的就业安置，从长期看更有助于提高安置人员的收入和就业稳定性。外包就业服务：Riccucci 和 Meyers（2008）比较了公共就业部门、非营利就业服务机构和营利性就业服务机构的表现，发现不同部门的表现存在很大的差异，非营利和营利性就业服务机构的表现显著好于公共就业服务部门。

具体到低收入家庭而言，公共就业服务的效能显得尤为糟糕。究其原因，一是低收入家庭很少利用公共就业服务，他们“对就业部门的帮助不抱多少希望”（Townsend，1979：p. 610），都是自己在报纸上看招聘信息、商店工厂企业的招聘告示，发求职信，给商店、公司打求职电话，托亲友介绍。二是家庭责任使得低收入家庭尤其是贫困女性难以就业。比如，Hennessy（2015）研究发现，贫困母亲也希望能工作，因为工作可以增加家庭收入、拓宽社会交往，给孩子提供好的榜样，给个人带来成就感，提升自己的自尊。问题是，这种意愿往往受到了家庭负担的制约（见表 8－2），特别是在家庭中有小孩、老人或病人、残疾人需要照料的时候，会使得贫困母亲面临较大的冲突，从而影响其就业意愿。

表8-2 工作义务和家庭义务的对比

工作义务	家庭义务
挣钱养家	亲职角色
担当责任	对家人的责任
塑造人格	照料家人是第一位
爱岗敬业	女性的天性
给孩子做榜样	孩子的需要优先
自食其力	给孩子提供经济支持

资料来源：Hennessy（2015：p. 11）。

从已有文献看，鉴于低收入家庭劳动力就业障碍的复杂性（Hillage & Pollard，1998），在分析城乡困难家庭的就业保障政策时，需要采用广义的就业能力概念，考虑各种影响就业能力的个体障碍、家庭困难和外部障碍，准确识别那些影响城乡困难家庭劳动力实现就业的关键因素，从而有针对性地采取措施，消除阻碍城乡困难家庭劳动力就业的因素，帮助城乡困难家庭劳动力实现更有质量的就业。

四、指标操作化与分析思路

（一）指标操作化

本研究所用的指标，包括：①城乡困难家庭对就业支持的需求，即“最希望得到的帮助”；②城乡困难家庭对就业服务的利用，即城乡困难家庭实际利用职业介绍、税收优惠、小额低息贷款、技术支持、结对帮扶、免费培训等公共就业支持政策情况。

（二）分析思路

本研究采用广义就业能力的框架来分析影响城乡困难家庭劳动力对就业援助需求的因素。考虑到城乡困难家庭劳动力的特殊性，这里重点考察与个人的人力资本密切相关的变量和家庭负担变量对就业援助需求的影响。同时，鉴于城乡就业环境的显著差异，将城市样本和农村样本分开进行分析。

第二节　需求分析

一、城乡困难家庭就业需求分析

（一）城市困难家庭就业需求解析

对城市困难家庭来说，家庭主要劳动力的就业问题无疑是家庭的头等大事。在城市有劳动力的困难家庭中，有52%的家庭把“家庭主要劳动力没有工作”列为家庭主要困难。在城市零就业困难家庭中，该比例高达79.2%。从就业支持的形式看，希望“政府帮忙找份工作”的比例，不论是城市低保家庭还是低保边缘户，都超过1/3。期望政府“提供技能培训”的比例，约占1/4（见表8－3）。因此，城市困难家庭对就业支持的需求显然是非常迫切的，期待政府帮忙解决家庭主要劳动力的就业问题。

表8－3　城市有劳动力的困难家庭希望得到的帮助　　单位:%

	低保户（$n=1436$）	边缘户（$n=1357$）
帮助家里劳动力找份工作	38.0	33.5
提供技能培训	24.7	24.2
提供低息贷款	14.0	16.1

（二）农村困难家庭就业需求解析

与城市困难家庭的情形类似，在农村有劳动力的困难家庭中，有52.5%的家庭把“家庭主要劳动力没有工作”列为家庭主要困难。相比于城市困难家庭而言，农村困难家庭期待政府“帮助家里劳动力找份工作”和“提供技能培训”的比例，都要高一些（见表8－4）。因此，农村困难家庭对就业支持的需求显然是非常迫切的，期待政府帮忙解决家庭主要劳动力的就业问题。

表 8－4 农村有劳动力的困难家庭最希望得到的救助 单位：%

	低保户（$n=1447$）	边缘户（$n=1648$）
帮助家里劳动力找份工作	44.0	42.0
提供技能培训	35.1	36.7
提供低息贷款	26.9	26.7

二、影响城乡困难家庭就业援助需求的因素

对于就业援助的需求的分析，有两种主要的进路：一是从规范层面的需要来分析哪些家庭需要就业援助，其着眼点主要是有未就业人员的家庭，核心是帮助有劳动能力的人员就业。二是从城乡困难家庭表达出来的需要的角度，考察哪些家庭希望获得就业援助，其关注的是表达出就业援助需求的家庭，核心是帮助有就业意愿的人员就业。

本研究采取后一进路。由于福利依赖或福利悬崖效应，导致一些城乡困难家庭有劳动力的人员缺乏就业的积极性，对这些人员提供的就业服务往往难以起到实际的就业效果。在当前就业援助供给有限的条件下，应将有限的就业援助服务面向真正有需要的城乡困难家庭成员，以提高就业保障的精准度。有鉴于此，本研究利用 2017 年本项目调查数据，以调查问卷中的“帮助家里劳动力找份工作”作为二分变量，运用 Logistic 回归分析模型考察哪些家庭更有可能需要就业援助服务，发现城市困难家庭和农村困难家庭对就业援助的需求总体上呈现出高度一致的特征，即健康状况越差、文化程度越低，越希望政府帮助家里劳动力找份工作；家庭慢性病患者和无自理能力的人越多，需要政府帮助实现就业的可能性越大。简言之，人力资本水平越低、家庭负担越重的城乡困难家庭劳动力，越希望获得就业援助的支持。

第三节　精准支持分析

为了促进城乡困难家庭劳动力就业，我国出台了技能培训、职业介绍、费用减免、公益性岗位安置、小额贴息贷款等一系列就业支持的政策。这些政策工具的效果一方面取决于政策本身是否契合城乡困难家庭的需要，另一方面取决于城乡困难家庭对这些政策工具的认知和利用。

一、就业支持的内容与对象精准分析

如第一节所述，我国现有的对城乡困难家庭的就业保障措施，主要与两类对象密切相关。

一是就业困难人员。《中华人民共和国就业促进法》规定，各级人民政府采取“税费减免、贷款贴息、社会保险补贴、岗位补贴等办法，通过公益性岗位安置等途径”，对就业困难人员实行优先扶持和重点帮助。为此，县级以上人民政府应当根据就业状况和就业工作目标，在财政预算中安排就业专项资金用于职业介绍、职业培训、公益性岗位、职业技能鉴定、特定就业政策和社会保险等的补贴，小额贷款担保基金和微利项目的小额担保贷款贴息，以及扶持公共就业服务等。

二是贫困家庭劳动力。《国务院关于印发“十三五”促进就业规划的通知》提出，到2020年，促进贫困人口就业，带动1000万人脱贫。为此，就业促进工作要坚持分类施策、精准发力，坚持突出重点，完善和落实支持政策，扎实做好就业托底工作，帮助就业重点群体和困难群体提升技能、就业创业。一方面，加快困难地区脱困步伐，创造更多就地就近就业机会。对去产能任务重、待岗职工多、失业风险大的地区，开展就业援助专项行动；另一方面，促进农村贫困劳动力转移就业。主要包括以下措施：

一是准确掌握建档立卡贫困人口和非建档立卡的农村低保对象、贫困残疾人中有就业意愿和劳动能力的未就业人员以及已就业人员基本情况，建立台账，精准识别帮扶对象。

二是因人因需提供技能培训。开展贫困家庭子女、未升学初高中毕业

生、农民工、失业人员和转岗职工、退役军人、残疾人免费接受职业培训行动。对建档立卡贫困人口和非建档立卡的农村低保对象、贫困残疾人等符合条件人员，探索采取整建制购买培训项目、直补培训机构等方式，提高培训效果。

三是加大就业安置力度。对大龄、有就业意愿和能力、确实难以通过市场渠道实现就业的贫困劳动力，可通过以工代赈等方式提供就业帮扶。加大劳务协作，促进贫困劳动力与用人单位精准对接，遴选一批社会责任感较强、岗位适合的企业作为贫困劳动力就业基地，定向招收贫困劳动力。

四是加强社会救助与就业联动。对实现就业的低保对象，在核算其家庭收入时，可扣减必要的就业成本，并通过“低保渐退”等措施，增强其就业意愿和就业稳定性。

在面对就业困难人群的服务供给方面，《人力资源社会保障部办公厅关于推进公共就业服务专业化的意见》指出，当前公共就业服务还存在着服务内容简单、服务方式粗放、服务手段落后、服务能力不足等突出问题，迫切需要运用专业知识和新技术新方法，进一步强化基本服务，创新服务模式。具体措施包括：第一，建立健全重点群体信息数据库，定期对辖区内长期失业的就业困难人员、去产能企业下岗职工、建档立卡贫困人员开展摸底调查，对个人状况、就业需求等情况及时登记和更新，实行实名制动态管理。结合劳动者就业经历、失业原因、知识技能、健康状况等因素，对其进行分级分类，综合运用职业介绍、职业指导、职业技能培训和创业培训、就业援助等措施，提供有针对性的精准帮扶。全程记录为每一名服务对象提供服务的过程及效果，定期进行跟踪回访和分析评估，及时调整帮扶措施，帮助其尽快实现就业创业。第二，建立职业指导人员服务基层机制，每一名职业指导人员每年要为一定数量特定服务对象提供服务，每一名长期失业者、就业困难人员、公益性岗位安置人员等服务对象都要确定专门的职业指导人员，建立长期固定联系，提供针对性服务。

从总体上看，目前的就业支持措施主要手段，是通过技能培训来提升劳动者的技能水平，通过针对性的就业辅导强化劳动力的求职动机和求职技能，通过提升劳动力市场的匹配效率来促进贫困劳动力就业。从广义的就业能力的角度看，对于城乡困难家庭劳动力的家庭条件缺乏足够的关注。

二、就业支持政策的效果分析

一项政策或服务的覆盖面及惠及率，是政策效果的一部分。城乡困难家庭作为就业支持的重点人群获得就业支持的情况如何？从调查数据看，就业服务对城乡困难家庭的惠及率相当低。

（一）城市困难家庭利用就业支持政策情况

表8－5显示的是城市困难家庭就业服务利用情况，从中不难看出以下问题。

一是除免费培训的惠及率达到10%以外，其他项目的惠及率都不到10%。尤其是税收优惠、技术支持等，惠及率不到2个百分点。

二是没有接受过任何就业支持的家庭，有劳动力的家庭和家中有未就业劳动力的家庭，比例高度接近。同时，从各项支持的利用率方面，有未就业人员的家庭利用各类就业服务的比例与一般的家庭也高度接近。这说明，现有的就业支持并没有过多关注未就业的城乡困难家庭劳动力。

三是从瞄准的角度看，现有的就业支持还是更多地倾向于有劳动力的家庭，表现为无劳动力的家庭利用职业介绍、免费培训的比例要比有劳动力的家庭低很多，而没有利用任何服务的比例却要高很多。

从这些情况看，现有的就业政策支持更多是以城市困难家庭有无劳动力为区分，对于未就业的劳动力并没有给予更多的支持。

表8－5　城市困难家庭就业服务利用情况　　单位：%

	有未就业人员的家庭（$n=1489$）	有劳动力的家庭（$n=2799$）	无劳动力的家庭（$n=1325$）
职业介绍	9.1	8.4	2.0
税收优惠	1.1	0.9	0.3
小额低息贷款	5.6	4.8	1.8
技术支持	1.7	1.4	0.4
结对帮扶	4.5	4.7	2.7
免费培训	10.5	10.0	1.7
没有任何服务	77.2	78.5	91.4

在公共就业服务利用率很低的情况下，为何有些困难家庭的劳动力能实现就业呢？其中一个可能的原因是家庭的条件不一。表8－6显示的是零就业家庭和有就业人员的城市困难家庭的就业途径。不难看出，绝大部分有就业人员的城市困难家庭，主要靠自助，即直接到用人单位应聘、亲友介绍就业和自己灵活就业。更重要的是，城市零就业困难家庭就业的主动性明显不足。与零就业家庭相比，有就业人员的城市困难家庭，灵活就业的比例超过四成，“亲友介绍就业”的比例超过三成，直接到用人单位应聘的比例为23.9%；而零就业家庭中，相应的比例仅为28.8%、14.2%和7.2%。

表8－6　城市困难家庭有就业成员的就业途径　　单位：%

	零就业家庭（n＝573）	有就业人员的家庭（n＝1489）
职业介绍机构	3.0	4.0
参加各种招聘会	2.6	6.8
直接到用人单位应聘	7.2	23.9
亲友介绍就业	14.2	31.3
社区介绍就业	6.3	10.6
政府提供公益岗位	1.9	3.8
自主创业	5.8	7.4
灵活就业	28.8	40.4

从表8－1广义就业能力的角度看，家庭条件会影响个人利用就业机会的能力、意愿或社会压力。除了家庭负担外，另外两个重要因素，一是“工作文化”，指的是影响个人的态度和期望的社会氛围，比如家庭、同辈群体和社区等鼓励、支持就业；二是“社会资本”，包括比如个人和家庭支持网络，正式和非正式的社区支持网络，尤其是与求职相关的支持网络等。因此，上述结果表明，家庭条件会显著影响家庭利用各种就业渠道的意愿和能力。这从一个侧面说明，在不同的家庭条件下，个人能力高度接近的个体，其就业状态可能显著不同。

（二）农村困难家庭利用就业支持政策情况

从表8－7不难看出：①所有项目的惠及率均相当低，最高的是结对帮扶，也不到8%。②在有劳动力的家庭中，没有接受过任何就业支持的家庭比例超过八成。与城市无劳动力的家庭情况类似，农村无劳动力困难家庭未利用任何服务的比例超过九成。③从瞄准的角度看，现有的就业支持还是更多地倾向于有劳动力的家庭，表现为无劳动力的家庭利用职业介绍、免费培训、结对帮扶、小额低息贷款的比例要比有劳动力的家庭低很多，而没有利用任何服务的比例却要高很多。

表8－7　农村困难家庭的就业服务利用　　单位:%

	有劳动力的家庭（n＝2799）	无劳动力的家庭（n＝1325）
职业介绍	4.1	1.4
税收优惠	0.8	0.5
小额低息贷款	5.3	1.3
技术支持	2.5	1.1
结对帮扶	7.8	4.3
免费培训	7.0	2.9
没有任何服务	80.2	91.4

总体而言，从就业支持政策的惠及率以及城乡困难家庭的就业渠道看，当前的就业支持政策对城乡困难家庭的支持是极为薄弱的。从支持内容上看，现有的就业支持政策对城乡困难家庭的家庭条件缺乏足够的关注。尽管城乡困难家庭的“工作文化”“社会资本”等对于其实际就业有很大的贡献，但现有的服务供给仍然针对的是个体本身。如何改变这种状况，是接下来要讨论的问题。

三、制约就业保障效能的因素

从现有的制度规定看，导致就业服务的利用率偏低的原因，主要包括两个因素。

一是政策的目标人群过窄。按照《社会救助暂行办法》的规定，就业援助仅限于低保家庭处于失业状态的劳动力。由于我国低保家庭尤其是城市低保家庭占比本来很低，在分配最低生活保障资源时往往优先救助缺乏劳动力或家庭成员有大病、残疾、子女上学等特殊需要的家庭，导致相当部分的低保家庭并无任何有劳动能力且处于失业状态的成员，因此并不需要就业救助。相反，低保边缘户却因为不具备低保资格，并不符合就业救助的条件，无法获得就业支持。同样，在农村，就业扶贫政策的对象，是农村建档立卡贫困人口和非建档立卡的农村低保对象、贫困残疾人中的劳动力。由于缺乏劳动力本身是家庭致贫或领取最低生活保障的重要因素，且现有的贫困标准（年人均纯收入 2300 元/年）过低，导致大量家庭有劳动力的边缘贫困人口未能纳入就业扶贫的政策范围。这就使得就业支持的范围实际上相当窄。

二是政策项目的实施规定不符合贫困人口的实际，对贫困人口缺乏激励。在这方面，最典型的是就业补助资金的管理。按照《财政部 人力资源社会保障部关于印发〈就业补助资金管理暂行办法〉的通知》的规定，就业补助要遵循“激励相容”原则，以充分发挥政策对象的积极性，然而在具体操作上，却并不符合贫困家庭的经济理性。以职业培训补贴为例，贫困家庭子女属于可以享受职业培训补贴的人员范围。但要领取该补贴，需要等其经过培训取得职业资格证书（或专项职业能力证书或培训合格证书）之后，向当地人社部门申请就业技能培训和创业培训补贴并应提供以下材料：《就业创业证》（或《就业失业登记证》）复印件、职业资格证书复印件、培训机构开具的行政事业性收费票据（或税务发票）等，城市低保家庭学员的生活费补贴申请材料还应附上城市居民最低生活保障证明材料。这些申请材料经人社部门审核后，对个人申请的培训补贴或生活费补贴资金按规定支付到申请者本人个人银行账户。这种“先垫后补”的职业培训补贴办法，假定的是低保家庭、贫困家庭有足够的经济能力先垫付子女职业培训期间的所有费用。问题是，身陷贫困的贫困家庭家长往往“脑宽”不足（Mullainathan & Shafir，2013），在子女的人力资本投资上往往缺乏远见。在这种情况下，贫困家庭为规避风险，很可能不让子女去接受这种先垫后补的培训，至少很难发挥其“积极性”。如果子女可以直接就业为家庭带来经济收入，更是如此。

第四节　结论与若干思考

一、结论

在市场经济条件下，影响劳动力能否顺利实现就业的关键因素，包括个体能力因素、家庭条件和就业环境。其中，家庭条件的因素需要引起特别的重视。一方面，在我国现阶段，家人患慢性病或有失能家庭成员等负担重的家庭，对就业援助的需求更强烈；另一方面，对城市有就业人员的家庭和零就业家庭的对比分析表明，家庭的“工作文化”和“社会资本”对于贫困家庭劳动力的就业意愿和求职能力有显著的影响。

总体而言，从就业支持政策的惠及率以及城乡困难家庭的就业渠道看，当前的就业支持政策对城乡困难家庭的支持是极为薄弱的，表现为就业支持对城乡困难家庭的惠及率相当低。更重要的是，从就业保障精准的角度看，现有的就业保障政策存在较严重的偏差。

首先，在保障的对象上，缺乏对低收入边缘人群的支持。《社会救助暂行办法》对就业援助的对象范围限制过窄，而就业扶贫政策的对象限于建档立卡的贫困人口及有劳动力的低保家庭。由于现在的贫困标准较低，现有的贫困家庭有相当比例都缺乏劳动力，由此导致就业保障的范围偏窄。

其次，在保障的内容上，现有的就业支持政策对城乡困难家庭的家庭条件缺乏足够的关注。绝大部分就业支持仍局限于就业能力、求职意愿等个体因素，对如何改变困难家庭的“工作文化”、发挥贫困家庭“社会资本”以促进贫困家庭劳动力就业，关注不够。

最后，在保障的服务提供模式上，现有的服务供给并没有特别关注零就业家庭。在职业培训补贴等项目中，先垫后补的做法也不利于鼓励贫困家庭子女接受职业培训，由此导致城乡困难家庭一方面迫切希望政府帮助家庭主要劳动力就业，另一方面却很少利用政府的就业支持政策和服务。

二、若干思考

鉴于当前就业保障有欠精准的现实，需要从广义就业能力的框架出发，从以下三个方面提升就业保障的精准度：

第一，扩大就业援助的受助范围，将有劳动力的低收入边缘人群明确纳入就业援助的范围。这样，扩大就业援助的实际受益面。

第二，以政府购买社会工作等专业服务的方式，更多地介入贫困人口的家庭环境，培育“工作文化”，发展贫困家庭的“社会支持”，以促进贫困家庭劳动力实现就业。

第三，借鉴“助推”理论（Thaler & Sunstein，2008），反思主要就业支持政策的逻辑，以消除妨碍城乡困难家庭利用公共就业服务的因素，更好地助推城乡困难家庭更积极地参加职业培训、更主动地求职、更安心地工作，实现更稳定、更高质量的就业。

第九章　城乡困难家庭社会参与精准支持研究

本章旨在分析城乡困难家庭社会参与的基本状况，反映困难家庭社会参与的需求，并对城乡困难家庭社会参与支持政策的精准状况进行分析，具体包括社区公共事务参与状况分析、社会交往与社会心态状况分析两部分核心内容，并在归纳研究结论基础上，提出若干政策建议。

第一节　社区公共事务参与状况分析

一、概念与分析框架

社会参与（social participation）是指社会成员主体对社会生活各方面（如政治、经济、文化等方面）的现状与活动的关心、了解与行为投入，它代表着社会成员以某种方式参与、干预、介入国家的政治经济、社会文化生活及社区共同事务，从而影响社会发展的过程。其主要表现形式在于，民众在公共事务、公共活动方面的投入与参与，尤其是公民政治生活的政治参与。

在一个发展完善和稳定的社会中，民众的社会参与具有重要意义：第一，它能够使社会公众真正成为处理与自己相关的事务、推动社会发展的主体，而不是只被看成工具或手段。通过积极有效的社会参与，可以强化公众的公共意识，提高人们在社会生活中的自主意识并拓展自主空间。第二，可以动员、组织、支持和推动公民采取行动自己解决相关发展问题，形成以社区或其他行动场所为载体的自治机制从而形成对政府机制的制约和补充。第三，社会参与可以发挥渠道作用，让民众进入更大的宏观决策领域，促进政府职能转变，推动新型生活方式、价值观念的形成和塑造

（王兵，2012）。

社区健康的发展有赖于居民的积极融入、热情参与。随着城市社区建设步伐的推进，如何实现居民自治、社区管理和社区发展，成为当前我国基层政权建设讨论的重要内容。这一问题，既离不开政府的规划、投入、指导和管理，也离不开广大居民对社区公共事务的广泛参与。因此，积极推动居民参与社区公共事务，有利于提高社区居民的认同感和归属感，从而增强社区凝聚力，维护社区稳定；有利于提高社区居民的生活质量，增强居民幸福指数，搞好社区精神文明建设，从而提升社区整体发展水平（朱晓立，2011）。对于城乡困难人群而言，社会公共事务和社区活动参与是其主体和自主意识的展现，也是其与周围人群互动和社区共同体融入的重要体现。

另外，对于群体成员尤其是贫困群体成员而言，社会心态会显著影响个体应对外界环境的能力和适应性（王芳、李志荣，2014）。持有积极社会心态的成员，对周遭的生活和工作环境往往采取积极的应对方式，聚焦于解决问题和调动所拥有的社会资源以实现其目标，从而展现出较强的社会适应性。在面对阻碍自身发展的外部环境时，持有积极社会心态的个体能够将命运归结为环境的束缚，对自我保有正向的观念，相信即便他们无法摆脱这些束缚，仍可发挥个人的能动性，通过其他方式改变命运，改善工作和生活环境（陈满琪，2016）。相反，消极社会心态会给成员带来更多负面的心理体验和认知，对周遭环境适应不良，并陷于无望沮丧和意志消沉的泥潭而无法自拔。对民众的社会心态尤其是生活困难民众的社会心态、社会交往心理进行分析，对于检视和反思市场化改革中的利益分配机制与社会政策，建立科学有效的利益协调机制、诉求表达机制、矛盾调处机制，进而构建理性平和的社会心态得以培育的社会土壤等，均有重大的现实意义。

总之，对于贫困人群的关注和研究，不仅要对其家庭状况尤其是经济状况进行调查和监测，也要加强对其社会参与、社会交往、社会心态等主观心态与行动选择维度的分析，以掌握困难人群的社会行为和心理特征，并展开有针对性的帮扶和支持。

本章聚焦于城乡困难群体的社会参与、社会交往及社会心态这三大议题，着重考察困难群体参与社区事务、与他人交往及自身心理建设等内容。

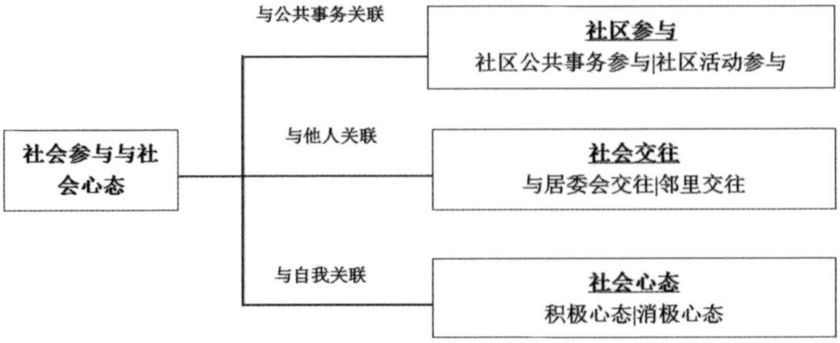

图9－1　本章总体分析思路与框架

一是考察城乡困难人群的社区参与状况。主要从两方面展开，一方面是社区公共事务参与状况，如参加基层换届选举的意愿及行为，参加居务监督的意愿及行为，参与公共事务维护状况等；另一方面是社区活动参与状况，从社区文娱活动、社区公益活动、社区创建活动三个方面展开。对于困难人群的社区参与状况，既展开群体差异分析，也进行多因素影响分析。

二是考察城乡困难人群的社会交往状况，一方面展现社会交往心理，即这部分群体的交往自卑心理与感受到身边他人歧视的状况；另一方面则聚焦于社会交往行为，即这部分群体的日常交往范围、规模、频率等，这在很大程度上能够反映困难人群的人际隔离与融合状况。

三是从一系列日常情绪和社会心态中辨识出“积极性”和“消极性”两种典型类型并展示出其总体状况，进而考察城市低保户、城市低保边缘户、农村低保户、农村低保边缘户、城市流动人口五类人群在两类社会心态上的共性及其差异性问题，之后从多维视角入手考察影响贫困人群消极和积极社会心态的因素。

二、社区公共事务参与状况分析

在本部分，我们通过社区换届选举、社区居务监督、社区公共事务维护三个方面考察城乡困难群体在社区公共事务参与上的状况，其中既展示参与意愿，也展示参与行动状况，同时也对不同群体之间参与状况的差异性进行描述分析。

从总体来看，城乡困难群体公共事务参与状况呈现出以下几个特点：第一是整体参与热情不高，无论是从参与意愿还是参与行为来看都有明显体现，整体中只有2/3左右的人表示在社区换届选举、社区居务监督上有参与意愿，而实际参与率则更低。第二，公共事务参与呈现出明显的层次性，换届选举的参与率最高，比例达六成左右，而社区居务监督和社区公共事务维护活动参与率非常低，比例仅在两成左右。第三，公共事务参与意愿与参与行动之间有一定差距，这尤其体现在社区居务监督上面，二者的差距达到了近40个百分点，这可能跟社区居务监督平台和渠道的匮乏有关，也可能是由于城乡困难群体缺乏机会，被排斥在制度化参与渠道之外。

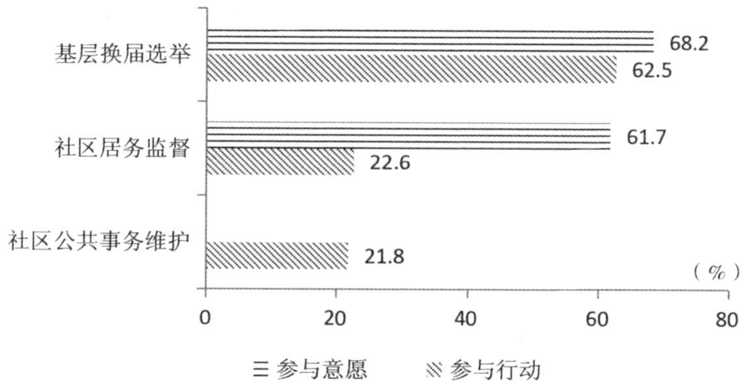

图9－2　社区各项公共事务参与意愿与行动

（一）参与换届选举意愿与行为

首先从总体受访样本来看他们参加基层换届选举的意愿问题，数据显示，城市和农村困难人群中有超过2/3的对象表示会“积极参加”和“比较愿意”参加换届选举，另有12%的对象表示不愿意参与（“不太愿意”“很不愿意”“不关心”）；流动人口中贫困人群参与基层选举意愿相对更低，六成左右表示“愿意”，另有1/4的受访者明确表示“不愿意”参与。

综合来看，城乡生活困难人群参与基层换届选举的意愿并不强烈，这一点在城市流动人口群体中体现得尤为明显。原因可能在于，受制于户籍制度和体制身份，流动人口社区公共事务参与的制度化空间相对狭窄，这在很大程度上制约了其参与意愿与倾向。

表9－1　参加换届选举意愿　　单位：%

<table>
<tr><td colspan="2">城乡困难群体</td><td colspan="2">流动人口</td></tr>
<tr><td>积极参加</td><td>48.0</td><td rowspan="2">愿意</td><td rowspan="2">61.4</td></tr>
<tr><td>比较愿意</td><td>20.2</td></tr>
<tr><td>一般（让参加就参加）</td><td>19.9</td><td rowspan="2">不关心</td><td rowspan="2">13.5</td></tr>
<tr><td>（耽误时间）不太愿意</td><td>2.1</td></tr>
<tr><td>很不愿意</td><td>6.6</td><td rowspan="2">不愿意</td><td rowspan="2">25.1</td></tr>
<tr><td>不关心</td><td>3.3</td></tr>
<tr><td>合计</td><td>100.0</td><td></td><td>100.0</td></tr>
</table>

分群体来看，图9－3展示的是不同困难群体表示愿意（“积极参加”和“比较愿意”）参与换届选举的比例。从中可以看出，城市和农村状况基本一致，低保户的参与意愿都要高于低保边缘户。这一结果可以从两方面来解读，一种可能是这部分人的政治参与意识确实较高，另一种可能则是这部分人群享受到了政策性支持（如低保金等），因而在调查时展现出更为积极的政治关注和参与倾向。与前文数据一致，在各类人群中，流动人口因受制于参与空间的狭小而展现出最低的参与意愿。

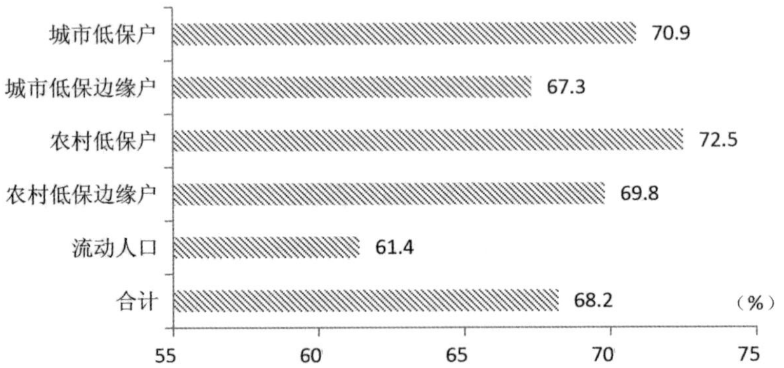

图9－3　城乡困难群体表示愿意参加换届选举的比例

从实际的参与基层换届选举的情况来看，总体中有六成的表示参加了这一社区公共事务，四成的表示没有参加（“不关心”或“没有”）。与参与意愿相比，实际的参与行为比例稍微有些减低。分人群来看，农村困难群体参与换届选举的比例高于城市，低保户参与的比例略高于低保边缘户。流动人口困难人群的参与率明显较低，仅为四成，低于城乡困难人群20—30个百分点。在一定程度上讲，流动人口面临农村和城市公共事务的“双重排斥”。一方面，他们在城里工作生活，无暇参与农村的换届选举；另一方面，囿于户籍身份，他们又缺乏参与城市居委会投票选举的制度化渠道。

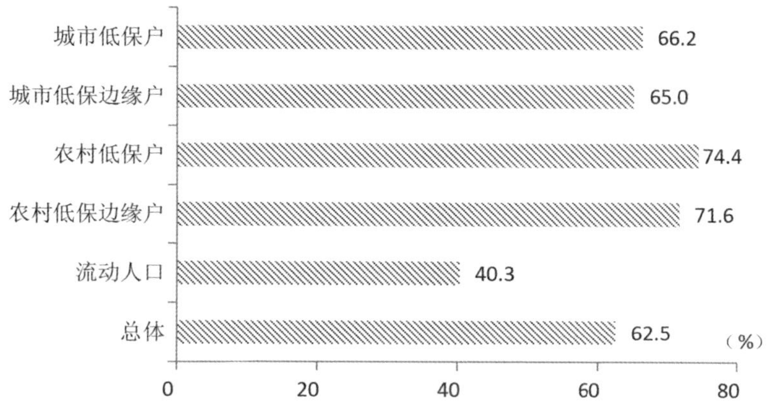

图9－4　城乡困难群体参加换届选举的比例

另外，从前后数据比较中也可以看出，城乡困难人群参加换届选举的实际行为要低于其参与意愿，其中城市两类困难群体的参与意愿与参与行为之间相差5个百分点，农村困难人群的参与行为比例则略高于参与意愿。流动人口的意愿与行为之间差距较大，二者相差20%，这在很大程度上反映了参与渠道和参与平台的缺失对于民众公共事务参与的限制。

从换届选举参与意愿和参与行为的交互表中可以看出，二者间呈现高度的正相关关系。有“积极参加”意愿的受访者中有八成切实参与了选举事务，而表示“比较愿意”参与的受访者中有七成多参与了实际的选举；而表示“不太愿意”“很不愿意”的受访者，实际参与选举的行动比例则非常之低，有的参与比例甚至不足5%。

表9-2　参加换届选举意愿与实际参与之间的关联　　单位:%

		是否参加换届选举			合计
		有	不关心	没有	
是否愿意参加换届选举	积极参加	80.7	0.4	18.9	100.0
	比较愿意	73.2	1.1	25.7	100.0
	一般（让参加就参加）	41.5	6.3	52.2	100.0
	（耽误时间）不太愿意	12.6	6.5	80.9	100.0
	很不愿意	4.6	2.5	92.9	100.0
	不关心	6.7	23.7	69.7	100.0
合计		62.5	2.7	34.7	100.0

进一步，我们考察不同特征的困难群体参与换届选举的差异性。数据结果显示，男性和女性之间的参与行为没有明显差异；年龄与参与行为的关联比较密切，随着年龄的增长，参加换届选举的比例越高，而年轻人对于社区公共事务的参与热情明显较低；身体健康状况良好者反而参与选举事务比例较低；文化程度上的差异性不明显，并未出现文化程度越高者越倾向于参与公共事务的趋向；党员参加换届选举的比例明显高于非党员群体，这是党员这一身份起到的明显作用；就业状况上，全职就业者和年老离休/无业者的参与更多，而零工或个体因更多为城市流动人口，其参与比例较低。

表9-3　不同特征困难群体参与换届选举的差异性　　单位:%

		有	不关心/没有
性别	男性	64.8	35.2
	女性	59.7	40.3
年龄分组	18—30岁	35.3	64.7
	31—45岁	52.0	48.0
	46—60岁	64.2	35.8
	61岁及以上	71.3	28.7

续表

		有	不关心/没有
身体健康状况	很好	51.3	48.7
	较好	55.8	44.2
	一般	63.7	36.3
	较差	67.1	32.9
	很差	66.0	34.0
文化程度	未上过学	58.5	41.5
	小学/初中	63.6	36.4
	高中/中专	63.4	36.6
	大专及以上	59.1	40.9
党员身份	中共党员	81.4	18.6
	非党员	60.4	39.6
就业状态	全职就业	69.5	30.5
	零工或个体	50.1	49.9
	失业或家庭照料（有劳动能力）	58.9	41.1
	丧失劳动能力	63.7	36.3
	年老离退休/无业	72.7	27.3

（二）参与社区居务监督意愿与行为

社区居务监督主要是对居民会议和居民代表会议决定事项执行情况及集体资金收支、资产处置、社区干部权力行使等进行监督，并收集、受理居民意见建议，及时向上级反映解决。这是新形势下城乡社区治理中实行群众自我管理、自我服务、自我教育、自我监督的重要方式和途径，也是完善基层自治、强化民主监督、创新监督载体的关键举措。

从城乡困难群体反馈的信息来看，总体中有六成受访者表示愿意参与社区居务监督，其中城市困难人群的参与意愿更为强烈，比例均接近七成，流动人口次之，农村两类困难群体的参与意愿略低，仅在半数左右，低于城市困难人群近20个百分点。

表 9－4　参与社区居务监督的意愿　　单位：%

	城市低保户	城市低保边缘户	农村低保户	农村低保边缘户	流动人口	总体
愿意	69.0	67.6	52.8	50.0	63.7	61.7
不关心	15.2	16.0	13.2	14.4	18.7	15.7
不愿意	15.8	16.3	34.0	35.6	17.6	22.7
合计	100.0	100.0	100.0	100.0	100.0	100.0

从实际参与行动来看，总体中仅有两成受访者表示参加过社区居务监督活动，城市两类困难人群的参与比例略高，而农村两类困难人群的参与比例略低，流动人口居于中间位置。另外也可以看出，困难人群的社区居务监督参与意愿与行为之间也有较大差距，各类群体中这一差距均在40%左右。

表 9－5　参加社区居务监督行动　　单位：%

	城市低保户	城市低保边缘户	农村低保户	农村低保边缘户	流动人口	总体
有	26.0	26.0	18.1	17.8	23.1	22.6
不关心	4.0	4.3	5.0	4.4	6.2	4.8
没有	70.0	69.8	76.9	77.8	70.6	72.6
合计	100.0	100.0	100.0	100.0	100.0	100.0

从参与社区居务监督的意愿和行动来看，一方面反映了城乡居民公共事务参与意愿和行为的差异，背后原因可能在于城乡居民参与平台和空间的差异，城市社区居务监督制度更完备，而农村的这一项制度举措则相对滞后；另一方面，意愿和行动之间的差距反映了困难民众的参与需求与供给之间的差距，原因可能是社会成员普遍缺乏社区居务监督的平台和渠道，也可能是城乡困难群体缺乏机会，被排斥在制度化参与渠道之外。

从不同特征群体差异来看，社区居务监督参与上没有体现出明显的性别差异，青年人参与比例略低，身体健康状况影响社区居务监督活动，身体状况越差，参与的可能性越低；文化程度越高，参与社区居务监督的比例越高；党员的参与比例明显高于非党员；就业状况上，全职就业者和年老离退休/无业者的参与比例略高。

表9－6　不同特征困难群体参与社区居务监督的差异性　　单位:%

		有	不关心/没有
性别	男性	22.3	77.7
	女性	23.0	77.0
年龄分组	18—30岁	16.0	84.0
	31—45岁	23.1	76.9
	46—60岁	23.2	76.8
	61岁及以上	22.8	77.2
身体健康状况	很好	25.6	74.4
	较好	26.5	73.5
	一般	24.2	75.8
	较差	20.6	79.4
	很差	17.6	82.4
文化程度	未上过学	16.7	83.3
	小学/初中	20.4	79.6
	高中/中专	31.9	68.1
	大专及以上	36.8	63.2
党员身份	中共党员	47.2	52.8
	非党员	20.0	80.0
就业状态	全职就业	26.3	73.7
	零工或个体	19.5	80.5
	失业或家庭照料（有劳动能力）	20.2	79.8
	丧失劳动能力	20.1	79.9
	年老离退休/无业	24.9	75.1

（三）参加社区公共事务维护行为

从广义上讲，社区公共事务包括社区公共物品的生产与供给和社区公共服务的设立与开展。在宏观上，凡是在国家治理范围之内，按照属地原则分担到社区，以社区为单位去组织、协调、运作的公共事务，就属于社区公共事务；在微观上，社区经济、社区教育、社区卫生、社区体育、社区文化五大方面的资源以及社会福利、社会救济是传统的社区公共事务。在当今的市场经济体制下，新独立出来的社区治安、社区服务等也属于社区公共事务。对于城乡困难人群而言，社区公共事务参与与维护是其主体和自主意识的展现，也是其与周围人群互动和社区共同体融入的重要体现。

社区公共事务维护上，总体中约有22%的受访者表示有过参与经历，这一比例明显偏低。相对而言，城市两类困难人群的参与比例略高，农村困难人群的参与比例略低。原因可能有主观和客观两方面，一方面可能在于困难群体参与意愿和兴趣不足；另一方面可能是缺乏参与社区公共事务维护的渠道和路径。流动人口中困难人群的参与比例最高，这一点与参与基层投票选举、社区居务监督的状况明显不同。流动人口中有相当比例的人员在城市中从事个体餐饮、物流、便利店经营等工作，这与社区经济、社区卫生、社区服务等基层公共事务密切相连，因而他们在这方面扮演了较为重要的角色，发挥了一定的功能。

表9－7　参加社区公共事务维护　　单位：%

	城市低保户	城市低保边缘户	农村低保户	农村低保边缘户	流动人口	总体
有	21.0	22.3	18.2	19.5	26.9	21.8
不关心	3.1	3.1	3.7	3.7	4.0	3.5
没有	75.9	74.7	78.1	76.8	69.1	74.7
合计	100.0	100.0	100.0	100.0	100.0	100.0

从群体特征来看，男性在社区公共事务维护上的参与比例略高于女性；18—30岁年轻人参与的热情明显较低；身体状况越差，参与公共事务维护的比例越低；文化程度越高者，参与比例越高；党员比非党员的参与比例要高；就业状态越好，参与比例越高，那些失业者、丧失劳动能力者的参与比例稍低。

表 9-8　不同特征困难群体参与社区公共事务维护的差异性　　单位:%

		有	不关心/没有
性别	男性	22.3	77.6
	女性	21.3	78.6
年龄分组	18—30 岁	16.2	83.8
	31—45 岁	22.3	77.6
	46—60 岁	22.9	77.0
	61 岁及以上	21.3	78.7
身体健康状况	很好	28.2	71.8
	较好	26.6	73.3
	一般	23.4	76.6
	较差	18.3	81.5
	很差	15.7	84.1
文化程度	未上过学	16.3	83.5
	小学/初中	20.3	79.6
	高中/中专	29.3	70.5
	大专及以上	31.8	68.2
党员身份	中共党员	42.0	58.0
	非党员	19.7	80.2
就业状态	全职就业	28.8	71.1
	零工或个体	20.0	80.0
	失业或家庭照料（有劳动能力）	19.6	80.2
	丧失劳动能力	15.9	83.8
	年老离退休/无业	21.9	78.0

三、社区活动参与

本部分将从社区文娱活动、社区公益活动和社区创建活动三方面考察城乡困难群体社区活动参与状况。总体数据显示，近三年，参与过三类社区活动的困难群众比例均在三成以下，明显偏低，超过七成的受访者表示没有参与过此类活动，另有少量（3%左右）的受访者表示并不关心社区活动。

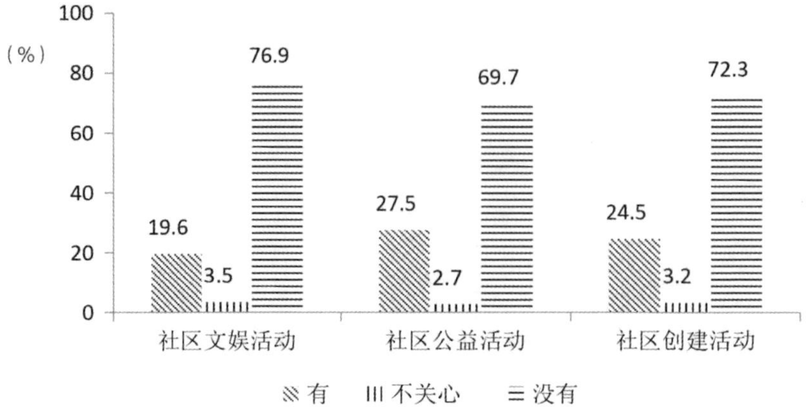

图9-5　近三年参与社区活动情况

从群体差异比较来看，流动人口参与社区文娱活动、社区公益活动、社区创建活动的比例均明显高于其他几类困难群体，而农村两类困难群体在三类社区活动的参与上均处于最低水平，比例明显低于其他人群，这可能是农村缺乏活动赖以开展的公共空间、场所和设施所致。

表9-9　参加社区活动的群体差异　　单位:%

		城市低保户	城市低保边缘户	农村低保户	农村低保边缘户	流动人口
社区文娱活动	有	19.0	20.6	14.8	14.1	27.1
	不关心	3.3	2.2	3.2	3.2	5.2
	没有	77.7	77.2	82.1	82.7	67.7
社区公益活动	有	28.2	30.3	14.7	17.2	41.6
	不关心	2.9	2.1	2.6	2.8	3.2
	没有	68.9	67.6	82.7	80.0	55.2
社区创建活动	有	25.9	25.7	15.0	17.4	34.0
	不关心	3.0	2.8	2.9	3.4	4.0
	没有	71.1	71.6	82.0	79.1	62.1

进一步地，以参加过至少一项社区活动（文娱、公益、社区创建）的

比例来综合衡量城乡困难群体的社区活动参与状况。数据结果与前文发现一致，总体受访者中有四成的人参与过至少一项社区活动。流动人口社区活动参与率最高；城市困难人群居中；农村困难人群的参与率最低。与流动人口社区公共事务参与率较低的状况相比，他们参与社区活动的状况出现了反转，原因可能是多方面的：一方面是参与社区活动与户籍身份无关，因此他们不会面临太多的制度性障碍；另一方面，流动人口在城市中就业，相当比例的人群从事与社区服务相关的工作，其工作贴近社区生活或者本身就是社区生活密不可分的一部分，因而从总体上来看，他们的社区活动参与度较高。

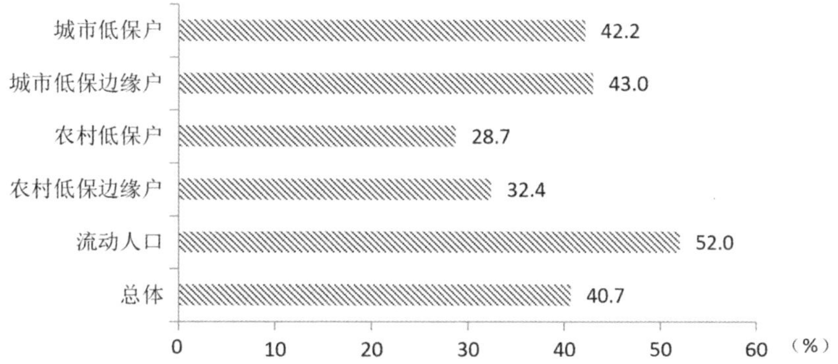

图9－6　不同群体参加过至少一项社区活动（文娱、公益、创建）的比例

进一步，我们通过构建多元回归模型，来看影响社区活动参与的因素及其效应。序次逻辑回归模型分析结果显示，女性比男性更多地参与社区文娱活动和社区公益活动，年龄越大者参与社区活动的积极性越高，18—30岁年轻人参加社区活动的比例明显较低；在各项社区活动参与上，身体健康状况是一个很大的制约性因素，身体状况越差，则参与比例越低；文化程度与社区活动参与关联密切，文化程度越高，参与社区文娱活动、公益活动和社区创建活动的可能性越大；党员比非党员更倾向于参与社区活动；年老离退休/无业者参加社区活动的比例更高，这可能是因为他们有更多的时间和精力；家庭经济状况越好、过去一年家庭状况改善幅度越大的话，其参与社区活动的可能性越大；交往自卑心理越重、感受到来自社区的歧视越严重，其社区活动参与可能性越低；群体类型上，与前文统计描述部分的结果一致，流动人口参加各项社区活动的倾向最明显，而城市低保户参加社区创建活动的比例也较高。

表 9－10　参加社区活动的序列 Logistic 模型分析结果

	文娱活动		公益活动		社区创建活动	
	估计	显著性	估计	显著性	估计	显著性
男性（女性为参照）	－0. 249	0. 000	－0. 172	0. 002	－0. 077	0. 164
年龄组（60 岁以上为参照）						
18—30 岁	－0. 450	0. 006	－0. 472	0. 002	－0. 642	0. 000
31—45 岁	－0. 023	0. 820	0. 141	0. 134	－0. 216	0. 021
46—60 岁	0. 073	0. 363	0. 259	0. 001	0. 008	0. 913
身体状况（很差为参照）						
很好	0. 533	0. 000	0. 275	0. 013	0. 380	0. 001
较好	0. 465	0. 000	0. 333	0. 003	0. 377	0. 001
一般	0. 303	0. 001	0. 181	0. 036	0. 228	0. 009
较差	0. 132	0. 174	0. 125	0. 165	0. 173	0. 058
文化程度（大专以上为参照）						
未上过学	－0. 613	0. 000	－0. 879	0. 000	－0. 697	0. 000
小学/初中	－0. 670	0. 000	－0. 755	0. 000	－0. 512	0. 000
高中/中专	－0. 369	0. 002	－0. 255	0. 030	0. 023	0. 839
党员身份（非党员为参照）						
中共党员	0. 491	0. 000	0. 762	0. 000	0. 795	0. 000
就业状况（年老离退休/无业为参照）						
全职就业	－0. 132	0. 160	0. 052	0. 575	0. 291	0. 001
零工或个体	－0. 561	0. 000	－0. 400	0. 000	－0. 128	0. 156
失业或家庭照料（有劳动能力）	－0. 457	0. 000	－0. 331	0. 001	－0. 034	0. 720
丧失劳动能力	－0. 308	0. 012	－0. 286	0. 014	－0. 106	0. 369
家庭全年经济收入	0. 068	0. 015	0. 190	0. 000	0. 143	0. 000
过去一年家庭生活改善幅度	0. 208	0. 000	0. 199	0. 000	0. 211	0. 000
交往自卑心理	－0. 067	0. 018	－0. 038	0. 152	－0. 006	0. 808

续表

	文娱活动		公益活动		社区创建活动	
	估计	显著性	估计	显著性	估计	显著性
社区歧视感	-0.107	0.002	-0.110	0.001	-0.108	0.001
群体类型（流动人口为参照）						
城市低保户	-0.194	0.024	-0.200	0.012	-0.051	0.534
城市低保边缘户	-0.206	0.016	-0.239	0.003	-0.198	0.016
农村低保户	-0.415	0.000	-0.834	0.000	-0.603	0.000
农村低保边缘户	-0.515	0.000	-0.773	0.000	-0.528	0.000
Cut1	1.445	0.000	2.334	0.000	2.532	0.000
Cut2	1.660	0.000	2.480	0.000	2.704	0.000
模型情况	N = 8229；-2LL = 10514.1		N = 8229；-2LL = 11539.9		N = 8828；-2LL = 11281.1	

第二节　社会交往与社会心态状况分析

一、社会交往状况

贫困不仅仅是指物质上衣食住行等方面的匮乏，很多时候也反映在情感心理和社会交往等层面。比如美国学者刘易斯（O. Lewis）提出的著名的“贫困文化”理论就指出，在社会中，穷人因为贫困而在社会交往和居住等方面具有独特性，并形成特有的生活方式。穷人的独特的心态和居住方式促进了穷人间的集体互动，从而使得与其他人在社会生活中相对隔离，这样就产生出一种脱离社会主流文化的贫困亚文化。处于贫困亚文化之中的人有独特的文化观念和生活方式，这种亚文化通过“圈内”交往而得到加强，并且被制度化，进而维持着贫困的生活。那么，中国城乡困难家庭成员在社会交往的心理与意愿、行为与选择上是否也呈现出上述特征呢？下面通过数据进行分析。

（一）交往心理与意愿

1. 交往自卑心理

关于与人交往时感到自卑的状况，数据结果显示，总体样本中有超过四成的表示有过（“经常有”“有时有”“很少有”加总）自卑心理感受，而明确表示从未有过自卑心理的受访者比例为57.9%。综合来看，困难家庭成员在社会交往意愿上呈现出一定的负面倾向。

表9－11　与人交往时的自卑心理

	自卑心理（%）
经常有	11.7
有时有	17.0
很少有	13.5
从未有过	57.9

另外从群体差异上来看，我们将“从未有过”自卑心理赋分为1，“经常有”自卑心理赋分为4，以各群体的均值得分来表示其交往自卑心理程度。数据结果显示，城市流动人口的自卑心理体验最弱；其次是城市和农村的低保边缘户；而城市低保户、农村低保户的交往自卑心理最重。可见，经济状况越差者，交往自卑心理越重。这一方面可能是缘于较为拮据的经济状况，也可能是成为政策保障的对象，被贴上“低保户”的标签加深了他们的身份识别度，从而让他们背负了很重的心理压力。

进一步地，我们以交往自卑心理为因变量，构建序列Logistic回归模型，以分析相关因素的影响效应及程度。结果显示，女性的交往自卑心理明显高于男性；年龄上，与60岁以上者相比，年轻者的自卑心理更重，具体而言，18—30岁年龄组的自卑心理最重，31—45岁年龄组次之；身体状况越好，交往自卑心理越弱，随着身体状况恶化，交往自卑心理也会逐次提升；文化程度上，与高学历者相比，低学历者的交往自卑心理更重，但回归系数并不具有统计显著性；与非党员相比，中共党员的自卑心理较弱；就业状况上，因伤残丧失劳动力而无工作者的自卑心理最重，失业或在家照料亲人者的自卑心理也较重；经济收入越高，生活状况得到改善的话，其交往自卑心理会明显减弱；群体类型上，即使在控制其他变量的基

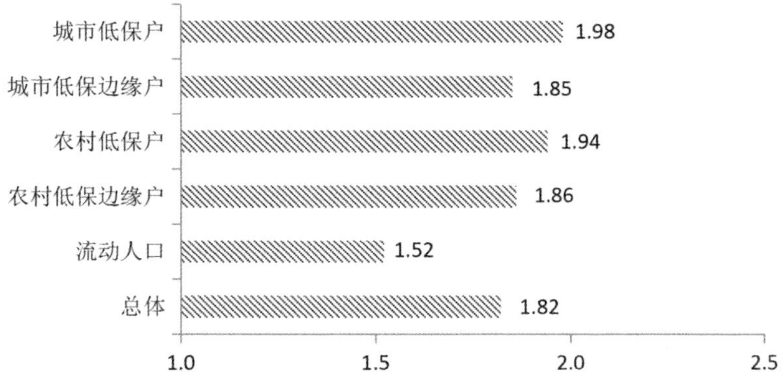

图9－7　与人交往时的自卑心理（1——从未有过，4——经常有）

础上，上文分析结果依然得到验证，流动人口的交往自卑心理最弱，而城乡低保户成员的交往自卑心理要明显重于低保边缘户。

表9－12　困难群体自卑心理的影响因素

	估计	显著性
男性（女性为参照）	－0.216	0.000
年龄组（60岁以上为参照）		
18—30岁	0.512	0.000
31—45岁	0.374	0.000
46—60岁	0.310	0.000
身体状况（很差为参照）		
很好	－1.336	0.000
较好	－0.919	0.000
一般	－0.659	0.000
较差	－0.210	0.002
文化程度（大专以上为参照）		
未上过学	0.036	0.789
小学/初中	0.246	0.035
高中/中专	0.067	0.585
党员身份（非党员为参照）		

续表

	估计	显著性
中共党员	-0.195	0.024
就业状况（年老离退休/无业为参照）		
全职就业	0.136	0.084
零工或个体	0.277	0.000
失业或家庭照料（有劳动能力）	0.202	0.012
丧失劳动能力	0.367	0.000
全年经济收入	-0.084	0.000
过去一年生活改善幅度	-0.192	0.000
群体类型（流动人口为参照）		
城市低保户	0.484	0.000
城市低保边缘户	0.347	0.000
农村低保户	0.470	0.000
农村低保边缘户	0.383	0.000
Cut1	-1.330	0.000
Cut2	-.688	0.009
Cut3	0.518	0.051
模型拟合	N = 8256 -2LL = 18666.2	

2. 社区歧视感受

在是否感受到社区歧视这一问题上，有七成受访者表示完全没有，近三成的受访者感受到程度不等的社区歧视，其中感受到严重社区歧视的比例较低，为2%，而感受到一般性和个别性歧视的比例在1/4左右。

表9-13 是否感受到社区歧视

	频率	百分比（%）
很严重	180	1.9
较为严重	121	1.3
一般	1259	13.6

续表

	频率	百分比（%）
有一些歧视	1139	12.3
完全没有	6532	70.8
合计	9231	100.0

分群体来看，我们将完全没有感受到社区歧视赋分为1，感觉很严重赋分为5；从各群体的均值得分来看，流动人口和城市低保边缘户感受到的社区歧视程度最低，而农村低保户、农村低保边缘户感受到的社区歧视最高。与自卑心理的状况基本相近，低保户受到的歧视要高于低保边缘户，这一方面源自其较差的家庭经济状况，另一方面则可能是其被赋予的政策照顾性标签。

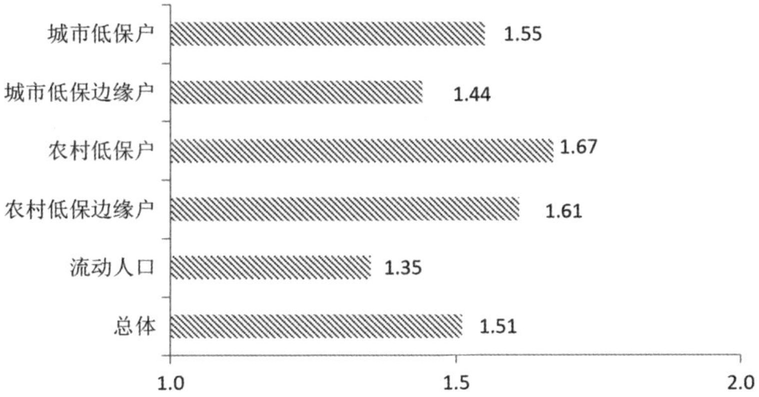

图9－8　感觉受到社区歧视的程度（1——完全没有，5——很严重）

3. 邻居交往意愿

交往意愿上，总体数据中有近九成的受访者表示愿意（“很愿意”和“愿意”）与邻居交往，明确表示不愿意或很不愿意的比例非常之低，不足3%。可见，城乡困难群体的邻里交往意愿较为迫切，并未出现明显的交际封闭和自我关系隔离的情况。

表9－14　是否愿意与邻居交往

	频率	百分比（%）
很愿意	4653	50.2
愿意	3543	38.3
一般	813	8.8
不愿意	221	2.4
很不愿意	31	0.3
合计	9261	100.0

分群体来看，不同困难群体的邻里交往意愿之间并没有呈现出明显差异，如果要细致比较的话，农村低保边缘户的交往意愿稍强于其他群体，而城市低保户的交往意愿稍弱于其他群体，总体之间差异并不大。

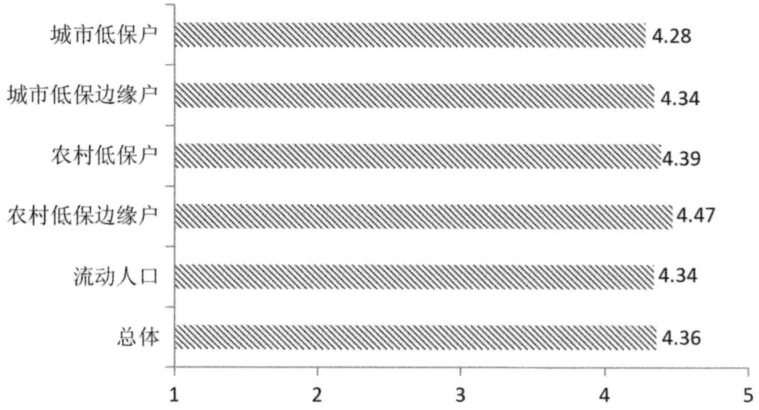

图9－9　邻居交往意愿（1——很不愿意，5——很愿意）

通过构建序列 Logistic 回归模型，分析影响邻里交往意愿的因素及其效应。模型结果显示，男性和女性在交往意愿上没有显著差异；与60岁以上的年老者相比，年轻者的交往意愿明显较低，且年龄越小，邻居交往意愿越弱；身体状况对交往意愿的影响较为复杂，身体状况很好和很差者的交往意愿较为突出，而健康状况处于中间水平者的交往意愿明显略低；不同文化程度群体的交往意愿差异性不大，党员群体相对于非党员群体的交往意愿更为突出；就业状况更好、家庭经济收入越高、家庭生活状况改善幅度越大，成员的邻居交往意愿越强烈。

主观心理上，自卑心理和社区歧视感受都显著地影响其交往意愿，成员的交往自卑心理越重，其交往意愿明显越低，而成员感受到的来自社区的歧视越严重，其交往意愿也明显越低。群体差异上，在控制其他变量的基础上，各群体之间的交往意愿有所差异，流动人口的交往意愿较低，而农村低保户和低保边缘户的交往意愿较高。原因可能在于，农村贫困人群生活在一定的社区共同体之内，与周围环境天然熟悉，所以交往意愿和交际范围较大。相比而言，流动人口面临更多城市适应和融入难题，其交往意愿和范围因此而受到局限。

表 9－15　邻居交往意愿的影响因素

	估计	显著性
男性（女性为参照）	－0. 020	0. 668
年龄组（60 岁以上为参照）		
18—30 岁	－0. 416	0. 001
31—45 岁	－0. 129	0. 095
46—60 岁	－0. 055	0. 381
身体状况（很差为参照）		
很好	0. 009	0. 923
较好	－0. 294	0. 002
一般	－0. 223	0. 001
较差	－0. 171	0. 014
文化程度（大专以上为参照）		
未上过学	0. 118	0. 326
小学/初中	0. 216	0. 036
高中/中专	0. 034	0. 752
党员身份（非党员为参照）		
中共党员	0. 244	0. 002
就业状况（年老离退休/无业为参照）		
全职就业	0. 154	0. 044

续表

	估计	显著性
零工或个体	0.232	0.002
失业或家庭照料（有劳动能力）	0.244	0.002
丧失劳动能力	0.028	0.763
家庭全年经济收入	0.061	0.005
过去一年家庭生活改善幅度	0.127	0.000
社区歧视严重	-0.222	0.000
自卑心理严重	-0.044	0.039
群体类型（流动人口为参照）		
城市低保户	0.045	0.524
城市低保边缘户	0.073	0.303
农村低保户	0.296	0.000
农村低保边缘户	0.463	0.000
Cut1	-5.024	0.000
Cut2	-2.859	0.000
Cut3	-1.270	0.000
Cut4	0.855	0.002
模型拟合	N = 8229；-2LL = 16717.8	

（二）社会交往行为

1. 与基层居委会的交往

通过认识的居委会人员数量来考察困难群体与基层政府部门的交往互动情况，数据结果显示，城乡困难群体成员认识的基层居委会人员数量平均为5人。群体之间有一定的差异性，城市低保户和低保边缘户认识的居委会人员数最多，而流动人口认识的人员数略少。可见，相对而言，城市困难人群与基层政府部门打交道频次更高；农村困难人群次之；而流动人口因受户籍、制度身份影响与基层政府部门打交道频次较少，这在很大程度上也限制了其获得政策保障的机会以及利益诉求表达的通道。

2. 打招呼和登门邻居数

进一步来看邻里互动状况，就平均值而言，总体样本中小区里见面会

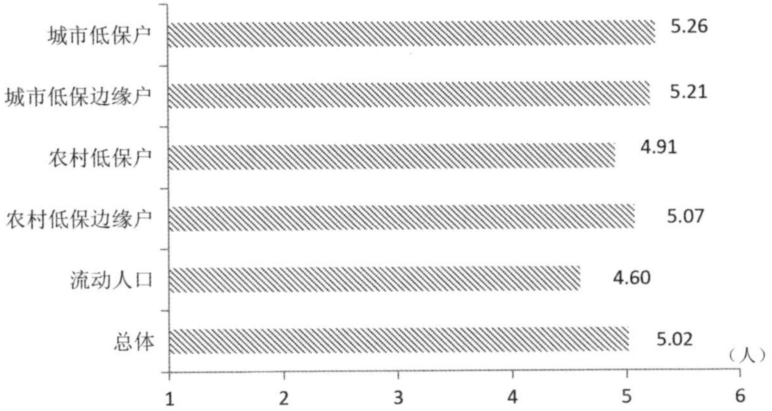

图 9－10　认识当地居委会人员数

彼此打招呼的邻居数量为 85 人；农村低保边缘户和低保户的交往圈最大，彼此会打招呼的邻居数分别达到了 125 人和 110 人，城市低保户和低保边缘户打招呼的邻居数在 57—80 人；流动人口的交往圈居于中间位置，彼此打招呼的邻居数在 72 人。可以登门拜访的居民数上，平均为 22 人，农村困难人群可登门拜访的邻居数最多，城市低保户可以拜访的邻居数最少。

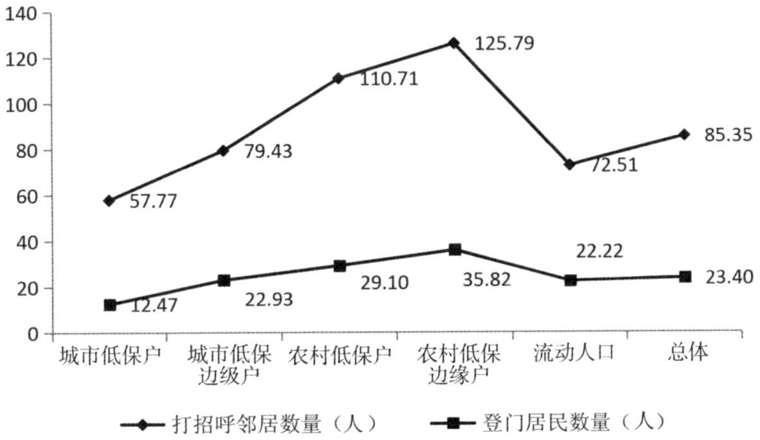

图 9－11　打招呼和登门居民数

3. 邻里互动情况

邻里交往数量上，最近一个月拜访过的邻居数和邻居来拜访的数量均值都在 7—8 人，且邻居前来拜访的数量要高于受访者主动拜访的邻居

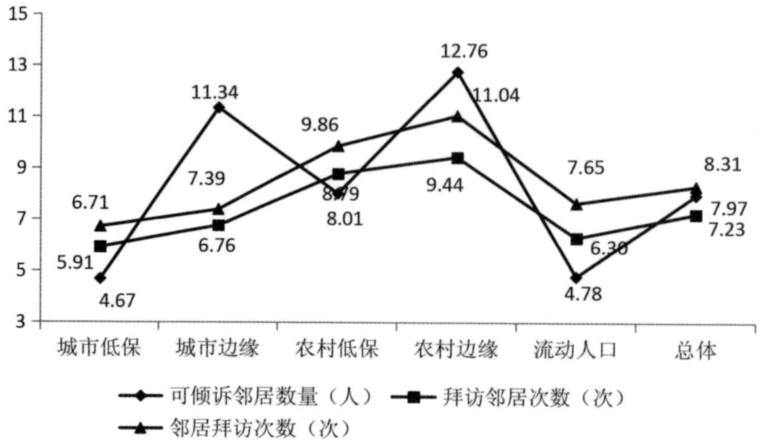

图 9－12　邻里交往数

数。相对而言，农村两类困难群体拜访和前来拜访的邻居数最多，城市流动人口和低保户与邻居互动的频次稍低。从更为亲密的邻里互动形式来看，即遇到烦心事可以倾诉的邻居数量来看，城乡低保户的交往互动范围进一步缩减，分别为 5 人和 8 人，流动人口可倾诉的邻居数也较少，为 5 人左右；相对而言，城乡低保边缘户的可倾诉邻居户数较多，达到 11—12 人。

总之，从前面两个图中可以看出，无论是一般性邻里交往（打招呼）还是登门拜访，以及最为亲密的情感倾诉，都体现出大体一致的状况：农村困难人群的交往互动圈最大，而城市低保户和流动人口的人际交往圈最小。农村的特定社区环境和天然熟悉的人际关系格局决定了其成员较广的交往范围，流动人口交往范围小则主要受限于其制度身份和城市融入难题；城市低保户的交往范围小则可能受制于整体居住和交往环境，也可能是因为其较差的生活状况限制了其正常社会交往。

4. *网络互动*

网络互动作为新时期出现的一种新的交往平台，在很大程度上影响和形塑着人们的交际行为和交际范围。从数据结果来看，总体样本中参与过社区网络互动的比例非常低，只有 12.3%，而表示不关心和没有参加的比例达到了近 3/4，另有超过一成的受访者表示当地没有这些网络互动平台。

表9－16　有没有参加社区网络互动

	频率	百分比（%）
有	1141	12.3
不关心	394	4.3
没有参加	6460	69.8
没有这些网络互动平台	1262	13.6
合计	9257	100.0

分群体来看，流动人口参与网络互动的比例最高，城市低保边缘户次之，而农村两类贫困人群参与网络互动的比例最低。可见，总体而言，困难人群参与网络互动的比例很低，这既受限于其家庭经济状况，也受限于当地社区网络互动平台的搭建。

表9－17　不同类型群体参加社区网络互动情况　单位：%

	有没有参加社区网络互动				
	有	不关心	没有参加	没有这些网络平台	合计
城市低保户	8.8	4.1	77.0	10.0	100.0
城市低保边缘户	12.6	4.1	73.5	9.8	100.0
农村低保户	5.7	5.3	67.8	21.2	100.0
农村低保边缘户	6.0	3.0	68.7	22.2	100.0
流动人口	25.7	4.8	60.6	8.9	100.0
合计	12.3	4.3	69.8	13.6	100.0

二、社会心态状况分析

（一）社会心态基本区分

在城乡和流动人口问卷中均设置了一组对困难人群社会心态进行测量的问题，对“与人交往时感到自卑”“感到自己和家庭的未来没有希望”“感到情绪沮丧、心情焦虑”的选项分别进行重新赋值：从未有过为1，很少有为2，有时有为3，经常有为4；后三个问题“个人应该承担更多的责任来养活自己”“只有努力工作，才能够带来好生活”“我自己可以掌握自己的命运”选项赋值：不同意为1；不太同意为2；比较同意为3；很同意为4。之后对这六个社会心态变量进行因子分析（采用主成分，正交旋转法），可以从六个原始变量中析出两个因子，两个因子总的方差贡献率为64.4%。

根据各变量在两个因子上的载荷，可以明确两大因子的具体含义，其中因子1主要对应“交往自卑”“未来无望感”“沮丧焦虑感”等内容，因此可以定义为消极社会心态因子。因子2主要对应“个体生活责任观”“自主努力工作”“命运控制”等内容，可以定义为积极社会心态倾向。

表9－18　旋转后析出的两大因子

	因子1 消极心态	因子2 积极心态
与人交往时感到自卑的频率	0.841	－0.039
感到自己和家庭的未来没有希望的频率	0.863	－0.094
感到情绪沮丧、心情焦虑的频率	0.844	－0.085
个人应该承担更多的责任来养活自己	－0.019	0.778
只有努力工作，才能够带来好生活	0.021	0.798
我自己可以掌握自己的命运	－0.209	0.646

进一步，我们看到两大社会心态因子在不同类型困难群体上有着较强的区分能力，根据样本的因子得分，可以对两大因子在各类困难人群中的均值差异进行比较。数据结果显示，城市和农村低保户这两类经济状况较差的群体在消极心态因子上的得分明显较高，而流动人口、农村低保边缘户两类人群在积极社会心态因子上的得分稍高。这表明，经济状况与贫困群体的心理状况有内在关联，低保户的社会心态更趋消极，家庭经济生活状况越差，成员的社会心态也由之发生波动，在自卑、无望感、沮丧焦虑等方面呈现得越为明显。

表9－19　因子得分均值比较

	消极心态因子	积极心态因子
城市低保户	0.167	－0.090
城市低保边缘户	0.049	－0.011
农村低保户	0.106	－0.009
农村低保边缘户	0.042	0.025
流动人口	－0.316	0.091
	F＝68.5***	F＝8.3***

（二）消极社会心态及其群体差异

对于总体城乡困难人群而言，有近三成的受访者表达出“经常有”或者“有时有”自卑情绪和对于未来生活的无望感；而经常或有时感到情绪焦虑、心情沮丧的受访者比例更高，达到了近半数；只有三成多的受访者表示从未有过“焦虑沮丧”的感受。

表9－20　过去一年出现下列社会心态的频率　单位：%

	自卑情绪	未来无望感	焦虑沮丧
经常有	11.7	13.4	19.7
有时有	17.0	16.6	27.5
很少有	13.5	12.2	16.3
从未有过	57.9	57.9	36.4
合计	100.0	100.0	100.0

从另一个角度来看，我们将自卑情绪、生活无望感和焦虑沮丧统合起来进行考察，把“从未有过”相应消极社会心态作为一类，将“经常有”“有时有”和“很少有”相应消极社会心态作为另一类，来考察困难家庭成员至少呈现出一种以上消极社会心态的状况。数据结果显示，就总体而言，有69.4%的受访者在平时生活中至少出现过一种以上的消极生活情绪，总体中只有三成的受访者从未有过负面情绪的体验。分人群来看，流动人口、城市低保边缘户家庭成员感受到负面情绪的比例相对低一些，而其他三类经济生活状况较差者的负面情绪和心态体验更明显。

总之，结合上述数据分析结果可以看出，负面和消极的社会心态在城乡困难人群中有较大范围的弥漫，家庭经济状况越差，其成员的消极情绪体验越频繁，也越深刻。

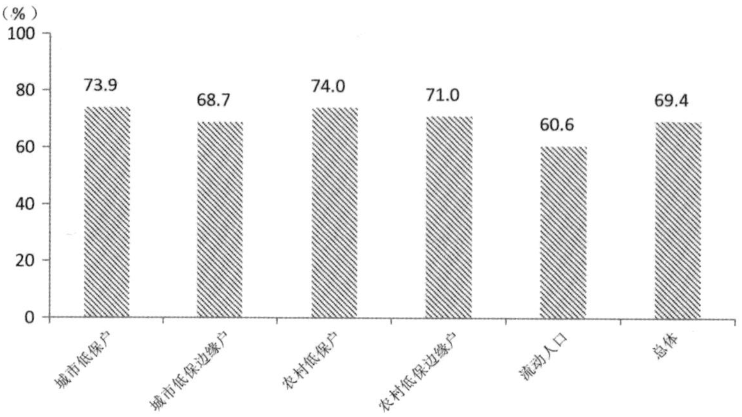

图9－13　不同困难群体中至少有一种负面情绪体验的比例

下面是具体比较不同群体在三类消极社会心态上的差异性，统计手段上，均对原始选项进行了重新编码赋值，将“从未有过”赋值为1，“很少有”赋值为2，“有时有”赋值为3，“经常有”赋值为4；“说不清楚”频次较少，定义为缺失。下面图9－14至图9－16依次展示了不同群体在自卑心理、焦虑沮丧和生活无望感上的均值得分，分值越高表明这种负面情绪体验越频繁。

数据结果显示，在与人交往时的自卑心理方面，城市低保户、农村低保户和农村低保边缘户的体验最为深刻，城市低保边缘户相对较弱，而城市流动人口的自卑心理相对最弱。这一数据结果与总体性消极社会心态分析结果相一致。

在平时生活情绪沮丧、心情焦虑上，数据结果与前文也基本一致，城市和农村低保户展示出更高的负面倾向，而流动人口的沮丧焦虑体验最弱。

在未来生活无希望感这一指标上，农村低保户、城市低保户仍然位居前列，生活无望感更为突出；城市流动人口仍然排在后面，其生活态度更为积极乐观。

进一步地，我们对消极社会心态变量之间的关系作一个考察。数据结

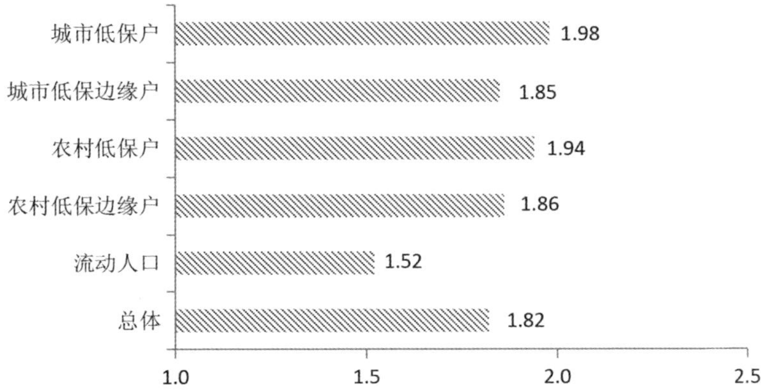

图9－14　不同群体与人交往时的自卑心理（1——从未有过，4——经常有）

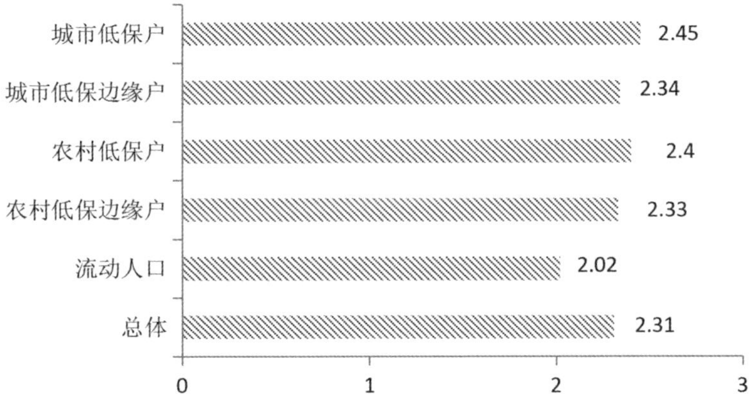

图9－15　不同群体情绪焦虑沮丧的程度（1——从未有过，4——经常有）

果显示，生活无望感和沮丧焦虑情绪之间有着高度的正相关关系，Gamma系数和Spearman等级相关系数值均较高，那些经常有沮丧和焦虑感受的受访者中有超过半数的（52.6%）经常体验到生活无望感，而那些从未有过沮丧和焦虑体验的受访者中只有1.5%的经常体验到生活无望感，而有九成以上的从未有过无希望感。可见，在困难人群中，负面情绪之间具有较强关联性，一种负面情绪和心态也往往伴随着其他同等程度的消极情绪体验。

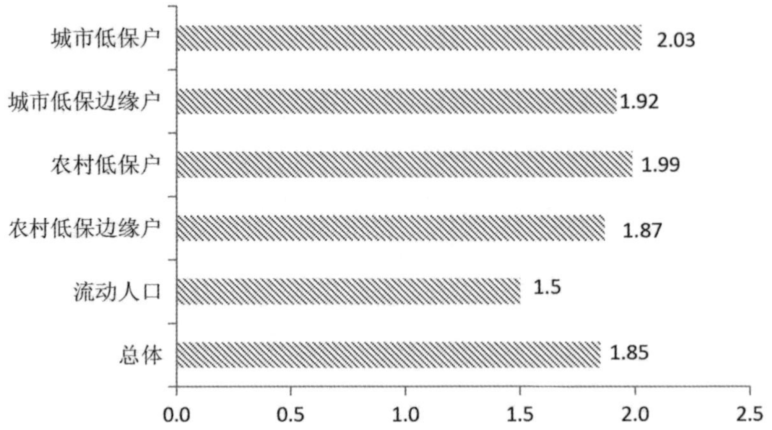

图9－16　不同群体未来生活无望感程度（1——从未有过，4——经常有）

表9－21　未来无望感与情绪沮丧焦虑的相关性　单位：%

		感到情绪沮丧、心情焦虑的频率				
		从未有过	很少有	有时有	经常有	相关性
感到自己和家庭的未来没有希望的频率	从未有过	92.3	54.5	41.6	18.7	Gamma＝0.751；Spearman 系数为 0.618
	很少有	3.9	31.1	14.7	8.2	
	有时有	2.3	11.5	36.1	20.5	
	经常有	1.5	2.9	7.6	52.6	
合计		100.0	100.0	100.0	100.0	

（三）积极社会心态及其群体差异

本部分从生活的个体责任观、努力工作创造幸福生活和对于命运的控制感三个维度考察城乡贫困家庭在积极乐观、自主努力方面的状况。就总体而言，对“个人应该承担更多的责任来养活自己”“长远看来，努力工作通常能够带来好生活”“自己可以掌握自己的命运”表示非常赞同的比例分别为55.5%、67.8%和49.5%，分别有三成左右的受访者对这些论点表示“比较同意”。另外，有一成左右的受访者对“个人应该承担更多的责任来养活自己”明确表示反对，5%的受访者对“长远看来，努力工作通常能够带来好生活”表示明确反对，近两成的受访者不同意“自己可以掌握自己的命运”的说法。

总体来看，城乡贫困家庭成员展示出一定的积极乐观和自主努力的心态倾向，却不是特别突出和明显，甚至有少部分受访者明确表示了不同意和不认可的态度。

表 9－22　对下列观念的赞同状况（N＝9042）

	个体责任观	努力工作创造生活	命运控制感
很同意	55.5	67.8	49.5
比较同意	34.0	27.2	31.7
不太同意	4.9	2.2	8.7
不同意	5.5	2.8	10.1
合计	100.0	100.0	100.0

下面是具体比较不同群体在三类积极社会心态上的差异性，首先我们对三个原始问题的选项进行了重新编码赋值，将“不同意”赋值为 1，“不太同意”赋值为 2，“比较同意”赋值为 3，“非常同意”赋值为 4；“说不清楚”频次较少，定义为缺失。图 9－17 至图 9－19 依次展示了不同群体在个体责任观、自主努力和命运控制感上的均值得分，分值越高表明这种积极情绪体验越显著。

在“个人应该承担更多的责任来养活自己”这一点上，流动人口的认可度最高，城乡两类低保户的认可度略低。这表明，经济生活状况越差者更不认可个体责任论，即更不太可能将这种经济生活上的困境作内向归因。

对于“长远看来，努力工作通常能够带来好生活”这一观点，各个群体之间的差异性不大。可见，对于后天自主努力的价值和意义，贫困人群具有较为相近的认识。

在“自己可以掌握自己的命运”这一论点上，各类群体之间的差异性明显，流动人口仍然位居前列，他们的生活和命运控制感更强烈，且均值得分明显高于其他群体。城市相对于农村，低保户家庭相对于低保边缘化家庭，其命运控制感相对较弱。

（四）社会心态的影响因素分析

在前文基本统计描述的基础上，我们进一步构建统计分析模型，综合

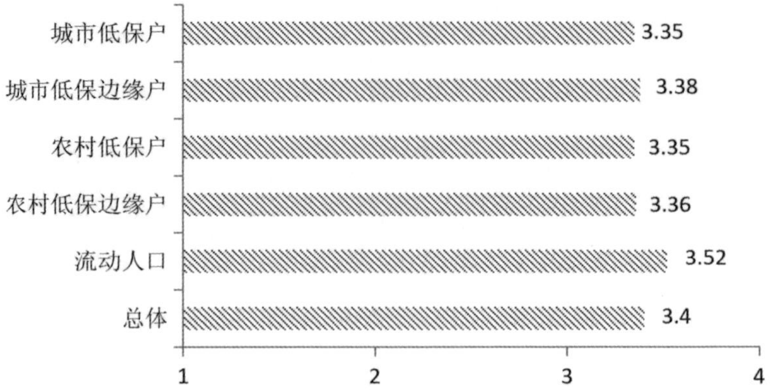

图9－17　赞同个体责任的观念（1——不同意，4——很同意）

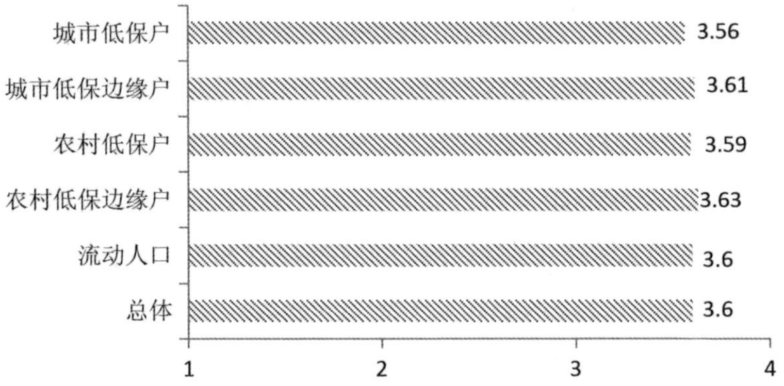

图9－18　赞同努力工作才能带来美好生活的观念（1——不同意，4——很同意）

考察各类影响因素对于困难群体社会心态的影响。因变量有两类消极社会心态——情绪沮丧焦虑和生活无望感，积极社会心态使用的指标是命运控制感。鉴于因变量为序列层次变量，因此使用序列 Logistic 回归模型进行分析。自变量上，既有性别、年龄分组、身体健康状况这样的人口学特征变量，也有文化程度、党员身份和就业状况这样的社会经济地位及状况变量，另外还添加了群体类型变量。

数据结果显示，就性别而言，男性的社会心态更为积极乐观，他们的命运控制感更强；而女性社会心态更偏消极，感受到沮丧焦虑和生活无望的可能性要明显高于男性。

年龄上，与60岁以上的老年困难人群相比，青年人和中年人显示出了

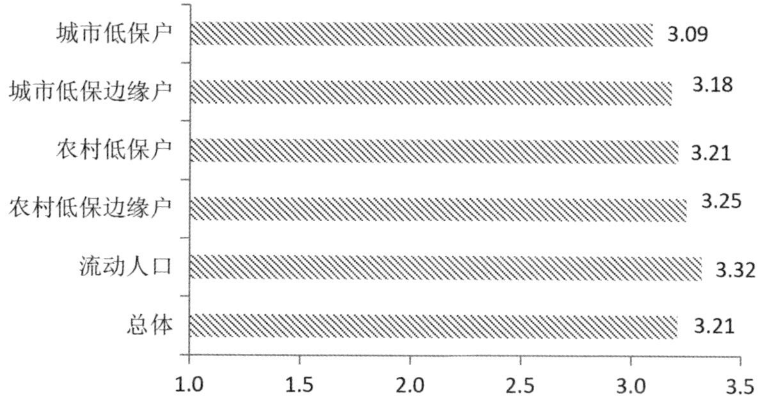

图9－19 赞同自己控制命运的观念（1——不同意，4——很同意）

更为突出的消极社会心态。18—30周岁的困难人群体现出最高的沮丧和焦虑情绪，这一点应该引起警惕。

身体状况上，总体呈现出身体状况越好，消极社会心态越弱的趋势，但积极心态上只有身体状况很好才对积极心态有显著正向影响。具体而言，在情绪沮丧焦虑和生活无望感上，身体状况越差，其消极体验越明显，身体状况与消极心态有着高度一致的关联性。但是在积极社会心态上，只有身体状况很好这一类群体明显具有较高的命运控制感，而身体状况一般、较差和很差者的命运控制感差异并不显著，均低于身体健康者。

文化程度上，各等级群体之间在社会心态上呈现出一定差异性，但在统计上并不显著。

党员身份上，与非党员相比，城乡困难人群中中共党员的社会心态更为积极，他们的情绪沮丧焦虑感和生活无望感均显著低于非党员群体。

就业状况上的影响较为复杂，与年老退休或年老无业者相比，其他几类就业状态人群的消极社会心态更明显，无论是在情绪沮丧焦虑还是在生活无望感上都有所体现，这可能是和年龄有关，前文已述，与60岁以上者相比，其他人群的消极社会心态更明显。

经济状况与心态上，家庭经济收入越高，消极心态会减弱而命运控制感会提升；过去一年生活改善幅度越大，受访者的消极社会心态越低而积极社会心态越明显。

群体类型上，与前文统计描述结果基本一致，城市流动人口、城市低保边缘户的社会心态更趋积极，而农村和城市低保户的社会心态更趋消极。

表 9－23　影响困难群体消极社会情绪的序列 Logistic 模型分析

	情绪沮丧焦虑（消极）		未来生活无望感（消极）		命运掌控感（积极）	
	估计	显著性	估计	显著性	估计	显著性
男性（女性为参照）	－0. 405	0. 000	－0. 206	0. 000	0. 055	0. 236
年龄组（60 岁以上为参照）						
18—30 岁	0. 456	0. 000	0. 053	0. 718	－0. 370	0. 004
31— 45 岁	0. 165	0. 022	0. 098	0. 212	－0. 202	0. 008
46— 60 岁	0. 068	0. 245	0. 015	0. 808	0. 033	0. 601
身体状况（很差为参照）						
很好	－1. 424	0. 000	－1. 421	0. 000	0. 686	0. 000
较好	－1. 060	0. 000	－. 940	0. 000	0. 101	0. 278
一般	－. 829	0. 000	－. 726	0. 000	0. 103	0. 122
较差	－. 307	0. 000	－. 328	0. 000	－. 027	0. 691
文化程度（大专以上为参照）						
未上过学	0. 050	0. 668	－0. 098	0. 461	0. 183	0. 129
小学/初中	0. 155	0. 123	0. 097	0. 410	0. 161	0. 120
高中/中专	－0. 096	0. 360	－0. 057	0. 646	0. 070	0. 516
党员身份（非党员为参照）						
中共党员	－0. 304	0. 000	－0. 261	0. 003	0. 108	0. 168
就业状况（年老离退休/无业为参照）						
全职就业	0. 181	0. 012	0. 121	0. 124	0. 074	0. 330
零工或个体	0. 260	0. 000	0. 137	0. 078	0. 119	0. 113
失业或家庭照料（有劳动能力）	0. 189	0. 010	0. 162	0. 041	0. 008	0. 919
丧失劳动能力	0. 374	0. 000	0. 295	0. 001	－0. 116	0. 202

续表

	情绪沮丧焦虑（消极）		未来生活无望感（消极）		命运掌控感（积极）	
	估计	显著性	估计	显著性	估计	显著性
全年经济收入	-0.033	0.113	-0.124	0.000	0.008	0.706
过去一年生活改善幅度	-0.327	0.000	-0.331	0.000	0.321	0.000
群体类型（流动人口为参照）						
城市低保户	0.306	0.000	0.533	0.000	-0.261	0.000
城市低保边缘户	0.201	0.003	0.438	0.000	-0.131	0.065
农村低保户	0.270	0.001	0.460	0.000	-0.059	0.483
农村低保边缘户	0.206	0.007	0.265	0.002	0.015	0.850
Cut1	-2.659	0.000	-2.519	0.000	-.873	0.001
Cut2	-1.922	0.000	-1.929	0.000	-.126	0.626
Cut3	-.487	0.045	-.808	0.002	1.422	0.000
模型拟合	N = 8393 -2LL = 22275.9		N = 8262 -2LL = 18686.3		N = 8018 -2LL = 18440.1	

综合来看，城乡困难人群的社会心态可以明显地区分出积极和消极两种取向，负面和消极的社会心态在城乡困难人群中有较大范围的弥漫，城乡低保户在自卑、无望感、沮丧焦虑等方面表现更为明显，家庭经济状况越差，其成员的消极情绪体验越频繁，也越深刻；相对而言，城市流动人口、低保边缘户等群体的社会心态更趋积极，他们在个体责任观、自主努力观和命运控制感上的表现优于其他人群；就影响因素而言，社会人口学特征变量、身体状况、就业与经济状况均影响到困难人群的社会心态评价，女性、年轻者、身体状况较差者、经济状况较差者、生活状况未改善者，这些人群的社会心态更趋消极。

第三节　结论与若干思考

一、结论

本章重点考察了城乡困难人群的社区参与、社会交往和社会心态状况。在社区参与上主要从两方面展开，一是社区公共事务参与状况，如参加基层换届选举的意愿及行为，参加居务监督的意愿及行为，参与公共事务维护状况等；二是社区活动参与状况，从社区文娱活动、社区公益活动、社区创建活动三个方面展开。在社会交往上，一方面展现社会交往心理，即这部分群体的交往自卑心理与感受到身边他人歧视的状况；另一方面则聚焦于社会交往行为，即这部分群体的日常交往范围、规模、频率等，这在很大程度上能够反映困难人群的人际隔离与融合状况。对于困难群体社会心态的考察，重点从一系列日常情绪和社会心态中辨识出“积极性”和“消极性”两种典型类型进而展开细致分析。

本章对于城乡困难群体社会参与、社会交往及社会心态的分析，既展示了困难群体的总体状况，又分城乡（城市、农村、流动人口）、经济困难程度（低保户、低保边缘户）考察了不同群体的异质性，并从多维视角入手细致探讨了影响困难群体参与行为与心态的因素及其效应。基本的经验概括如下。

（一）社区公共事务参与

从总体来看，城乡困难群体社区公共事务参与状况呈现出以下几个特点：第一，整体参与热情不高，无论是从参与意愿还是参与行为来看都有明显体现，整体中只有 2/3 左右的人表示在社区换届选举、社区居务监督上有参与意愿，而实际参与率则更低。第二，公共事务参与呈现出明显的层次性，换届选举的参与率最高，比例达六成左右，而社区居务监督和社区公共事务维护活动参与率非常低，比例仅在两成左右。第三，公共事务参与意愿与参与行动之间有一定差距，这尤其体现在社区居务监督上面，二者的差距达到了近 40 个百分点，这可能跟社区居务监督平台和渠道的匮乏有关，也可能是城乡困难群体缺乏机会，被排斥在制度化参与渠道之外。

基层选举的参与上，城市和农村困难人群中有超过2/3的对象表示会“积极参加”或“比较愿意”参加，反映出一定的参与意愿，但实际参加选举行为的比例明显低于其参与意愿；另外，低保户的参与意愿都要高于低保边缘户（无论是城市还是农村），流动人口参与选举比例最低，他们受制于户籍制度和体制身份，其参加选举的制度化空间相对狭窄，这在很大程度上制约了其参与意愿与倾向。

社区居务监督上，总体中有六成受访者表示愿意参与，其中城市困难人群的参与意愿更为强烈。从实际参与行动来看，总体中仅有两成受访者表示参加过社区居务监督活动，城市两类困难人群的参与比例略高，而农村两类困难人群的参与比例略低。意愿和行动之间的差距反映了困难民众的参与需求与供给之间的差距，原因可能是社会成员普遍缺乏社区居务监督的平台和渠道，也可能是城乡困难群体缺乏机会，被排斥在制度化参与渠道之外。

社区公共事务维护上，总体中仅有两成受访者表示有过参与经历，这一比例明显偏低。不同群体在社区公共事务的参与上呈现出一定的差异性，相对而言，流动人口的参与比例最高，这可能和他们在城市中从事个体餐饮、物流、便利店经营等工作有关，这些工作与社区经济、社区卫生、社区服务等基层公共事务密切相连；城市两类困难人群的参与比例居中，而农村困难人群的参与比例略低。

综合来看，男性、年长者、身体状况良好者、文化程度较高者、党员、就业状态较稳定者，在换届选举、居务监督和公共事务维护上表现得更为积极；青年人在公共事务的参与意愿和行动上的表现均较差，如何激发青年人的参与热情，释放和发挥青年人社区参与的活力，是一个值得深思的课题。

（二）社区活动参与

总体来看，近三年参与过三类社区活动的困难群众比例均在三成左右，明显偏低。从群体差异比较来看，流动人口参与社区文娱活动和社区公益活动的比例明显高于其他几类困难群体，他们的工作贴近社区生活或者本身就是社区生活密不可分的一部分，因而从总体上来看，他们的社区活动参与度较高。农村两类困难群体在三类社区活动的参与上均处于最低水平，比例明显低于其他人群，这可能是农村缺乏活动赖以开展的公共空间、场所和设施所致；城市两类困难群体在社区创建活动上参与比例高于其他群体。

从影响因素来看，女性、年长者、身体状况良好者、文化程度较高者、党员、自卑感和社区歧视感较低者、流动人口和城市困难人群的社区活动参与比例较高，青年人社区活动参与热情较低；农村困难人群可能因活动场地、空间和设施不足，社区活动参与比例略低。

（三）社会交往意愿及其行为

困难家庭成员在社会交往心理上呈现出一定的负面倾向，有一定比例的受访者展现出自卑心理并感受到来自社区的歧视。女性、青年人、身体状况较差者、低学历者、无工作者、低保户，这些群体的交往自卑心理更为明显。近三成的受访者感受到了程度不等的社区歧视，低保户受到的歧视高于低保边缘户和流动人口，一方面可能源自其较差的家庭经济状况，另一方面则可能源自其被赋予的政策照顾性标签。

困难群体成员的邻里交往意愿仍较为强烈，并未出现明显的交际封闭和自我关系隔离的情况。年长者、就业状况更好、家庭经济收入越高、家庭生活状况改善幅度越大，成员的邻居交往意愿越强烈。主观心理上，自卑心理和社区歧视感受都显著地影响其交往意愿，成员的自卑心理越重，其交往意愿明显越低，而成员感受到的来自社区的歧视越严重，其交往意愿也明显越低。

城乡困难群体成员认识的基层居委会人员数量平均为 5 人，城市低保户和边缘户认识的居委会人员数稍多，而流动人口认识的人员数最少。城市困难人群与基层政府部门打交道频次较高，农村困难人群次之，而流动人口因受户籍、制度身份影响与基层政府部门打交道频次较少，这在很大程度上也限制了其获得政策保障的机会以及利益诉求表达的通道。

邻里交往方面，无论是一般性邻里交往（打招呼）还是登门拜访，以及最为亲密的情感倾诉，都体现出一致的状况：农村困难人群的交往互动圈最大，而城市低保户和流动人口的人际交往圈偏小。农村的特定社区环境和天然熟悉的人际关系格局决定了其成员较广的交往范围，流动人口交往范围小则主要受限于其制度身份和城市融入难题；城市低保户的交往范围小则可能受制于整体居住和交往环境，也可能是因为其较差的生活状况限制了其正常社会交往。困难人群参与网络互动的比例很低，这既受限于其家庭经济状况，也受限于当地社区网络互动平台的搭建。

（四）积极与消极社会心态

从困难人群的社会心态评价上可以辨识出两类不同的取向，以自卑情绪、生活无望感和焦虑沮丧等为代表的消极心态和以个体生活责任观、自主努力、命运控制等为代表的积极心态，且两类心态在不同人群中的分布具有明显差异性。消极心态方面，总体中有近七成受访者表示，在平时生活中至少出现过一种以上的消极生活情绪。城市和农村低保户这两类经济状况较差的群体在消极心态上倾向更为明显，而流动人口、农村低保边缘户两类人群在积极社会心态上得分稍高。这表明，经济状况与贫困群体的心理状况有内在关联，低保户的社会心态更趋消极，家庭经济生活状况越差，成员的社会心态也由之发生波动，在自卑、无望感、沮丧焦虑等方面呈现得越为明显。

二、若干思考

城乡困难群体在社会参与、交往和心态等方面既呈现出一定的共性问题，也存在明显的分化和差异。对于问题的应对和缓解，既有赖于居民的积极融入、热情参与和心理建设，也离不开基层政府部门的规划、投入、指导和管理。这其中既需要统筹规划，也要分类施策，实行精准支持和帮扶，从而不断提升社区居民的认同感和归属感，增强社区凝聚力，维护社区稳定。

一是针对贫困流动人口基层选举参与率低的问题，尝试探索委托投票或流入地参与选举等工作机制。流动人口基层选举参与率低是一个普遍现象，不仅仅存在于困难流动人群中，这既影响了流动人口的公共政治参与，也影响着基层选举的民主广泛性。在传统的加强宣传工作的基础上，也应该不断创新工作模式，尝试探索流动人口委托投票机制，如通过书面委托或通过电子邮件、QQ、微博、微信、客户端等信息传输书面委托书照片等影印件方式参与家乡选举（工晓、滕修福，2016）。另外，在有条件的地区也可以尝试鼓励流动人口选择现居住地（流入地）登记参选，其中要做好两地对接、避免重复登记等工作。这样，不仅能够保障流动选民的选举权，也能有效提升参选率。

二是创新社区活动参与载体，通过“互联网+社区”形式提升各方参与积极性。与传统社区工作模式的单向性、单点性、单时性相比，越来越多的社区已开启“微社区”管理探索。“一个微信公众平台+若干个微信群”，线上沟通结合线下互动的方式，让社区服务更加智能和便捷，与居民更加贴近。“微社区”既可以做到“实时性”，又能在社区和居民之间建立多维度的交流，去除沟通“死角”。另外，通过微信等线上交流，社区内有特长或者技能的志愿力量也更容易被挖掘出来。总之，通过创新社会参与形式与载体，提供更多公共活动和交往平台，能够有效提升困难人群的社区融入度和人际关系融入度。

三是基层政府部门应加强对于经济特别困难人群的情感关怀、人际联系和组织动员。经验数据表明，越是经济条件差的困难群众，其与基层政府部门的联系越少，与邻里之间的互动频率越低，交往自卑心理和畏难情绪越重。因此，基层政府部门在做好经济困难人群社会保障政策落地落实的同时，也应该加强对于经济特别困难人群的情感关怀和人际联系，通过政府力量、社会组织、民间团体等多方渠道将困难人群动员起来、整合起来，形成与基层政府部门、亲朋邻里、社区组织频繁而良性的互动。

四是采取多方面举措促进贫困家庭有劳动能力者积极就业，为其社会参与和心态调整打下良好物质基础。前文数据分析发现，那些经济状况较差、无工作者的社会参与和社会交往度更低，社会心态也更为消极，经济与就业状况构成了城乡困难人群参与、交往的重要物质基础。因此，亟须通过改善就业状况来提升贫困家庭经济状况，要积极整合贫困人群周边的政策性、社会性和关系性资源，如充分发挥职业介绍机构、招聘会、用人单位、社区介绍、政府公益岗位、亲友介绍、灵活就业、自主创业等多个招聘就业渠道的作用，努力促进有劳动能力贫困人员的劳动就业。

五是加强社区社会工作，吸引更多社会力量参与贫困人群服务。社区社会工作是社会管理的一种方式，区别于政府管理部门的制度化和程序化特点，它具有显著的灵活性和具体化特征。所谓国家（政府）办大事，社区办小事，城乡困难人群不管在哪个行业、部门就业或居住在何处，总是在一个个社区里，社会工作者的介入不仅可以帮助他们落实各项福利和维权，更重要的是激活他们与周边居民之间的交往兴趣，形成互帮互助的人际关系网络。因此，社区工作对于重构困难人群的社会交际网络、改善困难人群的负面心理具有至关重要的意义，应着重将城乡困难群体纳入社区社会工作范围（李远行，2016）。

六是积极构筑社会安全阀机制，畅通利益表达及情绪宣泄渠道。所谓“安全阀制度”是指为社会或群体的成员提供某些正当的、制度化渠道，将平时蓄积的不满、怨恨情绪予以宣泄和消除，从而在维护社会和群体的生存、维持既定的社会关系中，发挥“安全阀”一样的功能。化解社会情绪，应当疏通“出气口”，设置“减压阀”，切实防止个人情绪集聚成社会情绪，社会情绪蔓延成反社会情绪，反社会情绪演变成反社会行为。要构建民意反馈和社会预警机制，让民众利益诉求、利益协调、利益保障均有正常、可靠的途径，让不良情绪、行为在早期能够得到及时察觉，中后期能够得到有效疏解和化解。

第十章　流动人口困难家庭社会政策精准支持研究

本章旨在分析流动人口中困难家庭的社会政策支持状况，在反映需求和支持获得的基础上，评估社会政策支持的精准状况，并基于研究结论提出若干对策建议。

第一节　研究背景与分析思路

一、研究背景与问题提出

（一）研究背景

我国正处于城镇化快速发展的阶段，流动人口数量不断上升，大量农村人口涌入城市，向超大、特大城市聚集。根据《中国流动人口发展报告2016》，2015 年我国流动人口总量已达 2.45 亿，超过人口总量的 1/6。“十三五”时期，流动人口主要向沿江、沿海、沿主要交通线地区聚集，超大城市和特大城市人口继续增长。同时，新生流动人口不断增加，2015 年劳动年龄的流动人口中，新生代的比例已经超过一半。流动人口的平均年龄呈上升趋势，且老化速度快于全国人口。未来一二十年，我国城镇化速度将继续保持较高水平，按照《国家新型城镇化规划（2014—2020 年）》的预测，2020 年我国仍有 2 亿以上的流动人口。

贫困流动人口已成为城市贫困人口的重要组成部分。数量庞大的流动人口在涌入城市后，为城市经济建设和社会发展作出了重要贡献，但受医疗、养老、就业和住房等多重限制，流动人口更容易陷入贫困的境地。而且，流动人口的贫困具有复杂性的特点。首先，致贫原因与自然条件、社会生产力发展、人口素质、社会福利政策导向、分配政策和产业政策等多种因素密切相关，呈现出复杂多元的特点。其次，贫困问题表现复杂。当前我国城市流动人口基数大、分布广、流动性强，“二代流动人口”群体规模也在不断扩大，贫困问题出现新的特点。该群体贫困问题是经济收入低、个人能力差、社会支持网络弱化和权益缺失的综合体，流动人口贫困问题是中国城市化进程中迫切需要关注和解决的一个重要问题。

流动人口贫困问题的解决，仍然需要长期的努力。在未来的十年中，我国仍将处于城市化加速发展的阶段，每年将新增1000万以上的城镇人口，城镇新增人口的主要来源则为农村向城镇的迁移人口。城市流动人口属于城市边缘群体，是城市经济体制改革的产物。伴随着城镇化进程的加快，城市流动人口数量不断增加的趋势，未来我国流动人口的反贫困工作仍需要长期关注。

（二）问题提出

城市流动人口困难家庭的生存、发展等基本权利历来得到党和国家的重视与支持。我国于1997年建立城市居民最低生活保障制度，且不断提升瞄准精度、提高保障水平，为提高城市流动人口困难家庭生活水平、保持社会公平、维护社会团结等方面作出了重大贡献。除此之外，我国专项社会救助、其他社会支持政策的建立健全，在惠民生、解民忧、保稳定、促和谐等方面发挥了重要作用。总体而言，我国针对城市流动人口困难家庭的各级各类扶持政策，已取得了巨大成效。

然而，现有的社会政策仍然存在着一定的缺陷。随着流动人口数量的增多、年龄结构的变化，流动人口的贫困问题呈现出复杂的特点，流动人口日益多元的需求尚未得到满足。而现有的社会政策面临着体系建设不完善、相应标准偏低、动态调整落后于现实需求等问题，政策可及性、充分性、公平性有待提高。这要求精准性支持政策的提出，以全方位满足流动人口日益多元的需求，助力流动人口贫困问题的解决。

依据以上背景，基于全国典型性综合调查，全面真实地反映城市流动人口困难家庭基本状况，并且通过对调查结果的深度分析，对我国城市流动人口困难家庭社会救助机制的精准性支持作出客观评价，进而为国家反贫困工程建设以及其他各项社会救助政策的完善提供坚实的科学依据。

二、现有相关政策梳理

（一）相关政策梳理

1. 流动人口户籍管理政策

（1）政策的发展过程。户籍制度在我国形成已久，用户籍制度对人口进行管理，在很大程度上为国家的人口管理和稳定发展提供了很多的便利，但是我国城市和乡村分开的二元户籍体制也限制了人员流动。在很长一段时间里，我国的城乡二元体制和严格的户籍控制使得城市和乡村之间处于封闭状态。通过梳理有关流动人口的相关户籍政策，可以发现我国流动人口的户籍政策主要经历了不允许流动、限制性流动、开放流动三个阶段的发展。

第一，在 20 世纪 50—80 年代，国家对于流动人口的政策是严格管控，基本不允许农村人口进入城市。从 1950 年开始，国家实行的严格的城乡二元户籍制度将城市和乡村之间划分为两个部分，农民进入城市受到诸多限制。1955 年，国务院发布《关于建立经常户口登记制度》，其中规定全国的城市、集镇和乡村都要建立户口登记制度，以此将城市人口和农村人口分为两个部分。随后在 1957 年 12 月通过的《关于各单位从农村中招用临时工的暂行规定》中，明确要求不得私自介绍农民到城市和工矿区找工作，限制了农村和城市之间的人员流动。在这个阶段，国家严格控制城乡之间的人员自由流动，城乡之间形成了一种无形的间隔，几乎处于一种无流动的封闭状态。

第二，从 20 世纪 80 年代中期至 20 世纪末，是一种限制性的流动。一方面，国家的人口流动政策受到改革开放的影响，呈现出承认流动、接受流动的趋势。在 1984 年国务院颁布的《国务院关于农民进入集镇落户问题的通知》中明确指出，允许农民自理口粮到县以下的集镇入户居住，并发给其《自理口粮户口簿》。这一时期，人口流动政策的松动为农民工的流动提供了有利条件，同时也促进了沿海地区的经济发展。另一方面，这种人口流动也受到政府的严格控制，在流动方向上，提倡本地化的就近流动，并且在一些地方，政府会出于维护城镇居民的利益，阻止农民工进入城镇就业工作，城镇用人单位使用农民工要经过审批管理。总体来说，这一时期的人口流动政策的特点是允许流动，但是流动的职业和范围受到严格的控制。虽然人口的流动程度较低，但是之前的城乡之间的封闭状态已经在逐渐被打破。

第三，进入21世纪，是一个流动的基本开放阶段。对外开放和国民经济的快速发展增加了大城市对于劳动力的需求，为外地流入的农民工提供了大量的就业机会，各项社会事业的发展也促进了其他类型的人员流动。与此同时，这一时期的人口流动政策由限制取向转变为开放取向，为流动人口的大规模流动提供了较为有利的政策环境。首先是我国的《国民经济和社会发展“十五”计划纲要》的发布，该纲要明确提出要打破城乡分割体制，逐步建立起市场经济体制下的新型城乡关系，从而促进劳动力大规模转移。其次是2003年10月，《中共中央关于完善社会主义市场经济体制的若干问题的决定》中提出，“取消对农民工进城就业的限制性规定”，为解决农民工问题制定了基本纲领。自此之后，我国有关人口流动的政策就开始进入科学规划的阶段，一系列的政策法规不断出现，城乡之间的户籍限制在不断被放宽。

（2）当前政策基本状况。随着城市流动人口数量的急剧增加，对于城市流动人口的户籍政策改革也不断为流动人口提供着便利。近年来，无论是国家还是地方，都相继出台了有关城市流动人口的户籍改革政策，城市流动人口的身份限制逐渐被减弱。城乡一体化、农民工市民化、允许在就业地落户等名词的出现也反映出我国的城乡二元结构正在不断被打破。

具体来看，国家和地方对城市流动人口户籍限制的改革政策主要是从以下三个方面展开的。

第一，进一步调整户口迁移政策，国务院在2014年出台的《国务院关于进一步推进户籍制度改革的意见》中，提出要全面开放建制镇和小城市落户限制，有序开放中等城市落户限制，合理确定大城市落户条件。在2016年国务院关于印发《国家人口发展规划（2016—2030年）》的通知中通过专栏的方式列出推动1亿非户籍人口在城市落户的方案，指出除少数超大城市外，全面放宽农业转移人口的落户条件。调整完善超大城市和特大城市落户政策，大中城市均不得采取购买房屋、投资纳税等方式设置落户限制。同时，全国各地也纷纷响应国家政策，放宽对于流动人口的户籍限制，例如内蒙古自治区在2015年的《内蒙古自治区人民政府关于进一步推进户籍制度改革的实施意见》中指出允许农牧业转移人口在就业地落户，放宽呼和浩特市、包头市市区的落户条件。

第二，创新人口管理。通过建立城乡统一的户口登记制度，取消农业户口与非农业户口性质区分和由此衍生的蓝印户口等户口类型，统一登记为居民户口。同时通过居住证制度，符合条件的流动人口可以在居住地申请登记常住户口，并且享有国家规定的基本公共服务。例如，2006年国务院办公厅印发《人口发展"十一五"规划和2020年规划》，指出要深化流动人口管理服务体制，逐步建立城乡统一的人口登记制度，实行流动人口居住证制度。除此之外，在《国务院关于深化推进新型城镇建设的若干意见》《国务院关于进一步推进户籍制度改革的意见》等国家政策中也有提及。在上海、北京等城市的有关城市流动人口户籍制度改革政策中也有明确提及，例如上海在印发《关于在本市做好农民工工作的实施意见》中提出要不断完善居住证制度，通过居住证制度强化人口综合管理的各项工作。

第三，强化监测检查。在2011年《国务院关于印发国家人口发展"十二五"规划的通知》中提出要建立全国流动人口生存发展状况分布的动态监测体系。随后，2016年国务院发布《国务院办公厅关于印发推动1亿非户籍人口在城市落户方案的通知》，其中明确指出要健全落户统计体系，强化专项检查，对各地区非户籍人口特别是进城农民落户进展情况进行跟踪监测和监督检查，及时向社会公布有关情况；并且将非户籍人口在城市落户情况和相关配套政策实施情况纳入国家重大政策措施落实情况跟踪审计范围。

2. 流动人口扶助政策

（1）政策的发展过程。流动人口一直是我国城市化进程中一个特殊群体，户籍身份上的限制不光影响其发展，对于其基本权益保障更是造成一定损害。他们既是城市建设的主力军，但也是城市中的困难群体，亟待一定的社会扶助政策对其基本权益进行保障。国家建立针对城市流动人口的扶助政策，不仅有利于缓解和消除该群体所面临的诸多困境，亦会有助于社会的安定与和谐。通过对流动人口扶助政策发展的历史沿革进行梳理归纳，可以发现，整个公共政策发展过程可以分为薄弱、试点、完善三个阶段。

第一阶段，薄弱阶段（1980—1995年）。20世纪80年代，伴随着改革开放，大量的农民工进城务工，这一阶段的农民工的流动状态为限制性流动，相对于改革开放之前的严格管控阶段，人口流动获得了一定的政策支持。同时伴随着农民工进城限制的开放，国家也相应地在制度上先后出台了一些保护农民工和服务农民工的政策法规，但是基本上处于一个薄弱阶段。并且当时的人口流动在一定程度上还是受到限制，所以当时对于农民工的保护较为薄弱，扶助政策基本处于一个空白阶段。

第二阶段，试点阶段（1996—2000年）。进入20世纪末期，流动人口群体数量剧增，这一困难群体的问题也不断涌现，认识到问题的政府开始在一些城市进行扶助政策的试验。以医保政策和教育扶助政策为例，在医保政策方面，国家在1990年之后在珠海和深圳等试点城市进行外来务工人员医保政策的试验，采取将农民工简单地纳入城镇医保范围的做法，以统账结合和大病统筹两种方式对农民工进行一定的医保扶助。在教育政策方面，1996年，国家教委印发《城镇流动人口适龄儿童就学办法（试行）》，北京市丰台区、天津市河北区、上海市徐汇区、深圳市罗湖区、浙江省义乌市、河北省廊坊市六个城市开展试点工作，专门就流动儿童义务教育问题作出回应。之后，国家教委和公安部于1998年3月联合印发了《流动儿童少年就学暂行办法》。总体而言，虽然国家对于流动人口群体中出现的各项问题开始逐渐重视起来，但扶助政策尚处于试点阶段，并且也多是以限制性为导向的政策，并未真正实现对于城市流动人口的全面保障。

第三阶段，完善阶段（2001年以后）。从2001年开始，国家的流动人口政策发生了一些积极的变化，逐渐走向完善阶段。例如，2001年，国务院颁布《关于基础教育改革和发展的决定》，首次提出“两为主”原则，以“流入地区政府管理为主”和“以全日制公办小学为主”，依法保障农民工子女接受义务教育的权利。2003年，国务院印发了《关于做好农民进城务工就业管理和服务工作的通知》，提出了“公平对待、合理引导、完善管理、搞好服务”的政策原则，规定了包括解决农民工子女教育、对农民工进行职业培训等6个方面的政策内容。2006年，在《国务院办公厅关于印发人口发展“十一五”和2020年规划》的通知中，明确指出要认真解决流动人口在就业、就医、定居、子女入托入学等方面的实际困难，逐步将进城务工人员纳入社会保障体系。可以看出，从这一阶段开始，国家对于流动人口的扶助政策逐渐趋向于完善。

（2）当前政策基本状况。从2001年之后，国家对于城市流动人口的扶助政策不断完善，形成了一个完整的扶助政策体系。通过梳理近十年来的政策，可以发现当前对于城市流动人口的扶助政策主要从就业、医疗、住房、子女教育四个方面展开。

在就业方面，城市流动人口由于受到自身素质的限制，多从事体力劳动，工资较低，不利于其在城市的长远发展。针对这一现象，近年来国家和地方为促进农民工就业，主要从提供职业技能培训和鼓励自主创业两个方面进行政策扶助，如2017年国务院印发的《“十三五”促进就业创业规划》和《国务院关于做好当前和今后一段时期就业创业工作的意见》等政策中均有明确指示。在此基础上，各地依据国家政策，纷纷印发相关通知，在落实的基础上按照各地实际情况作出创新。例如，上海市在《关于在本市实施建筑工地农民工业余学校创建工作的通知》规定凡建筑面积2万平方米以上或工程造价5000万元以上的建筑工地必须创办农民工业余学校，帮助农民工进行职业技能培训。广西以奖代补支持农民工就业创业，并落实有关农民工创业就业补贴的政策。

在医疗方面，作为工伤多发群体，农民工群体在医疗方面存在较大需求。但是受限于我国之前的户籍制度的限制，脱离了原住地的流动人口在流入地并未享受到较为全面的医疗保障。近年来，政府在针对城市流动人口的扶助政策主要集中于加强异地医保结算工作和将城市流动人口纳入城镇医保体系两个方面。例如，2006年的《国务院关于解决农民工问题的若干意见》中就提出有条件的城市可以将稳定就业的农民工纳入城镇职工基本医疗保险。2016年的《国务院办公厅关于印发推动1亿非户籍人口在城市落户的方案》明确提出，要完善并落实医保关系转移接续办法和异地就医结算办法，加强医保关系转移接续管理服务，确保基本医保参保人能跨制度、跨统筹地区连续参保。在此基础上，各地纷纷落实相关政策，以长三角地区为例，2009年长三角两省一市和安徽省联合发布的《长三角地区医疗保险经办管理服务合作协议》，提出加强对参加城镇职工基本医疗保险的流动人口在医保关系上的转移接续。

在住房方面，城市流动人口的城镇住房具有低层次和非正规性，政府对于流动人口的住房问题也较为重视，近年来相继出台了相关扶持政策，如2007年的《关于解决农民工住房问题的若干意见》，2010年住建部等6部委出台的《关与做好住房保障规划编制的通知》，2014年国务院出台的《国家新型城镇化规划（2014—2020年）》等。概括而言，中央就城市流动人口的住房扶助政策主要包括将农民工纳入城镇住房保障体系；建设公共租赁住房、限价商品房；发放租赁补贴等措施改善城市流动人口的居住条件。就地方而言，大多数城市流动人口的住房扶助依托于中央的措施，例如广州、上海等地纷纷出台了相关的公共租赁住房保障办法，为城市流动人口住房提供一定保障。

在子女教育方面，流动人口随迁子女由于受到户籍制度的限制，在很长一段时间内不能在流入地顺利升学。对此国家出台了相关政策，全国的绝大多数省份也相继出台了具体实施方案。具体而言，当前的教育扶助政策依然是以“以流入地政府为主，以全日制公办小学为主”的“两为主”原则为主要指导思想。通过将公办义务学校对城市流动人口随迁子女开放，落实随迁子女在流入地的升学考试等政策对城市流动人口的随迁子女进行教育扶助。2010年颁布的《国家中长期教育改革和发展规划纲要》中明确指出要研究确定进城务工随迁子女接受义务教育后在当地参加升学考试的办法，随后在2012年国务院办公厅转发的《关于做好进城务工人员随迁子女接受义务教育后在当地参加升学考试工作的意见》中明确要求各省份在原则上应于2012年底前出台有关随迁子女升学考试的方案，绝大部分的省份也均按时出台了相关方案。

（二）政策梳理评价

通过以上对流动人口相关政策的梳理，我们对于目前流动人口政策的基本状况有了一定了解，在此基础上，从纵向维度、横向维度、内容维度、管理维度四个维度对当前流动人口政策的基本状况作出评价，指出当前政策的特征与不足，为下一步政策的科学制定奠定基础。

1. 纵向维度：城市流动人口相关政策历史变迁的逻辑

从纵向的时间维度看，我国的城市流动人口相关政策经历了一个较为漫长的发展过程，历史演变较为复杂。在户籍政策方面，从一开始的不允许流动到限制性流动阶段，再到开放流动。在扶助政策方面，从薄弱阶段到试点阶段再到完善阶段，贯穿其中的是我国政府治理理念的转变。

政府政策价值理念最集中地体现为政策目标的确立。最初，我国政府对城市流动人口扶助的主要目的之一是缓解该群体的困境，从而推进我国城市经济建设。党的十八大以来，我国政府积极落实为民服务、建设服务型政府的管理理念，管理理念的转变也对城市流动人口的扶助政策产生了影响。我们发现，随着科学执政理念的深入推进，以及工业化和城镇化的快速推进，政策目标已经从单纯的就业向就业、安居、公共服务、城市融入等综合目标转变。并且政府开始肯定城市流动人口对于城市建设的贡献，国务院颁布的多个政策文件均提到城市流动人口为我国的现代化建设作出了巨大贡献，要重视对于城市流动人口问题的解决，落实相关政策保障其基本权益。

2. 横向维度：城市流动人口扶助政策水平的区域间差异

我国当前有关城市流动人口的政策呈现出一种区域间差异，虽然各地都是基于中央政府制定的有关城市流动人口政策的基本内容为标准，但是按照自身实际发展情况和当地流动人口特点，各流入地又制定了一些地方性政策。综观全国各地近年来有关城市流动人口的相关政策，可以发现，在人口集中流入的大城市和中小城市的总体政策上，其主要侧重方向存在一定差异。

具体而言，大城市主要以合理管控流动人口为重点内容，中小城市依然以基本公共服务为重点。在以上关于城市流动人口户籍政策的梳理中，可以发现在国家政策中，对于不同等级的城市，户籍改革政策也有所不同。例如，在2014年的《国务院关于进一步推进户籍制度改革的意见》中，提出要全面放开建制镇和小城市落户限制，有序开放中等城市，合理确定大城市落户条件。在人口基数本来就很高的大城市，大量的流动人口涌入在为其经济发展带来劳动力的同时，也带来了一系列的城市发展问题，所以在针对城市流动人口的政策中明确指出要严格控制大城市的人口规模。从近年来北京、上海、广州等大城市的流动人口相关政策来看，在其公共服务建设基本完善的基础上，管理和控制流动人口依然是当前相关政策的重点内容。而对于完全开放的中小城市而言，相关扶助政策尚未完全落实，城市流动人口的基本公共服务尚未得到完全保障，所以在当前的政策体系中，基本公共服务均等化依然是重点内容，要着重加强在流动人口的就业和培训、医疗保障、子女教育等方面的政策研究。

3. 内容维度：城市流动人口政策内容的结构逻辑

综观我国的流动人口政策，可以看出，相关政策的内容越来越丰富，对城市流动人口的保障越来越全面。具体而言，户籍制度逐渐放松管制，扶助政策的覆盖范围逐渐扩大。我国政府正在致力于为城市流动人口构建全方位的、多维度的扶助体系，帮助该类群体解决就业、医疗、住房、子女教育等诸多方面的问题。但是，就当前相关政策的内容而言，仍存在一些值得完善之处，主要表现为当前政策的针对性较弱。

以城市流动人口的典型代表农民工为例，农民工群体内部的经济收入差距与分化越来越明显，依据他们的内部分化水平将会决定其未来流向的分化。学者李强将农民工的分化流向分为两种模式，一种是最终返回家乡的“循环流动模式”，另一种是定居城市的“迁居式分化模式”。针对这两种不同分化流向，国家的政策也应该有所偏重，对于迁居分化模式的流动人口应该着力解决好其住房问题，使其更好地融入城市生活。同时，新生代农民工群体中的代际差异特征开始显现。新一代的农民工的流动意愿与诉求都不同于上一代。对此，国家当前的流动人口政策还缺乏一定的针对性，并未根据该群体的内部分化特征制定出更为具体的政策法规。

4. 管理维度：城市流动人口政策的机制逻辑

从管理维度来看，一个完整的政策从制定到实施，均需要多个部门之间的相互协作。虽然当前我国从中央到地方，均已有针对城市流动人口的较为全面的管理政策，但是，无论是从户籍政策来看，还是有针对性的一系列扶助政策，在政策实施的配套制度安排和政策落实状况方面，依然有待加强。

综观现今中央地方职能部门出台的相关政策，可以发现，其中大部分是一个职能主体进行牵头制定，多部门合作建立政策体系的情况较少。但是，随着城市流动人口数量的不断增加，需求日益多元化，仅仅依靠单一部门制定和实施政策已经不再适应城市流动人口出现的多方位扶助需要，迫切需要其他相关职能部门共同参与、密切配合，实现政策的科学规划与发展。除了制度设计等环节外，公共政策实施效果的关键环节是落实，没有制度落实，再好的制度安排也无法发挥作用。社会政策的执行是一个连续性、整合性、灵活性的过程，通常需要不同职能部门进行相互协作。但是从当今的一系列政策来看，相应政策的负责部门较多，缺乏一定的针对性，容易造成主体混乱、部门之间相互推诿的现象，使政策落实受到一定限制。同时，由于部门之间协调机制的缺乏，政策的落实状况在一定程度上存在延迟现象。所以，当前应当着力完善一系列的体制机制，包括扶助政策管理和评估以及政策落实情况监督等，通过真正落实相关政策，为城市流动人口提供有力支持。

表 10－1　当前流动人口政策的梳理评价

	政策
纵向维度	1. 在户籍政策方面，从一开始的不允许流动，到限制性流动阶段，再到开放流动 2. 在扶助政策方面，从薄弱阶段到试点阶段再到完善阶段，政策不断完善 3. 贯穿政策的纵向演变过程的是政府治理理念的转变，为民服务、建设服务型政府的理念推动相关政策的逐渐完善
横向维度	1. 对于大城市而言，依托于发达的经济水平和完善的基础设施建设，流动人口的公共服务的均等化基本实现，目前政策以合理控制流动人口数量为主 2. 对于中小城市而言，虽已实现全部开放流动，但是对于流动人口的扶助政策尚不全面，所以当前政策内容仍以基本公共服务的均等化建设为主
内容维度	1. 从中央层面来看，现有政策已经较为完善，但是由于尚未考虑到城市流动人口内部结构的变化特征，当前政策的针对性较弱 2. 从地方层面来看，各地依照各自实际情况，在贯彻执行中央政策的基础上进行了一定创新，但是在内容的覆盖广度和深度方面还存在一定不足

续表

	政策
管理维度	1. 当前政策普遍缺乏相应的配套实施制度，政策落实的责任主体尚不明确 2. 地方政策的落实情况存在一定延迟现象，对于地方政策的落实状况的监督也还存在一定的缺陷

三、理论基础与文献综述

（一）理论基础

1. 社会融合理论

作为外来移民，流动人口如何实现同城市生活相融合一直备受学者关注。社会融合理论被广泛应用于流动人口迁移过程中的经济、文化、身份、行为等方面的适应问题。社会融合的概念源自西方国家，在众多西方社会融合流派中，“融合论”“多元文化论”和“区隔融合论”是影响最大的三个理论，具体划分为婚恋融合、行为态度融合、文化知识融合、结构融合和认同性融合等方面（张文宏等，2008）。尽管我国流动人口模式与国外移民有着不同的社会背景，但西方的社会融合理论对研究我国流动人口的城市融合同样有着重要的借鉴意义（石珩歌，2015）。

结合中国的实际情况，国内学者从不同的理论视角出发，提出了个人在社会融合方面的理论主张，如再社会化说，经济、文化、社会、结构、身份五维度说等，都从一定视角对社会融合进行了解读（田凯，1995；周皓，2012）。从实证测量指标上看，欧盟的社会融合指标体系将指标分为10个主要指标和8个次要指标，主要指标被认为是最重要的社会融合影响因素，次要指标则是用来支持主要指标和描述其他问题的。黄匡时（2010）通过借鉴欧盟的社会融合指标体系，从城市层面和个体层面两个层次构建社会融合的指标体系，具体包括城市层面的政策融合和整体融合，个体层面的经济、制度、社会、关系融合等。杨菊华（2010）在现有社会融入理论的指导下，按照重要程度与先后顺序，从经济整合、行为适应、文化接纳和身份认同4个维度构建出涵盖16个指标的社会融入体系。学者们架构的社会融合体系指标各有所异，但普遍认为，社会融合是一个多维度的测量指标，涵盖了经济、政治、文化、社会等多个方面，且不同维度的先后顺序有所区分（朱力，2002；杨菊华，2015）。

2. 社会排斥理论

社会排斥概念最早起源于欧洲，并在几十年的发展中被广泛运用，主要用于探讨一些社会问题的深层根源和研究困难群体的处境。最早的社会排斥概念，用于指代缺乏社会保障的保护，且同时存在各种各样社会问题的个人。随着社会排斥概念的不断发展，Sliver（1994）认为，社会排斥的概念重点转向个人与社会之间关系的分裂，用于描述失业、贫穷等脆弱群体的不良境遇，来揭示整个过程中的机制和过程。

社会排斥引入中国后，国内学者结合国情对社会排斥理论开展了进一步深入研究。部分学者结合个人研究对社会排斥概念进行了重新界定。李斌（2002）认为，社会排斥指的是部分失业、贫困等脆弱群体被主流社会（包括劳动力市场及社会保障体系）排挤进而更加脆弱的群体。彭华民（2005）则认为社会排斥与社会分化过程有着重要联系，是社会分化的延伸。杨团（2002）认为，社会排斥主要由于部分群体所处的劣势地位而形成，且社会排斥具有可重复性，即社会排斥可能带来更大的劣势和进一步的社会排斥，从而形成一种恶性循环。具体而言，中国的困难群体所遭受的社会排斥集中表现为经济排斥、政治排斥、社会关系排斥、教育文化排斥和制度排斥（王立业，2008；文小勇等，2005）。

从其特征来看，社会排斥具有多面性、宽领域的特征，兼有物质和精神层面的意义（杨淑芳，2012）；明显的综合性特征，往往交织着失业、住房困难等多重问题（曾群，2004）；关联性特征，在某一领域遭受的排斥往往会导致其他领域相继遭受排斥，是一个动态的、累积的过程（代利凤，2006）。从社会排斥的表现形式上看，可以分为显性的社会排斥，即通过明确的制度、政策、法律的规定，将部分人排除于享受正常的社会权力之外，以及隐性的社会排斥，即在客观上没有获得平等的权利。

从社会排斥理论视角出发的研究更加注重对脆弱群体整体的考察。社会排斥理论逐渐成为脆弱群体研究的新趋势。在我国，社会排斥理论最早被应用于对社会保障制度的评估方面，现被广泛用于就业、教育、贫困以及住房等社会问题领域（李慧丽，2014）。经过几十年的发展，社会排斥理论已逐渐被学界广泛运用，并受到政府及政策研究和制定部门的重视。近年来，从社会排斥理论视角出发对脆弱群体的研究，主要集中于农民工、失地农民、残疾人等群体。通过借助社会排斥理论，可以进一步分析当前流动人口困难家庭脆弱产生的深层次原因及脆弱本质，并在此基础上推出相应措施，有针对性地减少主流社会对这部分脆弱群体的排斥，使其摆脱社会边缘化的不良境遇。

3. 生活质量理论

生活质量（Quality of Life，也称生存/生命质量），是从物质、精神生活条件出发，全面对生活状态的优劣进行评价的综合性概念（风笑天、易松国，2000）。1958 年，加尔布雷思最早在《富裕社会》中提出了生活质量概念。该书以生活质量概念为切入点，对居民较高的物质生活水平与相对落后的精神、文化现状之间的矛盾进行了分析。林卡（2015）对生活质量在世界范围内的发展进行了梳理，研究发现，生活质量的研究最早在美国开展，学者们主要对生活质量的测定、指标体系构建展开研究。20 世纪 70 年代后，加拿大、欧洲、非洲等国家和地区也开始对生活质量加以研究与应用。直到 20 世纪 80 年代后，该概念才被我国学界引进并加以研究应用。

早期生活质量理论的基本内容是：首先，经济增长并不必然带来社会的发展，其可能作为消极的矛盾现象，在一定情况下甚至可能会带来社会的倒退。应当将社会长远利益的发展放在首位，经济的增长也应当以社会发展为最终目标，并实现生活质量提高的最终要求。其次，生活质量理论对衡量社会状况的指标进行了创新，主张使用生活质量的指标来替代原有的衡量指标，如平均收入的增长或人均消费量的增加，并认为物质生活的发展可能会带来消极后果。

后来沃尔特·罗斯托发展了这种理论，他提出仅有物质文明的提高是远远不够的，难以满足个人在文化教育消费、环境生态等方面的多样化需求。他还对未来产业的发展趋势进行了预测。首先，服务业提供“丰富居民生活”与“提高生活质量”的劳务可以满足居民日益丰富的精神文化需求，服务业的发展将日益重要，与医疗、文化、教育、思想、文化等方面的服务部门将快速发展。其次，社会环境污染问题将日益严重，主要原因可能是由于汽车产业的快速发展与汽车的普及。社会环境质量的提高也是生活质量提高的重要一环。汽车虽然便利了个人的生活，短期内提高了个人生存质量，但长远来看会对社会环境带来恶劣影响，并最终影响生活质量的提高。

同时，联合国发布的相关文件中也提到生活质量提高的重要意义，物质生活水平的提升仅仅是生活质量提升的一个方面，只有综合生活质量的提高，才能增加社会福祉。越来越多的国家将生活质量作为衡量国家综合国力的指标，并将公民生活质量的提高作为国家发展的重要指标之一。林卡（2011）从个人生活、文化、就业等多角度出发，构建生活质量的指标，并对不同城市之间的生活质量进行了比较。许多学者将生命质量理论运用到各个领域，探讨当前我国经济发展背景下人民生活质量提高的途径。

4. 人力资本理论

关于人力资本理论的渊源可以追溯到古典理论中对于劳动的研究，在威廉·配第提出的关于“土地是财富之母，劳动是财富之父”的论述中，他首次强调了劳动的重要性，也间接地强调了人力资本的重要性，为之后有关人力资本的研究奠定了基础。随后人力资本的思想在古典经济学代表人物亚当·斯密（Adam Smith）的论述中初见端倪，他承认通过在劳动者身上凝结的有用才能，可以提高生产效率，降低资本消耗。同时，亚当·斯密（1937）也意识到知识技能对于生产活动的重大意义，他认为工人工作效率的提高，就如同机器与工具一样，可以减少劳动力耗费而其花费的成本可以由增加的利润加以回收。可以明显地看出，在亚当·斯密的论述中已经初步显现出人力资本思想，但是这一理论当时并未在古典经济学体系中发扬光大。

第二次世界大战后，资本主义社会进入一个快速发展时期，各国教育支出迅速增长，学者们不断意识到人力资本的重要性，人力资本的理论体系也逐渐发展起来。“人力资本”一词最早由美国著名经济学家西奥多·舒尔茨（T. W. Schultz）提出。1960 年舒尔茨在美国经济年会上发表了一场题为“人力资本——一个经济的观点”的演说，首次对人力资本理论作了全面、系统的论述。后来加里·贝克尔（Gary Becker）在舒尔茨的基础上进一步对人力资本理论进行了修正和发展，他在其著作《人力资本》（1964）中明确指出所有用于增加人的资源并影响其未来货币收入和消费的投资为人力资本投资。同时通过这本被西方誉为“经济思想中人力资本投资革命”的著作，贝克尔从微观视角，对个人、家庭等微观主体在人力资本投资方面的决定等领域进行了深入研究。20世纪80年代后，现代人力资本理论有了新的发展，以技术内生化为代表的新经济增长理论形成，这一时期的代表人物主要是卢卡斯和罗莫。至此之后，人力资本理论的研究方向和内容越来越呈现出一种多元化局面。

有关人力资本理论的内容主要包括人力资本含义的界定、人力资本的投资途径、人力资本的投资主体这三个部分。在人力资本含义的界定方面，舒尔茨（1990）认为人力资本是体现在人身上的知识、技能、经历、经验和熟练程度等的总和，只有通过对人的投资才能形成人力资本。我国大部分学者都接受并引用对于人力资本的界定。但也有学者对于概念进行了更深一步的发展，例如，朱舟（1999）指出，人力资本包括个人的技能、学识和健康，这些因素与人自身紧密联系，并且可以通过后天学校教育、劳动教育、职业培训、卫生保健、劳动力迁移等途径而获得。在人力资本投资方面，舒尔茨指出任何一个劳动者的经济才能并不是与生俱来的，而是通过包括教育、健康、培训和迁移等许多带有投资性质的活动而逐步获得的。基于此，可以概括出对于人力资本的投资途径主要包括教育投资、培训投资、健康投资、迁移投资这四个部分。在人力投资的主体方面，主要包括农民自身投资、政府投资、企业投资和社会团体投资这四个主体。总体而言，对于人力资本的投资增加了个体人力资本价值，是提高个人收入的关键途径。因为对人力资本的投资状况与产出收益两者成正比例关系，一定程度上人力资本的投入程度会决定其产出收益大小。

（二）文献综述

1. 城市流动人口困难家庭生存现状及需求研究

总体来看，国内关于流动人口的研究较为丰富。通过梳理文献发现，关于城市流动人口困难群体的研究以农民工问题为主，其中对城市流动人口贫困家庭的直接相关研究较少。关于城市流动人口困难家庭生存状况及多元需求的研究多集中在身心健康、就业、住房、经济状况、社会融入等方面。

（1）身心健康状况及需求。首先，通过梳理文献发现，对流动人口的身体健康研究开始较早，数量较多，研究主要集中在传染性疾病、职业病、伤害、妇女生殖健康和儿童健康等方面，许多文献还表明城市流动人口困难群体的身体健康状况亟待改善，尤其是吸烟和艾滋病带来的危害。其中，有学者发现吸烟是中国国内流动人口中应特别关注的问题，这部分人口非常庞大（超过 1 亿人），吸烟引发的身体疾病高发人群是男性为主的流动人口（Wang，Cui，Ding，et al.，2014）。也有学者指出流动人口群体中艾滋病传播率更高，尤其是从农村到城市约占中国总人口 17% 的流动人口，是中国城乡之间艾滋病病毒感染的潜在高危人群（Zhang，Chow，Jahn，et al.，2013）。其次，在心理健康的研究中，对流动人口心理方面的关注开始较晚。1999—2008 年发表于核心期刊的 1566 篇有关流动人口的论文中，只有 5 篇论文的主题与心理健康有关（邱培媛，2010）。2008 年以来，越来越多的学者开始关注流动人口的心理问题，包括人格特质、心理健康，流动家庭子女心理健康等方面（刘越等，2011）。在流动人口心理健康现状研究中，有学者认为，与全国正常心理健康水平相比，流动人口心理健康水平相对较低，容易产生一系列如敏感、焦虑、对他人存在敌意等问题（蒋善，2007）。部分学者通过进一步探究其影响因素发现，性别、文化程度、经济收入等因素与身心健康有相互影响的作用。此外，流动人口在工作、生活中面临的压力和问题，会加剧对身心健康的负面影响，因此对心理救助的需求显著增加（刘衔华，2006；孙崇勇，2007）。

（2）就业状况及需求。在流动人口就业状况的研究中，部分学者对我国近 30 年来流动人口就业状况及需求的变动趋势进行了分析。总体而言，流动人口仍是城市劳动力市场中的困难群体，对改善较差的工作条件、提高工资水平一直存在较大需求（段成荣、杨舸，2009）。随着城镇化的快速发展，杨艳军（2012）发现流动人口收入水平及生活质量有了一定幅度的提高，但在就业率和就业人数增加的同时，就业质量相对较低、抵抗风险的能力较弱、合法权益无法得到充分保障的问题依然严重。《中国流动人口发展报告 2016》调查发现，大量新生代农民工成为流动人口的主力军，随着我国经济体制的改革，产业结构进一步优化，其就业状况和就业需求也在发生转变。新生代农民工的就业渠道相对拓宽，从第二产业逐渐转向第三产业，对知识和技能的重视显著提高，就业环境相对改善，但伴随产生的新的就业问题如主要集中于相对低端的劳动力服务市场，工作流动率较高、稳定性差、就业保障缺乏等问题，仍需进一步关注与解决（赵文聘、齐冠军、杨蕊，2014）。

（3）经济状况及需求。首先，关于城市流动人口的总体经济状况，流动人口的融入因受个体、环境、制度等综合因素的影响，整体经济水平较差，部分流动人口在城镇工作、生活期间会陷入经济贫困的境地（杨菊华，2011）。尤其是农民工群体，被预测为我国未来最大的城镇贫困人群，成为加剧城市贫困的主体力量（杨帆等，2017）。单从收入的角度来说，整体而言，流动人口收入水平处于城市中等水平及以下，位于城市社群的相对贫困位置，仅能满足生活需求，且劳动时间、劳动强度与工资收入不成比例，工资“收而不入”现象普遍存在（叶普万等，2014）。以河南省为例，高迎浩等（2015）调查发现，大部分低收入农民工从事一线工人的工作，与城市居民相比农民工工资相对较低，一半以上的流动人口月薪不足2000元，32.5%的农民工月薪在2000—3000元。其次，流动人口的经济贫困状况及需求，还体现在住房、社会保障等其他方面。住房方面，由于经济负担能力弱，无论是在人均住房面积和住房条件方面，流动人口多居于城市周边治安混乱地带，住房环境恶劣，基础设施薄弱，对改善住房条件需求较大（Wang；2010；Zheng，2009；叶普万，2013）。社会保障方面，研究发现，近年来尽管农民工参保率上升速度快于城镇就业人员，但参保率总量仍然较低，对社会保障的需求较大（杨菊华，2010）。

（4）社会融合状况及需求。有学者指出，流动人口从农村来到城市属于一种向上的社会流动（赵延东等，2002）。但流动过程中，我国流动人口的总体融入程度相对较低，在各个方面呈现差序融入的现象，并且在不同教育群体间有所差异（张庆武，2014）。从具体维度来看，大部分流动人口自我身份认同感较好，且年青一代流动人口对流入地有更强的认同感和认同需求，融入意愿较强（杨菊华等，2013），但享受公共服务和社会参与融合程度较低（卢小君等，2012）。

在公共服务方面，有学者提出，受资源、财政及制度等方面的困扰，目前涉及流动人口的部分公共政策尚未落地，服务理念从“管控”到“服务”的转变尚未实现。政策的空白，将流动人口排斥在外，限制了其服务、福利、权利等的获得（郭雁 2013；Chen，Wang，Zhu，2016；李叶妍等，2017）。在社会参与方面，受到户籍制度的限制，流动人口的利益尚未得到合理保护，仍然被排除在相关政策之外，包括其在住房、就业、医疗等方面的权利（陈纪，2014；Li，Zhao，Liu，et al.，2016）。尤其在政治参与方面，在户籍制度的限制下，流动人口无法在流入地参与重大社会事务，只能回到其户籍所在地行使其社会参与权。受户籍制度的排斥，流动人口无法有效参与流入地的政治事务，一定程度上限制了我国流动人口的政治参与，不仅如此，流动人口受地理位置的限制，很少能返乡参加流出地的政治事务，导致其政治参与处于缺失状态（段成荣等，2014）。

2. 城市流动人口困难家庭社会支持政策支持状况及评估

通过梳理文献发现，农民工群体是城市流动人口困难家庭的核心主体。学者对于城市流动人口困难家庭社会政策的研究主要集中在医疗、就业、住房、教育等方面，具体包括各类政策的供给、实施现状、完善对策、政策评估等。

（1）医疗政策。有学者研究指出，社会救助对流动人口减贫工作具有重要影响，可以缩短流动人口脱离贫困的时间，而医疗救助贡献相对最大（徐军玲、房文军，2017）。但当前我国的医疗政策体系主要依据户籍制度进行区别性设置，使得流动人口往往在户籍地参保，在工作地就医，导致医疗政策体系的效度十分有限。朱圣明（2013）指出在中国现有的三大医疗保障制度中，对于人口庞大的异地流动人口尚未顾及。通过梳理文献总结，目前学界认为我国流动人口医疗救助制度的现存问题主要包括以下几方面：一是医疗救助政策覆盖面较窄，很少部分流动人口困难家庭可以享受到；二是职责分工不明确，管理体制不顺畅，人们往往把医疗救助混同于医疗保险，把互助性救助混同于医疗救助；三是医疗救助基金供需矛盾突出；四是政策法规滞后和多样，使得医疗救助承担了很多本不应该承担的责任（孙志祥，2007；林白妮等，2013）。

针对医疗政策的完善，不同学者多维度地给出了建议。宏观方面主要包括打破户籍制度的限制，尽快实现医疗保险全国统筹，建立覆盖面更广的医疗救助体系。具体措施包括拓宽医疗救助对流动人口的覆盖面，增强医疗救助的精准性，完善瞄准机制，增加资金设备等投入力度，提高专业化医疗救助服务水平等（林闽钢等，2014；张朝忠，2015）。还有学者探索创新模式例如实行“农民工互助医疗模式”等（朱圣明，2013）。

（2）就业政策。现阶段，我国流动人口群体的就业问题主要是刚毕业农村大学生就业问题和农民工的就业难问题。目前，学界对流动人口就业政策的研究主要集中在这两部分群体的就业支持政策、培训支持政策等方面。针对现有政策的实施现状，有学者指出对就业困难的高校毕业生和零就业家庭的高校毕业生，实施一对一职业指导、向用人单位重点推荐、公益性岗位安置等帮扶措施，按规定落实社会保险补贴、公益性岗位补贴等就业援助政策逐步推进，并取得明显效果。但在再就业和就业培训方面，政府和企业目前为失业人员以及在职人员提供就业政策并没有涵盖大多数流动人口群体，尤其是农民工群体（郑秉文，2008；赵文聘等，2014）。

在完善流动人口就业对策方面，有学者提出，首先，针对家庭困难的毕业生，可由学校提供适当求职或生活补贴；其次，针对求职困难或亟须就业的毕业生，可由其所在学校进行特殊关注，提供就业推荐、重点指导等就业扶助服务（宋健、何蕾，2008；李志红、郭欣，2012）。针对农民工群体，首先强调要改革户籍制度，打破城乡二元结构（卢继宏，2011）；其次，宏观层面要加强顶层设计，完善和落实流动人口就业政策，具体包括创新教育与培训机制，加强教育与技能培训，维护劳动者的合法权益，完善社会保障和公共服务等内容（郭士征、曹艳春，2006；陈浩、杨晓军，2008；关信平，2010）。

（3）住房政策。虽然国家和地方对人口流动的各种限制正在逐渐消除，但长期计划经济体制下所形成的观念、政策、制度很难在短时间内完全改变，流动人口住房问题仍然受户籍制度等限制（朱虹青，2010）。由于住房对于流动人口管理和引导具有十分必要的作用，有学者也指出住房保障政策是引导流动人口合理流动的工具，流动人口会更倾向于到保障性住房政策更开放更优惠的城市居住、工作和生活（吴宾等，2016）。尽管在政策上流动人口已经被纳入住房保障范围，但是地方政府推行住房保障政策力度不一，流动人口没有享受到应有保障，处于事实上的被排斥境况。许多研究表明，现行住房保障体系的不完善之处主要表现在以下方面：首先，流动人口可获得的保障性住房数量少，保障性住房准入门槛高，条件和程序对流动人口限制严格，覆盖流动人口面较窄，瞄准机制存在问题；其次，现行的住房保障制度更多的是提供买房优惠等政策来解决问题，侧重于保障住房的“所有权”而不是“居住权”（赵妍，2013；朱虹青，2010；侯慧丽等，2013）。

针对流动人口住房政策的完善，学者主要从宏观完善政策体系和微观完善相应具体制度出发，如探索建立地区间的住房保障体系，最关键的是改革户籍制度；出台相应的法律法规并完善房屋租赁市场，切实维护流动人口的住房利益；将进城农民工纳入廉租房制度保障范围，改革城市住房保障政策，尤其是针对不同城镇发展水平制定实施差异性的住房保障政策，通过适当的住房保障政策引导流动人口向中小城市有序流动等（郑思齐等，2009；吴宾、李娟，2016）。

（4）教育政策。流动人口子女的教育面临着诸多困难，其中户籍制度限制、学校教育经费不足、民办流动人口子弟学校办学条件偏低、流动人口社会融入难等问题都严重限制了流动人口的教育水平（王炳锐，2010）。在教育政策方面，针对流动人口子女教育政策的实施现状，有学者提出，近年来，虽然关于教育救助的政策陆续出台，但总体来看，教育救助仍是流动人口教育保障支持政策中亟待改善的部分，尤其是从政府层面上来看，还缺少更多全面的政策支持。学者认为完善流动人口的教育救助政策主要包括：发挥政府救助的主体责任，家庭、学校相结合；提高必要的经济补助与支持；完善教育机制，保障平等教育权等（张小芳，2008；Zhu，Yan，2010）。

四、指标操作化与分析思路

（一）指标操作化

指标操作化是科学、客观、精准评估社会政策的前提，结合本项目调查数据及部分国家公开数据，研究分别对经济条件、社会机会、健康状况、透明性保障及防护性保障方面社会政策的精准性指标进行了操作化。

在经济条件方面，社会政策的内容精准包括是否有针对流动人口的经济、就业、住房等方面的扶助政策。对象精准包括既有的经济扶助政策的覆盖范围是否涵盖存在需求的流动人口。效果精准则具体从可及性、充分性、公平性三个维度出发：可及性包括流动人口低保、就业救助、住房救助、住房公积金、养老保险、失业保险、福利津贴的覆盖率；充分性包括流动人口对养老保险、失业保险等的主观满意度；公平性包括流动人口最低生活保障制度、养老保险、失业保险的覆盖率与全国平均水平间的差距程度。

在社会机会方面，社会政策的内容精准包括是否有针对流动人口的教育、社会参与及融合扶助政策。对象精准包括既有的教育、社会参与扶助政策的覆盖范围是否涵盖存在需求的流动人口。效果精准的可及性方面，包括流动人口教育救助的覆盖率；充分性包括教育救助发挥作用的情况；公平性包括现有教育救助的形式多大程度上减轻了教育不公平的现状。

在健康状况方面，社会政策的内容精准包括是否有针对流动人口的生理、心理卫生扶助政策。对象精准包括现有的生理、心理卫生扶助政策的覆盖范围是否涵盖存在需求的流动人口。效果精准的可及性方面，包括流动人口医疗救助、医疗保险、工伤保险的覆盖率；充分性包括医疗救助发挥作用状况、医疗与工伤保险主观满意度；公平性包括流动人口医疗与工伤保险覆盖率与全国平均水平之间的差距程度。

在透明性保障方面，社会政策的内容精准包括是否有针对流动人口的工作权益保护、司法援助政策。对象精准包括现有的工作权益保护、司法援助政策扶助的范围是否涵盖存在需求的流动人口。效果精准的可及性方面，包括流动人口法律援助与司法调解的覆盖率；充分性方面包括流动人口劳动合同签订率；公平性包括流动人口参与法律援助与司法调解多大程度上维护了流动人口的合法权益。

在防护性保障方面，社会政策的内容精准包括是否有防止流动人口陷入风险的各种社会政策。对象精准包括现有的防护性社会政策的覆盖范围是否涵盖存在需求的流动人口。效果精准的可及性方面，包括流动人口社会救助、保险、福利及服务的覆盖率；充分性方面，包括流动人口对部分社会救助、社会保险、福利服务作用发挥的认可及主观满意度；公平性方面，包括流动人口部分社会救助、社会保险等社会政策的覆盖率与全国平均水平间的差距。

表 10－2　政策精准性评估具体指标操作化

<table>
<tr><td rowspan="5">经济条件</td><td colspan="2">内容精准</td><td>经济、就业、住房扶助政策</td></tr>
<tr><td colspan="2">对象精准</td><td>经济、就业、住房政策扶助对象范围</td></tr>
<tr><td rowspan="3">效果精准</td><td>可及性</td><td>低保、就业、住房救助、住房公积金、退休金或养老保险、失业保险、福利津贴覆盖率</td></tr>
<tr><td>充分性</td><td>退休金或养老保险、失业保险满意度</td></tr>
<tr><td>公平性</td><td>最低生活保障制度、退休金或养老保险、失业保险覆盖率与全国平均水平之间的差距</td></tr>
<tr><td rowspan="5">社会机会</td><td colspan="2">内容精准</td><td>教育、社会参与及融合扶助政策</td></tr>
<tr><td colspan="2">对象精准</td><td>教育、社会参与及融合政策扶助对象范围</td></tr>
<tr><td rowspan="3">效果精准</td><td>可及性</td><td>教育救助覆盖率</td></tr>
<tr><td>充分性</td><td>教育救助发挥作用状况</td></tr>
<tr><td>公平性</td><td>教育救助方式</td></tr>
<tr><td rowspan="5">健康状况</td><td colspan="2">内容精准</td><td>生理、心理卫生扶助政策</td></tr>
<tr><td colspan="2">对象精准</td><td>生理、心理卫生政策扶助对象范围</td></tr>
<tr><td rowspan="3">效果精准</td><td>可及性</td><td>医疗救助、医疗保险、工伤保险覆盖率</td></tr>
<tr><td>充分性</td><td>医疗救助发挥作用状况、医疗与工伤保险满意度</td></tr>
<tr><td>公平性</td><td>医疗与工伤保险覆盖率与全国平均水平的差距</td></tr>
<tr><td rowspan="5">透明性保障</td><td colspan="2">内容精准</td><td>法律援助和司法调解政策</td></tr>
<tr><td colspan="2">对象精准</td><td>法律援助和司法调解政策扶助对象范围</td></tr>
<tr><td rowspan="3">效果精准</td><td>可及性</td><td>法律援助与司法调解覆盖率</td></tr>
<tr><td>充分性</td><td>劳动合同签订率</td></tr>
<tr><td>公平性</td><td>法律援助与司法调解方式</td></tr>
<tr><td rowspan="5">防护性保障</td><td colspan="2">内容精准</td><td>社会保险、救助、福利扶助政策</td></tr>
<tr><td colspan="2">对象精准</td><td>社会保险、救助、福利政策扶助对象范围</td></tr>
<tr><td rowspan="3">效果精准</td><td>可及性</td><td>社会救助、保险、福利及服务覆盖率</td></tr>
<tr><td>充分性</td><td>部分社会救助、社会保险、福利及服务作用发挥状况与满意度</td></tr>
<tr><td>公平性</td><td>社会保险、福利扶助政策覆盖率与全国平均水平之间的差距</td></tr>
</table>

（二）分析思路

本章主要对城市流动人口困难家庭的社会政策精准支持状况进行论述，由研究背景与分析思路、城市流动人口困难家庭需求分析、城市流动人口困难家庭精准支持分析、研究结论与对策建议四节构成。

具体而言，第一节阐述了本章的研究背景与问题提出，整理了现有关于流动人口的政策文件，梳理了流动人口相关的文献及理论，并进一步结合本研究将政策评估指标操作化。第二节从经济条件、社会机会、健康状况、透明性保障及防护性保障五个层面出发，分析了流动人口困难家庭存在的需求。第三节则主要从内容精准、对象精准、成效精准三个方面出发，全面、系统地对流动人口困难家庭的支持政策进行精准性评估。第四节在对流动人口困难家庭需求及社会政策精准性评估总结的基础上，进一步提出社会政策的改革思路。

第二节　需求分析

一、流动人口困难家庭社会政策需求解析

改革开放以来，我国反贫困工作取得了令人瞩目的成就。与此同时，大规模扶贫时代悄然结束，贫困问题逐渐呈现出新的特点，以城市流动人口困难家庭为主体的城市贫困人口问题突出。这个群体数量庞大，是城市经济建设和社会发展的重要贡献者，也是社会中的困难群体。受到社会生产力发展、人口素质、社会福利政策导向、分配政策和产业政策等多元因素的影响，该群体的贫困问题表现复杂，呈现出复杂性与长期性等特点，具体表现为经济收入低、个体能力差、社会支持网络弱化、权益缺失等。长期以来，解决城市流动困难人口家庭的贫困问题是我国反贫困工作的重要部分，进一步完善该群体社会救助制度与支持政策也是现阶段构建和谐社会不可或缺的重要内容。

为建立精准有效的社会政策体系，对城市流动人口困难家庭的需求评估不可或缺，如何衡量贫困，也成为学界探讨的重点问题。其中，具有代

表性的观点是福利经济学家阿玛蒂亚·森的可行能力贫困理论。他认为在发展中应重视人的主体地位，而不是一味地追求经济的发展。发展的首要任务是自由，经济的增长是对自由的拓展，而贫困不仅仅是收入低下，还是对自由的限制，对基本可行能力的剥夺。其中，可行能力是一个人所拥有的享受自己有理由珍视的那种生活的实质自由，是此人有可能实现的、各种可能的功能性活动组合。工具性自由则包括政治自由、经济条件、社会机会、透明性保障、防护性保障这五种。阿玛蒂亚·森的贫困理论将焦点集中在贫困个体本身来分析贫困根源，最终揭示出能力贫困是贫困人群贫困的根本原因所在。依据阿玛蒂亚·森的可行能力理论，综合国内外关于流动人口可行能力的研究，以下，将从经济条件、社会机会、健康状况、透明性保障和防护性保障五个方面来分析流动人口的社会政策需求。

（一）经济条件

受到社会经济发展的影响，近年来城市流动人口困难家庭的经济收入有所提高，经济状况有所改善，但在就业和住房方面，大部分家庭仍然存在着较大的经济困难，需要一定的经济补助，以及相关方面社会政策的支持。综合来看，城市流动人口困难家庭在经济条件方面的社会政策需求主要体现在经济补助、就业以及住房三个方面。

在经济补助方面，部分收入较低、开支较大的家庭仍需经济补助。调查显示，2016 年全年城市流动人口困难家庭的收入均值为 57430.17 元，人均收入水平均值 16557.82 元，显著高于贫困线。但是作为社会群体中的困难群体，城市流动人口困难家庭的社会保障水平明显低于城市人口家庭，在一系列社会救助方面也处于弱势地位，导致其社会风险承担能力较差。一旦家庭出现大额支出状况，就会使家庭面临巨大的生存困境。除此之外，受到自身条件以及就业机会的限制，部分家庭的收入依然处于较低水平，收入仅能维持正常的生活支出、教育支出等。对于这些收入较低、支出较大的家庭而言，经济救助在一定程度上为其减缓社会压力。

在就业方面，流动人口困难家庭就业率及就业质量有待进一步提高。调查显示，2017 年城市流动人口困难家庭有工作人数占劳动人口比重均值为 77.82%，就业类型主要为个体、零工和合同制员工，职业类型主要为其他从业人员、商业、服务人员等；工作所属行业主要集中于批发和零售业、居民服务、修理和其他服务业等第三服务行业。总体来看，城市流动困难人口家庭的就业质量较低，就业状况不稳定，职业类型多为体力劳动。

在住房方面，流动人口困难家庭住房补贴与居住环境亟须进一步提高。调查显示，2017 年城市流动人口困难家庭现住房来源主要为市场租房，约占 3/10。2017 年城市流动人口困难家庭的人均住房面积均值为 23.47 平方米，人均住房花费均值为 565.45 元/月，平均房屋现值为 50.68 万元，住房环境有待进一步提高。并且政府补贴建房、租住廉租或公租房比例较小，2017 年城市流动人口困难家庭在现居住地获得住房补贴的比例仅为 2.90%，在现居住地没有获得住房补贴的比例高达 97.10%，反映出城市流动人口困难家庭在住房条件与住房补贴方面较大的社会政策需求。

（二）社会机会

在社会机会方面，受到自身条件和城乡二元体制的影响，流动人口困难家庭的社会机会受到较大限制，主要体现在就业机会较少，子女入学升学困难突出，子女教育的多元需求得不到满足三个方面。因此，针对城市流动人口困难家庭社会机会的政策需求主要为增加就业培训、降低子女入学门槛、提供多元教育需求等几个方面。

首先，流动人口困难家庭文化程度较低，需要更多的就业培训。调查显示，2017 年城市流动人口困难家庭成员文化程度大都集中在“小学”“初中”，所占比例分别为 23.67%、30.86%；“没上过学”“高中/中专”文化程度的困难家庭成员也占据一定比重，分别为 13.00%、19.08%；“大专”“本科”“硕士及以上”文化程度的困难家庭成员则占据较小比重，分别为 7.26%、5.82%、0.31%。总体而言，城市流动人口困难家庭的文化程度普遍较低，综合其就业状况来看，较低的受教育水平在很大程度上限制了其就业机会的获得，导致其多从事体力劳动型职业。

其次，流动人口困难家庭子女亟须提高入学率，降低入学门槛。调查显示，2017 年城市流动人口困难家庭子女在教育方面面临的主要困难是“上学费用高”，占比为 33.01%；然后为“入学难、升学难”，比例为 28.42%；没有上学的家庭占比为 38.09%。从中不难看出，城市流动人口困难家庭的子女的入学门槛较高，子女受教育机会存在明显的不平等。有研究指出，受到我国长久以来的二元社会结构、城乡分割体制的影响，城市困难流动人口家庭的子女在一定程度上受到城市公立学校的排斥，进入时还需缴纳较高的借读费用，这种差别待遇造成流动人口困难家庭在教育机会获得方面的极大困境。

最后，流动人口困难家庭子女教育需求日益多样化，需要多元服务。调查显示，2017 年城市流动人口困难家庭子女最需要的服务是“课程辅导”，所占比例为 41.67%；其二是“舞蹈、书法等兴趣爱好培训”，所占比例为 33.52%；其三是“设立图书阅览室、绿色网吧”，所占比例为 24.71%。城市流动人口困难家庭子女教育的需求也不仅局限于对教育机会的获得，也逐渐开始偏向于多元化，对于兴趣爱好培训等教育服务的需求比例较高。

（三）健康状况

在健康状况方面，作为工伤事故高发群体以及社会融合的边缘群体，流动人口困难家庭的身体健康和心理健康都承担着较大的风险，其在健康状况方面的社会政策需求主要体现在身体健康与心理健康两个方面。

在身体健康方面，部分家庭医疗负担重，亟须更多医疗补助与多样化的照料服务。调查显示，2016 年全年城市流动人口困难家庭中，认为看病经济负担“一般”的占比最大，达到了 51.90%。其中，城市流动人口困难家庭看病经济负担程度为“一般”及以上的，所占比例累计为 76.54%。总体而言，城市流动人口困难家庭的医疗负担较重，只有少数的家庭认为医疗负担较轻。并且，在重特大疾病医疗救助方面，有 96.33% 的家庭没有接受过重特大疾病医疗救助，较低的救助比例在一定程度上更加重了城市流动人口困难家庭的医疗负担。

在心理健康方面，部分家庭成员亟须提升主观幸福感，缓解心理压力。调查显示，2017 年城市流动人口困难家庭中，有 31.28% 的被访者在与人交往时有一定的自卑感，有 28.38% 的被访者有时会感到自己的家庭和未来没有希望，55.69% 的被访者会感到情绪沮丧和心情焦虑，表明大部分的城市流动困难人口家庭都存在一定的不良心理情绪。来自社会融合、社会排斥的影响造成了城市流动人口困难家庭的心理压力，而这些不良的心理情绪不光会对自身发展产生不良影响，更可能会危害社会安全。因此，亟须为城市流动人口困难家庭的心理健康提供一定的社会政策支持，缓解其心理压力，促进其身心健康发展。

（四）透明性保障

在透明性保障方面，流动人口困难家庭工作透明性低，合法权益需要进一步维护，包括促进用人单位劳动合同的签订等。调查显示，2017 年城市流动人口困难家庭有雇主或用人单位的占 35.51%，没有的占 64.49%；与用人单位签订劳动合同的占 63.94%，没有的占 36.06%。具体到住房公积金这一方面，城市流动人口困难家庭所在用人单位为其缴纳住房公积金的占 26.38%，没有为其缴纳住房公积金的占 73.62%。大部分城市流动人口困难家庭的透明性保障较弱，无法满足其对公开性的要求，在自由交易信任被破坏时，可能会使流动人口的生活因为缺乏公开性而受到损害。

（五）防护性保障

即便是在经济发达的社会，也有人由于物质条件的不利变化而落入贫困境地，需要防护性保障来提供社会安全网，提供“兜底性”生活保障。结合城市流动人口家庭的防护性保障现状，针对防护性保障的政策需求主要体现在以下两个方面。

第一，流动人口困难家庭现有防护性保障覆盖率与覆盖水平有待进一步提升。调查显示，在医疗救助、教育救助与住房补助三个方面，城市流动人口困难家庭的接受比例均较低，在现居住地接受过三种救助的比例分别为 3.67%、6.87% 和 2.90%。在就业救助方面，城市流动人口困难家庭在现居住地获得就业帮扶的比例为 2.73%。在其他救助上，城市流动人口困难家庭在现居住地享有水电、燃料、取暖费减免政策的比例为 3.50%，享有税费减免政策的比例为 3.20%，享有临时救助的比例为 1.72%。总体而言，针对城市流动人口困难家庭的社会救助比例明显偏低，且其享受到的现居住地社会救助比例明显低于户籍地比例。这种现居住地与户籍地之间的差异，以及较低的覆盖水平，在一定程度上加剧了城市流动人口困难家庭的贫困。

第二，流动人口困难家庭仍需社会融合参与、心理健康等方面的保障。调查显示，在自我定位方面，2017 年，有 51.34% 的城市流动人口困难家庭将自己定位为“农村人”，有 22.14% 的城市流动人口困难家庭将自己定位为“边缘人（既非城市也非农村）”，仅有26.53%的城市流动人口困难家庭将自己定位为“城里人”，并且有21.50%的被访者认为自己遭受到一定歧视。这种身份认同与角色认知程度上的差异，使得他们处于非城非乡、进退失据的“边缘人”状态，强化了其“过客心态”与“打工心态”，削弱了其对城市社会的归属感，为其社会融合造成一定阻碍。

表10－3　城市流动人口困难家庭社会政策需求解析

需求维度	城市流动人口困难家庭社会政策需求
经济条件	1. 部分收入较低、开支较大的家庭仍需经济补助 2. 流动人口困难家庭就业率及就业质量有待进一步提高 3. 流动人口困难家庭住房补贴与居住环境亟须进一步提高
社会机会	1. 流动人口困难家庭文化程度较低，需要更多的就业培训 2. 流动人口困难家庭子女亟须提高入学率，降低入学门槛 3. 流动人口困难家庭子女教育需求日益多样化，需要多元服务
健康状况	1. 部分家庭医疗负担重，亟须更多医疗补助与多样化的照料服务 2. 部分家庭成员亟须提升主观幸福感，缓解心理压力
透明性保障	流动人口困难家庭工作透明性低，合法权益需要进一步维护，包括促进用人单位劳动合同的签订、住房公积金的缴纳等
防护性保障	1. 流动人口困难家庭现有防护性保障覆盖率与覆盖水平有待进一步提升 2. 流动人口困难家庭仍需社会融合参与、心理健康等方面的保障

二、需求分析结论

通过以上对流动人口困难家庭社会政策需求的解析，我们可以清楚地发现城市流动人口困难家庭主要在经济、社会机会、健康、透明性保障、防护性保障这五个方面存在一定需求不足，需要为其提供一定的社会政策支持。

在经济方面，现如今城市流动困难人口家庭经济方面的困难主要集中于经济补助、就业和住房三个方面。针对此，需要为其提供这三个方面的社会政策支持。具体而言，在经济补助方面，部分家庭收入较低，当面临较大的经济支出时，其经济状况必将受到严重打击，这时需要政府为其提供一定的经济补助，缓解其在经济方面的困难，保障其最低生活标准。在就业方面，通过分析流动人口的就业状况，可以发现其大多从事体力劳动，就业质量较低，就业状况不稳定，对其经济改善造成一定限制，可以通过为其提供就业保障方面的政策支持，改善其就业状况。在住房方面，流动人口困难家庭的住房条件普遍较差，住房补贴政策获得状况也不甚乐观，亟须为其提供在住房方面的政策支持，改善其住房环境。

在社会机会方面，城市流动人口困难家庭的社会机会需求主要体现为城市流动人口困难家庭就业培训机会的获得，子女教育机会的获得、多元化教育需求的满足等方面。通过对城市流动人口困难家庭就业状况的分析，可以发现，文化程度较低、专业技能缺乏是限制其就业发展的一个主要原因。但是数据显示，城市流动人口困难家庭无论是在接受免费就业培训还是有偿培训方面，都占比较小，接受的培训普遍较少。因此，当前亟须为其提供就业培训方面的社会政策支持，保障其在就业机会获得方面的社会机会平等。在子女教育方面，流动人口困难家庭在子女教育方面的困难主要是子女的上学费用较高，入学、升学困难，多元化教育需求得不到满足这几个方面。针对此，应为其提供在教育机会获得、教育服务多元化等方面的政策保障。

在健康状况方面，城市流动人口困难家庭主要面临着身体健康和心理健康两个方面的社会政策需求。在身体健康方面，由于城市流动人口困难家庭存在医疗负担较重、医疗补助较低、照料服务较为单一等方面的困难，因此针对其身体健康方面的社会政策需求，主要是为其提高医疗补助水平，减轻其医疗负担，减缓其看病难、看病贵等困难。在心理健康方面，部分城市流动人口困难家庭的成员存在一定的自卑感，对未来失去信心和希望，会出现情绪沮丧和心情焦虑等现象。针对此，在保障城市流动人口困难家庭物质方面的需求之外，还应注意其心理健康需求，建立有关城市流动人口困难家庭心理健康方面的社会政策，为其心理健康发展提供一定保障。

在透明性保障方面，城市流动人口困难家庭的需求主要体现在合法权益的维护方面。调查显示，城市流动人口困难家庭的工作透明性较低，主要表现为未与用人单位签订合同，住房公积金等单位福利占有率较低等方面。具体而言，由于城市流动人口困难家庭处于信息获取及信息交流的劣势地位，加之文化水平低、人力资本薄弱、缺乏对自身合法权益维护的意识和途径等因素，在与用人单位的交往中，常出现权益受损现象。针对此，应提高城市流动人口困难家庭的透明性保障水平，保障其合法权益不受损害。

在防护性保障方面，城市流动人口困难家庭的需求主要体现为社会保障水平和覆盖率的提高，社会融合方面保障的完善这两个方面。在社会保障水平和覆盖率方面，通过分析城市流动人口困难家庭在接受医疗救助、教育救助和住房补助方面的情况可以发现，城市流动人口享受补助的比例明显偏低，并且存在现居地与户籍地之间的差异。针对此，当前城市流动人口困难家庭亟待扩大社会保障的覆盖率，落实社会救助政策，切实提高社会保障水平。在社会融合参与方面，大部分城市流动人口困难家庭并未将自己定位为城市人，普遍存在一种“过客心态”与“打工心态”，不利于建设其对城市社会的归属感。同时这种“边缘人”的心态也不利于城市流动人口困难家庭的身心健康。针对此，应该建设针对他们的社会融入保障政策，积极加快他们的社会融入。

第三节　精准支持分析

社会政策的精准性影响政策目标的实现和政策运行效果，对社会政策的精准性评估可以明确政策运行过程中的优缺点，从而提升政策水平与质量。以下将从内容精准、对象精准、效果精准三个方面出发，具体解析针对城市流动人口困难家庭在经济条件、社会机会、健康状况、透明性保障和防护性保障五个方面社会帮扶政策的精确度。

一、内容与对象精准分析

流动人口困难家庭在各个方面均存在不同程度的需求。内容精准和对象精准是政策精准的重要组成部分，也是政策发挥成效的前提。内容精准是指，针对流动人口困难家庭在不同层面的需求，是否有对应的社会政策予以满足。对象精准则指现有针对流动人口困难家庭的社会政策中，其覆盖范围是否涵盖了存在需求的流动人口群体。

（一）经济条件

流动人口困难家庭具有经济、就业、住房等方面的需求。在经济条件相关政策的内容精准方面，现有社会政策已覆盖城市流动人口困难家庭经济补助、就业促进、住房补贴方面的需求，具体包括最低生活保障制度、就业救助、住房救助、住房公积金、退休金或养老保险、失业保险等，基本上已经覆盖了流动人口在经济条件方面的需求。然而，仍然缺乏居住环境改善方面的政策。城市流动人口住房地点多集中在城市边缘，居住环境较差，房屋配套设施不完善，改善居住环境是城市流动人口困难家庭在住房方面的主要需求。

在对象精准方面，现有的针对经济条件的社会政策主要有最低生活保障制度、就业救助、住房救助、住房公积金、失业保险、退休金或养老保险。其中，退休金或养老保险覆盖范围较广，对象精准程度高，将流动人口困难家庭涵盖在内。而住房公积金及失业保险对象精准程度不高，仅覆盖到在职职工（包括合同制），未将部分未签订劳动合同的流动人口覆盖在内。

最低生活保障制度、就业救助、住房救助的对象精准度也有待于进一步提高。一方面，最低生活保障制度仅将收入低于一定限额的群体包含在内，将临近贫困、支出型等贫困的流动人口排除在外；另一方面，就业救助、住房救助以是否属于享有最低生活保障制度为前提，将部分经济上不太困难，但在就业、住房方面有需求的流动人口排除在外。

（二）社会机会

流动人口困难家庭具有就业、子女入学、社会参与和融入等方面的需求。在社会机会相关政策的内容精准方面，现有社会政策已经覆盖了城市流动人口困难家庭在就业、子女入学方面的需求，包括就业帮扶和教育救助政策等。然而，缺乏满足流动人口困难家庭社会参与和融合需求。流动人口困难家庭在流入城市之后，往往难以融入城市社会群体中，受到本地居民的排斥，亟待相关满足其社会参与和融合需求的社会政策支持。

在对象精准方面，现有的针对社会机会的社会政策主要有就业救助、教育救助。就业救助、教育救助对象精准程度较低，仍需进一步提高。就业救助与教育救助均以是否享有最低生活保障制度为享有前提，无法将经济条件一般但失业、需要子女教育补助及服务的流动人口包含在内，一定程度上限制了部分流动人口就业及子女教育需求的满足。

（三）健康状况

流动人口困难家庭具有生理、心理等多方面的需求。在健康状况相关政策的内容精准方面，现有社会政策已覆盖流动人口困难家庭在生理方面的部分需求，如医疗救助、医疗保险、工伤保险等政策，一定程度上可以满足流动人口困难家庭在生理健康方面的需要或减轻其在生理遭受侵害时所带来的重大损失。然而，目前仍然缺乏满足流动人口困难家庭在心理方面的社会政策。心理健康也是流动人口健康的重要组成部分，但并未受到应有的重视。而且，流动人口困难家庭在流入城市之后，面临着多重脆弱，且缺乏足够的社会支持，更有可能产生心理问题，流动人口困难家庭亟待在心理健康方面的社会政策支持。

在对象精准方面，现有的针对健康状况的社会政策主要有医疗救助、医疗保险、工伤保险。医疗保险、工伤保险精准程度较高，覆盖范围广泛，将流动人口困难家庭包含在制度覆盖范围内。而医疗救助对象精准程度较低，仅将最低生活保障家庭成员、特困人员及其他特殊困难人员包含在内，部分经济水平一般的流动人口一旦患有大病，就有可能陷入贫困，影响疾病治愈与康复。

（四）透明性保障

流动人口困难家庭具有合法劳动权益被保障的需求。在透明性保障相关政策的内容精准方面，现有政策已一定程度上覆盖了流动人口困难家庭在合法劳动权益保障方面的需求，当流动人口合法权益遭受侵害时，可以寻求法律援助与司法调解以维护个人合法权益。然而，目前仍然缺乏法律咨询、主动为流动人口提供合法权益维护的社会政策。大部分流动人口困难家庭在劳动力市场上处于弱势地位，且大都缺乏维权意识，亟待相关提高流动人口维权意识及主动维护其合法权益的社会政策予以支持。

在对象精准方面，现有的针对透明性保障的社会政策主要有法律援助与司法调解。法律援助与司法调解的对象精准程度仍待进一步提高，该政策以经济困难的个体为帮助对象，将一部分经济水平一般但有司法援助需求的流动人口困难家庭排除在外。

（五）防护性保障

流动人口困难家庭较为脆弱，面临着多重风险，在经济条件、社会机会、健康状况、透明性保障等均存在着不同种类、不同程度的需求。在防护性保障相关政策的内容精准方面，现有政策供给基本覆盖城市流动人口困难家庭在经济条件、社会机会、健康状况、透明性保障等方面的大部分需求，但在满足其住房环境改善、社会参与和融合、照料服务、心理健康、权益保障等需求方面的社会政策仍然存在不足。

在对象精准方面，现有的针对防护性保障的社会政策种类丰富，大体来讲包括社会保险及社会救助两类。总体而言，社会保险政策的对象精准程度总体较高，覆盖范围广泛，能够将存在相应需求的流动人口困难家庭涵盖在内。而社会救助的对象精准程度普遍较低，将部分经济条件一般但仍然存在救助需求的流动人口困难家庭排除在外。

二、政策实施效果精准

政策实施的效果是否精准是政策精准性的目的，通常而言，效果精准包括政策的可及性、充分性及公平性。其中，政策可及性是指符合政策条件的流动人口享受社会政策的状况；政策充分性是指社会政策发挥作用的状况；政策公平性是指流动人口享受社会政策时与其他群体的差距状况。

（一）可及性评估

各类社会政策的可及，是流动人口相关社会政策实施效果得以实现的前提。可及性评估主要是对符合各类社会政策条件的流动人口享有社会政策总体状况的评估。

1. 经济条件

在流动人口困难家庭的经济条件方面，现有的社会政策主要包括最低生活保障制度、就业救助、住房救助、住房公积金、退休金或养老保险、失业保险。以下将对六项政策的可及性进行具体评估分析。

第一，最低生活保障制度。流动人口困难家庭在现居住地享受过低保金救助的比例为10.49%。总体来讲，政策可及性相对较低，因不符合条件而未申请的比例仅为50.72%，而49.28%的流动人口则因不知道如何申请、手续太麻烦、不想吃低保、不想提供家庭情况等原因而未申请低保。

第二，就业救助。流动人口困难家庭接受政府提供的就业创业服务的占比达81.75%，大部分流动人口困难家庭都接受了一系列诸如职业介绍、税收优惠、小额低息贷款等就业创业服务，救助可及性相对较高。

第三，住房救助。流动人口困难家庭在现居住地获得住房补贴的占比为2.90%。住房救助的享有以最低生活保障制度的享有为前提，这意味着在流动人口享有低保金的群体大约有三成享受了住房救助，救助可及性相对较低，这可能是由于宣传力度不够、手续较麻烦等原因造成的。

第四，住房公积金。流动人口困难家庭所在用人单位为其缴纳住房公积金的比例为26.38%。住房公积金制度主要针对正式员工，流动人口困难家庭签订劳动合同的比例为63.94%，这意味着流动人口中的正式员工仅有不到一半人口享有住房公积金，政策可及性较低。

第五，退休金或养老保险。流动人口困难家庭至少有1个人参与退休金或养老保险的占比为35.21%，有64.79%的流动人口困难家庭无人参与退休金或养老保险，政策可及性较低。

第六，失业保险。流动人口家庭中有工作收入人口的家庭占比为86.26%，但流动人口困难家庭至少有1个人参与退休金或养老保险的占比仅为9.83%，总体占比较低，政策可及性亟待进一步提高。

2. 社会机会

在流动人口困难家庭的社会机会方面，现有的社会政策主要包括就业救助和教育救助政策。由于就业救助政策的可及性在经济条件部分已经进行论述，以下将主要对教育救助的可及性进行具体评估分析。

流动人口困难家庭在现居住地获得教育救助的占比为6.87%，总体占比较低。然而，医疗救助的享有以最低生活保障制度的享有、家庭有子女上学为前提。流动人口困难家庭中享受低保金家庭的占比为10.49%，家庭中有子女上学的比例平均为61.91%，如果享受低保金家庭子女上学的比例为平均水平，意味着流动人口中仅有大概6%的个体有享受教育救助的资格。这表明，大部分拥有教育救助资格的流动人口家庭都已享有教育救助，政策可及性较高。

3. 健康状况

在流动人口困难家庭的健康状况方面，现有的社会政策主要包括医疗救助、医疗保险、工伤保险。以下将对此三项政策的可及性进行具体评估分析。

第一，医疗救助。流动人口困难家庭接受过重特大疾病医疗救助的占比为3.67%，总体占比较低。然而，医疗救助的享有以最低生活保障制度的享有、家庭有大病患者为前提。流动人口困难家庭中享受低保金家庭的占比为10.49%，而流动人口困难家庭中至少有一人患大病的比例平均为11.73%，如果享受低保金家庭患大病比例为平均水平，意味着流动人口中有1%—2%的个体有享受医疗救助的资格。这表明大部分拥有医疗救助资格的流动人口困难家庭都已享有医疗救助，政策可及性较高。

第二，医疗保险。流动人口困难家庭中至少一人参加医疗保险的占比为71.77%，总体占比较高，政策可及性相对较高，但仍然有部分家庭由于不知道医疗保险或不知道如何申请等原因而未能参加医疗保险，亟待进一步提高。

第三，工伤保险。流动人口家庭中有工作收入人口的家庭占比为86.26%，但流动人口困难家庭至少有1个人参加工伤保险的占比仅为10.85%，总体占比较低，政策可及性亟待进一步提高。

4. 透明性保障

在流动人口困难家庭的透明性保障方面，现有的社会政策主要包括法律援助与司法调解。以下将对法律援助与司法调解的可及性进行具体评估分析。

流动人口在现居住地享有法律援助与司法调解的占比为0.95%，总体占比较低。然而，流动人口困难家庭是否享有法律援助与司法调解主要受其是否享受低保金、是否存在法律援助与司法调解需求、是否了解该政策等因素的影响。流动人口困难家庭中享受低保金家庭的占比为10.49%，存在法律援助与司法调解需求的家庭为3.23%。这表明，大部分满足该政策条件且有需求的个体均已享有该政策，政策可及性较高。

5. 防护性保障

在流动人口困难家庭的透明性保障方面，现有的社会政策主要包括社会保险、社会救助等。以下将对社会保险及社会救助的可及性进行总体评估分析。

第一，社会保险。总体来讲，流动人口参加社会保险的占比较低，政策可及性亟待进一步提高。其中，医疗保险的可及性相对较好，至少一人参加医疗保险的占比为71.77%，而其他社会保险的参与率则相对较低，流动人口困难家庭中至少一人参与退休金或养老保险、工伤保险、失业保险占比分别为35.21%、10.85%、9.83%。尽管工伤保险与失业保险的参加以参与工作为前提，但占比仍然较低，其可及性亟待进一步提高。但这可能是由于流动人口对社会保险了解较少、不愿意申请等多方面原因造成的。

第二，社会救助。总体来讲，流动人口享有社会救助的占比较高，政策可及性相对较好，但仍有进一步提高的空间。其中，就业救助、教育救助、医疗救助的政策可及性较好，尽管教育救助和医疗救助的总体占比不高，但大部分符合政策条件且有需求的个体均已享有，表明政策可及性较高。而流动人口困难家庭的最低生活保障制度、住房救助享有比例较低，政策可及性仍有较大的进一步提升的空间。

（二）充分性评估

社会政策的充分性，是政策实施效果发挥的充分保障。政策充分性的评估，是指社会政策发挥作用大小及满意度的评估。

1. 经济条件

在流动人口困难家庭的经济条件方面，结合调查数据，主要对退休金或养老保险、失业保险的充分性进行评估。退休金或养老保险充分性相对较高，流动人口困难家庭对退休金或养老保险不满意的占比为27.27%。失业保险的满意度较高，流动人口困难家庭对失业保险不满意的占比仅为9.43%。

2. 社会机会

在流动人口困难家庭的社会机会方面，结合调查数据，主要对教育救助的充分性进行评估。教育救助的充分性相对较高，在享受过教育救助的流动人口困难家庭中，仅有4.77%的家庭认为教育救助的作用较小或完全没作用，有67.44%的家庭则认为教育救助作用较大或非常大。

3. 健康状况

在流动人口困难家庭的健康状况方面，结合调查数据，主要对医疗救助、医疗保险、工伤保险的充分性进行评估。医疗救助的充分性较高，在享有医疗救助的流动人口家庭中，59.91%的家庭认为医疗救助作用较大或很大；61.29%的家庭认为医疗救助效果明显。医疗保险与工伤保险的充分性均相对较高，对医疗保险与工伤保险不满意的流动人口困难家庭分别为12.54%、5.11%。

4. 透明性保障

在流动人口困难家庭的透明性保障方面，主要对法律援助与司法调解的充分性进行评估。法律援助与司法调解的充分性相对较高，但仍有进一步提升的空间。流动人口面临着多重脆弱且缺乏社会支持，其合法权益往往无法得到有效保障。法律援助与司法调解一定程度上维护了流动人口的合法权益，但仍然面临着审核手续复杂且界限不明晰、保障水平较低等一系列的问题。

5. 防护性保障

在流动人口困难家庭的健康状况方面，结合调查数据，主要对社会保险、福利津贴及部分社会救助进行总体评估。

第一，社会保险。总体而言，社会保险的充分性均相对较高，流动人口困难家庭对社会保险的满意度较高，对退休金或养老保险、医疗保险、工伤保险、失业保险、生育保险不满意的占比分别为27.27%、12.54%、5.11%、9.43%、4.72%。其中退休金或养老保险的充分性仍有进一步上升的空间。

第二，福利津贴及部分社会救助。福利津贴的充分性相对较高，但仍有进一步提升的空间，对福利津贴不满意的流动人口困难家庭占比为25.24%。总体而言，社会救助的满意度均相对较高，认为教育救助和医疗救助发挥作用较大的占比分别为67.44%、59.91%。

（三）公平性评估

社会政策的公平性，是衡量社会政策实施效果的重要指标，对经济的有序发展、社会的和谐稳定发挥着重要作用。政策公平性的评估，是指社会政策针对不同群体之间差异性的评估。

1. 经济条件

在流动人口困难家庭的经济条件方面，结合调查数据及公开数据库，主要针对流动人口的最低生活保障制度、退休金或养老保险、失业保险的公平性进行评估。

第一，最低生活保障制度。2016 年全国参与最低生活保障制度的人数占比为 1.07%，比较而言，2017 年流动人口困难家庭最低生活保障制度参与人数占比为 10.31%。这表明流动人口困难家庭最低生活保障制度的覆盖率远远高于全国平均水平，政策公平性较高。

第二，退休金或养老保险。2016 年全国参加退休金或养老保险的人数占比为 64.20%，比较而言，2017 年流动人口困难家庭退休金或养老保险参加人数占比为 35.89%。流动人口困难家庭退休金或养老保险的参与率远低于全国平均水平，政策公平性较低，亟待进一步提高。

第三，失业保险。2016 年全国参加失业保险的人数占比为 13.80%，比较而言，2017 年流动人口困难家庭失业保险参加人数占比为 10.82%。流动人口困难家庭参加失业保险的人数占比略低于全国平均水平。这在一定程度上表明，政策公平性相对较好，但仍有进一步提高的空间。

2. 社会机会

在流动人口困难家庭的社会机会方面，由于缺乏教育救助相关的宏观数据，主要通过对现有教育救助相关文献的梳理，以评估教育救助的政策公平性。与城市普通家庭相比，流动人口困难家庭的子女教育面临着入学难、升学难、费用高等一系列问题，在一定程度上限制了流动人口困难家庭子女公平地享受教育。教育救助仅限于经济上的补助，一定程度上可以减轻由经济条件较差带来的教育不公平，但仍然无法解决由其他原因所造成的教育起点、过程与结果的不公平。教育救助的政策公平性亟待进一步提高。

3. 健康状况

在流动人口困难家庭的健康状况方面，结合调查数据及公开数据库，主要针对流动人口的医疗保险、工伤保险的政策公平性进行评估。

第一，医疗保险。2016 年全国参加医疗保险的人数占比为 53.80%，比较而言，2017 年流动人口困难家庭医疗保险参加人数占比为 72.02%。流动人口困难家庭医疗保险的参与率远高于全国平均水平，这表明医疗保险的政策公平性较好，较好地保障了流动人口困难家庭的医疗需求。

第二，工伤保险。2016 年全国参加工伤保险的人数占比为 24.66%，比较而言，2017 年流动人口困难家庭工伤保险参与人数占比为 10.82%。流动人口困难家庭工伤保险的参与率低于全国平均水平，工伤保险政策公平性相对较差，亟待进一步提高。

4. 透明性保障

在流动人口困难家庭的透明性保障方面，由于缺乏法律援助与司法调解相关的宏观数据，主要通过对现有法律援助与司法调解相关文献的梳理，以评估法律援助与司法调解的政策公平性。法律援助与司法调解通过为经济困难的流动人口家庭提供服务，在一定程度上保障了流动人口困难家庭的合法权益，政策公平性相对较高。然而，目前法律援助与司法调解针对的诉讼案件、援助的内容均存在一定的局限，限制了政策公平性的发挥。法律援助与司法调解政策公平性仍有进一步提升的空间。

5. 防护性保障

在流动人口困难家庭的健康状况方面，结合调查数据及公开数据库，针对流动人口的社会保险、社会救助等政策的公平性进行综合评估。

第一，社会保险。总体而言，社会保险的政策公平性相对较低。流动人口困难家庭退休金或养老保险、工伤保险、失业保险参与人数占比均低于全国平均水平，仅有医疗保险的参与人数占比远高于全国平均水平。流动人口困难家庭社会保险政策的公平性亟待进一步提高。

第二，社会救助。总体而言，社会救助的政策公平性相对较好，但仍有进一步提高的空间。最低生活保障制度、教育救助、法律援助与司法调解的政策公平性均相对较好，一定程度上解决了流动人口困难家庭因经济条件限制带来的不公平，但由于救助方式单一，限制了流动人口平等地享有教育、司法等方面的公平权利，政策公平性仍有进一步提高的空间。

表 10－4　城市流动人口困难家庭社会政策精准度解析

供给维度	城市流动人口困难家庭社会政策供给	精准度解析
经济条件	最低生活保障制度 就业救助 住房救助 住房公积金 退休金或养老保险 失业保险	1. 内容精准解析 现有社会政策已覆盖流动人口经济补助、就业促进、住房补贴方面的需求，但仍然缺乏居住环境改善方面的政策 2. 对象精准解析 各项社会政策对象精准性均相对较低，有待进一步提高。其中，退休金或养老保险政策对象精准性相对较高 3. 效果精准解析 （1）可及性。各项社会政策的可及性均较差，就业救助的政策可及性相对较高 （2）充分性。退休金或养老保险、失业保险的充分性相对较高，流动人口对其满意度高 （3）公平性。最低生活保障制度与失业保险的政策公平性较高，退休金或养老保险政策公平性亟待进一步提高
社会机会	就业帮扶 教育救助	1. 内容精准解析 现有社会政策已覆盖流动人口在就业、子女入学等方面的需求，但缺乏满足流动人口子女教育多样化需求、流动人口社会参与和融合需求方面的政策 2. 对象精准解析 就业救助、教育救助对象精准程度较低，均以是否享有最低生活保障制度为前提，政策对象精准性亟待进一步提高 3. 效果精准解析 （1）可及性。教育救助政策可及性较高，大部分拥有教育救助资格的流动人口家庭都已享有教育救助 （2）充分性。教育救助充分性较高，大部分流动人口认为教育救助作用较大或非常大 （3）公平性。教育救助的政策公平性亟待进一步提高，一定程度上减轻了经济限制带来的不公平，但无法解决由其他原因造成的不公平

续表

供给维度	城市流动人口困难家庭社会政策供给	精准度解析
健康状况	医疗救助 医疗保险 工伤保险	1. 内容精准解析 现有社会政策已覆盖流动人口困难家庭在医疗补助方面的需求，但仍然缺乏满足流动人口照料服务、心理健康等方面需求的社会政策 2. 对象精准解析 医疗保险、工伤保险对象精准程度较高，覆盖范围广泛，医疗救助对象精准程度较低，仅将最低生活保障家庭成员、特困人员及其他特殊困难人员包含在内 3. 效果精准解析 （1）可及性。医疗救助政策可及性较高，而医疗保险、工伤保险政策可及性相对较差 （2）充分性。健康相关社会政策的充分性相对较高，认为其发挥作用较大，且满意程度相对较高 （3）公平性。医疗保险的政策公平性较好，而工伤保险的政策公平性较差，亟待进一步提高
透明性保障	法律援助与司法调解	1. 内容精准解析 现有社会政策体系一定程度上覆盖流动人口困难家庭在透明性保障方面的需求，但缺乏满足主动维护其合法劳动权益等方面的社会政策 2. 对象精准解析 法律援助与司法调解的对象精准程度仍待进一步提高，其以经济困难个体为对象，将部分存在需求的流动人口排除在外 3. 效果精准解析 （1）可及性。法律援助与司法调解政策可及性较好，大部分满足该政策条件且有需求的个体均已享有该政策 （2）充分性。法律援助与司法调解的充分性相对较高，但仍有进一步提升的空间 （3）公平性。法律援助与司法调解政策公平性仍有提升空间。救助方式单一，一定程度上减轻了经济限制带来的不公平，无法解决其他原因带来的不公平

续表

供给维度	城市流动人口困难家庭社会政策供给	精准度解析
防护性保障	社会救助 社会保险 社会福利与服务	1. 内容精准解析 总体而言，现有政策体系内容精准度较高。现有政策供给基本覆盖流动人口困难家庭在经济条件、社会机会、健康状况等方面的需求，但在满足其住房环境改善、社会参与和融合、照料服务、心理健康、权益保障等需求方面仍然存在不足 2. 对象精准解析 社会保险对象精准程度总体较高，覆盖范围广泛，将存在需求的流动人口涵盖在内。而社会救助的对象精准程度普遍较低，将部分经济条件一般但存在救助需求的流动人口困难家庭排除在外 3. 效果精准解析 （1）可及性。流动人口参与社会保险的占比较低，社会保险可及性亟待进一步提高。比较而言，社会救助的政策可及性相对较好 （2）充分性。社会保险、社会救助、福利津贴的政策充分性均相对较高，但退休金或养老保险的政策充分性仍有进一步提升的空间 （3）公平性。社会救助的政策公平性相对较好，而社会保险的政策公平性较差，亟待进一步提升

三、精准性评估结论

随着我国治理能力与治理体系现代化水平的不断提高，社会政策的精准性不断提高，政策体系不断完善，覆盖率逐渐提升，政策实施效果的可及性、充分性、公平性进一步提高。然而，随着流动人口困难家庭现状、问题、需求复杂程度的加深，现有的政策难以满足其多元化的需求，需要进一步对政策精准性进行评估，为社会政策提供改革思路。以下将从内容精准、对象精准、效果精准（可及性、充分性、公平性）出发，阐述社会政策评估结论。

第一，社会政策内容精准性评估。总体而言，社会政策内容精准性较好，现有政策供给基本覆盖城市流动人口困难家庭在经济条件、社会机会、健康状况、透明性保障等方面的大部分需求，针对流动人口的社会政策体系较为完善。然而，现有政策体系中缺乏满足流动人口困难家庭住房环境改善、社会参与和融合、照料服务、心理健康、权益保障等需求方面的社会政策，亟待进一步提高。

第二，社会政策对象精准性评估。总体而言，社会政策的对象精准性一般，存在内部差异。具体而言，社会保险政策的对象精准程度相对较高，覆盖范围广泛，面向群体广泛，能够将存在相应需求的流动人口困难家庭涵盖在内。而社会救助的对象精准程度普遍较低，大部分社会救助的享有都以其是否能享有最低生活保障制度为前提，这将部分经济条件一般但仍然存在救助需求的流动人口困难家庭排除在外。

第三，社会政策实施效果可及性评估。总体而言，社会政策可及性一般，存在一定的内部差异。具体而言，从社会保险来看，流动人口参加社会保险的占比较低，其参加退休金或养老保险、工伤保险、失业保险状况均相对较差，可及性较差。从社会救助来看，社会救助的政策可及性相对较好，尽管部分社会救助参与率较低，但大部分存在需求的流动人口均已被相关社会救助覆盖。

第四，社会政策实施效果充分性评估。总体而言，社会政策充分性较好，部分社会政策的充分性仍有进一步提升的空间。具体而言，从社会保险来看，流动人口对医疗保险、工伤保险、失业保险、生育保险的满意度均相对较高，但退休金或养老保险的充分性亟待进一步提升。从福利津贴及社会救助来看，大部分流动人口均认为福利津贴和社会救助发挥作用较大，满意度较高。

第五，社会政策实施效果公平性评估。总体而言，社会政策的公平性一般，存在比较明显的内部差异。具体而言，从社会保险来看，社会保险的政策公平性总体较低，流动人口参加退休金或养老保险、工伤保险、失业保险的人数占比远低于全国平均水平。从社会救助来看，社会救助的政策公平性相对较好，一定程度减轻了因经济条件限制带来的不公平，但由于救助方式单一，限制其平等地享有教育、司法等方面的公平权利，政策公平性亟待进一步提高。

第四节　结论与若干思考

一、结论

（一）需求分析

针对当前城市流动人口困难家庭面临的一系列困境，对其进行需求分析，找出其在社会政策方面的具体需求，进而实现对于城市流动人口困难家庭的精准支持，保障社会政策的精准度。以下将从经济条件、社会机会、健康状况、透明性保障和防护性保障五个方面的需求出发，对结论进行分析总结。

就经济条件而言，目前城市流动人口困难家庭经济条件较好，但仍存在部分家庭收入较低、开支较大的城市流动人口困难家庭需经济补助；收入与就业状况良好，但就业率及就业质量有待进一步提高；此外，城市流动人口困难家庭住房补贴较低，居住环境亟须进一步提高。

就社会机会而言，城市流动人口困难家庭文化程度较低，需要更多的就业培训、职业介绍等服务；子女入学率较低，需要提高入学率，降低入学门槛；子女教育需求日益多样化，需要为其提供多元服务。

就健康状况而言，部分城市流动人口困难家庭医疗负担重，亟须更多医疗补助与多样化的照料服务；此外，部分城市流动人口困难家庭成员存在自卑、焦虑、对未来没有信心等不良心理情绪，亟须提升主观幸福感，缓解心理压力。

就透明性保障而言，当前城市流动人口困难家庭工作透明性保障程度低，由于自身人力资本薄弱，缺乏对自身合法权益维护的意识和途径等因素，常出现权益受损现象，亟待透明性保障水平的进一步提高。

就防护性保障而言，当前城市流动人口困难家庭接受社会救助的比例偏低，防护性保障覆盖率与覆盖水平有待进一步提升，同时还存在边缘化心理、社会融入较差等问题，仍需要社会融合参与、心理健康等方面的保障。

（二）精准支持分析

总体而言，针对流动人口困难家庭的社会政策精准性一般，仍有进一步提升的空间。其中，相关社会政策的内容精准性、政策实施效果的充分性相对较好，而社会政策的对象精准性、政策实施效果的可及性及公平性一般，亟待进一步提高。

从政策内容精准性来看，社会政策的内容精准性较高。具体而言，现有的政策体系已基本覆盖流动人口困难家庭在经济条件、社会机会、健康状况、透明性保障及防护性保障方面的需求。然而，随着流动人口需求的日益多元化，经济社会的发展，现有政策体系仍然需要进一步完善以满足流动人口多样化的需求。

从政策对象精准性来看，社会政策的对象精准性一般。具体而言，经济条件、社会机会、透明性保障、防护性保障相关社会政策的对象精准性均相对较差，健康状况相关社会政策对象精准性相对较好。社会保险政策的对象精准程度相对较高，而社会救助政策均以是否享有最低生活保障制度作为享有的前提，对象精准程度较低。

从政策实施效果的可及性来看，社会政策的可及性一般。具体而言，经济条件、健康状况、防护性保障相关社会政策的可及性相对较差，而社会机会、透明性保障相关社会政策的可及性相对较好。社会保险的覆盖率较高，但仍然有大量存在需求的流动人口未被覆盖，政策可及性较差。而社会救助的覆盖率较低，却已覆盖了大部分存在需求的流动人口，政策可及性较好。

从政策实施效果的充分性来看，社会政策的充分性较好。具体而言，流动人口对各个层面社会政策的满意度较高，认为其发挥作用较大。社会保险、社会救助、福利津贴的政策充分性均相对较高，但退休金或养老保险的政策充分性仍有进一步提升的空间。

从政策实施效果的公平性来看，社会政策的公平性一般。具体而言，各个层面的政策公平性均一般。其中，健康状况相关社会政策中，医疗保险公平性较好。而社会机会、透明性保障相关社会政策中，教育救助、法律援助和司法调解公平性较好，但由于救助方式单一，仅能一定程度上减轻由经济条件限制造成的不公平，仍然无法解决由其他原因带来的教育、劳动的不公平。

二、若干思考

当前，针对城市流动人口困难家庭的社会政策已取得较大进展，对城市流动人口困难家庭的生存与发展状况产生了有益影响，但仍存在覆盖率较低、实施力度较弱等问题，流动人口困难家庭生存与发展的相关需求尚未得到完全满足。基于此，本研究将从经济条件、社会机会、健康状况、透明性保障、防护性保障五个方面提出社会政策的改革思路。

（一）政策精准度提升

1. 经济条件

从内容精准角度来看，在经济条件方面，仍然缺乏改善城市流动人口困难家庭居住环境的社会政策，具体可以从以下几个方面加以完善。第一，加强政府住房供给，保障基本居住需求。既要加强政府服务的供给，将流动人口住房保障纳入政策保障框架，完善廉租房、公租房等制度，也要发挥市场、企业在解决住房供给方面的积极作用，多措并举满足流动人口的居住需求。第二，完善房屋安全与卫生标准，改善城市流动人口困难家庭居住环境。各地应当因地制宜，制定流动人口房屋安全与卫生标准，对流动人口聚集区的环境卫生定期进行综合整治，开展防治传染病宣传等工作，消除治安和健康隐患，并建立流动人口居住环境卫生监督机制，将其作为当地管理部门的年度政绩考核内容之一。

从对象精准角度来看，应进一步扩展经济条件相关政策的覆盖人群，重新调整政策目标和定位，将更多存在需求的流动人口纳入政策范围内。第一，拓展就业救助、住房救助等社会救助的保障范围。现有的社会救助政策均以是否享有最低生活保障制度作为享有的必要前提，而这限制了经济条件一般但存在住房、就业需求的流动人口。应在需求调研的基础上，重新界定就业救助、住房救助的保障范围，将更多存在需求的人口纳入政策范围内。第二，扩展住房公积金、失业保险的保障范围。现有政策以是否是在职职工（合同制员工）作为限定标准，建议拓宽保障范围，将更多参加工作但未签订劳动合同的流动人口涵盖在内。

从效果精准角度来看，经济相关政策的效果精准性一般，现有政策覆盖率较低，且流动人口享有各项政策的占比低于全国平均水平，政策可及性与公平性亟待进一步提升。第一，提升相关政策的可及性。加强流动人口对最低生活保障制度、住房救助、住房公积金、失业保险、养老保险等制度的了解程度，同时简化政策的手续，让流动人口困难家庭可以更容易地享受到相关救助及保险政策。第二，提升相关政策的公平性，特别是退休金或养老保险的政策公平性。流动人口参与养老保险占比远低于平均水平。可以通过为流动人口提供补贴的形式，鼓励更多的流动人口参与养老保险，提高政策公平性。

2. 社会机会

从内容精准角度来看，针对城市流动人口困难家庭的社会机会相关政策仍存在教育体系不完善、社会融入机制有所欠缺等问题，可从以下两个方面加以改进。首先，应进一步完善流动人口子女教育救助政策并落实推广，健全相应的教育体系，加强教育保障力度，解决流动人口子女受教育问题。在促进公办学校教育资源开放的同时，也鼓励流动人口子女学校的发展。其次，促进城市流动人口困难家庭的社会参与及社会融合，促进该群体的社会融入。在具体实践中，可以以“流动人口扎根城市”为出发点，重新审视与完善相关制度，在此基础上构建城市流动人口困难家庭社会融合指标体系，对流动人口家庭的融合程度进行评分并予以公示，以便与时俱进地引导和推动流动人口社会融合工作。

从对象精准角度来看，针对流动人口困难家庭社会机会相关政策存在覆盖范围较窄，政策对象精准程度较低的情况。目前，教育救助以是否享有最低生活保障制度为前提，一定程度上限制了部分经济条件一般但仍然存在教育救助需求的流动人口，教育救助的覆盖范围亟待进一步拓展。应在对流动人口教育需求调研的基础上，重新设计教育救助的申请条件，将流动人口中有学龄儿童但因各种原因无法入学的家庭纳入教育救助的范围。

从政策实施效果精准来看，教育救助的可及性、充分性、公平性均相对较高，政策实施效果较好，但其公平性仍有进一步提高的空间。可以从以下几个方面改进。第一，拓展教育救助的形式。仅靠经济救助只能一定程度上减轻由经济限制带来的不公平，应着力拓宽教育救助的形式，通过创新教育救助形式全方位减轻教育方面的不公平。第二，弱化户籍制度的限制，强调所有公民享受公共服务的平等权利，加快实现地区间公共服务的均衡发展。第三，完善配套教育福利制度的发展，规范、指导、扶持民办学校、流动人口子弟学校。

3. 健康状况

从内容精准角度来看，在健康状况方面，医疗救助的服务内容较为狭窄，应从以下三个方面进行拓宽。第一，应拓宽医疗救助的病种范围，通过进一步调查，将更多危害较大、持续时间较长、花费较多的病种纳入医疗救助目录。第二，尽快将心理健康服务纳入流动人口社会救助体系中，建立专门针对流动人口家庭的心理健康救助机制。第三，加强生理、心理疾病知识的宣传，创新宣传形式，提高流动人口预防疾病和保护生命安全的意识。

从对象精准角度来看，医疗保险、工伤保险的对象精准程度较高，覆盖范围广泛，而医疗救助对象精准程度则较低。医疗救助以是否享有最低生活保障制度为享有前提，将部分经济条件一般但存在医疗救助需求的流动人口排除在制度之外。对部分经济条件一般的流动人口而言，一旦患重特大疾病，就非常容易陷入贫困。因此，有必要进一步拓展医疗救助的覆盖范围，将更多身体健康状况较差且经济条件一般的流动人口纳入医疗救助范围内。

从效果精准角度来看，健康相关社会政策的充分性较好，满意度较高，而可及性与公平性相对较差。以下从两个方面提出建议。第一，提升健康政策可及性。提高当前医疗保障政策的覆盖率，尤其是医疗救助应特别关注因病致贫的流动人口家庭。第二，提升健康政策公平性。一方面，加强医疗保障信息化建设，完善流动人口跨区域的医疗保险转移接续工作；另一方面，政府应强化流动人口属地管理措施，以其所在社区为依托，强化流动人口所在社区的基层医疗服务设施的建设与医疗服务资源的供给，全面提高流动人口所在社区的医疗卫生服务质量。

4. 透明性保障

从内容精准度来看，透明性保障政策仍处于较低水平，还有较大上升空间。首先，政府应进一步规范企业用工制度的制定，对流动人口的报酬、岗位、工作时间、待遇、社会保障等方面进行细致的说明，并严格监督企业用工制度的落地与实施。其次，对违反用工制度或侵害流动人口合法权益的企业，政府应制定相应的惩罚措施，从而有效保护流动人口的工作权益，提升工作透明性。流动人口透明性保障的提高，不仅有利于保障流动人口的利益，还可以促进劳动力的再生产，长期促进企业的发展。

从对象精准度来看，透明性保障政策的对象精准度仍待进一步提高。法律援助与司法调解的享有以经济是否困难为享有的前提，这一定程度上将部分存在司法需求的脆弱流动家庭排除在外。该政策应当进一步拓宽政策保障范围，提高自身的对象精准度。在对流动人口法律援助需求进行调研的基础上，将更多经济水平一般但较为脆弱的困难家庭纳入法律援助与司法调解的范围内。

从政策实施效果精准度来看，透明性保障政策的可及性相对较好，而充分性与公平性一般，仍有进一步提高的空间。第一，提升透明性保障政策充分性。提高法律援助的保障水平，切实促进劳动合同的签订，加强执法监督力度，同时加强普法知识宣传，特别是劳动相关法律，提升流动人口法律意识。第二，提升透明性保障政策公平性。通过建立完备的法援援助体系，为流动人口提供法律援助服务如司法仲裁、司法支持等，全方位保障流动人口的合法权益。

5. 防护性保障

从内容精准角度来看，防护性保障政策呈现碎片化、分散化的形态，不利于其进一步发展与完善。因此，需整合碎片化的社会政策与服务，增强社会政策的公平性，实现流动人口困难家庭防护性保障可持续发展。具体而言，应当进一步扩大社会保障的覆盖范围，将长期工作、居住在城镇的流动人口尽量纳入保障体系中，并重点优先关注流动人口失业、工伤、医疗保险、住房公积金等制度的建设。此外，对于生活存在困难的部分流动人口困难家庭给予额外津贴，并进一步健全流动人口住房供应体系。

从对象精准角度来看，防护性保障政策的对象精准度一般，特别是社会救助政策的对象精准度，亟待进一步提高。总体而言，社会救助的享有均以经济困难为前提。然而经济困难仅是衡量脆弱的一个方面，很难将所有存在需要的流动人口筛选出来。因此，需要进一步拓展各项社会救助的覆盖范围，在对其需求进行调研的基础上，重新设计各类社会救助政策的标准和对象认定机制，将更多存在需求且脆弱的流动人口纳入政策覆盖范围。

从政策实施效果角度来看，各项社会政策的充分性相对较好，但可及性和公平性一般，亟待进一步提升。第一，提升防护性保障政策的可及性。户籍制度待遇阻碍了其可及性的提升，逐步减轻户籍对社会政策可及性的限制，提升政策范围内流动人口参与相关政策的比例。第二，提升防护性保障政策的公平性。在考虑城市资源约束的背景下，应逐步、分批次消除户籍制度所附加的福利性待遇，不断取消就业歧视政策及其他排他性福利政策，扩大流动人口防护性保障政策的享受范围。

（二）辅助支撑

1. 资金支持

资金支持是流动人口困难家庭相关社会政策正常运行的重要支撑。就资金支持而言，不仅应完善并落实有关条例，还应继续扩大资金投入，拓宽资金来源渠道。首先，应加大中央财政、地方财政对流动人口社会政策的资金支持力度，为流动人口社会政策的落实提供物质条件支撑。其次，多渠道筹集资金。除了中央财政的支持，地方政府还可以通过发行债券及彩票等来扩大资金来源。最后，还应充分调动市场、社会组织、个人等社会力量的积极性，并通过税收优惠、费用减免等政策，鼓励慈善组织等社会力量配套支持流动人口困难家庭社会政策的建设和发展，为针对流动人口社会政策的实施奠定良好的经济基础。

2. 物资支持

物资支持不仅关系到流动人口管理服务工作的开展，也影响着提供公共服务的质量、数量和效率。因而，大力推进各流动人口社会政策的各类配套服务设施建设，是实现救助输送的关键。首先，应加大对流动人口困难家庭的物资支持力度，发挥政府主导作用，同时充分鼓励社会力量作用的发挥，拓宽救助物资提供来源。其次，在推广公共服务均等化的契机下，加快相关设施的建设，特别是保障流动人口生活质量和生命尊严的基本医疗卫生公共服务设施。在此过程中，政府应统筹制订区域卫生规划，有效配置卫生资源在流动人口区域内的合理有效流动。最后，应完善社区公共服务设施、推进社区服务信息化建设，提升流动人口困难家庭公共服务设施的可及性。

3. 人才支持

服务人员的工作方法、工作态度直接影响流动人口对社会保障与社会服务的认可度与满意度。加强对服务人员的专业化培养，是流动人口困难家庭社会政策实施的专业化保障，可从以下五个方面加以改进、完善。第一，加快建设专业化的人才队伍，通过人才引入机制、提高待遇等措施鼓励吸纳更多具有专业知识与能力的人才。第二，加强对社会救护专业人员的培训，重视提高服务人员的业务技术水平和服务质量。第三，改进和完善服务人员的工作方法，在政策实施过程中，最大可能地尊重流动人口困难家庭的心理需求和生命尊严。第四，引入待遇保障制度，完善管理人员的工资待遇和福利待遇，降低人才流动率。第五，将流动人口管理纳入绩效考核。推动流动人口管理工作纳入针对流动人口服务的各项绩效考核中，并根据流动人口管理人员的工作表现、流动人口的满意程度给予服务人员物质和精神方面的奖励，有效激励服务人员为流动人口提供更加完善的服务。

4. 监督保障

完善流动人口困难家庭社会政策的监督保障机制，有利于社会资源的合理高效运用，保障流动人口困难家庭的合法权益。首先，严格规定具体保障对象的审核过程，进行经常性的复核检查，增强社会保障机制的瞄准性。其次，是在社会保障审批上，简化并完善基层政府一系列操作程序，实行动态管理，避免出现长时间占用社会资金资源所造成的资源浪费或者专款不能得到专用的问题。最后，推动基层平台信息化建设，开发公共服务应用软件，将一系列针对流动人口的服务如就业创业服务、社会保险服务、人力资源和技能培训等服务纳入信息化建设中，并扩大基层平台的应用范围，切实提高工作透明度及工作效率，实现对流动人口的监督保障。

5. 法律保障

立法滞后是制约流动人口困难家庭正常权益实现的重要原因之一。因此，当前首要任务是针对各地区执行现有流动人口政策中出现的问题，进行科学、细致、全面的分析，从中梳理出现有政策的经验、不足，以及具体的改进措施，不断推进原有法规的修订与完善。其次，应尽早加强顶层设计，从国家层面出发，制定有关流动人口在住房、教育、医疗、服务等方面的法律法规，优化社会政策的法律环境，为推进流动人口困难家庭生活水平的提高提供环境支撑。再次，全面推进社会保险立法进程，从社会保险层次增加对流动人口困难家庭的法律支持力度。最后，还应提高流动人口的法律知识与意识，创新宣传形式，通过新媒体等方式来宣传有关流动人口社会政策的相关法律法规，督促各部门严格遵循社会保障相关政策的法律法规，对破坏社会保障公平性的行为进行严肃的审查。

第十一章　城乡困难家庭社会政策支持比较研究

本章旨在分析城乡困难家庭的社会政策需求，并适当讨论城乡困难家庭社会政策支持的精准状况，具体包括研究背景与问题提出、文献综述与分析思路、城乡困难家庭基本特征、城乡困难家庭需求分析、研究结论与政策建议几个部分。

第一节　研究背景与分析思路

一、研究背景

党的十九大报告提出，要坚持在发展中保障和改善民生，要抓住人民最关心最直接最现实的利益问题，多谋民生之利，多解民生之忧，在发展中补齐民生短板，促进社会公平正义，在幼有所育、学有所教、劳有所得、病有所医、老有所养、住有所居、弱有所扶上不断取得进展。深入开展脱贫攻坚，保证全体人民在共建共享发展中有更多获得感，不断促进人的全面发展、全体人民共同富裕，使人民获得感、幸福感、安全感更加充实、更有保障、更加持续。现实社会中，广大城乡困难家庭理应成为民生关注的重点对象，也是研究者需要研究与分析的社会群体。

政府是我国社会救助的主要责任担当者，在困难家庭的求助网络中占据了重要的位置。政府的帮助主要体现在一系列的社会救助政策上。我国历朝都有针对灾民、难民和流民进行的荒政和官民并举的慈善救助政策和实践。中华人民共和国成立以来，政府已逐步建立起了包括农村五保供养、最低生活保障、医疗救助、教育救助、救灾赈灾、就业服务在内的一系列救助性制度，并且花大力气推出了数次扶贫攻坚项目。1997 年，我国政府为解决城市贫困人口的生存问题，国务院决定在城市建立最低生活保障制度；2007 年，为贯彻落实党的十六届六中全会精神，切实解决农村贫困人口的生活困难，国务院决定在全国建立农村最低生活保障制度。通过五保和低保制度，大量城乡困难家庭得到了生活上的保障和配套的救助服务。

除此之外，2014 年《社会救助暂行办法》的出台，将最低生活保障、特困人员供养、受灾人员救助、医疗救助、教育救助、住房救助、就业救助、临时救助八项制度系统性地统合起来。2015 年，为解决残疾人特殊生活困难和长期照护困难，国务院又决定全面建立困难残疾人生活补贴和重度残疾人护理补贴（以下统称残疾人两项补贴）制度。到 2016 年，国务院办公厅转发了民政部、国务院扶贫办、中央农办、财政部、国家统计局、中国残联《关于做好农村低保制度与扶贫开发政策有效衔接的指导意见》，部署做好农村最低生活保障制度和扶贫开发政策有效衔接工作。该意见指出，要坚持精准扶贫精准脱贫基本方略，坚持应扶尽扶、应保尽保、动态管理、资源统筹等原则，通过农村低保制度与扶贫开发政策的有效衔接，形成脱贫攻坚合力，对符合低保标准的农村贫困人口实行政策性保障兜底，确保到 2020 年现行扶贫标准下农村贫困人口全部脱贫。2017 年，国务院办公厅发布《关于加强困难群众基本生活保障有关工作的通知》。该通知指出，要进一步提高对困难群众基本生活保障工作重要性的认识、进一步加强对重点群体的基本生活保障、进一步加大困难群众基本生活保障资金投入、进一步加强对困难群众基本生活保障工作的组织领导。

二、问题提出

贫困作为一种社会事实以不同的程度和形式在全世界范围内普遍存在。改革开放以来，中国反贫困领域存在着社会救助和农村扶贫开发两类重要的政策体系，在两类政策的共同作用下，中国的反贫困斗争虽然取得了巨大成就，然而当前贫困问题依然严峻。从个人层面来看，长期贫困难以满足基本生活需求，严重影响个体的正常生活；从社会层面来看，长期贫困容易引起贫困群体的消极与不满情绪，不利于社会的稳定发展。家庭作为生活的基本单位，其作用不仅体现在生产和生活的各个方面，家庭成员间的互助可以有效地解决困难与问题，也是社会政策需要关注和了解的重要社会单元，更是精准扶贫攻坚过程中需要扶助的重要对象，其整体生活情况能更好地反映民生诉求。基于此，了解当前困难家庭的基本情况，并在此基础上提出改善他们生活现状的意见和建议具有重要意义。

本章根据民政部政策研究中心“托底性民生保障政策支持系统建设研究”项目的问卷调查数据，对城乡困难家庭的基本情况进行分析。首先，依据城乡困难家庭的收入平均划分为五个等级（低收入困难家庭、中低收入困难家庭、中等收入困难家庭、中高收入困难家庭和高收入困难家庭），对数据进行分析。同时，考察了残疾人家庭、未成年人家庭和老年人家庭的情况。并在此划分的基础上，进一步比较不同收入层次的家庭在家庭人口构成、耐用品数量以及收支平衡状况之间的差别。对比城乡困难家庭的基本情况发现，城乡困难家庭人口构成基本相似，但经济收入和欠债方面存在显著差距。

三、文献综述与分析思路

对于城乡困难家庭的研究，我国学者在就业、医疗、社会参与等几方面进行过相关调研和论述。赵文聘、冯光娣（2015）在《城市困难家庭就业社会政策研究》中发现，当前我国城市困难家庭工作机会缺乏，很少家庭能够通过公共服务获得就业机会，因此他们强调改善城市困难家庭就业难的现状应构建需求导向型公共就业服务体系，强化就业失业服务需求优先原则以及进一步衔接就业失业公共服务体系和社会保障体系。与此同时，唐钧（2017）也指出城市困难家庭在图发展过程中遭遇能力之痛，而我国当前的城乡就业救助或就业服务政策没能改变能力窘境。在医疗方面，张忠朝（2015）基于通过 2013 年“中国城乡困难家庭社会政策支持系统建设”项目的数据分析发现：城乡困难家庭成员身体状况比较差，慢性病和大病的发生率高，医疗救助需求大，医疗支出较高。面对这种情况，需要从疾病知识宣传、基础设施建设、私人诊所建设、医疗救助投入和医疗救助监管等方面进行完善。除此之外，张忠朝、仇雨临（2015）在《我国城乡困难家庭心理健康与社会参与状况研究》中指出，城乡困难家庭社会参与中社区公共事务参与比较积极、社区志愿者参与度高但时间不允许、受社区（村）其他人歧视程度较低、与所在地周边人群融合程度非常高，但仍存在许多问题。

通过文献回顾，我们了解到城乡困难家庭过去几年在就业、医疗和社会参与等方面面临的困难，在现有研究基础上，我们通过数据分析来反映城乡困难家庭当前的就业、医疗、社会参与等方面的状况。此外，现有研究只对城市困难家庭和农村困难家庭的状况进行简单比较，本书除了对城乡困难家庭的情况进行比较之外，还根据收入将家庭分为五种类型，对不同收入的家庭的状况进行更深入的分析与比较。

第二节　城乡困难家庭政策需求比较分析

一、农村困难家庭政策需求分析

（一）经济负担重是农村困难家庭面临的第一大难题

根据表 11 -1 可知，家庭主要劳动力没有工作、家庭最主要收入者被长期拖欠工资、家庭主要成员没有劳动能力、家庭成员需要长期照料、家庭成员疾病负担重、家庭成员发生意外事故、子女教育负担难以承受、家庭财产遭受重大损失、赡养老人负担重以及居住条件差等是当前困难家庭面临的困难。其中，家庭成员疾病负担重、家庭主要成员没有劳动能力和家庭主要劳动力没有工作是农村困难家庭面临的三大主要困难，分别占比 62.4%、56.7%、46.3%。

表 11 -1　农村困难家庭面临的困难　　单位：%

	是	否	合计
家庭主要劳动力没有工作	46.3	53.7	100
家庭最主要收入者被长期拖欠工资	5.4	94.6	100
家庭主要成员没有劳动能力	56.7	43.3	100
家庭成员需要长期照料	42.2	57.8	100
家庭成员疾病负担重	62.4	37.6	100

续表

	是	否	合计
家庭成员发生意外事故	6.4	93.6	100
子女教育负担难以承受	26.2	73.8	100
家庭财产遭受重大损失	5.0	95.0	100
赡养老人负担重	24.4	75.6	100
居住条件差	44.0	56.0	100
其他	6.9	93.1	100

根据表 11-2 我们发现，家庭收入与其面临的困难种类密切相关。例如，面临“家庭主要成员没有劳动能力”和“家庭成员疾病负担重”这两个困难主要困扰着低收入困难家庭、中低收入困难家庭和中等收入困难家庭，这三类家庭占比都在 60% 以上。此外，通过数据分析还发现，在中高收入困难家庭和高收入困难家庭中，“子女教育负担难以承受”这一困难十分突出，分别占比 38.2% 和 34.1%，而“居住条件差”这一困难对高收入困难家庭影响最小。

表 11-2　农村困难家庭面临的困难与家庭收入分组交叉表　　单位:%

	家庭收入分组				
	低	中低	中	中高	高
家庭主要劳动力没有工作	41.9	44.6	53.6	50.0	41.8
家庭最主要收入者被长期拖欠工资	2.7	4.8	5.7	7.4	6.6
家庭主要成员没有劳动能力	63.2	65.8	61.6	52.2	40.2
家庭成员需要长期照料	39.0	43.3	46.8	43.4	38.6
家庭成员疾病负担重	64.8	67.0	65.0	59.9	55.3
家庭成员发生意外事故	6.7	6.0	7.8	5.0	6.8
子女教育负担难以承受	14.0	18.2	26.4	38.2	34.1
家庭财产遭受重大损失	4.6	4.9	5.0	5.2	5.2
赡养老人负担重	16.6	18.6	26.8	32.5	27.7
居住条件差	46.2	48.2	50.1	42.7	32.6
其他	6.2	4.3	9.6	7.4	7.1

根据表 11－3 可以看出，“家庭主要劳动力没有工作”“家庭主要成员没有劳动能力”“家庭成员需要长期照料”“家庭成员疾病负担重”以及“居住条件差”这五项困难成为未成年子女家庭、老年人家庭以及残疾人家庭共同面临的主要困难。此外，在未成年子女家庭中，“子女教育负担难以承受”是其面临的另一亟待解决的主要困难。

表 11－3　不同类型农村困难家庭与家庭困难交叉表　单位：%

	未成年子女家庭	老年人家庭	残疾人家庭
家庭主要劳动力没有工作	53.7	43.6	53.3
家庭最主要收入者被长期拖欠工资	7.9	4.8	6.4
家庭主要成员没有劳动能力	54.5	58.6	71.8
家庭成员需要长期照料	43.7	46.0	62.9
家庭成员疾病负担重	61.7	66.1	73.7
家庭成员发生意外事故	7.0	6.6	9.6
子女教育负担难以承受	52.1	21.1	28.4
家庭财产遭受重大损失	6.9	5.2	6.0
赡养老人负担重	34.0	27.1	29.4
居住条件差	45.1	45.1	47.8
其他	6.7	6.9	7.0

（二）农村困难家庭接受的帮助及服务十分有限

根据表 11－4 可以看到，农村困难家庭享受的社区服务主要包括环境卫生服务（60.6%）、医疗卫生保健服务（47.2%）、社区治安服务（35.7%）三项，而享受到社区养老服务、幼儿托护服务、劳动就业服务、物业服务等服务的家庭所占比例很少。这表明，当前大部分农村困难家庭享受的社区服务种类少，社区服务仍需进一步完善。

表 11－4　农村困难家庭享受的社区服务　单位：%

	是	否	合计
社区养老服务	8.9	91.1	100
幼儿托护服务	2.7	97.3	100

续表

	是	否	合计
社区治安服务	35.7	64.3	100
环境卫生服务	60.6	39.4	100
办理社会保障服务	33.8	66.2	100
劳动就业服务	8.1	91.9	100
医疗卫生保健服务	47.2	52.8	100
文化娱乐服务	26.7	73.3	100
家政服务	1.8	98.2	100
法律服务	6.1	93.9	100
物业服务	4.0	96.0	100
紧急救援服务	4.4	95.6	100
计生服务	15.3	84.7	100
心理咨询服务	3.1	96.9	100
其他	21.0	79.0	100

进一步深入分析可以发现（见表11－5），不同收入水平的家庭所享受的社区服务项目存在差异。具体来说，在享受社区养老服务的家庭中，中低收入家庭（10.1%）和中高收入家庭（10.6%）占比略高于其他收入类型的家庭；在享受家政服务的家庭中，中低收入家庭占比（2.2%）略高于其他收入水平的家庭。而在“劳动就业服务”“物业服务”和“计生服务”方面，随着家庭收入的提高，其家庭占比也逐渐增加，即高收入家庭占比远远高于低收入家庭。由此，不同水平的家庭收入可能决定家庭面临不同的状况，而这些情况会对困难家庭享受社区服务产生一定影响。

总的来说，从困难家庭享受的社区服务数量方面来看（见表11－6），当享受的社区服务数为1个时，低收入家庭占比（45.1%）最大；当享受的社区服务数为2—4个时，中等收入家庭占比（44.1%）最大；当享受的社区服务数超过4个时，高收入家庭占比（24.8%）高于其他收入家庭。因此，家庭收入是影响农村困难家庭享受社区服务的重要因素，但这种状况也说明本来应该享受更多社区服务的困难家庭由于收入原因可能无法获得更多的社区服务，也侧面证明社区服务的公益性不足。

表 11－5　家庭收入分组与享受的社区服务交叉分析　单位:%

	低	中低	中	中高	高
社区养老服务	7.7	10.1	6.8	10.6	9.2
幼儿托护服务	1.4	2.6	3.1	2.9	3.3
社区治安服务	33.2	36.1	32.5	37.4	39.5
环境卫生服务	57.3	62.7	59.0	61.2	62.7
办理社会保障服务	26.2	33.2	34.4	40.3	34.8
劳动就业服务	4.8	5.5	6.8	11.1	12.3
医疗卫生保健服务	39.8	46.8	45.9	53.5	50.1
文化娱乐服务	24.3	27.9	25.4	26.3	29.5
家政服务	1.2	2.2	2.1	1.6	1.7
法律服务	4.4	5.6	6.6	5.7	8.1
物业服务	1.5	1.7	4.0	5.5	7.3
紧急救援服务	3.9	5.5	3.0	4.0	5.5
计生服务	12.0	14.5	13.9	14.4	21.7
心理咨询服务	2.1	3.4	3.0	2.9	4.3
其他	26.5	21.5	17.9	20.8	18.2

表 11－6　享受的社区服务数与家庭收入分组交叉表　单位:%

		家庭收入分组					平均
		低	中低	中	中高	高	
社区服务数（个）	1	45.1	39.1	39.4	36.2	35.1	39.0
	2—4	39.9	42.7	44.1	41.9	40.1	41.7
	4 以上	15.0	18.1	16.5	21.9	24.8	19.3
合计		100.0	100.0	100.0	100.0	100.0	100.0

根据表 11－7 可以看到，当前农村困难家庭最需要给予的帮助是减免医疗费（71%）；其次需要给予的帮助是提供生活金钱和生活品（62.8%），此外，需要帮助修建住房和结对帮扶也是当前农村困难家庭亟须解决的问题。总之，经济困扰是造成农村一些家庭生活困难的主要原

因，政府有关部门应该依据家庭的需要，优先提供农村困难家庭最亟待的帮助。

表 11－7　农村困难家庭需要的帮助　单位：%

	是	否	合计
直接提供生活金钱和生活品	62.8	37.2	100
帮助家里劳动力找份工作	31.6	68.4	100
提供技能培训、指点致富门路	26.2	73.8	100
提供低息贷款或生产资金	19.7	80.3	100
资助子女完成学业	28.3	71.7	100
减免医疗费	71.0	29.0	100
帮助修建住房	43.2	56.8	100
结对帮扶	33.0	67.0	100
其他	9.8	90.2	100

我们将家庭收入分为低、中低、中、中高和高五个层次，将收入分组和所需要的帮助作交叉分析（见表 11－8）发现，低收入群体更侧重于直接的物质与服务。例如，在“直接提供生活金钱和生活品”“减免医疗费”和“帮助修建住房”这三项服务中，低收入家庭占比远远高于高收入家庭，而高收入家庭更倾向于获得技术、信息和教育方面的帮助，其中“提供技能培训、指点致富门路”“提供低息贷款或生产资金”以及“资助子女完成学业”这三项需求在高收入水平家庭中最为显著。

表 11－8　家庭收入分组与需要的帮助交叉分析　单位：%

	低	中低	中	中高	高
直接提供生活金钱和生活品	70.3	70.5	66.6	58.7	47.8
帮助家里劳动力找份工作	21.5	24.5	35.8	39.8	36.7
提供技能培训、指点致富门路	17.3	18.7	27.7	33.2	34.5
提供低息贷款或生产资金	11.8	13.1	23.1	25.1	25.6
资助子女完成学业	13.3	19.4	29.7	41.5	37.6

续表

	低	中低	中	中高	高
减免医疗费	73.8	76.7	72.7	69.4	62.4
帮助修建住房	45.1	47.2	45.6	44.6	33.3
结对帮扶	31.5	31.9	37.7	35.8	28.2
其他	7.4	7.5	10.1	9.3	14.9

表11－9表明，不同类型的家庭既存在相同的帮助需求也存在不同的需求。“直接提供生活金钱和生活品”“帮助修建住房”和“减免医疗费”是未成年子女家庭、老年人家庭和残疾人家庭共同面临的三大主要需求。此外，“资助子女完成学业”是未成年子女家庭所需要的另一主要帮助。

表11－9　不同类型农村困难家庭与家庭需求交叉表　　单位：%

	未成年子女家庭	老年人家庭	残疾人家庭
直接提供生活金钱和生活品	59.8	64.4	68.9
帮助家里劳动力找份工作	42.2	27.0	34.4
提供技能培训、指点致富门路	37.6	22.2	28.7
提供低息贷款或生产资金	27.1	16.9	22.3
资助子女完成学业	59.2	23.2	30.3
减免医疗费	70.6	73.0	77.1
帮助修建住房	46.3	43.5	47.2
结对帮扶	38.2	31.7	36.8
其他	8.2	9.9	8.2

（三）农村困难家庭的社会救助状况不容乐观

社会救助是政府为了满足困难群体的基本生活需求而采取的有效措施。通过数据分析（见表11－10），农村困难家庭成员对我国的低保、医疗救助、教育救助、慈善救助、住房补贴以及就业援助给予较高的评价，认为这些救助措施发挥了较大的作用。其中，认为低保发挥作用的家庭占78.6%，认为医疗救助发挥作用的占73.9%，认为教育救助发挥作用的占70.5%，认为慈善救助发挥作用的占56.5%，认为住房补贴发挥作用的占

87.6%，认为就业援助发挥作用的占50%。基于此，我国采取的社会救助措施在一定程度上满足了困难家庭的需求。

表11－10　农村困难家庭社会救助自评　　单位:%

	低保	医疗救助	教育救助	慈善救助	住房补贴	就业援助
很大	64.5	54.3	52.5	38.4	70.8	25.0
较大	14.1	19.6	18.0	18.1	16.8	25.0
一般	17.8	19.1	25.1	35.5	12.4	25.0
较小	3.2	4.8	3.6	8.0	—	25.0
无作用	0.4	2.2	0.8	—	—	—
合计	100.0	100.0	100.0	100.0	100.0	100.0

从享受低保方面来看，表11－11显示出，大部分困难家庭都享受过低保。其中，中低收入困难家庭享受低保的比例最高，占79%；高收入困难家庭享受低保的占比最低，占56%。由此，家庭收入水平可能会影响农村困难家庭参加低保。

表11－11　低保与家庭收入分组交叉表　　单位:%

		家庭收入分组					平均
		低	中低	中	中高	高	
是否享受过低保	是	65.0	79.0	74.1	70.0	56.0	68.8
	否	35.0	21.0	25.9	30.0	44.0	31.2
合计		100.0	100.0	100.0	100.0	100.0	100.0

从医疗救助方面来看，在五种不同收入水平的家庭中，只有一小部分家庭享受过医疗救助，并且，从总体上说，家庭收入越高，其享受医疗救助的可能性越大。其中，高收入困难家庭享受医疗救助的占比最高，占比达25.4%，而低收入困难家庭所占比例（14.6%）最低。医疗救助是国家和社会针对那些因为贫困而没有经济能力进行治病的公民实施的专门的帮助和支持。然而在困难家庭中，低收入家庭享受医疗救助的比例小于高收入家庭，这一现象值得引起关注。

表 11－12　医疗救助与家庭收入分组交叉表　　单位：%

		家庭收入分组					平均
		低	中低	中	中高	高	
是否享受过医疗救助	有	14.6	20.3	21.5	20.2	25.4	20.4
	没有	85.4	79.7	78.5	79.8	74.6	79.6
合计		100.0	100.0	100.0	100.0	100.0	100.0

从住房补贴方面来看，大部分农村困难家庭没有享受过住房补贴，在享受到住房补贴的家庭中，低收入困难家庭占比小于高收入困难家庭。

表 11－13　住房补贴与家庭收入分组交叉表　　单位：%

		家庭收入分组					平均
		低	中低	中	中高	高	
是否享受过住房补贴	有	2.4	4.6	3.7	3.5	4.3	3.7
	没有	97.6	95.4	96.3	96.5	95.7	96.3
合计		100.0	100.0	100.0	100.0	100.0	100.0

从慈善救助方面来看，大部分农村困难家庭未享受过慈善救助，在享受到慈善救助的家庭中，低收入困难家庭占比小于高收入困难家庭，这也就是说家庭收入水平对是否能获得慈善救助有正向影响。

表 11－14　慈善救助与家庭收入分组交叉表　　单位：%

		家庭收入分组					平均
		低	中低	中	中高	高	
是否享受过慈善救助	有	2.1	4.6	4.5	5.4	6.4	4.6
	没有	97.9	95.4	95.5	94.6	93.6	95.4
合计		100.0	100.0	100.0	100.0	100.0	100.0

从失业救助方面来看，只有中低收入困难家庭和高收入困难家庭享受过失业救助，并且享受过失业救助的家庭占比很低。其中，中低收入困难家庭占 0.2%；高收入困难家庭占 0.5%。

表 11-15　失业救助与家庭收入分组交叉表　单位：%

		家庭收入分组					平均
		低	中低	中	中高	高	
是否享受过失业救助	有	—	0.2	—	—	0.5	0.1
	没有	100.0	99.8	100.0	100.0	99.5	99.9
合计		100.0	100.0	100.0	100.0	100.0	100.0

二、城市困难家庭政策需求分析

（一）城市困难家庭面临诸多困难

表 11-16 数据体现出城市困难家庭主要面临十种困难，在这些困难中，家庭成员需要长期照料（59.9%）、家庭成员疾病负担重（58.1%）、家庭主要成员没有劳动能力（50.7%）是当前城市困难家庭面临的最主要的困难。由此，减轻家庭照料负担，提高家庭成员劳动能力是当前政府亟待解决的问题。

表 11-16　城市困难家庭面临的主要困难　单位：%

	有	无	合计
家庭主要劳动力没有工作	48.9	51.1	100
家庭最主要收入者被长期拖欠工资	4.8	95.2	100
家庭主要成员没有劳动能力	50.7	49.3	100
家庭成员需要长期照料	59.9	40.1	100
家庭成员疾病负担重	58.1	41.9	100
家庭成员发生意外事故	6.4	93.6	100
子女教育负担难以承受	30.3	69.7	100
家庭财产遭受重大损失	3.5	96.5	100
赡养老人负担重	24.8	75.2	100
居住条件差	41.5	58.5	100
其他	7.9	92.1	100

在了解城市困难家庭面临主要的困难基础上，表 11-17 进一步分析，

不同收入水平的家庭在面临同一困难有何区别时发现，在面临“家庭主要劳动力没有工作”“家庭主要成员没有劳动能力”“家庭成员疾病负担重”以及“居住条件差”这四项困难中任何一项的家庭中，收入低的家庭比收入高的家庭更容易遭遇。具体来说，面临“家庭主要成员没有劳动能力”的家庭，从低收入家庭到高收入家庭占比依次下降，其中低收入家庭比高收入家庭高大约35个百分点，两者差距十分显著。而在面临“家庭成员需要长期照料”的家庭中，随着收入水平的提高，困难家庭占比虽然总体上呈下降趋势，但是差别不大，其中低收入家庭略高于高收入家庭3.4个百分点。除此之外，数据还显示出，和其他收入层次的家庭相比，“子女教育负担难以承受”和“赡养老人负担重”这两类困难在中等收入家庭中十分突出。

表11－17　城市困难家庭面临的困难与收入分组交叉分析　　单位：%

	收入分组				
	低	中低	中	中高	高
家庭主要劳动力没有工作	54.1	56.7	53.0	47.5	32.2
家庭最主要收入者被长期拖欠工资	4.7	4.4	6.0	4.9	3.7
家庭主要成员没有劳动能力	67.3	58.3	49.5	46.2	31.5
家庭成员需要长期照料	41.8	40.0	39.7	40.2	38.4
家庭成员疾病负担重	65.1	60.7	58.8	57.8	47.7
家庭成员发生意外事故	6.1	8.0	6.0	6.4	5.6
子女教育负担难以承受	18.3	30.4	40.2	35.6	26.4
家庭财产遭受重大损失	4.7	3.1	3.0	3.3	3.5
赡养老人负担重	19.8	23.8	29.1	26.9	24.4
居住条件差	48.8	44.6	42.1	40.1	31.1
其他	8.1	9.3	7.0	7.3	7.6

除了根据收入对家庭进行分组比较外，还根据人口特征将家庭分为未成年子女家庭、老年人家庭和残疾人家庭三种类型，数据显示出，“家庭主要劳动力没有工作”“家庭主要成员没有劳动能力”“家庭成员需要长期照料”“家庭成员疾病负担重”和“居住条件差”是这三类家庭共同面临

的主要困难。此外，“子女教育负担难以承受”这一困难在未成年子女家庭（57.0%）十分突出。

表 11－18　不同类型城市困难家庭与家庭面临困难交叉分析　单位:%

	未成年子女家庭	老年人家庭	残疾人家庭
家庭主要劳动力没有工作	53.4	44.8	53.5
家庭最主要收入者被长期拖欠工资	5.7	4.3	4.9
家庭主要成员没有劳动能力	48.6	54.6	66.3
家庭成员需要长期照料	41.2	46.4	59.3
家庭成员疾病负担重	57.3	61.8	69.5
家庭成员发生意外事故	6.8	6.5	9.6
子女教育负担难以承受	57.0	23.2	29.4
家庭财产遭受重大损失	3.6	4.2	5.1
赡养老人负担重	31.5	25.5	26.3
居住条件差	42.3	43.3	43.5
其他	6.3	8.9	7.9

（二）城市困难家庭获得的帮助和服务有限

从表 11－19 中可以看到，城市困难家庭最需要的帮助是减免医疗费（64.8%）和直接提供给金钱和生活品（53.7%），由此可以认为经济压力大是造成他们需要帮助的主要原因。基于此，本书根据收入将家庭分为低、中低、中、中高和高收入五种类型，通过数据分析发现（见表 11－20）在“帮助家里劳动力找份工作”“资助子女完成学业”这两项帮助中，中等收入家庭占比最大；在“直接提供金钱和生活品”和“减免医疗费”两项帮助中，低收入家庭占比最大；此外，高收入家庭对于“提供低息贷款或生产资金”的需求高于其他收入家庭。总而言之，不同收入水平的家庭在帮助需求方面存在差异，政府对困难家庭的帮扶应“对症下药”，做到精准性支持。

表 11－19　城市困难家庭需要的帮助　　单位:%

	是	否	合计
直接提供金钱和生活品	53.7	46.3	100
帮助家里劳动力找份工作	27.7	72.3	100
提供技能培训、指点致富门路	18.5	81.5	100
提供低息贷款或生产资金	12.1	87.9	100
资助子女完成学业	28.2	71.8	100
减免医疗费	64.8	35.2	100
帮助修建住房	29.0	71.0	100
结对帮扶	24.1	75.9	100
其他	15.8	84.2	100

表 11－20　不同收入水平城市困难家庭与需要的帮助交叉分析　　单位:%

	低	中低	中	中高	高
直接提供金钱和生活品	66.7	63.1	55.6	46.3	35.4
帮助家里劳动力找份工作	21.4	29.2	34.5	29.8	23.0
提供技能培训、指点致富门路	12.9	18.6	20.3	21.7	18.5
提供低息贷款或生产资金	11.8	10.8	12.3	12.6	12.7
资助子女完成学业	16.0	30.4	37.8	32.8	23.4
减免医疗费	72.0	65.7	65.2	65.3	54.4
帮助修建住房	33.6	32.0	32.5	26.5	19.8
结对帮扶	26.1	27.4	25.6	22.7	18.1
其他	11.8	12.5	11.2	14.8	29.4

根据表 11－21 可以发现，“直接提供金钱和生活品”“减免医疗费”是未成年子女家庭、老年人家庭和残疾人家庭共同面临的需要帮助项目。此外，“资助子女完成学业”是未成年子女家庭特有的、亟待给予的帮助。

表 11－21　不同类型城市困难家庭与需要的帮助交叉分析　　单位:%

	未成年子女家庭	老年人家庭	残疾人家庭
直接提供金钱和生活品	53.1	54.1	61.7
帮助家里劳动力找份工作	35.6	22.0	27.4
提供技能培训、指点致富门路	27.8	14.0	17.6
提供低息贷款或生产资金	17.1	10.4	11.9
资助子女完成学业	57.4	20.8	27.0
减免医疗费	67.5	65.2	68.7
帮助修建住房	30.5	29.8	30.2
结对帮扶	26.1	23.8	27.6
其他	11.3	19.2	15.1

根据表 11－22 可以发现，城市困难家庭所需要帮助的数目与家庭的收入紧密相连，当家庭需要的帮助数为 1 个时，低收入困难家庭（28.5%）占比普遍低于高收入困难家庭（48.6%）；而当家庭需要帮助的数目超过 2 个时，低收入困难家庭占比（71.5%）又明显大于高收入水平的困难家庭（51.4%）。总而言之，在困难家庭中，收入水平是影响其生活质量的重要因素。

表 11－22　城市困难家庭所需的帮助与家庭收入分组交叉表　　单位:%

		家庭收入分组					平均
		低	中低	中	中高	高	
需要帮助的数目（个）	1	28.5	31.2	28.6	34.1	48.6	34.0
	2—4	57.1	49.4	51.1	49.4	37.8	49.1
	4 以上	14.4	19.4	20.3	16.5	13.6	16.9
合计		100.0	100.0	100.0	100.0	100.0	100.0

当前城市困难家庭享受到的社区服务相对有限，大都集中于社区治安服务（51.1%）、环境卫生服务（69.1%）、医疗卫生保健服务（41.1%），而享受到社区养老服务、紧急救援服务、心理咨询服务、幼儿托护服务等便民服务的家庭还很少。这些服务不仅能够从不同方面减轻家庭负担，而

且能够进一步提升家庭生活质量，因此完善社区服务，促使每一项社区服务惠及每一个困难家庭，是当前社会组织和政府的努力目标。

表 11－23　城市困难家庭享受的社区服务　　单位：%

	是	否	合计
社区养老服务	9.8	90.2	100
幼儿托护服务	2.8	97.2	100
社区治安服务	51.1	48.9	100
环境卫生服务	69.1	30.9	100
办理社会保障服务	35.4	64.6	100
劳动就业服务	13.7	86.3	100
医疗卫生保健服务	41.1	58.9	100
文化娱乐服务	27.4	72.6	100
家政服务	7.2	92.8	100
法律服务	8.6	91.4	100
物业服务	22.6	77.4	100
紧急救援服务	6.8	93.2	100
计生服务	15.0	85.0	100
心理咨询服务	6.0	94.0	100
其他	17.7	82.3	100

根据表 11－24，我们发现，不同收入水平的家庭所享受的社区服务也有所差异。在享受社区养老服务的家庭中，低收入困难家庭（11.7%）和高收入困难家庭（11.6%）占比最高，然而，在享受家政服务的家庭中，中等收入困难家庭占比最低（5.9%）。此外，在社区治安、环境卫生、心理咨询等项服务中，家庭收入水平与社区服务的享受程度呈正相关，即在同一项社区服务中收入水平高的家庭占比高于低收入家庭。

总的来看，五种收入水平的家庭享受的社区服务数大都在 2— 4 个，在享受社区服务数为 1 个的家庭中，从低收入困难家庭到高收入困难家庭占比依次递减，而在享受的社区服务数超过 4 个的家庭中，从低收入困难家庭占比到高收入困难家庭占比呈上升趋势。因此，收入越高的家庭享受到的服务越多，提高困难家庭享受的社会服务水平关键是增加他们的收入。

表 11－24　家庭收入分组与享受的社区服务交叉分析　单位：%

	低	中低	中	中高	高
社区养老服务	11.7	9.4	7.7	8.7	11.6
幼儿托护服务	3.3	2.8	2.9	1.5	3.6
社区治安服务	43.9	46.1	49.7	57.8	58.4
环境卫生服务	64.5	67.3	66.3	74.0	73.5
办理社会保障服务	31.1	32.4	37.1	38.8	37.8
劳动就业服务	9.2	11.4	13.8	15.8	18.5
医疗卫生保健服务	37.5	39.0	39.8	44.5	44.9
文化娱乐服务	20.4	21.7	25.6	32.4	37.5
家政服务	6.1	6.3	5.9	7.3	10.5
法律服务	7.8	6.8	7.3	8.8	12.4
物业服务	16.4	17.2	19.6	25.1	35.3
紧急救援服务	6.6	5.2	6.0	7.5	8.9
计生服务	8.2	13.0	13.6	18.7	21.8
心理咨询服务	5.0	4.7	6.0	6.5	7.8
其他	22.2	19.6	19.0	14.4	13.0

表 11－25　城市困难家庭享受的服务数与家庭收入分组交叉表　单位：%

		家庭收入分组					平均
		低	中低	中	中高	高	
享受的服务（个）	1	38.3	33.5	33.4	25.7	24.8	31.2
	2—4	41.1	46.4	43.3	44.8	39.8	43.1
	4 以上	20.5	20.1	23.2	29.5	35.4	25.7
合计		100.0	100.0	100.0	100.0	100.0	100.0

（三）城市困难家庭社会救助情况

社会救助是现代社会保障体系的基础部分，对社会安全和稳定起着重要的兜底作用。表 11－26 反映出城市困难家庭对我国当前社会救助制度的评价，可以看到，城市困难家庭对我国的低保制度、医疗救助制度、教育救助制度、失业援助制度、慈善救助制度和住房补贴制度给予较高的评价，绝大部分家庭认为这 6 项制度发挥了重要的作用。其中，认为低保发挥很大和较大作用的家庭占 82.1%，认为医疗救助、教育救助、失业援助、慈善救助和住房补贴发挥很大和较大作用的家庭分别占 77.1%、69.6%、44.4%、56.6% 和 69.3%。

表 11－26　城市困难家庭社会救助效用自评　　单位：%

	低保	医疗救助	教育救助	失业援助	慈善救助	住房补贴
很大	66.6	60.3	52.6	29.6	38.5	55.4
较大	15.5	16.8	17.0	14.8	18.1	13.9
一般	14.3	17.3	24.2	44.4	35.7	21.8
较小	3.3	4.20	5.0	5.6	6.8	7.3
无作用	0.4	1.40	1.2	5.6	0.9	1.7
合计	100	100	100	100	100	100

从教育救助方面来看（见表 11－27），大部分家庭没有享受过教育救助，在享受过此项救助制度的家庭中，中等收入困难家庭和中高收入困难家庭占比最高，分别为 20.2% 和 20.3%，低收入困难家庭占比最低为 6.8%，由此发现，享受教育救助的家庭既不是最困难的群体，也不是收入最高的群体，而是中间群体。这可能是低收入群体因经济压力过大而忽视了子女的教育问题，而高收入群体有一定经济能力承担子女的教育费用。而对于中间群体来说，他们意识到教育的重要性，但是由于经济方面的阻碍，申请教育援助则是帮助他们子女解决上学问题的重要途径。

表 11－27　教育救助与家庭收入分组交叉表　　单位：%

		家庭收入分组					平均
		低	中低	中	中高	高	
是否享受过教育救助	有	6.8	17.3	20.2	20.3	12.0	15.4
	没有	93.2	82.7	79.8	79.7	88.0	84.6
合计		100.0	100.0	100.0	100.0	100.0	100.0

从住房补贴方面来看（见表 11－28），90% 以上的家庭没有享受过住房补贴。享受过住房补贴的高收入困难家庭占 5.9%，比其余四类家庭占比低大约 2 个百分点。

表 11－28　住房补贴与家庭收入分组交叉表　　单位：%

		家庭收入分组					平均
		低	中低	中	中高	高	
是否享受过住房补贴	有	8.4	8.3	8.0	8.7	5.9	7.9
	没有	91.6	91.7	92.0	91.3	94.1	92.1
合计		100.0	100.0	100.0	100.0	100.0	100.0

从失业援助方面来看（见表 11－29），95% 以上的家庭没有享受过失业援助，在享受过失业援助的家庭中，从低收入困难家庭到高收入困难家庭占比依次增高。家庭的收入水平影响家庭对失业援助服务的享受。

表 11－29　失业援助与家庭收入分组交叉表　　单位：%

		家庭收入分组					平均
		低	中低	中	中高	高	
是否享受过失业援助	有	0.8	1.1	1.1	1.8	2.3	1.4
	没有	99.2	98.9	98.9	98.2	97.7	98.6
合计		100.0	100.0	100.0	100.0	100.0	100.0

从慈善救助方面来看（见表 11－30），大部分城市困难家庭没有享受过慈善救助。而在享受慈善救助的家庭中，占比最低的是低收入家庭。

表 11－30　慈善救助与家庭收入分组交叉表　　单位：%

		家庭收入分组					平均
		低	中低	中	中高	高	
是否享受过慈善救助	有	4.2	5.3	6.8	6.1	6.3	5.7
	没有	95.8	94.7	93.2	93.9	93.7	94.3
合计		100.0	100.0	100.0	100.0	100.0	100.0

从医疗救助制度方面来看（见表 11－31），只有一小部分家庭享受过医疗救助，在这部分家庭中，收入水平不同的家庭在享有医疗救助服务方面的比例并无太大差异。

表 11－31　医疗救助与家庭收入分组交叉表　　单位：%

		家庭收入分组					平均
		低	中低	中	中高	高	
是否享受过医疗救助	有	23.8	22.6	23.1	23.5	24.7	23.5
	没有	76.2	77.4	76.9	76.5	75.3	76.5
合计		100.0	100.0	100.0	100.0	100.0	100.0

从低保方面来看（见表 11－32），大部分家庭都享受过低保；在享受低保的家庭中，中低收入困难家庭占比最高为 82.2%，高收入困难家庭占比（57.6%）最低。

表 11－32　低保与家庭收入分组交叉表　　单位：%

		家庭收入分组					平均
		低	中低	中	中高	高	
是否享受过低保	是	79.0	82.2	75.3	74.0	57.6	73.8
	否	21.0	17.8	24.7	26.0	42.4	26.2
合计		100.0	100.0	100.0	100.0	100.0	100.0

三、城乡困难家庭政策需求比较

（一）城乡困难家庭社会救助金额比较

通过表 11－33 可以发现，城市困难家庭和农村困难家庭在享受的社会救助金额方面存在显著差距。除了平均全年住房补贴金额，农村困难家庭（16190.63 元）远高于城市困难家庭（2135.52 元）之外，其余项目如全年低保金额、全年医疗救助金额、全年教育救助金额、全年失业援助金额和全年慈善救助金额，城市困难家庭享受到的平均金额均大于农村困难家庭。而且，城市困难家庭每年领取的全年低保金额和全年教育救助金额大约是农村困难家庭所领取的 2 倍；城市困难家庭领取的全年失业援助金额是农村困难家庭领取的失业援助金额的 3 倍。由此可以看出，在社会救助制度方面存在城乡二元差异，政府应该对农村困难家庭给予重点关注，进一步提高社会救助制度的公平性。

表 11－33　城乡困难家庭享受平均社会救助金额比较均值（标准差）

单位：元

	城市	农村
全年低保金额	7943.70 (5699.853)	4500.17 (3809.611)
全年医疗救助金额	8452.37 (38794.949)	8218.96 (19442.097)
全年教育救助金额	3564.02 (2077.865)	1943.80 (2314.257)
全年住房补贴金额	2135.52 (4979.659)	16190.63 (15288.473)
全年失业援助金额	2580.92 (4422.006)	750 (957.427)
全年慈善救助金额	2893.24 (13342.592)	2217.85 (5896.416)

（二）城乡困难家庭需要帮助数比较

根据表 11－34，将近一半的城乡困难家庭所需要的帮助数目都为 2—4 个，且城乡困难家庭占比基本相同。此外，当需要帮助数目为 1 时，城市困难家庭占比（34%）大于农村困难家庭（25.5%），而当需要帮助数目超过 4 个时，农村困难家庭所占比例（26.3%）又明显超过城市困难家庭（16.9%）。由此可见，农村困难家庭生活压力更大，需要得到的帮助更多，生活较城市家庭更加困难。

表 11－34　城乡困难家庭需要帮助数比较　　单位：%

	城市	农村
1 个	34	25.5
2—4 个	49.1	48.2
4 个以上	16.9	26.3
合计	100	100

（三）城乡困难家庭享受的社区服务数比较

根据表 11－35 可以看到，在仅享受到 1 个社区服务的家庭中，农村家庭占比比城市困难家庭高大约 8 个百分点，当家庭享受到的服务数超过 2 个时，农村困难家庭所占比例又比城市困难家庭低大约 8 个百分点。因此可以认为，城市社区服务比农村社区服务更加发达，农村社区服务水平应进一步提升。

表 11－35　城乡困难家庭享受的社区服务数比较　　单位：%

	城市	农村
1 个	31.2	39.0
2—4 个	43.1	41.7
4 个以上	25.7	19.3
合计	100	100

（四）城乡困难家庭面临的困难数比较

根据表 11－36，当家庭面临的困难数不超过 3 个时，城市困难家庭占比略大于农村；而当家庭困难数超过 3 个时，农村困难家庭占比略大于城市困难家庭，所以，农村困难家庭承受的生活压力略大于城市困难家庭。

表 11－36　城乡困难家庭面临困难数比较　　单位：%

	城市	农村
0 个	8.2	7.2
1—3 个	50.4	49.3
4—5 个	27.5	28.7
5 个以上	13.8	14.7
总计	100.0	100.0

第三节 结论与若干思考

根据上文所作的分析，本节提出以下结论和政策建议。

第一，完善以家庭为单位的精准社会政策体系的顶层设计。当前社会政策政出多门，且在政策目标对象上有所不同，低保制度与其他政策或者制度之间的衔接不足，难以达到政策之间彼此呼应、相互补充的效果。特别是考虑到不同收入层次的困难家庭以及一些特殊家庭的政策需求有所区别，在低保制度之外，如果没有医疗、教育、住房、养老等社会政策的衔接，难以很好地解决困难家庭所面临的问题。因此，应该以低保制度为基础，完善以家庭为单位的社会政策体系的顶层设计，把各种政策和制度相互打通，实现扶助困难家庭社会政策效益的最大化。

第二，提高困难家庭收入，筑牢基本生活保障的网底。城乡困难家庭积蓄数额远远小于借债和欠债数额，处于入不敷出的状态。同时，他们最想获得的帮助是“直接提供金钱和生活品”，其次是“减免医药费”，可见，收入不足、生活拮据给他们的生活带来了巨大压力。收入不同的家庭在面临的困难、享受的服务和需求的帮助方面存在差异，家庭的收入越高，其面临的困难越少，享受到的社区服务越多，所需求的帮助越少，其总体生活质量略优于收入水平较低的家庭。由此，提高困难家庭的经济收入是改善他们生活困境的关键一步，政府应根据不断变化的经济形势，满足困难家庭的基本需求，进一步提高救助标准，加大救助力度，筑牢困难群体基本生活保障的网底，以早日实现全面建成小康社会的目标。

第三，针对特定家庭需求，政策应有的放矢。除了从家庭收入的角度进行分析外，本研究还根据家庭人口特征，将家庭划分为未成年子女家庭（即含有未成年子女的家庭）、老年人家庭（即含有老年人的家庭）和残疾人家庭（即家庭成员中有身患残疾者）。通过数据分析发现，这三类家庭面临的主要困难不尽相同，在未成年子女家庭中，“子女教育负担难以承受”是其面临的重要困难。面对这一困难，政府应完善困难家庭子女就学资助制度，着重解决困难家庭子女接受教育的水平与质量问题。一方面要减免困难家庭子女的学费；另一方面要积极与社会机构、金融机构联系，对困难家庭学生提供奖学金和教育贷款，学校应制定合理的收费制度，提供勤工助学岗位等。在老年人家庭中，“家庭成员疾病负担重”是其面临的主要困难，这主要是因为随着年龄的提高，老年人身体素质下降，患各种大病或慢性病的概率增加。面对这一问题，政府应着重从改善老年人医疗服务和养老服务两方面入手，扩大医疗救助和照护服务的供给。在残疾人家庭中，“家庭主要成员没有劳动力”和“家庭成员疾病负担重”成为其主要困难。面对残疾家庭，政府应该首先通过提供康复服务以帮助残疾人恢复部分劳动能力，其次应开发适合残疾人就业的公益性岗位来促进残疾人家庭就业，以提高他们的收入和社会适应能力。

第四，加大医疗投入力度，完善医疗救助体系。近年来，政府对医疗救助的投入很大，但是与实际需求相比还存在很大的差距。上文数据也显示，“家庭成员疾病负担重”是当前城乡困难家庭面临的重要困难，“减免医药费”是他们最迫切需要的帮助。目前的医疗救助主要方式为直接救助和资助参加城镇居民医保或新农合。救助方式比较单一，除了依靠政府外，也要充分发挥社会组织和社会资本的力量。首先，要鼓励和支持社会组织、企业组织等通过多种渠道、多种手段为医疗救助募集资金，充实医疗救助的财力基础。其次，发挥各种社会服务组织、慈善组织、社会工作机构在心理健康、医疗服务、综合救助、服务供给和延伸性救助等方面的优势，支持它们参与各类医疗服务项目和特殊疾病的医疗救助行动。此外，当前直接救助中的起付线和封顶线阻碍了城乡困难家庭获得医疗救助服务的机会，因此应逐步取消。对于不同的大病救助需求，各地应因地制宜，拓宽病种范围，把对人体危害较大、费用较高的常见病、多发病、慢性病和罕见病纳入医疗救助目录。

第五，增强社区在困难家庭中的支持地位。在帮助城乡困难家庭迈向全面小康社会的进程中，发挥社区的支持作用具有特殊的意义。当前我国家庭规模呈小型化趋势，生活节奏加快，家庭对成员的保护功能在弱化。随着城镇化的加快，社区在人们生活中的作用越来越重要，其具有一定的社会资本和帮扶能力，通过资源的重新配置，可以有效地承接小规模家庭已丧失的部分功能。例如，当前城乡困难家庭在社区能够享受到良好的治安服务、环境卫生服务、办理社会保障的服务以及医疗卫生保健等服务，这些服务的提供不仅为城乡居民带来了生活便利，同时也提高了社会资源的利用效率，为社会的良性运行与和谐发展奠定了基础。然而，当前困难家庭所享受到的社区服务种类十分有限，像心理咨询、文化娱乐、家政服务、法律服务、紧急救援、劳动就业服务等改善个体身心健康、提高生活质量的服务还未普及。因此，在新形势下，要强化社区在困难家庭中的支持作用，加大对已有社区服务的宣传，根据居民需求，完善现有社区服务体系，为困难家庭成员提供精准性支持服务。

第六，统筹城乡发展，重点关注农村发展困境。数据显示，城乡困难家庭享受的各项社会救助金额存在差距。除了住房补贴农村困难家庭高于城镇困难家庭，其余社会救助金额，如教育救助金额、医疗救助金额、低保救助金额、失业救助金额等城镇困难家庭享受的救助金额，都远高于农村困难家庭。当前的社会救助制度存在不公正、不合理的地方，需要充分考虑城乡统筹发展的新要求，加快建立社会救助城乡统筹发展、协调发展的新模式。由于农村贫困家庭面临的形势更加严峻，应强化对农村贫困家庭的救助力度。尤其是中国农村普遍面临着老龄化和人口“空心化”的问题，应当及早在社会政策上有所储备，以应对未来农村社会的新变化。

主要参考文献

中文文献

[1] 比约恩·埃格纳，左婷，郑春荣．德国住房政策：延续与转变［J］．德国研究，2011（3）：14－23.

[2] 陈柏峰．代际关系变动与老年人自杀——对湖北京山农村的实证研究［J］．社会学研究，2009（4）：157－176.

[3] 陈晨．基于精准视角的集中连片特困地区教育扶贫问题研究［J］．农村经济与科技，2016，27（22）：158－158.

[4] 陈浩，杨晓军．流动人口就业培训问题研究——基于武汉市的实证调查［J］．人口与社会，2008，24（2）：16－19.

[5] 陈欢欢，邹珺，苏剑楠．湖北红安精准扶贫兜底性医疗救助政策评估［J］．卫生经济研究，2017（9）：15－18.

[6] 陈纪．少数民族流动人口问题：社会排斥的视角［J］．云南民族大学学报（哲学社会科学版），2014，31（1）：83－88.

[7] 陈满琪．可协商命运观与未来预期的关系——情绪体验的中介作用和集体主义社会现实感知的调节作用［J］．福建师范大学学报（哲学社会科学版），2016（2）．

[8] 崔光灿，姜巧．城市廉租住房保障时间及家庭特征研究——基于生存分析视角［J］．人口与经济，2016（3）：1－10.

[9] 崔嵩，刘玥．连片特困地区扶贫到户项目贫困瞄准研究——基于乌蒙山片区三省六县的调研数据［J］．中国物价，2015（11）：81－83＋87.

[10] 代利凤．社会排斥理论综述［J］．当代经理人，2006（7）：235－237.

［11］代蕊华，于璇．教育精准扶贫：困境与治理路径［J］．教育发展研究，2017（7）：9－15.

［12］邓宏乾，贾傅麟．住房保障的补贴模式、标准与范围研究［J］．华中师范大学学报（人文社会科学版），2015，54（5）：38－45.

［13］邓维杰．精准扶贫的难点、对策与路径选择［J］．农村经济，2014（6）：78－81.

［14］段成荣，杨舸．中国流动人口状况——基于2005年全国1%人口抽样调查数据的分析［J］．人口与社会，2009，25（4）：5－9.

［15］段成荣，段力刚．流动人口政治参与问题研究［J］．国家行政学院学报，2014（5）：63－69.

［16］风笑天，易松国．城市居民家庭生活质量：指标及其结构［J］．社会学研究，2000（4）：107－118.

［17］封清云，郭炯，郑晓俊．大数据支持的甘肃省教育精准扶贫科学决策研究［J］．电化教育研究，2017（12）：21－26.

［18］高迎浩，程永佳．经济和心理的双重困境——城市流动人口生存状况研究［J］．武汉理工大学学报（社会科学版），2015，28（1）：71－75.

［19］关信平．大力推动服务流动人口的社会政策与社会工作［J］．中国社会工作，2010：1－1.

［20］郭士征，曹艳春．可持续发展养老保险制度的外部环境分析［J］．上海财经大学学报，2006，8（1）：60－66.

［21］郭伟和，丰宝宾．城市最低生活保障政策瞄准效果研究——基于“中国城乡困难家庭社会政策支持系统建设项目”数据分析［J］．社会建设，2016（5）：4－16.

［22］郭雁．流动人口社会管理与公共服务一体化［J］．人民论坛，2013（17）：56－57.

［23］国家统计局网站．中华人民共和国2017年国民经济和社会发展统计公报．http：//www. stats. gov. cn/tjsj/zxfb/201802/t20180228_ 1585631. html. 2018－02－28.

［24］侯慧丽，李春华．梯度城市化：不同社区类型下的流动人口居住

模式和住房状况［J］．人口研究，2013，37（2）：83－92.

［25］胡思洋．精准救助的三个维度及政策指向［J］．中国民政，2016（19）：38－39.

［26］华学成，许加明．阿玛蒂亚·森的自由发展观对中国农村反贫困的启示［J］．学海，2017（5）：220－224.

［27］黄德斌，蒋昕．城乡居民医保整合的成都实践与思考［J］．中国医疗保险，2016（8）：34－37.

［28］黄国武．大病保障模式比较及发展路径研究：以成本－效益分析为视角［J］．社会保障评论，2017（4）．

［29］黄匡时．流动人口“社会融合度”指标体系构建［J］．福建行政学院学报，2010（5）：52－58.

［30］黄薇．医保政策精准扶贫效果研究——基于URBMI试点评估入户调查数据［J］．经济研究，2017（9）．

［31］黄宵，向国春，李婷婷，等．医疗保障对降低城市贫困家庭慢性病经济风险的效果研究［J］．卫生经济研究，2017（8）：51－53.

［32］加里·S. 贝克尔，梁小民．人力资本［M］．北京：北京大学出版社，1987.

［33］贾汇亮．成人弱势群体教育救助的内涵及其机制［C］//全国博士生学术论坛．2008：28－32.

［34］贾康，刘军民．建立符合国情和可持续发展要求的“双轨统筹”住房制度模式［J］．财贸经济，2013，34（11）：13－21.

［35］贾奇凡，尹泽轩，周洁．行为公共管理学视角下公众的政府满意度：概念、测量及影响因素［J］．公共行政评论，2018（1）．

［36］江治强．经济新常态下社会救助政策的改革思路［J］．西部论坛，2015，25（4）：31－39.

［37］蒋谨慎．论阿玛蒂亚·森对贫困理论的变革［J］．社会科学家，2017（5）：41－45；

［38］蒋善，张璐，王卫红．重庆市农民工心理健康状况调查［J］．心理科学，2007，30（1）：216－218.

［39］解垩．中国农村最低生活保障：瞄准效率及消费效应［J］．经

济管理，2016（9）：173－185.

［40］靳永翥，丁照攀．精准扶贫战略背景下项目制减贫绩效的影响因素研究——基于武陵山、乌蒙山、滇桂黔三大集中连片特困地区的调查分析［J］．公共行政评论，2017，10（3）：46－70.

［41］李斌．社会排斥理论与中国城市住房改革制度［J］．社会科学研究，2002（3）：106－110.

［42］李春明．精准扶贫的经济学思考［J］．理论月刊，2015（11）：5－8.

［43］李慧丽．农民工参加城镇职工养老保险对城市融合的影响研究［D］．武汉：武汉大学，2014.

［44］李棉管．技术难题、政治过程与文化结果——“瞄准偏差”的三种研究视角及其对中国“精准扶贫”的启示［J］．社会学研究，2017（1）：217－241.

［45］李泉然．精准扶贫视域下社会救助政策的发展［J］．中州学刊，2017（1）：65－71.

［46］李石花．关于精准扶贫实践困境的文献综述［J］．现代国企研究，2016（6）．

［47］李文静．结合国外教育救助制度论我国教育救助制度的发展［J］．科学之友，2011（3）：136－137.

［48］李晓辉，徐晓新，张秀兰，等．应对经济新常态与发展型社会政策2.0版——以社会扶贫机制创新为例［J］．江苏社会科学，2015（2）：67－77.

［49］李兴旺，朱超．教育扶贫理论研究综述［J］．科教导刊，2017（1）：6－8.

［50］李叶，吴群红，高力军．我国农村居民灾难性卫生支出的制度成因分析［J］．中国卫生政策研究，2012，5（11）：55－59.

［51］李叶研，王锐．中国城市包容度与流动人口的社会融合［J］．中国人口·资源与环境，2017，27（1）：146－154.

［52］李迎生．推进社会政策与新扶贫攻坚方案的有效衔接［J］．甘肃社会科学，2016（4）：1－6.

[53] 李远行．农民工贫困心理与城市融入的心理适应研究——以北京市为例［J］．甘肃社会科学，2016（4）：14－20.

[54] 李泽厚．历史本体论［M］．北京：生活·读书·新知三联书店，2002.

[55] 李志红，郭欣．青年流动人口公共就业服务问题的分析与探讨——以北京市定性调查研究为依据［J］．中国青年研究，2012（7）：62－67.

[56] 廉超．PPP 模式助推精准扶贫、精准脱贫［J］．贵州社会科学，2017（1）：152－157.

[57] 梁文政．重庆市教育精准扶贫存在的问题及对策［J］．重庆行政：公共论坛，2015（6）：23－25.

[58] 林白妮，宋晓琴，左连东，等．广州市流动人口医疗保障存在的问题及对策［J］．医学与社会，2013，26（6）：60－61.

[59] 林卡．生活质量与社会质量：一项有关理论和方法论的比较研究［J］．江苏行政学院学报，2015（2）：59－66.

[60] 林卡．中国社会的发展战略和前景：从提升生活质量走向增进社会质量［J］．探索与争鸣，2011（6）：49－52.

[61] 林闽钢，梁誉，刘璐婵．中国贫困家庭类型、需求和服务支持研究——基于“中国城乡困难家庭社会政策支持系统建设”项目的调查［J］．天津行政学院学报，2014（3）：3－11.

[62] 刘传铁．教育是最根本的精准扶贫［J］．内蒙古教育，2016（6）：45－46.

[63] 刘琳，罗云毅，程选，等．我国城镇住房保障制度研究［J］．宏观经济研究，2009（8）：5－11.

[64] 刘衔华．春节返乡农民工心理健康调查［J］．现代预防医学，2006，33（10）：1926－1927.

[65] 刘洋，李琴，李安连．审视贵州省高校教育精准扶贫的“精准”度［J］．新西部，2017（3）：33－33.

[66] 刘越，林朝镇，黄慧娟，等．流动人口人格特征和社会支持对心理健康影响［J］．中国公共卫生，2011，27（4）：421－423.

［67］龙丽，王中华．对教育精准扶贫的解读［J］．中学政治教学参考，2016（36）：81－82.

［68］卢继宏．农村流动人口就业的趋势及公共政策选择——以四川省为例［J］．农村经济，2011（8）：111－113.

［69］卢小君，陈慧敏．流动人口社会融合现状与测度——基于大连市的调查数据［J］．城市问题，2012（9）：69－73.

［70］罗楚亮．住房改革、收入差距与城镇住房不均等［J］．经济与管理评论，2013（5）：5－10.

［71］马新文．阿玛蒂亚·森的权利贫困理论与方法述评［J］．国外社会科学，2008（2）：69－74.

［72］眉山日报．仁寿县：依托大数据平台监管惠民资金　群众参与监督杜绝“微腐败”，http：//jw. ms. gov. cn/info/1036/3698. htm，2017－09－21.

［73］民政部政策研究中心课题组．关于社会服务发展演进与概念定义的探析［J］．中国民政，2011（6）：4－6.

［74］民政部政策研究中心课题组．社会服务与民政［J］．中国民政，2011（5）.

［75］彭华民．社会排斥与社会融合——一个欧盟社会政策的分析路径［J］．南开学报（哲学社会科学版），2005（1）：23－30.

［76］亓明超．教育扶贫的研究综述［J］．市场周刊（理论研究），2017（5）：108－110.

［77］秦梦．我市运用大数据清退21.8万名不符合条件低保户．湖北日报，http：//www. hg. gov. cn/art/2016/8/31/art_ 30_ 94561. html，2016. 8.

［78］邱桂杰，衣洪岩．吉林省廉租住房保障的经济学分析及政策选择［J］．吉林大学社会科学学报，2016（2）：92－99.

［79］邱培媛，杨洋，吴芳等．国内外流动人口心理健康研究进展及启示（综述）［J］．中国心理卫生杂志，2010，24（1）：64－68.

［80］人民网．党的十八大以来大事记［R］．http：//cpc. people. com. cn/n1/2017/1016/c414305－29588223. html，2017－10－16.

［81］人民网．全国累计开工廉租房公租房约1150万套平行运行致资源浪费［R］．http：//finance. people. com. cn/n/2013/1206/c1004 －

23770709. html. 2013 – 12 – 06.

［82］人民网．社会工作服务民生传递温暖［R］．http：//society. people. com. cn/n1/2017/0323/c1008 – 29162809. html. 2017 – 03 – 23.

［83］石珩歌．新老农民工城市融入差异性研究［D］．上海：华东师范大学，2015.

［84］宋健，何蕾．中国城市流动人口管理的困境与探索——基于北京市管理实践的讨论［J］．人口研究，2008，32（5）：41 – 47.

［85］孙崇勇．东北地区民工心理卫生状况的调查与分析［J］．中国健康心理学杂志，2007，15（5）：460 – 462.

［86］孙志祥．流动人口社会救助问题研究［J］．福建行政学院学报，2007（1）：59 – 63.

［87］谭锐，黄亮雄，韩永辉．保障性住房建设困境与土地财政压力——基于城市层面数据的实证研究［J］．现代财经：天津财经大学学报，2016（12）：61 – 72.

［88］檀榕基．我国社会保障性住房发展评述［J］．图书情报导刊，2009，19（9）：154 – 157.

［89］唐钧．论城乡困难家庭就业救助精准化［J］．党政研究，2017（5）：121 – 125.

［90］唐钧．追求“精准”的反贫困新战略［J］．西北师范大学学报（社会科学版），2016，53（1）：5 – 13.

［91］唐丽霞，罗江月，李小云．精准扶贫机制实施的政策和实践困境［J］．贵州社会科学，2015（5）：151 – 156.

［92］田凯．关于农民工的城市适应性的调查分析与思考［J］．社会科学研究，1995（5）：90 – 95.

［93］涂缦缦．住房权适足标准的界定——城镇保障性住房制度变迁的视角［J］．江西社会科学，2015（4）：193 – 198.

［94］汪三贵，郭子豪．论中国的精准扶贫［J］．党政视野，2016（7）：44 – 45.

［95］王兵．当代中国人的社会参与研究述评［J］．哈尔滨工业大学学报（社会科学版），2012（6）：22 – 26.

［96］王炳锐．城市流动人口子女教育救助影响因素浅析［J］．科教文汇（中旬刊），2010（7）：6－7.

［97］王超群．因病支出型贫困社会救助政策的减贫效果模拟——基于CFPS数据的分析［J］．公共行政评论，2017，10（3）：99－115.

［98］王春城．政策精准性与精准性政策——“精准时代”的一个重要公共政策走向［J］．中国行政管理，2018（1）：51－57.

［99］王芳，李志荣．谋事在人，成事在天——新生代农民工的适应策略及可协商命运观的影响［J］．心理科学，2014（5）：1225－1231.

［100］王宏哲．住房权研究［M］．北京：中国法制出版社，2008.

［101］王华丽，孔银焕，朱奎安．精准扶贫文献综述及其引申［J］．重庆社会科学，2017（3）：25－32.

［102］王嘉毅，封清云，张金．教育与精准扶贫精准脱贫［J］．教育研究，2016（7）：45－49.

［103］王介勇，陈玉福，严茂超．我国精准扶贫政策及其创新路径研究［J］．中国科学院院刊，2016（3）：289－295.

［104］王立业．社会排斥理论研究综述［J］．重庆工商大学学报（社会科学版），2008（3）：79－83.

［105］王培安．健康扶贫为健康中国建设补短板［J］．中国卫生，2017（5）：26－27.

［106］王前强，董秋红，黄李凤，等．可行能力理论视域下的贫困人群医疗保障现状及健康扶贫对策——以广西壮族自治区为例［J］．中国医疗保险，2017（7）：32－37.

［107］王琼．城市社区居家养老服务需求及其影响因素——基于全国性的城市老年人口调查数据［J］．人口研究，2016，40（1）：98－112.

［108］王思斌．新常态下积极托底社会政策的建构［J］．探索与争鸣，2015，1（4）：50－54.

［109］王思斌．社会政策［M］．北京：中央广播电视大学出版社，2010：310.

［110］王晓，修福．保障好流动人口选举权利［J］．人民论坛，2016（10）：40－41.

[111] 王晓蕊，王红漫．基本医疗保障制度对于改善灾难性卫生支出效果评价 [J]．中国公共卫生，2017，33 (6)：901 –904.

[112] 王雨磊．村干部与实践权力——精准扶贫中的国家基层治理秩序 [J]．公共行政评论，2017，10 (3)：26 –45.

[113] 文小勇，石颖．"三农"问题：社会公正与社会排斥 [J]．华南农业大学学报（社会科学版），2005 (2)：31 –35.

[114] 吴宾，李娟．农民工住房保障政策失灵及其矫正策略 [J]．湖南农业大学学报（社会科学版），2016，17 (2)：36 –42.

[115] 吴宾，张春军，李娟．城镇化均衡发展视域下流动人口差异性住房保障政策研究 [J]．北京交通大学学报（社会科学版），2016，15 (3)：67 –73.

[116] 吴群红，李叶，徐玲等．医疗保险制度对降低我国居民灾难性卫生支出的效果分析 [J]．中国卫生政策研究，2012，5 (9)：62 –66.

[117] 吴玉霞．公共服务链：一个政府购买服务的分析框架 [J]．经济社会体制比较，2014 (5)：141 –147.

[118] 吴忠民．落实社会政策：要力度更要精准度 [J]．中国社科报，2009.

[119] 西奥多·W. 舒尔茨，吴珠华．论人力资本投资[M]．北京：北京经济学院出版社，1990.

[120] 向国春，黄宵，徐楠等．精准健康扶贫对完善全民医保政策的启示 [J]．中国卫生经济，2017，36 (8)：16 –19.

[121] 新华网．授权发布：中共中央关于制定国民经济和社会发展第十三个五年规划的建议．[R]．http：//www. xinhuanet. com/fortune/2015 –11/03/c_ 1117027676_ 7. htm. 2015 –11 –03.

[122] 徐军玲，房文军．政府救助或公共服务：城乡流动人口减贫政策效率研究 [J]．科研管理，2017，38 (6)：152 –160.

[123] 徐娜，田固．医疗救助在健康扶贫中的作用及思考 [J]．中国医疗保险，2016 (11)：34 –36.

[124] 徐伟，杜雯雯，耿成亮，等．青岛市大病医疗救助政策实施效果评估 [J]．中国卫生政策研究，2017，10 (4)：14 –17.

［125］杨帆，庄天慧．我国农民工贫困问题研究综述［J］．西南民族大学学报（人文社科版），2017，38（11）：109－115.

［126］杨浩，汪三贵．“大众俘获”视角下贫困地区脱贫帮扶精准度研究［J］．农村经济，2016（7）：79－83.

［127］杨菊华，张莹，陈志光．北京市流动人口身份认同研究——基于不同代际、户籍及地区的比较［J］．人口与经济，2013（3）：43－52.

［128］杨菊华．城乡差分与内外之别：流动人口社会保障研究［J］．人口研究，2011，35（5）：8－25.

［129］杨菊华．城乡差分与内外之别：流动人口经济融入水平研究［J］．江苏社会科学，2010（3）：99－107.

［130］杨菊华．流动人口在流入地社会融入的指标体系——基于社会融入理论的进一步研究［J］．人口与经济，2010（2）：64－70.

［131］杨菊华．中国流动人口的社会融入研究［J］．中国社会科学，2015（2）：61－79＋203－204.

［132］杨琳，谢舒，于萍．社会政策精准“托底”［J］．瞭望，2013（37）：36－37.

［133］杨淑芳．西方社会排斥理论视角下中国弱势群体问题研究［D］．济南：山东大学，2012.

［134］杨团．社会政策研究范式的演化及其启示［J］．中国社会科学，2002（4）：127－139＋206.

［135］杨小静，钱璞，赵旭．中国住房保障制度的改革路径［J］．学术界，2015（5）：22－33.

［136］杨艳军．中国城市劳动力市场分割中流动人口就业问题研究［D］．武汉：武汉大学，2012.

［137］叶普万．农民工贫困的演变路径与减贫战略研究［J］．学习与探索，2013（12）：111－116

［138］佚名．更好推进精准扶贫精准脱贫　确保如期实现脱贫攻坚目标［J］．实践（党的教育版），2017（3）：6－7.

［139］佚名．农村绿皮书，中国农村经济形势分析与预测（2016—2017）［J］．经济学动态，2017（4）．

［140］于淼，解梁秋．“互联网＋”给力教育精准扶贫［J］．人民论坛，2017（19）：82－83.

［141］岳经纶．建构“社会中国”：中国社会政策的发展与挑战［J］．探索与争鸣，2010，1（10）：37－42.

［142］岳映平，贺立龙．精准扶贫的一个学术史注脚：阿玛蒂亚·森的贫困观［J］．经济问题，2016（12）：17－20＋56.

［143］张彩云，傅王倩．发达国家贫困地区教育支持政策及对我国教育精准扶贫的启示［J］．比较教育研究，2016，38（6）：77－83.

［144］张琦，史志乐．我国教育扶贫政策创新及实践研究［J］．贵州社会科学，2017（4）：154－160.

［145］张庆武．青年流动人口社会融入问题研究——以北京市为例［J］．青年研究，2014（5）：50－60＋95.

［146］张书维，李纾．行为公共管理学探新：内容、方法与趋势［J］．公共行政评论，2018（1）.

［147］张文宏，雷开春．城市新移民社会融合的结构、现状与影响因素分析［J］．社会学研究，2008（5）：117－141.

［148］张翔．教育扶贫对象精准识别机制探究［J］．教育探索，2016（12）：94－96.

［149］张小芳．在素质教育与“应试教育”较量中回归与重构考试［J］．现代教育科学（中学教师），2008（2）：15－17.

［150］张忠朝，仇雨临．我国城乡困难家庭心理健康与社会参与状况研究［J］．调研世界，2015（5）：17－22.

［151］张忠朝．我国城乡困难家庭医疗救助支持研究——基于“中国城乡困难家庭社会政策支持系统建设”的调查［J］．社会保障研究，2015（1）：83－90.

［152］张仲芳．精准扶贫政策背景下医疗保障反贫困研究［J］．探索，2017（2）：81－85.

［153］张子武，等．四川省贫困县医疗卫生精准扶贫研究［J］．卫生经济研究，2016（12）.

［154］赵红霞，谢红荣．义务教育均衡发展中的精准扶贫研究［J］．

湖南师范大学教育科学学报，2016，15（5）：84－88.

［155］赵文聘，冯光娣．城市困难家庭就业社会政策研究［J］．社会福利（理论版），2015（8）：30－34.

［156］赵文聘，齐冠军，杨蕊．流动人口困难家庭就业社会政策研究［J］．法制与社会，2014（27）：143－145.

［157］赵延东，王奋宇．城乡流动人口的经济地位获得及决定因素［J］．中国人口科学，2002（4）：10－17.

［158］赵妍．浅谈中国流动人口住房保障问题现状及解决［J］．经济视野，2013（1）.

［159］郑秉文．改革开放30年中国流动人口社会保障的发展与挑战［J］．中国人口科学，2008（5）．2－17.

［160］郑皓瑜．论拉丁美洲国家教育扶贫政策在消除贫困代际传递中的作用［J］．山东社会科学，2016（4）：171－175.

［161］郑思齐，曹洋．农民工的住房问题：从经济增长与社会融合角度的研究［J］．广东社会科学，2009（5）：34－41.

［162］民政部政策研究中心课题组．“中国城乡困难家庭社会政策支持系统建设”课题研究报告［M］．北京：人民出版社，2011.

［163］中华人民共和国财政部．财政部民政部关于印发《中央财政困难群众基本生活救助补助资金管理办法》的通知．2016－07－01.

［164］钟慧笑．教育扶贫是最有效、最直接的精准扶贫——访中国教育学会会长钟秉林［J］．中国民族教育，2016（5）：22－24.

［165］周皓．流动人口社会融合的测量及理论思考［J］．人口研究，2012，36（3）：27－37.

［166］朱虹青．我国流动人口的社会保障现状与问题分析［J］．印度洋经济体研究，2006，21（5）：110－111.

［167］朱健刚．城市街区的权力变迁：强国家与强社会模式——对一个街区权力结构的分析［J］．战略与管理，1997（4）：42－53.

［168］朱力．论农民工阶层的城市适应［J］．江海学刊，2002（6）：82－88＋206.

［169］朱晓立．城市居民社区公共事务参与模式问题研究［D］．北

京：中国政法大学，2011.

［170］朱舟．人力资本投资的成本收益分析［M］．上海：上海财经大学出版社，1999：8.

［171］庄天慧，陈光燕，蓝红星．农村扶贫瞄准精准度评估与机制设计——以西部A省34个国家扶贫工作重点县为例［J］．青海民族研究，2016，27（1）：189－194.

英文文献

［172］Autor,D. ,& Houseman,S. (2010). Do Temporary－Help Jobs Improve Labor Market Outcomes for Low－Skilled Workers? Evidence from "Work First". American Economic Journal：Applied Economics,2(3),96－128.

［173］Baker,E. ,Beer,A. & Paris C. The Development of a Methodology That Provides Indices to Measure and Monitor Housing Need at Various Spatial Scales. Department for Families and Communities,Adelaide,Unpublished,2006.

［174］Barrett,C. B. & Clay,D. C. (2003). Self－targeting accuracy in the presence of imperfect factor markets：evidence from food－for－work in Ethiopia. Social Science Electronic Publishing.

［175］Chen,H. ,Wang,X. ,& Zhu,Z. (2016). Study on the social integration and family relocation decision of urban migrants based on Structural Equation Model. International Forum on Energy,Environment and Sustainable Development.

［176］Diwakar K. Vadapalli . (2009). Barriers and challenges in accessing social transfers and role of social welfare services in improving targeting efficiency：A study of conditional cash transfers. Vulnerable Children and Youth Studies,4：sup1,41－54.

［177］Donder,P. D. ,& Hindriks,J. (1998). The political economy of targeting. Public Choice,95(1－2),177－200.

［178］Esping－Andersen,G. (2009). The incomplete revolution ：adapting to women's new roles. Polity.

［179］Funk,P. (2012). How Accurate Are Surveyed Preferences for Public Policies? Evidence from a Unique Institutional Setup. Review of Economics and Statistics. 98.

[180] Hillage, Jim & Pollard, Emma. (1998). Employability: Developing a framework for policy analysis. Labor Market Trends. 107. 83 - 84.

[181] Janet Ellen Steams. Voluntary Bond—The impact of habitation U. S housing policy. Saint Mullainathan, S., & Shafir, E. Scarcity: Why having too little means so much. New York, NY, US: Times Books/Henry Holt and Co. 2013. Louis University Public Law Review: 1997. 419.

[182] Kissane, R. J. (2016). Work and family commitments of low - income and impoverished women: guilt is for mothers with good jobs. Contemporary Sociology A Journal of Reviews, 45(5), 607 - 609.

[183] Li, X., Zhao, M., Liu, H., & Wu, M. (2016). A Survey on Floating Population Migration Process under the New Urbanization. International Symposium on Social Science.

[184] Lindsay, C. (2005). The concept of employability. Urban Studies, 42(2), 197 - 219.

[185] Liu, Zhi - Feng, and Jia - Jing Xie. The Speeches at the Meeting about the Progress of Housing Monetary Allocation in 35 Large and Middle Size Cities. China Ministry of Construction, 2000.

[186] Markiewicz, K. (2013). Poverty effects of out - of - pocket payments in the European union - results of a systematic literature review. Science Education, 54(1), 45 - 47.

[187] Meen, G. (1998), "25 Years of House Price Modelling in the UK. What Have We Learnt and Where Do We Go from Here?", Paper presented at the ENHR Conference, Cardiff.

[188] Meng, Q., Xu, L., Zhang, Y., Qian, J., Cai, M., & Xin, Y., et al. (2012). Trends in access to health services and financial protection in china between 2003 and 2011: a cross - sectional study. Lancet, 379(9818), 805.

[189] Mostafa, A., Wong, F. K., & Chi, M. H. (2006). Relationship between housing afford ability and economic development in mainland china—case

of shanghai. Journal of Urban Planning & Development, 132(1), 62 – 70.

[190] Mullainathan, S., & Shafir, E. Scarcity: Why having too little means so much. New York, NY, US: Times Books/Henry Holt and Co. 2013.

[191] Nordlund, M. (2011). Who are the lucky ones? Heterogeneity in active labour market policy outcomes. International Journal of Social Welfare, 20 (2), 144 - 155.

[192] Norma M. Riccucci, & Marcia K. Meyers. (2008). Comparing welfare service delivery among public, nonprofit and for – profit work agencies. International Journal of Public Administration, 31(12), 1441 – 1454.

[193] O'Brien, K. J. & Li, L. (1999). Selective policy implementation in rural china. Comparative Politics, 31(2), 167 – 186.

[194] World Health Organization. The World Health Report 2008: Primary health care – now more than ever, 2008.

[195] World Health Organization. The World Health Report 2013. Research for Universal Health Coverage, 2003.

[196] Page, N. J. (2017). The coming cooling: usefully accurate climate forecasting for policy makers. Energy & Environment, 28(3).

[197] Silver, H. (1994). Social exclusion and social solidarity: three paradigms. International Labor Review, 133(5).

[198] Si Qi Zheng, Fen Jie Long, C. Cindy Fan, & Yi Zhen Gu. (2009). Urban villages in China: a 2008 survey of migrant settlements in Bei jing. Eurasian Geography & Economics, 50(4), 425 – 446.

[199] Thaler, R. H. & Sunstein, C. R. (2008). Nudge: improving decisions about health, wealth, and happiness. International Review of Economics Education, 8(1), 158 – 159.

[200] Townsend, P. (1980). Poverty in the United Kingdom: a survey of household resources and standards of living. Economic Journal, 90(360), 954.

[201] Van, D. E., O'Donnell, O., Rannaneliya, R. P., Somanathan, A., Adhikari, S. R., & Garg, C. C., et al. (2007). Catastrophic payments for health care in Asia. Health Economics, 16(11), 1159 – 1184.

[202] Vandenbroucke, Frank & Cantillon, Bea, Reconciling Work and Poverty Reduction. How Successful are European Welfare States 2014.

[203] Voloshin V I. Housing: Socio economic, Availability and Development Issues [M]. Nova Science Publishers, Inc. 2009.

[204] Wang, J. W., Cui, Z. T., Ding, N., Zhang, C. G., Usagawa, T., & Berry, H. L., et al. (2014). A qualitative study of smoking behavior among the floating population in shanghai, china. BMC Public Health. 14(1), 1138.

[205] Xu, Ke & World Health Organization(2005). Distribution of health payments and catastrophic expenditures Methodology. Dept. of Health System Financing, Expenditure and Resource Allocation.

[206] Xu, K., Evans, D. B., Kawabata, K., Zeramdini, R., Klavus, J., & Murray, C. J. (2013). Household catastrophic health expenditure: a multicounty analysis. Lancet, 362(9378), 111 – 117.

[207] Ya Ping Wang, Yang Lin Wang & Jian Sheng Wu. (2010). Housing migrant workers in rapidly urbanizing regions: a study of the Chinese model in Shenzhen. Housing Studies, 25(1), 83 – 100.

[208] Zhang, L., Chow, E. P., Jahn, H. J., Kraemer, A., & Wilson, D. P. (2013). High HIV prevalence and risk of infection among rural – to – urban migrants in various migration stages in China: a systematic review and meta – analysis. Sexually Transmitted Diseases, 40(2), 136.

[209] Zhu, G., & Yan, Y. (2011). Study on Children's Education Problem of the Urban Floating People. International Conference on Computer Science and Service System. 3593 – 3595.